CB137672

Direito de Autor e Publicidade

Direito de Autor e Publicidade

2021

Mateus Barreto Basso

ALMEDINA

DIREITO DE AUTOR E PUBLICIDADE

AUTOR: Mateus Barreto Basso

DIRETOR ALMEDINA BRASIL: Rodrigo Mentz
EDITORA JURÍDICA: Manuella Santos de Castro
EDITOR DE DESENVOLVIMENTO: Aurélio Cesar Nogueira
ASSISTENTES EDITORIAIS: Isabela Leite e Larissa Nogueira

DIAGRAMAÇÃO: Almedina
DESIGN DE CAPA: FBA

ISBN: 9786556272146
Maio, 2021

Dados Internacionais de Catalogação na Publicação (CIP)
(Câmara Brasileira do Livro, SP, Brasil)

Basso, Mateus Barreto
Direito de autor e publicidade / Mateus Barreto
Basso. -- 1. ed. -- São Paulo : Almedina, 2021.

Bibliografia
ISBN 978-65-5627-214-6

1. Direitos autorais 2. Direito de autor
3. Direito de autor - Leis e legislação
4. Publicidade - Legislação - Brasil I. Título.

21-58509 CDU-347.78

Índices para catálogo sistemático:

1. Direito de autor : Direito civil 347.78
2. Direitos autorais : Direito civil 347.78

Maria Alice Ferreira - Bibliotecária - CRB-8/7964

Este livro segue as regras do novo Acordo Ortográfico da Língua Portuguesa (1990).

EDITORA: Almedina Brasil
Rua José Maria Lisboa, 860, Conj.131 e 132, Jardim Paulista | 01423-001 São Paulo | Brasil
editora@almedina.com.br
www.almedina.com.br

À Márcia,
ao Glãimir
e, especialmente,
à Mariah e Shiva,
coautores do meu porquê.

AGRADECIMENTOS

Nessa hora tão esperada do trabalho, corremos o risco de esquecer justo quem sempre está do nosso lado a todo tempo; por isso, meu primeiro agradecimento será sempre a Deus, nas suas diversas formas e cores.

À minha família: minha mãe, meu pai, por me ensinarem a dor e a alegria da liberdade. Aos meus irmãos, Felipe, Fernanda e Glaimir, pelo laço que não desata. Minha família de longe, minha família de perto, e aos que cuidam de nós lá de cima. A história é viva. À avó que a vida me deu, Malvina, pela ternura. E aos recém chegados nessas páginas, Juliana, Ademir, Maísa e Maria; a reza é forte. Cáthia, Isadora e Clícia, pelo astral e apoio incondicional.

Aos amigos daqui, aos amigos do interior, que chamo pelos apelidos, porque assim o coração pede: Yai, Lukelho, Skupek, Ângelo, Digon, Marcelo, Miguel, Pê, Renato, Fanta, Gabriel, Aldo, Russo, Érica, Má; pelas histórias que levo comigo.

Aos amigos da APRO, Mari, Paula, Sol, Dete, Ste, Bruno, Marcos, D. Zê, Paulo, Sonia, Didi, Gih, pelos ensinamentos e pela compreensão.

Aos colegas de profissão, os advogados, Gabriela, Marcos, Paulo Gomes, João Paulo, Mariana, pelas lições e por nossa luta diária.

Aos professores, Balmes, Silmara, Carboni, pelas aulas. Ao professor Morato, pela oportunidade e pela luz durante o caminho; mas, especialmente, por ter me apresentado o Direito de Autor durante a Graduação, fazendo me encontrar.

À minha companheira, amiga e eterna namorada, Mariah, pelo H que você tirou de mim, pela compreensão, pelo amor, apoio, carinho e por me mostrar que a felicidade é doce e gentil.

Obrigado!

NOTA DO AUTOR

Aos determinados leitores que aqui chegam, de antemão, meu muito obrigado. Esta obra é resultado de uma intensa pesquisa e trabalho realizados durante a pós-graduação para a titulação de Mestre na área de Direito Civil, na Faculdade de Direito da Universidade de São Paulo. O texto base, de primorosa orientação do professor autoralista Antonio Carlos Morato, a quem dedico grande admiração, serve como pilar fundamental do que aqui encontramos.

Não há de se furtar, a dissertação apresentada e defendida à banca examinadora em junho de 2020 se apresenta aqui na sua integridade com as devidas correções, ajustes, revisões e complementações sempre necessárias e urgentes a cada releitura. O trabalho nunca parece ter fim, e não tem. Fechamos o texto pela necessidade da entrega e pelo anseio de comunicar, mas a vaidade sempre pede uma reescrita aqui e acolá.

É bem verdade que tive a grande sorte e honra de contar com uma banca examinadora que, para além do rigor técnico e distinção acadêmica, foi demasiadamente generosa em suas contribuições. Este texto de agora oportunamente se vale destes preciosos subsídios. Por decorrência das medidas de distanciamento social impostas pela pandemia da Covid-19, que levou a banca a ocorrer de modo virtual, não tive a oportunidade de cumprimentar pessoalmente os professores Manoel J. Pereira dos Santos, José Carlos Costa Netto e Balmes Veiga. Fica aqui registrado meu sincero agradecimento e meus votos de nos encontrarmos em breve na sala de aula.

Destaco por fim que o título proposto pela Editora Almedina para a obra – "Direito de autor e Publicidade" – é uma presunção e um desafio que eu nunca assumi. A amplitude do texto se estende no limite da análise teórica e prática das obras audiovisuais publicitárias e seus reflexos aos direitos autorais dali surgidos. Há uma série de motivações que me levaram a restringir o corte da pesquisa neste universo, todos muito bem expostos ao longo do texto.

Se o título se entabula como uma isca de curiosos por um tema mais amplo e genérico – um verdadeiro *clickbait* analógico – é ao menos sincero e justo, garantindo que os entusiastas do tema restarão plenamente satisfeitos quanto à análise teórica. A complexidade das obras audiovisuais e sua natureza publicitária só acrescentam nuances e camadas para o estudo, que permitem sempre a correspondência a todas demais obras intelectuais que se destinem ao cumprimento de uma comunicação publicitária. Isso também é destacado no texto, sempre que pertinente.

Fevereiro de 2021

MATEUS BASSO

PREFÁCIO

Foi com alegria que pude testemunhar a consolidação da pesquisa de Mateus Barreto Basso sobre o fascinante tema das relações das obras publicitárias, desenvolvida que foi com tenacidade para sua dissertação de mestrado que tive a satisfação de orientar e consubstanciada nesta obra.

A dissertação foi defendida na Faculdade de Direito da Universidade de São Paulo (USP) e o autor, generosamente, recordou o primeiro contato com a disciplina por meio das aulas que ministrei quando cursava a graduação.

Testemunhei o crescente interesse que o levou a atuar profissionalmente na área e, de forma específica, o conduziu ao setor audiovisual por meio da **Associação Brasileira da Produção de Obras Audiovisuais** (APRO), que possibilitou unir – no desenvolvimento desta obra – conhecimento teórico e prático, o que a torna útil tanto a fins profissionais como acadêmicos.

A obra "Direito de Autor e Publicidade" foi elaborada a partir da dissertação "Direito de Autor e obras audiovisuais publicitárias", um trabalho elogiado tanto em seu exame de qualificação que ocorreu em 2018 (com a participação dos professores Eduardo Tomasevicius Filho e Balmes Vega Garcia) como em sua defesa em 2019 (na qual, além do professor Balmes Vega Garcia, integraram a banca os professores José Carlos Costa Netto e Manoel Joaquim Pereira dos Santos).

Merece destaque, além da abordagem específica da obra publicitária regulada pela Lei 9.610/98, a visão interdisciplinar que o texto apresenta por meio da análise do impacto da internet sobre a atividade publicitária e a relação entre o anunciante e a agência (interferindo na atividade desta e no seu modelo de remuneração), no qual um modelo econômico substitui o paradigma tradicional centrado exclusivamente na criatividade (*"Mad Men, through Media Men, to Math Men"*), sendo que tal ponto é de inequívoca relevância porque a criatividade constitui a essência e a justificativa da proteção à criação intelectual.

As conclusões não são simples e, como assinalou o autor, *"se a publicidade é arte, então, vai depender do julgamento que cada um irá traçar sobre o material absorvido – e cada um trará suas verdades"* e, assim sendo, *"a publicidade pode até não ser arte, mas, fato é que, a arte sempre esteve junto à publicidade"*.

Pelas reflexões que possibilita, esta obra merece ser lida e suficientemente estudada pela relevância da obra publicitária não só para os que atuam diretamente no setor, mas pelos impactos de tal atividade na sociedade da comunicação.

Antonio Carlos Morato
Advogado
Professor Associado da Faculdade de Direito da Universidade de São Paulo (USP)

SUMÁRIO

INTRODUÇÃO

O ponto de partida desta pesquisa se dá através da (re)leitura de duas importantes obras literárias de autoria de dois ilustres nomes das Arcadas e que tão objetivamente analisaram a obra publicitária sob o ângulo dos direitos de autor. Tratam-se dos livros "Direito de autor na obra publicitária" e "Cinema, Tv, Publicidade cinematográfica", dos saudosos professores Carlos Alberto Bittar e Antonio Chaves, respectivamente.

Ambas obras, cada qual com seu próprio enfoque, dialogam parcialmente sobre o mesmo tema; a primeira de maneira abrangente e genérica acerca das obras publicitárias, construindo o entendimento sobre sua natureza jurídica, destinação utilitarista e indo até o seu enquadramento nas normas de direito autoral; já a segunda obra estabelece um estudo sobre o gênero "obras audiovisuais" e suas diversas espécies, quando, na segunda parte do livro, o professor Antonio Chaves dedica uma análise pormenorizada das obras audiovisuais publicitárias.

Decerto, o tema foi de grande importância para os estudos acadêmicos como bem aponta o professor Bittar[1], em especial durante a década de 1980 aqui no Brasil, o que pode ser compreendido pelo desenvolvimento exitoso da atividade publicitária[2] e pelo desdobramento natural do estudo

[1] BITTAR, Carlos Alberto. *Direito de Autor na Obra Publicitária*. São Paulo: RT, 1981, p. 18.

[2] O primeiro leão de Cannes premiado para um brasileiro foi no ano de 1974, com a criação do filme "Homem com mais de quarenta anos", criado por Washington Olivetto e Francesc Petit, pela agência DPZ, para o Conselho Nacional de Propaganda. Mas é partir da década de 80 que a produção publicitária brasileira se intensifica e se desenvolve a tal ponto de figurar entre as 3 mais premiadas do mundo, rivalizando os prêmios com produções norte-americanas e britânicas, conforme comenta o professor Antonio Chaves (CHAVES, Antonio. *Cinema, TV, Publicidade Cinematográfica*. São Paulo: Leud, 1987, p.238).

da matéria frente aos desafios da aplicação da lei autoral, vez que a essência da obra publicitária reside na emanação da criatividade intelectual do ser humano.

Citada a fonte de inspiração do projeto de pesquisa, circunscreve-se esta a partir de uma leitura crítica e reflexiva sobre as mudanças temporais entre o momento em que tais obras foram edificadas e publicadas e o atual estágio, não apenas do direito de autor e suas discussões contemporâneas, mas também o presente momento de questionamentos da publicidade.

Partindo desta fronteira, o estudo se desdobrará então em duas colunas basilares: (i) a primeira, a partir da dissecação destas novas formas de produção de conteúdo publicitário, em especial nas espécies de obras audiovisuais, anotando como elas impactam e posicionam questionamentos acerca da autoria de tais obras, e; ii) num segundo momento, refletir acerca do regramento trazido pela Lei nº 9.610 de 1998, que trouxe algumas alterações substanciais ante a antiga Lei nº 5.988 de 1973, que amparou as duas obras jurídicas acima citadas.

Passados os anos, cerca de 30 anos ou mais em referência às obras dos professores, a realidade material tanto da disciplina de direito de autor quanto da atividade publicitária demandam novas respostas frente aos novos desafios impostos ao longo de tal período. E é a isto que este estudo humildemente se propõe.

Atualizar os conceitos e práticas descritos por ambos mestres, sem, contudo, deixar de aproveitar os valiosos ensinamentos que permanecem intactos quanto a sua utilidade e valor acadêmicos.

Por ora, ainda que provisoriamente planejado, nota-se a intenção deste estudo de abarcar não só uma visão objetiva, acerca da natureza jurídica da obra publicitária para os fins autoralistas, a exemplo do rumo eleito pelo professor Bittar em sua obra citada, mas de estender também a análise sobre uma reflexão subjetivista, a fim de responder a quem compete a autoria de tal obra, já que esta se denota como a grande questão que se emancipa da complexa rede de relações oriundas do processo de criação de uma obra publicitária, ainda mais profundo nas suas espécies audiovisuais.

Assim, outro corte estabelecido para o estudo proposto é quanto à circunscrição deste sob uma análise específica quanto às obras audiovisuais publicitárias. Adentrar para uma avaliação sobre outras espécies de obras intelectuais é uma jornada que, *a priori*, se afasta, seja pelo fato de serem as obras audiovisuais do ramo publicitário a ocasionarem as maiores divergências legais percebidas na experiência do autor, seja pela noção que estas próprias discussões desenvolvidas sobre obras audiovisuais já configurarem por si um extenso desafio acadêmico.

O potencial cenário de discussão e aprimoramento da lei autoral, que sempre ronda os debates acadêmicos, remonta em uma oportunidade única para a proposta pesquisa se aprofundar em possíveis ajustes e refinamentos para a reflexão de uma nova abordagem legal, reafirmando as verdadeiras finalidades de defesa do legítimo Direito de Autor. Nesta toada, outro campo almejado é trazer à reflexão os mais diversos tratamentos alienígenas dispensados à matéria, especialmente às novas correntes doutrinárias europeias, mais próximas ao sistema jurídico nacional.

Assim sendo, o foco da dissertação proposta se concentra e delimita-se por: (i) compreender e colecionar os ensinamentos dos professores Bittar e Chaves sobre o tema; (ii) atualizar, quando estritamente necessário e adequado, os conceitos, regras e práticas do atual mercado publicitário; (iii) comparar e distinguir as diferenças entre os dois momentos de análise material; (iv) compor e esboçar os novos desafios propostos pelo atual contexto; (v) traçar a natureza jurídica destas novas formas de produção publicitária audiovisual, primeiro sob uma visão objetivista; (vi) transportar esta primeira análise, de cunho mais teórico, para a aplicabilidade técnica da atual lei de direito autoral brasileira, recepcionando a leitura dos professores, pautada na antiga lei e contrapor o regulamento dado pela lei e doutrina acerca das obras audiovisuais; (vii) refletir criticamente sobre os dispositivos normativos atuais e suas limitações quanto à capacidade de responder satisfatoriamente ao mundo real, esboçando uma contraposição entre o *ser* e o *dever-ser*; (viii) colacionar as discussões contemporâneas que se relacionem ao tema, além de trazer as reflexões que se desenvolveram em outros países; (x) entre tantas outras questões que surgirão no decorrer da jornada.

Nesse sentido, há tempo, a temática autoralista enseja profundos debates acerca da exata caracterização e enquadramento de autoria e outros direitos relativos à obra audiovisual. Considerada apenas em seu gênero, inúmeras são as dúvidas e consequentes divergências; levando essa complexidade jurídica ao universo da produção publicitária, os contornos só se tornam ainda mais profundos.

Por si só, o ramo publicitário já suscitou, e persiste ciclicamente suscitando, uma longa e latente discussão sobre a autoria dos conteúdos e obras de natureza criativa e intelectual especificamente produzidos paras as campanhas publicitárias e que importam a cobertura de referidos direitos dos autores.

O grande enlace que dá vazão aos diversos questionamentos reside essencialmente sob o regime de originalidade e autoria das obras de uma campanha publicitária, a partir do momento que estas são de iniciativa por encomenda, inicialmente feita pelo anunciante que, por sua vez, é intermediado por uma agência de publicidade para contratação de uma outra pessoa, física ou jurídica, que executa a ideia ou conceito criado para a campanha.

Toda esta malha de relações jurídicas resultam num enlace que problematizam ainda mais as questões dos direitos autorais. O resultado, por si, é tão complexo quanto pode se pressupor, dando vazão a uma infinita rede de contratos e dispositivos de cessão, concessão e licenças para autorização dos usos das obras intelectuais criadas.

Aliás, a atividade publicitária se desenvolve toda sobre uma grande plataforma, instável, diga-se, de transferência de titularidades de direitos patrimoniais dos mais diversos autores envolvidos. Uma campanha publicitária, em sua mera superfície, pode comportar a criação de *jingles*, identidades visuais e sonoras para a marca, a confecção de *banners*, *outdoors*, impressos ou digitais, a produção de *spots* de áudio, a produção de filmes publicitários, entre tantas outras obras intelectuais imagináveis.

A criação intelectual é o cerne, a matéria prima da publicidade, pois é dela que se desenvolve e que se rentabiliza. Ainda assim, de forma até surpreendente, é possível observar grande imaturidade dos agentes econômicos de tal mercado quanto ao tema de proteção autoral. A ausência deste conhecimento teórico e prático faz criar uma profunda insegurança jurídica nas multi relações existentes entre os sujeitos, e acaba por criar algumas distorções e costumes em total arrepio às regras e princípios do direito autoral.

A problemática "Direito de Autor e publicidade" parece se repetir ao longo dos anos. Como já havia diagnosticado o professor Bittar, ao nos relatar que:

> *discute-se, no momento, a reformulação da legislação de regência, dando-se ênfase à titularidade dos direitos decorrentes da criação publicitária. Anunciantes (empresas interessadas) e agências de publicidade (organismos de produção publicitária) disputam os direitos correspondentes, aqueles no afã de obter maiores resultados através da*

minimização de custos, por um sistema de livre contratação de preços na produção e na veiculação de campanhas publicitárias, e estas na ânsia de manter o sistema de remuneração prefixada, e as condições até aqui imperantes, na preservação de seus próprios interesses e valores.[3]

O contexto atual apresenta a mesma série de problemas narrados, porém com novas texturas, novos desafios. Adiciona-se à análise transcrita do professor, a noção tripartite que propomos neste estudo, ao passo que fazemos incluir também os interesses de uma terceira parte, a produtora audiovisual, que disputa seus interesses nesse campo de forças econômicas.

A intensificação da globalização neste ínterim, com a consequente maior presença de empresas multinacionais atuantes no mercado brasileiro e a tendência das marcas em empenharem campanhas globais, trouxe consigo novas regras e práticas contratuais que influenciaram positiva e negativamente as relações negociais no ramo publicitário.

Paralelamente, a evolução dos meios digitais de comunicação, sobretudo, da interconectividade proporcionada pela internet é um novo fator externo ausente àquela época e que hoje impõe grandes obstáculos para o correto trato e sobreposição do direito autoral. De forma geral, a internet tem sugestionado todo um repensar sobre o Direito de Autor em sua concepção, e não seria diferente para as relações oriundas da produção publicitária.

Inda, o próprio comportamento do mercado e as novas tendências dentro do setor de publicidade trazem novos produtos e conceitos que sugerem uma avaliação específica e novel das relações jurídicas autorais.

Em suma, temos que (i) a revisão legislativa, (ii) a importação de novas práticas negociais, (iii) o desenvolvimento tecnológico, e (iv) a nova realidade do mercado publicitário, compreendem alguns dos tópicos que apresentam não só os pontos de mudanças em relação aos estudos realizados há mais de 30 anos do cenário atual. Mas, coincidentemente, modelam também os pontos de problemática que reforçam a importância do estudo proposto.

Esta importância se justifica ainda mais quando observados que o universo publicitário, por suas singularidades próprias, pressupõe um ambiente de extrema liberalidade contratual, onde se taxa o princípio da

[3] Bittar, *Op. cit.*, 1981, p. 18.

autonomia da vontade para a imposição de regras nem sempre obedientes ao que melhor dispõe a defesa dos direitos do autor e direitos conexos. É a busca do interesse íntimo e exclusivo da empresa anunciante conforme prenunciou o professor Bittar.

No capítulo primeiro, o foco principal se dará na análise das novas questões trazidas pela conjuntura momentânea da publicidade e sua dinâmica com novos processos e novos meios. Propor-se-á traçar uma novel análise sobre a natureza destas inovações e investigar se e como elas impactam o enquadramento jurídico sob a ótica do Direito de Autor quanto à qualificação objetiva destas obras publicitárias e suas estruturas, assim como à qualificação subjetiva sobre os possíveis autores de tais obras.

No segundo capítulo, será infactível fugir da discussão sobre a caracterização da natureza jurídica das obras audiovisuais, no seu gênero e na espécie publicitária, para compreender as dinâmicas criativas abrangidas e qual a extensão da proteção autoral deverá ser conferida a cada uma delas. Notadamente, aqui se insere a indagação se as novas modalidades e processos criativos publicitários pleiteiam também uma nova configuração de enquadramento jurídico. Em decorrência, um outro questionamento de grande relevância a ser proposto pelo estudo é em relação aos direitos morais de autor nas obras publicitárias audiovisuais. Comumente, esta é uma questão que revela um desamparo premente pelas práticas publicitárias, já que a natureza e finalidade destas obras, *a priori*, contrapõem-se à lógica de proteção rigorosa dos direitos morais dos autores. Esta flexibilização imposta às obras publicitárias adquire novos contornos a partir de novas concepções de obras publicitárias audiovisuais denominadas de *branded content*, que se caracterizam pela junção finalística e simbiótica de entretenimento e publicidade – que se afasta conceitualmente das modalidades de *product placement* e *merchandising*, conforme será devidamente exposto.

No terceiro e quarto capítulos, aproveitando-se da análise pregressa, intentará o estudo riscar os limites e os reflexos da atuação do produtor audiovisual nesse microcosmo, questionando, primordialmente, a eficácia e a harmonia entre o *ser* e o *dever-ser* definido pela disposição normativa e pela prática do mercado publicitário. Na reflexão conclusiva do estudo, alvidrar-se-á a reflexão sobre a compatibilização do direito positivo encontrado no ordenamento jurídico nacional com as práticas comerciais e produtivas da atividade publicitária aqui desenvolvida. Associadamente, buscar-se-ão inspirações, experimentos e raciocínios empenhados pela doutrina, legislação e jurisprudência estrangeira. Por fim, intentará o estudo a esboçar linhas gerais para a definição de uma protegibilidade operativa às obras publicitárias calcada no melhor retrato possível para a caracterização da titularidade dos direitos autorais envolvidos.

1
Compreendendo a Publicidade

"A publicidade é uma das formas mais interessantes e difíceis da literatura moderna."
Aldous Huxley

A Teoria da Comunicação Social engloba o núcleo teórico e técnico a fim de formular uma comunicação à sociedade, de integração de grupos sociais – na qual subdividimos-a, superficialmente, em duas grandes áreas de atuação: a propaganda e a publicidade. Ainda que consideradas sinônimos aqui no Brasil, se distinguem essencialmente nas suas finalidades e propostas[4].

O termo propaganda, de origem latina – *propagare* –, encontra seu sentido maior na necessidade de empenhar uma comunicação[5] com (i) capacidade informativa; (ii) força persuasiva e (iii) caráter ideológico. Na propaganda, portanto, sobressai a necessidade humana em difundir ideias e ideais, que no início se concentravam essencialmente sob o domínio religioso[6], mas que posteriormente se desenvolve e se ocupará maiormente de

[4] Gomes, Neusa Demartini (Coord.); Corradi, Analaura; Cury, Luiz Fernando. *A dialética conceitual da publicidade e da propaganda*. *In:* Tarsitano, Paulo Sérgio (Org.). *Publicidade: análise da produção publicitária e formação profissional*. Mauá: P. R. Tarsitano, 1998, p. 236-238.

[5] Gomes, *Op. cit.*, 1998, p. 240.

[6] *"É necessário fazer uma incursão em sua história e uma referência obrigatória às origens do termo propaganda, que nasce justamente em épocas onde o predomínio político e ideológico do catolicismo se sente ameaçado pelo nascimento e a rápida difusão das ideias luteranas"* (Gomes, *Op. cit.*, 1998, p. 242).

servir à propagação e disseminação de ideias de cunho ideológico e político[7] – ainda que a propaganda possa designar a comunicação e expressão de qualquer ideia ou mensagem, seja ela voltada para finalidades políticas, sociais ou espirituais.

Essa breve diferenciação terminológica[8] conceitual serve tão só para admitirmos que, por vezes, pela assunção de similaridade semântica entre os vocábulos, pode-se haver a menção, sobretudo em citações aqui esposadas, de propaganda, quando na verdade, estamos a falar de publicidade. Apenas para que não haja qualquer confusão e nem que haja espaço para dúvida – há a diferenciação dos conceitos, estamos cientes, mas há também o fator cultural que os igualam.

Nesse sentido, a publicidade, por seu turno, advém da necessidade de se comunicar, de forma também persuasiva[9], a existência de um produto ou de um serviço, com a finalidade primeira de promover o seu acesso ao público. Ainda que se possa identificar diversos exemplos de formas e expressões publicitárias ao longo da história[10], tal como se concebe nos dia atuais, a publicidade é uma criação da sociedade moderna, especial-

[7] A exemplo da clássica "Máquina de propaganda soviética", que difundia seu sistema socialista para legitimar seu poder perante aquela sociedade. As peças criadas pelo governo soviético se notabilizaram pela inovação de sua linguagem artística, centrada na figura do trabalhador rural e urbano, criando um gênero que até hoje pode ser encontrada como referência estética para a arte contemporânea e pós-moderna. Ou, na outra esfera, a propaganda das forças militares dos EUA, que não só buscavam a aceitação social da participação do país nos conflitos armados, mas serviram fundamentalmente como instrumentos para a convocação de novos soldados – quando, inclusive, nasce a figura clássica do Tio Sam, presente em posters convocatórios com seu dedo apontado e as inscrições *"I want you for U. S. Army"*.
Ver Bakke, Lars Hasvoll. *Propaganda Design & Aesthetics: Soviet Retro Posters.* Crestock (versão online), 2008. Disponível em: <http://www.crestock.com/blog/design/propaganda-design-aesthetics-soviet-retro-posters-118.aspx>. Acesso em: 12 de dezembro de 2019; e, Knauer, Kelly. *I Want You: The Story Behind The Iconic Recruitment Poster.* Time (versão online), 2017. Disponível em: <https://time.com/4725856/uncle-sam-poster-history/>. Acesso em: 12 de dezembro de 2019.

[8] Ver Viana, Pablo Moreno Fernandes. *Publicidade que entretém: conteúdos de marca no contexto digital.* Tese de Doutorado apresentada no Programa de Pós-Graduação da Escola de Comunicação e Artes da Universidade de São Paulo. São Paulo, 2017, p. 63-65.

[9] Gomes, et al., Op. Cit., 1998, p. 242.

[10] *"Os romanos pintavam as paredes para anunciar lutas de gladiadores, e os fenícios pintavam figuras para promover seus artigos em grandes rochas ao longo de rotas movimentadas (...) Outra antiga forma de propaganda era a marca que os comerciantes colocavam em seus produtos, como potes. À medida que sua reputação se espalhava de boca a boca, os compradores começavam a procurar por uma marca em*

mente desenvolvida paralelamente à Revolução Industrial, justamente para dar vazão à progressiva produção massificada de bens advindos das novas tecnologias.

Nasce[11], portanto, de uma necessidade conjectural, com um fim bem proposto: vender os excedentes que se multiplicavam em escala crescente e, ao mesmo tempo, diferenciar os concorrentes entre si[12]. A publicidade, pois, é uma construção da sociedade de massas[13] e tal como ela, acompanhou toda sua evolução, sempre se adaptando para figurar como uma importante ferramenta à consecução da promoção do consumo, objetivo inerente de uma sociedade capitalista.

Na virada para o século XX, e a trazida de verdadeiras ferramentas de *mass media* – ou veículos de comunicação de massa – tais como o rádio, a televisão e a internet, a publicidade se desenvolve a um patamar de complexidade e onipresença em todos os setores da sociedade contemporânea[14].

particular, como ocorre hoje com marcas registradas e nomes de produtos." (Bertomeu, João Vicente Cegato. *Criação em filmes publicitários*. São Paulo: Cengage Learning, 2010, p. 10)

11 Os teóricos da Comunicação Social apontam o surgimento de jornais como o início da publicidade. Para Bertomeu, o primeiro jornal britânico *The Weekly News* (de 1622) e o norte-americano *Tatler* se notabilizam pela crescente exposição de produtos e serviços, marcando a gênese da publicidade moderna. Ainda nos relembra que, "*Benjamin Franklin tem sido conhecido como o pai da propaganda americana, porque sua Gazette, publicada pela primeira vez em 1729, teve a maior circulação e maior volume de propaganda jamais visto em qualquer jornal da América colonial.*" (Bertomeu. *Op. cit.*, 2010, p. 11). Paralelamente, "*a publicidade chega ao Brasil com a transferência da corte para o país, visto que junto com a família real, instalou-se por aqui também o primeiro jornal feito no Brasil, a Gazeta do Rio de Janeiro, como apresenta Casaqui (2007). Com o início da veiculação do primeiro jornal, surge um gênero que, segundo o autor, será dominante na publicidade brasileira durante o século XIX: o classificado.*" (Viana. *Op. cit.*, 2017, p. 59)

12 "*Para isto, para possuir e consolidar tal capacidade de influência, é necessário estabelecer essa diferenciação, principalmente através do desenvolvimento de marcas e embalagens, de variações ou adaptações de produtos e de um contínuo esforço de publicidade e de outras formas de comunicação mercadológica; visando, ao fim de tudo, a que aos olhos dos consumidores um certo produto não seja substituível por nenhum outro senão à custa de insatisfação ou de perda do prazer de consumo, mantendo-se assim um mercado cativo e passível de constante ampliação.*" (Piratininga, Luiz Celso de. *Publicidade: arte ou artifício*. São Paulo: T. A. Queiroz, 1994, p. 2.)

13 Ao surgir a produção em massa, surge também o consumo em massa e, logo, a cultura de massa – ambiente onde a publicidade irá se desenvolver. "*A partir de 1850, as empresas passaram a perceber a necessidade de se utilizarem da propaganda para ampliar suas vendas e seu crescimento. Emerge, então, a publicidade como forma discursiva que permitiu a incorporação das diversas classes sociais numa cultura de mercado.*" (Bertomeu, Op. cit., 2010, p. 2)

14 "*Nas sociedades capitalistas contemporâneas, portanto, a publicidade é atividade de relevância ímpar, em virtude da centralidade do consumo e da midiatização. Um dos caminhos pelos quais produtos*

Tais evoluções, seguramente, são sempre acompanhadas de novos questionamentos. E, a publicidade, no bojo de sua natureza multidisciplinar, suscita questões nas mais diversas áreas, inclusive sobre seu próprio conceito. A publicidade de hoje já não é mais a publicidade de outrora.

1.1. Conceitos e funções da Publicidade: meio de comunicação, arte e ciência

O renomado publicitário David Ogilvy é sintomático ao determinar que *"o objetivo de um comercial não é divertir o telespectador, mas vender para ele"*[15]. A afirmação se encontra no manual escrito pelo publicitário, onde ele despeja inúmeras "regras de sucesso" para a atividade de "vender".

O livro foi escrito no ano de 1962, quando ainda se ensaiava o grande delírio da *Madison Avenue*[16], e a publicidade ainda estava nos seus primeiros passos evolutivos, recepcionada pela década de ouro triunfante da cultura americana do pós-guerra. Era apenas o início. Mesmo Ogilvy[17] parece concordar que a sua afirmação deveria ser desconsiderada quando, em 1988, ele reescreve a introdução de seu livro confessionário, reafirmando que, no ano que ele o escreveu, pouco se sabia sobre o que *"funcionava e o que não funcionava em televisão"*.

Se o tempo ensinou a um dos grandes mestres da publicidade mundial, é porque a própria atividade publicitária[18] se moldou como um ele-

transformam-se em objeto de desejo é por ela, e por esse motivo, precisou adaptar-se às mudanças na lógica do consumo. Adquirir produtos e serviços, então, vai além de necessidades materiais e relaciona-se também com a construção da identidade, de subjetividades e de apreensão do vivido. Neste sentido, o primeiro anúncio veiculado no Brasil, apresentado na epígrafe que abre a Introdução deste trabalho, ainda se distanciava bastante da lógica da publicidade contemporânea. Utilizando uma linguagem formal, descritiva e sem recorrer a aspectos da poesia ou da arte, evidencia a evolução da publicidade de acordo com as transformações sociais." (VIANA, *Op.cit.*, 2017, p. 15)

[15] OGILVY, David. *Confissões de um publicitário*. Tradução por Luiz Augusto Cama. Rio de Janeiro: Bertrand Brasil, 2015, p. 201.

[16] Em confessa alusão ao multi premiado seriado norte-americano *Mad Men*, de criação do *showrunner* Matthew Weiner e produção da Lionsgate Television, e que contava a história sedutora de Don Draper, diretor de criação da fictícia agência de publicidade Sterling Cooper. A série foi um sucesso de crítica e público, em parte porque mimetiza com extrema precisão autêntica e histórica o cotidiano das inúmeras agências de publicidade sediadas na *Madison Avenue* durante a década de 60, em Nova York, entre elas a própria agência de David Ogilvy.

[17] OGILVY, *Op. cit.*, 2015, p. 10.

[18] A própria definição de publicidade do artigo 8º do Código Brasileiro de Autorregulamentação Publicitária descreve-a como: *"toda atividade destinada a estimular o consumo de bens ou serviços,*

mento cultural, tanto ditando tendências, quanto se forjando a satisfazer as demandas culturais contemporâneas em seu tempo. Sempre se desenvolveu muito mais do que um instrumento meio, mas como uma finalidade em si mesmo[19].

Compreende-se que haja certa relutância em assumir outros papéis à publicidade: Luiz Celso de Piratininga, em seu ensaio de 1994, afirmava categoricamente que "por trás de cada peça publicitária (...) se esconde a incitação ao consumo", reforçando sua crença ao recomendar que:

> *ninguém pode esquecer, por um momento sequer, que a publicidade comercial, mesmo ideologicamente engajada em divulgar valores éticos e morais de comportamento, tem por função objetiva e primordial informar as características deste ou daquele produto ou serviço, de forma a promover sua venda, pois para isto ela é paga.*[20]

Certamente a publicidade cumpre uma função mercadológica, afinal, sem uma marca por detrás, não haveria publicidade. No entanto, transpa-

bem como promover instituições, conceitos ou ideais", indo além da mera oferta e venda de bens e mercadorias. (CONAR. *Código Brasileiro de Autorregulamentação Publicitária*. Disponível em: <http://www.conar.org.br/>. Acesso em: 23 de dezembro de 2019).

19 Embora este seja um trabalho acadêmico jurídico, preocupar-se-á em conceituar a publicidade mais por sua gênese teórica comunicacional do que por sua acepção jurídica. Muitos juristas já versaram e ensaiaram sobre o tema, cada qual assumindo uma definição e conceitos próprios, dentre os quais destacamos: Carlos Alberto Bittar e Antonio Chaves, já referendados aqui, mas, também, Lucia Ancona Lopez de Magalhães, Cláudia Lima Marques, Adalberto Pasqualotto, Paulo Vasconcelos Jacobina, entre tantos outros. Para uma boa compilação de tais entendimentos: (Ver CAUDURO, Luiza Kremer; PASQUALOTTO, Adalberto de Souza. *Sistemas de autorregulamentação da publicidade: um quadro comparativo entre países.* Revista da Faculdade de Direito da UFRGS, n. 35, vol. Esp. Porto Alegre: 2016, p. 209-210). Ajuntamos, por oportuno, a definição emprestada pelo jurista italiano Renato Rolli, que sintetiza com precisão o espírito do conceito adotado por este estudo, para quem publicidade, *"dal primo punto di vista essa assolve una funzione informativa allorché fa sì che i consumatori possano soddisfare le loro esigenze, compiendo scelte in autonomia e piena consapevolezza, con ciò rendendo trasparente e più concorrenziale il segmento di mercato. Non desiste, però, dall'esercitare una funzione di tipo persuasivo quando è chiamata a catalizzare l'attenzione di consumatori indifferenti, contribuendo ad imprimere un maggiore grado d'interesse al prodotto sino a quel momento eventualmente trascurato. È bene rammentare che, sovente, la scelta, teleologicamente orientata verso un prodotto, è dettata non già solo da un giudizio utilitaristico in termini di convenienza, ma da fattori che attengono alla sfera dell'inconscio, della psiche, del piacere, perché i beni in questione risultano capaci di ingenerare emozione e benessere"*. (ROLLI, Renato. *Pubblicità e diritto d'autore: il topolino e l'elefante?* In: ENCABO VERA, Miguel Ángel; ROLLI, Renato (Orgs.). *Publicidad y derechos de autor en algunos países de Europa*. Ariccia: 2015, p. 15)

20 PIRATININGA, *Op. cit.*, 1994, p. 21-22.

rece que as evoluções das demandas e comportamentos sociais ao longo da história exigiram que a publicidade adquirisse novas funções, ainda que, em última análise, voltadas para a autopromoção da marca e dos produtos e serviços ofertados. Essas novas funções, contudo, deixam margem suficiente para questionar se o papel exclusivo da publicidade é meramente a indução ao consumo, para fechar o ciclo produtivo-distributivo capitalista.

Nesse sentido, assumimos a noção da publicidade como algo maior a um simples instrumento para catalisar as vendas de um serviço ou de um produto. E pode-se ir além, já que é plenamente possível desenhar a publicidade como uma verdadeira ferramenta de construção de comportamentos culturais, representando aí um grande elo sociológico entre as diversas e diferentes culturas do mundo[21].

O professor da ECA-USP, João Anzanello Carrascoza, afirma que a publicidade "é o viveiro simbólico no qual as empresas anunciantes, através do trabalho das agências de propaganda, cultivam narrativas possíveis e favoráveis (ao produto/serviço ou marca)"[22]. O mesmo autor assume que a publicidade ainda "abrange um sistema de comunicação midiática que (...) não apenas informa (sobre o produto), mas tem o objetivo de incitar o consumo."[23]

O que Carrascoza questiona mais a frente, inclusive cotejando a publicidade com a responsabilidade social e a preocupação hodierna de sustentabilidade e conscientização acerca do consumo excessivo, é se há a incitação ao consumo do produto/serviço em si, ou o consumo de um símbolo, afirmando que novas formas de publicidade estão voltadas para a proposição de um "discurso de gratificação de consumo simbólico"[24]. Que, por sua vez, é alcançado por meio da adoção de recursos narrativos com gatilhos emocionais, para entreter o consumidor, afastando-se das técnicas *call-to-*

[21] Washington Olivetto, em seu "primeiro e penúltimo" livro autobiográfico, ao comentar o impacto de sua campanha criada para a marca Bombril, nos relembrou que nos anos 1980 uma pesquisa mundial apontava que na grande maioria dos países pesquisados a primeira marca a ser lembrada era a da Coca-Cola, mostrando o poder da publicidade para a criação de uma marca e a sua ligação identitária com as pessoas, ligando-as de alguma forma em um ponto comum. (Olivetto, Washington. *Direto de Washington*. Rio de Janeiro: Estação Brasil, 2018, p. 71.)

[22] Carrascoza, João Anzanello. *Estratégias criativas da publicidade: consumo e narrativa publicitária*. São Paulo: Estação das Letras e Cores, 2014, p. 10.

[23] Carrascoza, *Op. cit.*, 2014, p. 52.

[24] Carrascoza, *Op. cit.*, 2014, p. 59.

-*action*, caracterizadas pelo emprego do modo verbal imperativo e direcionando o consumidor positivamente ao consumo[25].

> *Essa posição hegemônica em relação à publicidade – força-motriz para estimular o consumo de produtos e serviços – acabou levando-a a ser reconhecida, durante o século XX, como a retórica do consumo. A única, até então. Uma espécie de metamercadoria. Mas, a partir da década de 1980, com avanço dos estudos sobre consumo e suas interligações com a Comunicação, abriu-se um sertão onde só havia vereda. O consumo passou a ser pensado como um sistema de classificação, um código pelo qual se traduzem as relações sociais, além de um processo ritual. Não mais restrito à concepção de compra de mercadorias, mas carregado de dimensão simbólica, o consumo se tangibiliza, pois, por meio de muitas retóricas. Para Baudrillard (1991), as retóricas do consumo são produzidas por um sistema de significação, gerenciado pela indústria cultural, que não se restringe à publicidade, mas abrange a moda, a televisão, o cinema e a música pop, aos quais podemos acrescentar, hoje, outros tantos discursos, em especial aqueles em convergência com as mídias digitais.*[26]

A publicidade, então, busca por meio de recursos narrativos, recriar um mundo próprio, para inserir o seu consumidor nesse mundo. Mais do que *market share*, objetivo fundamental do *marketing*, a publicidade, nos moldes atuais, busca o *mind share*[27] e a participação ativa na vida e cotidiano das pessoas.

Não há de se dizer que a publicidade não se ocupe mais em vender, ou promover o consumo de uma determinada marca e seus produtos e serviços. É preciso compreender também a função mercadológica da publicidade[28], mas não encará-la como soberana na atividade publicitária. O que se busca aqui é assumir uma maior dimensão da publicidade, de recria-

[25] Comumente utilizadas nas peças publicitárias, por exemplo, com as frases "se inscreva agora" ou "procure já seu carro...". Segundo Carrascoza, *"não é por acaso que, no mundo inteiro, a publicidade vem desenvolvendo novas possibilidades táticas. São as peças interativas na internet, o advertainment (a união de propaganda e entretenimento com o apagamento proposital de fronteiras), as ações de guerrilha (encenações que objetivam influenciar o público pela emoção, pelo humor), as performances de branding experience..."* (Carrascoza, *Op. cit.*, 2014, p. 59).

[26] Carrascoza, *Op. cit.*, 2014, p. 103-104.

[27] Carrascoza, *Op. cit.*, 2014, p. 106.

[28] Mesmo porque, esse objetivo mercadológico é o que fomenta a própria existência da publicidade e que ditará os contornos da produção de obras publicitárias, inclusive, impactando no processo criativo dessas obras, como se aprofundará mais a frente.

ção de um universo ideal em que conecte a marca anunciante aos seus consumidores, prestando-os uma satisfação[29] de consumo, de desejo[30], de *status*, imanentes da nova ordem comportamental hedonista e individualista da pós-modernidade, que vai dar vazão à *publicidade dionisíaca*[31]. Vai, portanto, muito além da mera finalidade comercial de venda de um objeto ou serviço[32].

> *A publicidade contemporânea não busca mais simplesmente persuadir o sujeito como fazia anteriormente, descrevendo e repetindo os atributos de um produto para lembrar o consumidor de sua existência (...). Ela quer que as pessoas façam da marca parte de seu imaginário, de sua identidade.*[33]

Compartilha a mesma visão, João Vicente Cegato Bertomeu, ao circunscrever a publicidade como, antes de tudo, uma "informação com objetivo específico: criar um elo entre o produtor e o consumidor", para, enfim, conceituá-la na sua função generalista de "comunicação de uma mensa-

[29] Aqui, oportuna a síntese didática feita por Vinícius Mano, ao dividir a publicidade em três fases: *"a primeira delas, focada em uma comunicação simples: um padeiro em uma pequena vila coloca uma placa em frente à sua padaria dizendo que ali se vende pão. A segunda fase preocupa-se com a diferenciação dos produtos diante da concorrência e da enorme quantidade de produtos semelhantes. Assim, o nosso padeiro passa a exibir em diversos locais da cidade que o seu pão é mais crocante que o da concorrência. Por fim, a terceira fase, a fase da recompensa, na qual a publicidade se preocupará em dar alguma coisa de valor para as pessoas em troca de seu envolvimento. Pode ser conteúdo, experiência, informação, entretenimento ou um produto/serviço de uso indispensável."* (Mano, Vinícius. *Conceito criativo: notas sobre o processo de criação na publicidade*. Porto Alegre: EDIPUCRS, 2014, p. 23.)

[30] Aliás, o desejo sempre foi combustível para a criação publicitária, expresso nessa rápida (e ácida) passagem de Ogilvy: *"O velho John Burns, o pai do movimento trabalhista na Inglaterra, dizia que a tragédia das classes trabalhadoras era a pobreza de seus desejos. Eu não peço desculpas por incitar as classes trabalhadoras a desejar vidas menos espartanas."*(Ogilvy, *Op. cit.*, 2015 p. 245).

[31] Viana, *Op. cit.*, 2017, p. 51.

[32] Um bom caso ilustrativo dessa faceta da publicidade, que busca pontos de encontros afetivos e se emprestam do universo real para comporem seu universo ideal, a fim de amalgamar as realidades entre a marca e seus consumidores, usando para tanto de forte empréstimo de narrativas emocionais e comportamentais, é o filme publicitário produzido para a Nike, *"Dream Crazier"*, de criação da agência Wieden+Kennedy, direção por Kim Gehrig, que se apropria do discurso de empoderamento do gênero feminino para lutarem contra os padrões e de realizarem seus sonhos. É evidentemente uma peça que não se pauta na objetiva venda de algum produto, mas "vende" uma ideia, um valor da qual a marca quer se conectar para, enfim, se relacionar com seu público. Ver Gehrig, Kim. *Dream Crazier – Nike*. 2019. Disponível em: <https://www.youtube.com/watch?v=whpJ19RJ4JY>. Acesso em: 15 de dezembro de 2019.

[33] Viana, *Op. cit.*, 2017, p. 17.

gem". Adverte ainda que, "é preciso insistir nesse aspecto, pois o erro mais frequente é acreditar que a propaganda é venda"[34].

Então, pode-se encarar a publicidade como "um forma de comunicação carregada de repertório simbólico capaz de refletir os interesses sociais", cumprindo sua função mercadológica ao buscar "também sensibilizá-los (os consumidores) para os produtos anunciados"[35]. E nesse caminho, a publicidade contemporânea promove suas relações através de "vínculos afetivos" com seus consumidores, sem que isso implique necessariamente a ocultação ou omissão dos objetivos da marca[36]; apenas implica dizer que a publicidade transborda a mera função de ferramenta de venda, de incitação ao consumo, para se firmar como uma ferramenta de comunicação com diversos e maiores propósitos[37].

Por esse ângulo, para buscar a concretização de seus fins, a publicidade se utiliza de diversos recursos técnicos. Sob uma perspectiva jurídica, como bem apontou Bittar, a publicidade[38] se extravasa enquanto ciência, arte e (também) como um meio de comunicação, que parece ser o resultado final da soma de suas outras duas funções. É assumir que, enquanto um meio de comunicação, se utiliza tanto de artifícios técnicos, próprios de uma ciência publicitária, quanto de elementos artísticos, que irão subsidiar a narrativa de uma campanha publicitária e, finalmente, engajar a comunicação pretendida e planejada.

Bertomeu, em leitura de Mattelart, cita o caráter de hibridismo, de mistura de discursos, que é inerente à publicidade[39]. Segundo o autor,

[34] Bertomeu. *Op. cit.*, 2010, p. 13.

[35] Viana, *Op. cit.*, 2017, p. 66.

[36] Viana, *Op. cit.*, 2017, p. 69.

[37] *"Nas últimas décadas, todavia, com a comoditização dos produtos, o apelo publicitário às emoções, aos benefícios sensoriais, capazes de levar ao público à identificação com um determinado estilo de vida, se tornou prevalente. Essa tendência eclodiu nos Estados Unidos, quando a sociedade do entretenimento se consolidava lá e a narrativa ganhou maior relevância na retórica de anúncios e comerciais de televisão (Fontenelle, 2002, p. 236). Contar histórias passou a ser, desde então, a principal estratégia criativa das campanhas publicitárias. E a maior parte da publicidade atual, continua, mundo afora, a dar ênfase, no mapa de Semprini, aos valores de consumo lúdicos e práticos."* (Carrascoza, *Op. cit.*, 2014, p. 57).

[38] Bittar, *Direito de Autor na Obra Publicitária*, 1981, p. 74.

[39] Intertextualidade também abordada por Rogério Covaleski, ao estudar as interconexões das linguagens cinematográficas e publicitárias no que, para o autor, *"vale ressaltar que na análise dos recursos comunicacionais disponíveis, a partir dos quais o publicitário busca informar e persuadir sobre o que está sendo anunciado, percebe-se o quão próximo o processo criativo chega da concepção artística"*, para adiante afirmar que, *"pondo de lado a função comercial de uma peça publicitária, é perceptível,*

"além de informar ou persuadir, ela cria representações da realidade, utilizando-se de todos os gêneros do mundo midiático, as artes plásticas e do cotidiano"[40]. Giuliano Tosin, em seu artigo[41], avalia essa hibridização como um sincretismo cultural, singular dos tempos contemporâneos, onde tanto a publicidade se reveste e se denota como arte, como a arte se utiliza da publicidade.

Comentando os instantes poéticos na comunicação publicitária, João Anzanello Carrascoza reconhece que

> *a publicidade é capaz, pois, de monumentar, por meio do lirismo, o cotidiano e o desconhecido em suas campanhas, ou em peças publicitárias avulsas. E, esperamos ter ficado claro, que, ao dizer "poesia", não nos referimos aqui à ideia epidérmica da utilização de versos em seu discurso, ao investimento na função poética (*Jakobson*, 2005) e em figuras de linguagem, especialmente as metáforas, que tanto contribuem para "poeticizar" as mensagens. Mas a essa capacidade que os criativos têm – este é seu desafio e a medida de seu talento – de produzir, para as marcas anunciantes, instantes poéticos que levem o consumidor à fruição estética.*[42]

Indaga, Luiz Celso de Piratininga, se a publicidade seria arte ou artifício. A resposta se dá ao longo de seu premiado ensaio. Para o autor, também publicitário e professor, o questionamento acerca da alçada da publicidade enquanto manifestação artística é resultado de uma "necessidade ideológica de manter a 'Arte' no patamar de intocabilidade social a que estava

em muitos exemplos, a proximidade desta à arte", já que o seu temperamento criativo *"faz com que a função poética da linguagem se sobreponha à função referencial ou conativa"*. (Covaleski, Rogério. *Cinema e publicidade: intertextos e hibridismos*. Rio de Janeiro: Confraria do Vento, 2015, p. 62-63)

40 Bertomeu, *Op. cit.*, 2010, p. 3.

41 *"O sincretismo entre publicidade e arte é um sintoma característico da hibridização cultural contemporânea, e sua análise não pode ser feita de maneira dissociativa, mas sim observando as duas formas de manifestação como fatores convergentes para um ponto único, onde as diferenças não são suficientes para impedir as fusões e sínteses. Através da observação de casos representativos deste sincretismo, é possível detectar a variedade de operações que mobilizam conteúdos das artes para a publicidade, e vice-versa. Podemos falar portanto, de um signo publicitário estético que, em sua condição híbrida, faz com que se desloquem os antigos padrões conceituais das duas áreas, estimulando novas perspectivas de compreensão de seu fenômeno, e das próprias transformações da realidade que estão demonstradas em sua composição."* (Tosin, Giuliano. *Publicidade e arte: perspectivas para o estudo de um sincretismo contemporâneo*. Trabalho apresentado ao NP Publicidade e Propaganda, do VI Encontro dos Núcleos de Pesquisa da Intercom, 2006, p. 12. Disponível em <http://www.portcom.intercom.org.br/pdfs/83674485931817296551262520304978953644.pdf>. Acesso em 27 de outubro de 2019.)

42 Carrascoza, *Op. cit.*, 2014, p. 122.

destinada pelo ideário estético romântico" que impossibilitaria por alguns, por assim dizer, "a identificação da publicidade como uma das legítimas manifestações artísticas da sociedade de massas"[43].

Para Piratininga, a publicidade "se abebera nas expectativas de seu tempo – do público ao qual se atinge e do grupo econômico ao qual serve", para satisfazer "através de soluções artísticas a ambos simultaneamente"[44]. Logo, "hoje em dia, assim como cada vez mais no correr do século XX, a publicidade é parte inegável desta *entourage culturelle*, enquanto manifestação artística"[45]. Por fim, Piratininga ainda suscita que o empréstimo da linguagem artística se dá na razão da mensagem publicitária encontrar recursos que possibilitem sua máxima expressividade[46], como forma de atingir sua eficiência comunicacional, algo que será também encontrado na publicidade em sua função científica.

Para este aspecto, enquanto artifício para fins mercadológicos, a evolução da publicidade se pautou sempre em conhecimentos tecnológicos sobre o "jeito certo de fazer" publicidade, criando as mais diversas regras com o fim único de se alcançarem a máxima eficiência e eficácia comunicacional. Não faltam exemplos de manuais e cartilhas produzidos que compilam essas engenharias da atividade publicitária[47] – entre os quais, o

43 Piratininga, *Op. cit.*, 1994, p. 70.

44 Piratininga, *Op. cit.*, 1994, p. 72.

45 Piratininga, *Op. cit.*, 1994, p. 71.

46 *"Além do desenvolvimento da forma estético-artística capaz de maior sensibilização, e da busca da melhor adequação possível de conteúdo objetivos globais do anunciante e às necessidades de cada público visado, a mensagem publicitária tem de encontrar a forma mais eficaz de expressão. Por isso ela utiliza arte e para isso ela se faz arte."* (Piratininga, *Op. cit.*, 1994, p. 77-78).

47 Dos quais, Piratininga destaca os célebres manuais da Unilever, intitulado de *"Unilever Plan for Good Advertising, manual desenvolvido por essa imensa corporação anglo-holandesa e distribuído internacionalmente a todas suas filiais na década de 60"*, que no Brasil foi recebido por sua sigla UPGA – *Plano Unilever para Boa Propaganda*, já no ano de 1967 e que previa os chamados *"Dez Princípios Básicos para a Boa Propaganda de Marca"*, que, segundo o mesmo autor, visavam *"garantir à corporação ganhos efetivos de qualidade em suas ações de comunicação publicitária (...) enfatizando a necessidade de um forte entrosamento entre cada companhia e a agência de publicidade encarregada de atendê-la, como maneira de se assegurar do (seu) pleno cumprimento"*. Piratininga ainda cita outros exemplos: o manual de criação publicitária adotado pela agência de publicidade Leo Burnett nos anos 70, que ditava inclusive a *"secundagem exata em que o produto anunciado deveria aparecer"*; ou, os livretos desenvolvidos pela renomada agência J.W. Thompson, enviada a todas suas filiais, que continham os exemplos de sucesso da própria agência, e que determinavam regras para a publicidade comparativa – quando as vantagens do produto anunciado deveriam ficar sempre à direita na diagramação – ou a regra de que um título nunca deveria ser escrito apenas

já citado aqui, *"Confissões de um publicitário"* de David Ogilvy, que conjuga as experiências profissionais do publicitário com a sugestão das melhores práticas para a criação e atividade publicitária[48].

Ao mesmo tempo, a ciência da publicidade desenvolve seus próprios métodos, dos quais Piratininga[49] aponta o Sistema AIDA (Atenção, Interesse, Desejo e Ação), focado nos cinco passos para se alcançar o sucesso comunicacional de um anúncio que se resumiria ao roteiro de: (i) atrair a atenção do consumidor; (ii) construir seu interesse; (iii) criar seu desejo; (iv) produzir a ação e, finalmente; (v) gerar vendas. Bertomeu, por seu turno, cita o livro *"Defining advertising goals for measured advertising results"*, de Russel H. Colley, que criou o método DAGMAR, no qual "lista 52 possíveis objetivos de propaganda (...) para transformar os objetivos de propaganda em metas específicas mensuráveis"[50].

A despeito, a mensuração do alcance do público-alvo, a que se destina a publicidade, é outra face que revela a cientificidade desenvolvida pelos publicitários e seus teóricos. Tendo por base a publicidade como um investimento feito pelos anunciantes, é legítimo que eles engatem uma lógica financeira a esse aporte, que deverá ser devidamente evaluado para dimensionar o seu impacto. Surgem, então, diversas métricas para calcular o retorno desse investimento que poderão ser auferidos de forma quantitativa – observados os reflexos nas vendas diretas, na repercussão midiática da marca, no engajamento dos seus consumidores, entre outros parâmetros – ou de forma qualitativa – que se traduz no valor agregado daquela publicidade à imagem do anunciante[51].

Nos dias atuais, através das mídias e meios de comunicações digitais, em que se é possível recolher dados dos usuários, aliado com as novas formas de produção publicitária, a metrificação de tais campanhas e peças ganha

em caixa alta, entre outras tantas regras que evidenciam esse caráter científico técnico da publicidade. (PIRATININGA, *Op. cit.*, 1994, p. 26-27)

[48] *"Quando redatores, diretores de arte e produtores de televisão vêm trabalhar na nossa agência, são enfiados numa sala de reuniões e submetidos à minha Lanterna Mágica, que lhe diz como escrever títulos e textos, como ilustrar anúncios, como construir comerciais de televisão e como escolher a promessa básica para as campanhas. As regras que postulo não representam minha opinião pessoal – elas são a quintessência do que aprendi por meio da pesquisa."* (OGILVY, *Op. cit.*, 2015, p. 143)

[49] PIRATININGA, *Op. cit.*, 1994, p. 29.

[50] BERTOMEU. *Op. cit.*, 2010, p. 14.

[51] Especialmente no contexto atual em que as marcas precisam publicizar suas medidas favoráveis à preservação e fomento de sua responsabilidade sócio ambiental.

novos contornos, exaltando ainda mais o aspecto de ciência que reveste a publicidade. Há um grande debate atual[52], inclusive, no qual se discute que as agências de publicidade e os *media bureaus* – empresas especializadas na compra dos espaços publicitários – empenham mais uma atuação de estudo e pesquisa das melhores fórmulas e métricas para anunciar do que uma atuação realmente criativa. Quer dizer, ao passo que se tornou mais fácil colher dados sobre os impactos de uma campanha, as agências e publicitários passaram a dedicar mais esforços "matemáticos" para formularem a receita de veiculação das peças publicitárias nas infinitas mídias disponíveis do que, de fato, criando e exercendo suas criatividades nas peças.

O debate é longo[53] e envolve uma série de questões adjacentes, entre elas a própria forma tradicional de remuneração das agências de publicidade – baseada em comissões pagas pelos veículos de comunicação pela compra de tais espaços de mídia – e que tem sido cada vez mais questionada pelos anunciantes[54]. Por ora, espreita-se tão só o fato de que a realidade em uma agência de publicidade, especialmente aqui no Brasil, onde

52 *"Michael Kassan has a short, simple handle for how advertising and marketing has evolved over the years. 'It used to be Mad Men. The it became Media Men. Now it's Math Men,' he says. 'There's a mash-up that has occurred. The Mad Men, which was the creative agency, and the Media Men, which was the media agency, and the Math Men, which is the data and technology person, is now one person. And that's what clients want.'"* (AULETTA, Ken. *Frenemies: the epic disruption of the ad business (and everything else)*. Nova Iorque: Penguin Press, 2018, p. 262)

53 Envolve, inclusive, a recente tendência de se automatizar, por meio de inteligência artificial, as compras de espaços de mídias, em especial, das mídias digitais. Assim, reduz-se custo para os anunciantes, que tiram um intermediário (no caso, as agências de publicidade e mídia), e automatizam operações por meio de algoritmos especificamente desenhados para essa finalidade – tecnologia que foi nomeada por *Programmatic*. Ver IAB. *Top 10 Things You Need to Know about Programmatic but Were too Afraid to Ask*. 2014. Disponível em: <https://www.iab.com/news/top-10-things-you-need-to-know-about-programmatic/>. Acesso em: 25 de dezembro de 2019. O assunto também foi tratado por Ken Auletta ao mencionar que *"the advertising industry collectively worries that what they think of as their art – big creative ideas – will be replaced by machines weaponized with data an algorithms and artificial intelligence. (...) They* (as agências) *know that new technologies like programmatic or computerized buying of advertising eliminate jobs. They know personalized ads dispatched by Instant Messages (IMs) or e-mails can be created by machines. They know algorithms and machines powered by AI increasingly decide what we see or read."* (AULETTA, *Op. cit.*, 2018, p. 34 e 37)

54 *"Agencies, he declared, engaged in a 'pervasive' practice of demanding 'kickbacks' from media companies and platforms like magazines, newspapers, TV, radio, and Web sites in exchange for their dollars. 'There are cases where there are rebates that should be going to clients that are instead going to agencies."* (AULETTA, *Op. cit.*, 2018, p. 8)

as agências atuam tanto criativamente como também na gestão da veiculação das campanhas publicitárias, parece lidar muito mais com os desafios numéricos para justificarem seus dotes criativos.

Esta noção da publicidade ganha contornos mais profundos ao analisarmos o processo de globalização, em especial, verificado após a massificação do acesso à internet, ao longo dos anos 90 do século XX, momento que se concretiza uma verdadeira sociedade global[55]. É nesse contexto que é válida uma breve análise acerca da contemporaneidade da atividade publicitária e de seu atual contexto.

1.2. A atividade publicitária contemporânea e as novas formas de produção publicitária

"Se a publicidade tivesse um pouco mais de respeito pelo público, o público teria muito mais respeito pela publicidade."
James Randolph Adams

De início, essa seção cuidará de delinear o atual momento do mercado publicitário, trazendo para análise algumas posturas comportamentais, tanto das empresas quanto dos grupos sociais a quem se destina a publicidade contemporânea, para, ao fim, detalharmos mais aprofundadamente as novas configurações de produção publicitária atualmente. Por certo, este estudo se ocupa mais das implicações jurídicas do que dos próprios avanços da publicidade ao longo dos anos. Mas, ao mesmo tempo, ainda que de maneira superficial, se faz necessário ilustrar como as inovações do novo século influíram nas comunicações de uma marca com seus consumidores, para que seja possível avaliar também os reflexos na área jurídica.

Dessa maneira, não só os meios de difusão e de comunicação observaram uma enorme evolução tecnológica, mas também o processo de acesso, criação, produção e alcance das obras publicitárias se adaptaram às novas demandas sócio comerciais e ao momento de conexões globais.

[55] *"A publicidade se institui como uma forma cultural, ora arte e ciência, ora forma empresarial e forma de representação, texto e tecnologia, sujeito e objeto, cuja natureza dialógica e fragmentada a coloca como discurso hegemônico da modernização capitalista, possibilitando construir e imprimir uma recepção e estéticas próprias, fixando um gênero discursivo específico e capaz de propor suas próprias formas de ver e conceitualizar a realidade num tempo e espaço próprios do projeto capitalista."* (Bertomeu, *Op. cit.*, 2010, p. 3)

Ao longo século XXI, a publicidade, e por correlato, a atuação de *marketing* das empresas se desenvolveram conforme evolveram as relações humanas nesse meio tempo.

A evolução das fases de *marketing*[56], como dito, é um reflexo do próprio progresso e transformações das relações sociais durante o último século por meio do desenvolvimento da tecnologia e da revolução da comunicação, para chegarmos ao modelo contemporâneo de hibridismo entre publicidade e entretenimento, que se denota do *branded content* (conteúdo de marca, em tradução livre) e como ele se relaciona através de formas de criações interativas e/ou colaborativas a partir das novas tecnologias digitais[57].

Este novo modelo de publicidade se insere no que a ciência da Comunicação Social denomina por *Marketing* 3.0 e 4.0; ou seja, a era voltada para os valores e éticas do ser humano integrado no universo digital, respectivamente. Nestas fases, em consonância ao quanto já expusemos, a comunicação das empresas visa satisfazer consumidores, mas com uma contribuição e um comprometimento muito maior em termos de missões, visões e valores a apresentar ao mundo.

Em verdade, o objetivo do *Marketing* 3.0 é oferecer soluções para os problemas da sociedade, acreditando que os consumidores são seres humanos completos cujas outras necessidades e esperanças jamais devam ser negligenciadas[58]. Dessa forma, o *Marketing* 3.0 se revela como o *marketing* de essência do espírito humano[59]. Sendo assim, as empresas que praticarem o *Marketing* 3.0 se prestarão a "oferecer respostas"[60] – e esperanças – às pessoas que são afetadas pelos problemas contemporâneos, influenciando-

[56] Kotler, Kartajaya e Setiawan conceituam as fases do marketing em 4 fases: (i) marketing 1.0, dedicado ao produto em si; (ii) marketing 2.0, voltado para o consumidor; (iii) marketing 3.0, atuação centrada em valores e culturas humanas e; (iv) marketing 4.0, que se volta para o universo digital. Cf. Kotler, P.; Kartajaya, H.; Setiawan, I. *Marketing 3.0: as forças que estão definindo o novo marketing centrado no ser humano*. Tradução por Ana Beatriz Rodrigues. Rio de Janeiro: Elsevier, 2010, p. 3-4 e Kotler, P.; Kartajaya, H.; Setiawan, I. *Marketing 4.0: do tradicional ao digital*. Tradução por Ivo Korytowski. Rio de Janeiro: Sextante, 2017, p. 11-13.

[57] *"A nova onda de tecnologia facilita a disseminação de informações, ideias e opinião pública, e permite aos consumidores colaborarem para a criação de valor. A tecnologia impulsiona a globalização à paisagem política e legal, à economia e à cultura social, gerando paradoxos culturais na sociedade. A tecnologia também impulsiona a ascensão do mercado criativo, que tem uma visão de mundo mais espiritual."* (Kotler, P.; Kartajaya, H.; Setiawan, I., *Op. cit.*, 2010, p. 22)

[58] Kotler, P.; Kartajaya, H.; Setiawan, I., *Op. cit.*, 2017, p. 134.

[59] Kotler, P.; Kartajaya, H.; Setiawan, I., *Op. cit.*, 2010, p. 65.

[60] Kotler, P.; Kartajaya, H.; Setiawan, I., *Op. cit.*, 2010, p. 147.

-as em um nível superior e conectando-as de uma maneira tão intensa que fica extremamente dificultoso separar a marca daqueles valores defendidos, sobretudo nestas épocas de turbulência e crises, delineando um diferencial enorme[61].

> *Para fazer marketing da missão da empresa ou do produto junto aos consumidores, as empresas precisam oferecer uma missão de transformação, criar histórias atrativas em torno dela e envolver os consumidores em sua concretização. A definição de uma boa missão começa com a identificação de pequenas ideias que podem fazer grande diferença. Lembre-se de que a missão está em primeiro lugar e o retorno financeiro vem como resultado. A melhor abordagem para difundir a missão é contar histórias. Contar histórias em torno da missão tem a ver com a construção de personagens e de um enredo baseado em metáforas. Para convencer os consumidores de que suas histórias são autênticas, faça-os se envolverem em conversas sobre sua marca.*[62]

Destarte, os autores sustentam que os consumidores atuais aderem às empresas que abordem suas mais profundas necessidades de justiça social, econômica e ambiental em sua missão, visão e valores. Buscam não apenas satisfação funcional ou material, mas também satisfação espiritual, nos produtos e serviços que escolhem. Junto a essa realidade comportamental, a liberação do multipolo emissor na cibercultura possibilita, nas redes digitais, a abertura dos indivíduos para a criação de uma história coletiva, aberta e interativa, expandindo os horizontes de atuação e consciência da marca[63].

Para os autores, é preciso que as marcas e, por consequência, a publicidade se dê conta de uma nova ordem de consumidor que está surgindo

[61] *"Com o passar do tempo, o público começa a esperar que as empresas operem como mecanismos de desenvolvimento sociocultural, e não como mecanismos de geração de lucros. Um número cada vez maior de consumidores pode começar a julgar as empresas parcialmente por seu nível de comprometimento com os problemas públicos e sociais. Algumas empresas podem se mostrar capazes de lidar com a questão por meio da incorporação do desafio social à filosofia da empresa. Elas transformam a sociedade. Nesse momento, essas empresas terão passado ao Marketing 3.0."* (Kotler, P.; Kartajaya, H.; Setiawan, I., *Op. cit.*, 2010, p. 153)

[62] Kotler, P.; Kartajaya, H.; Setiawan, I., *Op. cit.*, 2010, p. 73-74

[63] *"A mídia social elimina barreiras geográficas e demográficas, permitindo às pessoas se conectarem e se comunicarem, e, às empresas, inovar por meio da colaboração. Os consumidores estão adotando uma orientação horizontal. Desconfiam cada vez mais da comunicação de marketing das marcas e preferem confiar no círculo social (amigos, família, fãs e seguidores)."* (Kotler, P.; Kartajaya, H.; Setiawan, I., *Op. cit.*, 2017, p. 29)

a nível global, caracterizada por ser "jovem, urbana, de classe média, com mobilidade e conectividades fortes"[64]. Essa nova classe de consumidores, totalmente conectada, se comunica entre si e cria suas próprias mensagens – deixam de ser meramente um polo receptor para se firmarem como um polo conector e emissor de informações[65].

Respeitar essa nova realidade e inserir os consumidores de forma ativa e participativa nas narrativas publicitárias das empresas é uma adaptação necessária destas para encararem as mudanças comportamentais e sociológicas da sociedade contemporânea. Quebra-se a lógica de empregar uma comunicação exclusivamente unidirecional, já que, "sendo 'alvos', os consumidores costumam se sentir invadidos e importunados por mensagens irrelevantes. Muitos consideram as mensagens unidirecionais das marcas como spams"[66]. Em pesquisa realizada e publicada em 2017 pela *Business Insider Intelligence*[67], 59% dos *millennials* optam por "pular anúncio"[68] quando veiculados anteriormente aos vídeos selecionados.

Para garantir aderência desses novos consumidores, conectados e avessos à publicidade tradicional invasiva, é preciso que os anunciantes se posi-

[64] KOTLER, P.; KARTAJAYA, H.; SETIAWAN, I., *Op. cit.*, 2017, p. 33.

[65] *"Os clientes não são mais receptores passivos de ações de segmentação, direcionamento e posicionamento de uma empresa. A conectividade acelera a dinâmica dos mercados a ponto de ser praticamente impossível para uma empresa ficar sozinha e depender apenas dos recursos internos para ser bem-sucedida. As empresas precisam encarar a realidade de que, para vencer, devem colaborar com grupos externos e até envolver a participação dos clientes."* (KOTLER, P.; KARTAJAYA, H.; SETIAWAN, I., *Op. cit.*, 2017, p. 35)

[66] KOTLER, P.; KARTAJAYA, H.; SETIAWAN, I., *Op. cit.*, 2017, p. 64.

[67] Ver GALLAGHER, Kevin. *Millennials skip YouTube ads... and that's ok.* Business insider, 2017. Disponível em: <https://www.businessinsider.com/millennials-skip-youtube-ads-and-thats-ok-2017-1>. Acesso em: 18 de novembro de 2019.

[68] O Youtube tem por prática apresentar filmes publicitários antes de executar o vídeo selecionado pelo usuário. Nessa exibição, há a reprodução de 5 segundos do filme publicitário, quando então se abre a possibilidade de interromper a execução e se dirigir para o vídeo desejado. Tal ferramenta é conhecida como *Skip Ad* (ou, Pular Anúncio, em português) e, além da tarefa a que se destina, amigável ao usuário da plataforma, é uma relevante peça de aferição de dados e de engajamento do usuário com as peças publicitárias exibidas, que fornecerão uma das métricas a que comentamos anteriormente. *"Although the metric may sound discouraging, it's actually a good thing for users, advertisers and YouTube. Those who skip ads are likely uninterested from the outset, and an option to skip provides for a user-friendly experience while ensuring advertiser dollars are spent on those who are arguably more engaged."* (GALLAGHER, *Op. cit.*, 2017). Para Kotler, Kartajaya e Setiawan, *"isso criou o precedente de que um anúncio é descartável caso desagrade ao espectador"*, no que eles chamam isso de *"desafio de cinco segundos do mundo descartável"*. (KOTLER, P.; KARTAJAYA, H.; SETIAWAN, I., *Op. cit.*, 2017, p. 149)

cionem com extrema autenticidade, sempre coerentes com a personalidade e códigos da marca[69], que, por sua vez, deverão estar conectados com as demandas, anseios e desejos dos consumidores.

> *No passado, os consumidores ouviam com atenção a transmissão de conteúdos pela mídia tradicional, inclusive a publicidade. Eles simplesmente não tinham escolha. A mídia social mudou isso. Agora, os consumidores têm à disposição um grande volume de conteúdo gerado por outros usuários, o qual eles consideram mais confiável e bem mais atraente do que aquele oferecido pela mídia tradicional. O que torna o conteúdo da mídia social atraente é o fato de ser voluntário e acessado sob demanda, ou seja, os consumidores optam por consumir o conteúdo quando e onde querem.*[70]

Por essa ótica, para adentrar nessa nova forma de consumo de informações da sociedade contemporânea, a publicidade deverá se oportunizar das novas mídias sociais e digitais, e todas as ferramentas de interação que elas proporcionam, para não mais veicular suas peças publicitárias tradicionais, mas, ofertar conteúdos relevantes e que instiguem o interesse e satisfaça as necessidades pessoais de seus consumidores. A lógica atual é que a "nova propaganda é o conteúdo e as *#hashtags* usadas na distribuição de conteúdo pela mídia social igualaram o papel dos slogans tradicionais"[71].

Entenda-se por conteúdo[72], qualquer produção, manifestação ou expressão cultural imaginável, passando por reportagens e matérias jornalísticas (*brand journalism*), publicações editoriais (*brand publishing*), experiências sensoriais (*brand experience*)[73], conteúdo de entretenimento audiovisual e ou musical (*branded content*), e tantas outras formas possíveis[74].

[69] Kotler, P.; Kartajaya, H.; Setiawan, I., *Op. cit.*, 2017, p. 63 e 66.

[70] Kotler, P.; Kartajaya, H.; Setiawan, I., *Op. cit.*, 2017, p. 149.

[71] Kotler, P.; Kartajaya, H.; Setiawan, I., *Op. cit.*, 2017, p. 148.

[72] Kotler, P.; Kartajaya, H.; Setiawan, I., *Op. cit.*, 2017, p. 147.

[73] Talvez o conceito mais abstrato aqui esposado, mas que pode ser compreendido através da ativação e posicionamento das marcas por meio da inserção de seu público-alvo em uma experiência única que relacione a marca anunciante e seu consumidor. Exemplos a serem dados são os festivais de música patrocinados ou promovidos por uma marca, ou mesmo suas tendas dentro de eventos que proporcionem uma vivência singular, museus da própria marca ou por ela patrocinados, competições esportivas, e tantos outros exemplos que envolvam a realização e a participação direta e viva do consumidor com sua marca.

[74] *"Poucos anunciantes hoje ousam prescindir das recentes instituídas 'novas configurações', que vão da publicidade em jogos eletrônicos (advergames) aos anúncios inseridos em obras de entretenimento (product*

É através do conteúdo que as marcas poderão se diferenciar frente a seus concorrentes e poderão deixar um verdadeiro "legado"[75] atingindo assim o objetivo máximo da publicidade contemporânea[76], povoando o imaginário e compartilhando do seu universo, que será agregado ao universo de seus consumidores. Nessa empreitada, é válido o uso de todo e qualquer formato, seja de mídia – onde sobressaem as digitais e suas ferramentas de interatividade –, seja de conteúdo – aqui demarcados pela hibridização e intertextualidade do entretenimento com a publicidade.

1.2.1. A internet e a disrupção da publicidade tradicional

O relatório anual produzido pela GroupM, empresa do grupo de comunicação WPP, "*This Year Next Year Worldwide Media Forecasts*"[77], aponta que o mercado publicitário, calculado pelas compras de mídia[78], seja valorado em US$ 628 bilhões no ano de 2020, sendo que os EUA ocupam o lugar como o maior mercado mundial da publicidade, movimentando algo em torno de US$ 246 bilhões[79]. O Brasil aparece na sétima colocação, atrás de China (US$ 90 bilhões), Japão (US$ 41 bilhões), Reino Unido, Alemanha, França, e Índia, sem números especificados.

Para o ano de 2020, o documento afirma que a mídia digital definitivamente superou a mídia tradicional, ao indicar que os gastos com compra de mídias relacionadas à internet somarão o total de US$ 326 bilhões, superando definitivamente as receitas de compra de mídias na televisão,

placement); do ato de anunciar em meio à espacialidade real e midiática na qual se encontra o público-alvo a ser atingido (ambient media) ao espaço virtual idealizado pelo próprio potencial consumidor (interactive advertising)." (Covaleski, *Op. cit.*, 2015, p. 155)

75 *"Um ótimo conteúdo tem relevância clara para a vida dos consumidores. Diante da atual sobrecarga de informações, o conteúdo tem que significar algo para o público para não ser desprezado. Ele tem que aliviar as ansiedades e ajudar a satisfazer os desejos de seu público. O segundo fator (de relevância e êxito de um conteúdo) é que um conteúdo eficaz apresenta histórias que refletem a personalidade e os códigos da marca."* (Kotler, P.; Kartajaya, H.; Setiawan, I., *Op. cit.*, 2017, p. 155).

76 Kotler, P.; Kartajaya, H.; Setiawan, I., *Op. cit.*, 2017, p. 156.

77 GROUPM. *This Year Next Year Worldwide Media Forecasts.* Nova Iorque: 2019. Disponível em: <https://groupm-assets.s3.us-east-2.amazonaws.com/s3fs-public/WW%20Forecast%20DEC%202019%20singles%20%28final%29.pdf>. Acesso em: 24 de dezembro de 2019.

78 A compra de mídia é seguramente o maior custo publicitário, ocupando algo em torno de 80 a 90% de toda operação de uma marca anunciante – que vai depender de qual país e de qual setor produtivo ela ocupa. O restante é direcionado para a contratação das agências de publicidade e fornecedores para a produção das campanhas publicitárias.

79 GROUPM, *Op. cit.*, 2019, p. 8.

que têm previsão de declínio de até 3.6% para o ano de 2020[80], ficando em torno dos US$ 170 bilhões anuais.

O ano de 2019 marcou o ponto de virada, no qual os gastos com mídias digitais (aproximadamente 54% dos gastos) superaram os gastos com mídias tradicionais (46%) nos EUA[81], e o mesmo estudo aponta que no ano de 2023 essa proporção será de 66%, para publicidade digital, contra 34% para as mídias tradicionais[82]. Mundialmente, considerando os valores totais, também foi no ano de 2019 que pela primeira vez os gastos com mídias digitais superaram os gastos com as mídias tradicionais. O estudo[83] sinaliza 12 países que transpassaram a barreira de maior proporcionalidade dos gastos com mídias digitais em 2019, são eles: China (com 69,5% dos gastos com mídias para as digitais), Reino Unido (66,4%), Noruega (65,5%), Irlanda (62,6%), Dinamarca (61,1%), Suécia (60,3%), Austrália (57,1%), EUA (54,2%), Nova Zelândia (54%), Canadá (53%), Holanda (52,6%) e Russia (50%)[84].

Parte desse cenário é explicado pelo relatório da GroupM através do crescimento em relevância das plataformas de *streaming* de vídeo, em espe-

[80] GROUPM, *Op. cit.*, 2019, p. 10.

[81] Ver ENBERG, Jasmine. *US Digital Ad Spending 2019.* 2019. EMARKETER, 2019. Disponível em: <https://www.emarketer.com/content/us-digital-ad-spending-2019>. Acesso em: 24 de dezembro de 2019.

[82] Compreendem as mídias tradicionais, todas as formas de veiculação de peças e campanhas publicitárias que não se utilizem de formas digitais da internet. Assim, temos a televisão, aberta ou por assinatura – que configuravam como o maior gasto de mídia pelos anunciantes –, os jornais – que estão em franco declínio –, o cinema, rádio, as mídias *out of home* (OOH) – que compreendem os *banners*, pôsteres, cartazes, *outdoors*, anúncios em equipamentos de transportes públicos, painéis, eletrônicos ou impressos, entre outras formas–, mídias editoriais – livros, publicações, calendários, álbuns de música –, apenas para listar as mais corriqueiras. Por outro lado, as mídias digitais são aquelas que são veiculadas por meio da internet, entre as quais: *websites*, aplicativos para celular, vídeos, redes sociais, e-mail *marketing*, *newsletter*, *banners* e *displays* na internet, indexação paga nas ferramentas de busca, e tantas outras formas que surgem associadamente às inovações.

[83] Ver ENBERG, Jasmine. *Global Digital Ad Spending 2019.* EMARKETER. 2019. Disponível em:<https://www.emarketer.com/content/global-digital-ad-spending-2019>. Acesso em: 24 de dezembro de 2019.

[84] No Brasil, em 2018, segundo o IAB, o gasto com mídias digitais representou 33% do total despendido. No entanto, espera-se que, já em 2023, haja a superação da barreira dos 50% de tais gastos (IAB. *Pesquisa Digital Adspend 2019.* 2019. Disponível em: <https://iabbrasil.com.br/wp-content/uploads/2019/06/AdSpend-2019-vers%C3%A3o-final-1.pdf>. Acesso em: 25 de dezembro de 2019).

cial, o Netflix e Hulu, mas também pelo surgimento de outras plataformas alternativas, entre elas a Disney+, Apple TV e Amazon Prime. O crescimento destas plataformas de *streaming* de vídeo e a consequente erosão das receitas com as mídias na televisão impõem um novo desafio para os anunciantes[85].

Aliás, em 2018, o consumo de vídeos na internet foi responsável por mais de 80% de todo o tráfego de dados da rede, e são estimados que 92% das pessoas que consomem vídeos em seus *smartphones* compartilhem-os com seus contatos; inclusive, os vídeos são compartilhados até 1.200% a mais que *links* e textos, fazendo-os o conteúdo mais atrativo para as marcas anunciantes[86]. Simultaneamente, jovens e *millennials* assistem 40% menos à televisão tradicional do que há 5 anos[87], revelando que o consumo de obras audiovisuais por esses grupos sociais, atualmente, acontece por meio da internet, sobretudo nas mídias sociais, que, nos últimos anos, evoluíram seus recursos de visualizações de vídeos[88].

O consumo de conteúdos audiovisuais por meio das plataformas e mídias digitais se dá primeiramente através de computadores, *laptops* e

[85] *"For the media industry, the question is what media owners' tolerance for margin erosion will be. This will drive the pace of change in the years ahead. Some owners of streaming services will be more tolerant than others and position themselves more favorably for the future. But it's also possible that every one of them agrees that this kind of business reinvention ultimately leads to better business in the long run. For consumers, this world arguably looks quite favorable as it offers up better-quality content with the opportunity to purchase content packages more granularly, as needed, even if costs per hour of content purchased rises. For advertisers, some elements of television will worsen because ad inventory is likely scarcer, and reach is likely harder to come by. On the other hand, where advertising does exist in this new world – and many streaming services will embrace advertising as an element of their financial models – it will likely reach more engaged consumers, in potentially more valuable environments than those that have come before"* (GROUPM, *Op. cit.*, 2019, p. 13).

[86] Ver Bowman, Matt. *Video Marketing: The Future Of Content Marketing.* Forbes (versão online), 2017. Disponível em: <https://www.forbes.com/sites/forbesagencycouncil/2017/02/03/video-marketing-the-future-of-content-marketing/#83734ca6b535>. Acesso em: 24 de dezembro de 2019.

[87] Ver MARKETING CHARTS. *The State of Traditional TV: Updated with Q3 2018 Data.* 2019. Disponível em: <https://www.marketingcharts.com/featured-105414>. Acesso em: 24 de dezembro de 2019.

[88] Ramos Méndez, D.; Ortega-Mohedano, F.. *The revolution in Millennial's usage habits and consumption of video in smartphones, the revealed crossroads.* Revista Latina de Comunicación Social, 72, p. 705. Disponível em <http://www.revistalatinacs.org/072paper/1187/RLCS-paper1187en.pdf>. Acesso em: 25 de dezembro de 2019.

tablets; em segundo lugar, os *smartphones* e, em terceiro, as *smart* TVs[89]. No entanto, o uso de cada tipo de dispositivo vai depender da natureza do conteúdo assistido: quanto maior for sua duração e maior atenção demandar, maior será a tela escolhida pelo espectador. Filmes, séries, documentários são reproduzidos em computadores, enquanto que vídeos menores, ou mais fragmentados, são reproduzidos em *smartphones,* especialmente durante as locomoções diárias[90].

O *smartphone*, por sua vez, é o dispositivo escolhido por mais de 75% das pessoas para assistir vídeos no Youtube[91]. A despeito disso, o estudo feito pela Ipsos revelou que vídeos publicitários exibidos na plataforma Youtube retém até 84% mais a atenção dos usuários do que um vídeo publicitário exibido na televisão[92] – enquanto apenas 45% dos anúncios da televisão recebem a atenção, no Youtube, esse alcance supera a marca de 83% de retenção[93] dos usuários.

O Instagram, outra mídia social, se destaca por seu funcionamento totalmente adaptado para a publicidade digital, se firmando como uma ferramenta extremamente importante para as marcas anunciantes. Seu modelo de exibição de conteúdos fotográficos e audiovisuais aliado aos seus recursos de interatividade e engajamento com os usuários faz com que o Instagram seja a mídia social que mais cresce na publicidade digital.

Segundo o relatório da Hootsuite, um terço dos *stories*[94] mais vistos são de empresas, que se aproveitam do potencial comercial do alcance de até

[89] Ver PROA COMUNICACIÓN. *10 Keys to Understanding Audiovisual Content Consumption in Spain.* 2019. Disponível em: <https://proacomunicacion.es/en/sin-categoria-en/10-keys-to-understanding-audiovisual-content-consumption-in-spain/>. Acesso em: 25 de dezembro de 2019.

[90] *Idem.*

[91] Ver EMARKETER. *More Than 75% of Worldwide Video Viewing is Mobile.* 2018. Disponível em: <https://www.emarketer.com/newsroom/index.php/threequarters-video-viewing-mobile/>. Acesso em: 25 de dezembro de 2019.

[92] Ver IPSOS. *Data Suggests Visual Attention to Advertising on YouTube Mobile is Higher Than on TV.* 2017. Disponível em: <https://www.ipsos.com/en-us/news-polls/google-ipsos-advertising-attention-research>. Acesso em: 24 de dezembro de 2019.

[93] O que é explicado no estudo pelo fato de que, entre outros fatores, na televisão, a exibição em sequência dos anúncios publicitários fatigam a atenção do espectador e despertam um desinteresse maior, enquanto no Youtube, a exibição de um anúncio por cada vídeo selecionado pelo usuário e a possibilidade de avançar após cinco segundos de exibição faz com que haja um interesse e uma aceitação maior do conteúdo exibido.

[94] Ferramenta da plataforma de exibição de pequenas pílulas audiovisuais caracterizadas pelo consumo ágil, que ficam disponíveis por até 24 horas e que contam com possibilidade para conexão com outros sites fora da plataforma e recursos de e-commerce.

849 milhões de usuários da plataforma, dos quais 200 milhões visitam ao menos um perfil de uma empresa ou de um negócio diariamente[95]. A internet inegavelmente proporcionou uma maior conexão e proximidade entre as marcas e seus consumidores.

Exatamente por isso, é que, segundo o relatório *Meaningful Brands*[96], de produção da agência Havas, demonstra que 84% das pessoas esperam que as marcas produzam conteúdos, que vão desde conteúdos digitais, como *podcasts* a *web* séries até a eventos experimentais, de forma que os envolvam por meio de suas histórias, forneçam soluções úteis e crie experiências de entretenimento. No entanto, para 60% das pessoas entrevistadas, os conteúdos produzidos pelas marcas eram "pobres, irrelevantes ou falham com sua entrega". Embora 74% das pessoas não se importassem se as marcas que elas usam no seu cotidiano "simplesmente desaparecessem", 75% delas esperavam uma contribuição das marcas para o seu bem-estar e qualidade de vida[97].

Essa breve exposição de informações e dados são úteis para reconstruirmos o atual cenário da publicidade – e do *marketing*, identicamente – frente aos desafios conduzidos pela revolução comportamental que a internet e seus aparatos despertaram na sociedade hodierna. Sinteticamente, podemos concluir que: (i) a internet promoveu uma quebra nos padrões de consumo de informações, (ii) ao fazer uma transição entre os veículos e mídias tradicionais de massa, de direcionamento comunicacional unilateral, para uma comunicação em rede, multidirecional, focada em micro universos e micro audiências. Através da internet e dos novos meios de comunicação, decorre também o (iii) consumo de informações por meio de dispositivos móveis individuais, na sua maior parte, (iv) de conteúdos audiovisuais, e que (v) permitem o compartilhamento destes, através de sua conectividade com a rede mundial, possibilitando, igualmente, (vi)

95 Ver HOOTSUITE. *37 Instagram Stats That Matter to Marketers in 2020.* 2019. Disponível em: <https://blog.hootsuite.com/instagram-statistics/>. Acesso em: 24 de dezembro de 2019.

96 O estudo ouviu mais de 300 mil pessoas em 33 países. HAVAS. *Meaningful brands 2017.* 2017. Disponível em: <https://dk.havas.com/wp-content/uploads/sites/37/2017/02/mb17_brochure_final_web.pdf>. Acesso em: 24 de dezembro de 2019.

97 O que denota o atual desafio de uma marca se posicionar perante seu mercado, seus concorrentes e, sobretudo, perante seus consumidores. Elas não são mais vistas como meras fornecedoras de produtos ou serviços, mas são consideradas atores relevantes para a construção de um mundo melhor.

uma maior integração e interatividade do consumidor e sua rede de contatos com as narrativas propostas pelos anunciantes.

Ken Auletta[98] aponta esse atual cenário como um grande desafio para a atividade publicitária, que deverá desvendar qual a forma de atuar para "vender produtos" a uma geração nova, conectada em seus celulares e que repelem anúncios publicitários[99]. O desafio fica por conta também de como atrair a atenção desse público quando proliferam novas e mais atraentes opções de conteúdo ao passo que se rarefeitam as audiências de massa.

Para o autor, a disrupção que a internet trouxe pôs em xeque a própria atividade das agências de publicidade: o modelo de remuneração destas, baseado em comissões nas compras de mídia sempre foi encarado com uma certa desconfiança pelos anunciantes; a partir do momento em que houve maiores pressões por corte de custos[100] e por melhores resultados financeiros, insurge-se uma (i) quebra de confiança na relação anunciante-agência, que passa a questionar as tomadas de decisões feitas por essa: seriam elas parte do ofício ou apenas subordinadas às metas financeiras das agências?[101]

A lógica economicista, presente no mundo empresarial, da qual o mercado publicitário não escapou, impõe sempre uma pressão para buscar os melhores resultados financeiros, tanto nas empresas anunciantes, quanto nas agências de publicidade, que hoje são também grandes corporações. Essa realidade acabou paulatinamente orientando a atuação das agências de publicidade num sentido mais matemático, econômico, do que

[98] *"Yet advertising and marketing, like the media industry it has long subsidized, is convulsed by change, struggling itself to figure out how to sell products on mobile devices without harassing consumers, how to reach a younger generation accustomed to dodging ads, how to capture consumer attention in an age where choices proliferate and a mass audience is rare."* (AULETTA, *Frenemies: the epic disruption of the ad business (and everything else)*, 2018, p. 2).

[99] Entre os anos de 2018 a 2019, o número de dispositivos que aderiram a algum mecanismo de bloqueio de anúncios (*ad blockers*) saltou de 142 milhões para 615 milhões. Ver HATCH, Cydney. *Be in the Know: 2019 PPC Statistics You Should Know*. Disruptive Advertising (versão online), 2018. Disponível em: <https://www.disruptiveadvertising.com/ppc/ppc-statistics/>. Acesso em: 25 de dezembro de 2019. *"Advertising clients (...) were insecure about the digital disruption that shook the very foundations of their business – from smartphones that turned their banner and pop-up ads into annoyances; to ad-blocking software consumers were embracing to repel ads; to a younger generation grown accustomed to ad-free YouTube and Netflix, and to ad-skipping digital video recorders (DVRs)."* (AULETTA, *Op. cit.*, 2018, p. 9)

[100] Especialmente após a crise econômica de 2008. (AULETTA, *Op. cit.*, 2018, p. 43)

[101] AULETTA, *Op. cit.*, 2018, p. 49.

criativo[102] – *from Mad Men, through Media Men, to Math Men.* Nesse contexto, as mídias digitais, com seus recursos desenvolvidos de métricas e justaposição de mecanismos de automação programáticas, fez com que as agências perdessem relevância a partir da chegada de novos competidores e novas tecnologias.

A sobreposição da racionalidade matemática na atividade publicitária fez com que surgissem empresas de consultoria de *marketing* e publicidade[103]. Concomitantemente, empresas vindas do universo digital – como Facebook, Google e Microsoft, por exemplo – as quais são ao mesmo tempo parceiros de negócios das agências, por serem plataformas de veiculação de campanhas publicitárias, são, também, suas concorrentes diretas, já que elas romperam a cadeia do intermediário e alcançaram diretamente os clientes anunciantes ao apresentarem seus portfólios de tecnologias e soluções para a publicidade e *marketing.* É o que Ken Auletta denomina por *"frenemies"*, num neologismo entre *friends* (amigos) e *enemies* (inimigos).

A realidade atual é que há uma tendência crescente de centralização das atividades de uma agência de publicidade internamente nos departamentos de marketing das empresas – no que o mercado chama por *in-house agency.* O estudo *"The continued Rise of the In-House Agency"*[104], realizado em 2018 pela ANA (*Association of National Advertisers*) dos EUA, definiu que 78% de seus mais de mil membros, internalizaram alguma forma de *in-*

[102] Ken Auletta relembra que David Ogilvy, ao assumir a conta da Shell, em 1960, adotou o sistema de *flat fee* (taxa fixa) como forma de remuneração da conta, a fim de angariar a confiança do cliente e evitar qualquer questionamento na sua atuação. O modelo de negócio foi progressivamente sendo adotado pelo mercado publicitário americano ao longo dos próximos 30 anos – veja que, aqui no Brasil, ainda persiste majoritariamente o modelo de comissões, muito embora ele seja cada vez mais questionado. Para Auletta, Ogilvy estava correto sobre alinhar os interesses entre a agência e clientes; o que ele não poderia prever eram as consequências nefastas dessa decisão para a publicidade: ainda que a comissão atrofiasse a confiança entre as partes, o sistema de taxa fixa minou com a criatividade das agências. *"A fee-based system invited CFOs and their procurement officers to drill down on costs, to question why a high-priced copywriter could not be replaced by a junior copywriter."* (Auletta, *Op. cit.*, 2018, p. 45).

[103] Tais como a Accenture e Ebiquity, inicialmente contratadas na década de 1990 para auditar as agências de publicidade, quando tinham suas receitas atreladas ao montante economizado. Naturalmente, se tornaram as monitoras das agências e, com a expertise adquirida, se tornaram também suas concorrentes (Auletta, *Op. cit.*, 2018, p. 43-44).

[104] Ver ANA. *Number Of In-House Agencies Rising Rapidly, Workloads Increasing*, ANA Report, 2018. Disponível em: <https://www.ana.net/content/show/id/50728>. Acesso em: 25 de dezembro de 2019.

-*house agency*, contra 58% em 2013 e 42% em 2008. Para 44% dos membros da ANA, o estabelecimento de suas "agências" *in-house* aconteceu nos últimos 5 anos. Historicamente, as agências *in-house* se dedicavam ao estudo analítico para orientar as compras de mídia[105] e as atividades de *marketing* engajadas pela marca – atendendo à lógica econômica da empresa. Acontece que, ultimamente, essas agências estão assumindo também o papel das criações publicitárias, o que é explicado sobretudo pela necessidade de maior velocidade e responsividade que as mídias digitais demandam – a criação de alguns tipos de conteúdos para essas mídias digitais não pode esperar por todo processo criativo tradicional, sob pena de perderem seu "prazo de validade" frente à efemeridade e descartabilidade desse universo[106].

Por fim, cabe ainda uma última observação sobre as mídias digitais da internet: a revolução que elas causaram sob a publicidade tradicional, impondo um novo *modus* de se fazer publicidade, não vem desacompanhada de algumas críticas e questionamentos. As mídias digitais, assim como todo universo da rede mundial, estão sujeitas a ataques virtuais. Na publicidade em particular, há uma tendência de uso indevido de robôs para distorcerem os dados obtidos nesses meios. São os *bad bots*, que podem ser acionados tanto pelos concorrentes de um anunciante quanto por criminosos para deflagrarem fraudes ao negócio[107]. Há também a prática de *ad frauds* (fraudes em publicidade), quando há uma resposta ativa a uma publicidade por um usuário, mas, na verdade, ela é fraudulenta pois foi realizada por um robô, apenas para aumentar o nível de engajamento daquele anúncio, sem que se complete a efetiva comunicação com um consumidor real[108].

Paralelamente, paira a mesma desconfiança sobre as redes sociais digitais que rondou as agências de publicidade, já que a remuneração daquelas se dá através do número de visualizações e cliques de um usuário nos

[105] Apenas antecipando o que veremos mais a frente, mas no Brasil, por força das disposições legais, infralegais e de autorregulamentação, as agências *in-house* não são aptas a comprarem mídias diretamente com os veículos.

[106] AULETTA, *Op. cit.*, 2018, p. 80-81.

[107] Ver OBERHOFER, Katherine. *2019 Bad Bot Trends by Industry At-A-Glance*. Distill Networks, 2019. Disponível em: <https://resources.distilnetworks.com/all-blog-posts/infographic-2019-bad-bot-trends-by-industry>. Acesso em: 25 de dezembro de 2019.

[108] São estimados que, durante o ano de 2015, ao menos 12% dos anúncios digitais foram recebidos e direcionados para usuários não humanos, num custo que chegou ao montante de US$ 6,5 bilhões naquele ano. (AULETTA, *Op. cit.*, 2018, p. 77)

anúncios publicitários[109]. Também se criticam a falta de critério dos algoritmos para exibirem os anúncios publicitários em páginas, plataformas e aplicativos que ofertem conteúdos ofensivos ou ilícitos[110], ou que não realizem uma curadoria com maior responsabilidade editorial. São alguns breves desafios que terão que ser enfrentados para aprimorar e desenvolver os ambientes das mídias digitais, mesmo porque, cada vez mais e mais elas estarão presentes no cotidiano das pessoas.

1.2.2. A criação publicitária interativa e colaborativa

"Abra a felicidade você também,
vamos sentir algo novo!"
Slogan da Coca-Cola

Uma das grandes razões do sucesso das mídias digitais e a sua crescente relevância para a publicidade contemporânea se explica não só pela mudança comportamental dos consumidores na atualidade, mas, igualmente, pelas novas técnicas de comunicação multidirecionais e interatividade que as novas mídias proporcionam, inserindo os consumidores com real voz ativa e colaboração na construção das campanhas publicitárias.

O conceito de publicidade e *marketing* interativo é completamente diferente de outrora[111]. O que antes era escasso e exclusivo a um pequeno grupo,

[109] O tema das "fazendas de *likes*" tem sido cada vez mais recorrente e denuncia um claro conflito de interesses das redes sociais, forçando um debate sobre cibersegurança, transparência e eficiência comunicacional das mídias digitais. Ver CRISTOFARO, Emiliano de; FRIEDMAN, Arik; JOURJON, Guillaume; KAAFAR, Mohamed Ali; SHAFIQ, M. Zubair. *Paying for likes? Understanding Facebook like fraud using honeypots.* IMC: 2014. Disponível em: <https://arxiv.org/pdf/1409.2097.pdf>. Acesso em: 25 de dezembro de 2019.

[110] Em 2017 e novamente em 2019, ganhou os noticiários o fato de diversas marcas suspenderem a veiculação de seus anúncios publicitários na plataforma Youtube, após eles terem sidos exibidos em conjunto com vídeos que promoviam discurso de ódio, extremismos ideológicos ou pedofilia. Ver SOLON, Olivia. *Google's bad week: YouTube loses millions as advertising row reaches US.* The Guardian (versão online), 2017. Disponível em: <https://www.theguardian.com/technology/2017/mar/25/google-youtube-advertising-extremist-content-att-verizon> e SPANGLER, Todd. *AT&T Suspends YouTube Ad Spending as Boycott Over 'Pedophilia' Videos Scandal Widens.* Variety (versão online), 2019. Disponível em: <https://variety.com/2019/digital/news/att-youtube-ad-spending-boycott-pedophilia-videos-1203145218/>. Acessos em: 25 de dezembro de 2019.

[111] Vale a recordação de uma interessante peça publicitária que se utilizou de interatividade "analógica". Trata-se do anúncio impresso da marca automotiva Peugeot, que queria destacar

hoje, a participação dos consumidores é alargada para um número muito maior de participantes. Também, essa participação não se dá apenas de forma reativa – na ideia de comprar o produto e só a partir de então ser credenciado a interagir. Pelo contrário, hoje a preocupação das marcas, em especial da publicidade moderna, não é tanto vender, mas ser parte da vida de uma pessoa, de estar presente nas melhores experiências das pessoas[112].

Esta premissa modifica radicalmente o tratamento dado aos (potenciais) consumidores. Ao invés de uma abordagem imperativa, busca-se a participação voluntária do sujeito, dando a impressão de que ele próprio quis participar ativamente da construção de uma campanha publicitária[113], porque aquilo simplesmente faz sentido para ele.

Um exemplo prático é o compartilhamento de peças publicitárias ao longo das redes sociais. Quem nunca reenviou aos seus contatos um filme (publicitário) de alguma organização civil que discutisse algum tema de relevância[114]? Ou mesmo um filme de alguma marca de produto, mas que

a presença de airbags em seus carros. Para isso, eles inseriram uma balão que era inflado a partir da ação do leitor, que deveria acionar o "air bag" dando um pequeno tapa no verso da página do anúncio. Ver (S.I.). *Airbag Ad* – Peugeot. Disponível em: <https://www.youtube.com/watch?v=Ko-N8O6j6p4>. Acesso em: 26 de dezembro de 2019.

[112] *"Para se envolverem com os consumidores de forma consistente, às vezes os profissionais de marketing precisam criar conteúdo que, embora não contribua diretamente para seu valor de marca nem melhore o volume de vendas, seja valioso para quem assiste."* (Kotler, P.; Kartajaya, H.; Setiawan, I., *Op. cit.*, 2017, p. 150)

[113] Sobre o tema de publicidade interativa, em seu livro, Washington Olivetto, amparado por uma reportagem do *New York Times* (segundo o autor), se vangloria de ter criado a "primeira campanha de publicidade interativa do mundo" com a campanha criada para o Unibanco em que o público escolheria o casal propaganda do banco – "Casal Unibanco". Na época, ainda sem a onipresença da internet no dia a dia, os criativos produziram 2 filmes que foram exibidos igualmente num domingo. Nos 10 dias subsequentes, foi realizada uma pesquisa que acabou por indicar qual teria sido a dupla de atores vencedora. Embora a estratégia tenha sido um sucesso sob o ponto de vista publicitário, trazendo grande atenção ao banco, conforme Washington relata, a escolha da dupla de atores acabou não sendo a mais técnica artisticamente, o que comprometeu o seguimento da campanha. (Olivetto, *Op. cit.*, 2018, p. 104-105)

[114] O famoso viral *"Wear sunscreen"* – que no Brasil teve uma versão narrada pelo apresentador Pedro Bial com o nome "Filtro Solar"- é uma história que evidencia como a publicidade interativa é poderosa ao propagar mensagens. A campanha nasce como obra derivada do livro *"Advice, like youth, probably just wasted on the young"*, da escritora Mary Scmich, e, a princípio, nada a tinha a *vender*, senão a ideia de se cuidar usando protetor solar. A campanha, encabeçada pela agência britânica DDB – e aqui no Brasil pela DM9DDB – foi um sucesso estrondoso de compartilhamento pela internet. Isso numa época que era dificílimo transferir este tipo de

tivesse contornos emocionais, sentimentais e que valesse a pena compartilhar com seus colegas e amigos, não exatamente pelo produto, mas pela ideia ali propagada[115].

O filme publicitário de fim de ano "Por um futuro cada vez mais humano"[116] do Itaú – aliás, campanhas de fim de ano se tornaram um grande nicho do mercado publicitário nos últimos anos – de criação da agência África e produção da Saigon, com direção de Felipe Velasco (Vellas), parece ser o melhor exemplo de publicidade contemporânea, compilando (quase) tudo o que foi exposto até aqui. Nele, protagoniza um robô – feita em animação e que simboliza o futuro, algo que a marca quer se conectar, ao passo que ele é dublado pela voz de Matheus Nachtergaele, voz conhecida e que conecta com o público – que responde à pergunta se ele seria o futuro. Na resposta, o pequeno robô afirma que o futuro é o ser humano, que "é capaz de realizar as coisas mais incríveis". O pano de fundo é montado por uma sequência de diversas imagens e momentos que exprimem os mais profundos sentimentos, experiências e emoções humanas, algo que o robô, por mais evoluído que seja, não consegue alcançar – o que por si só, já revela as entrelinhas narrativas que o anunciante quer engajar[117]. O filme não se preocupa em vender o banco e seus serviços, aliás, não fosse pela assinatura, nem se poderia afirmar que o filme era do banco mesmo. O roteiro e a produção se dedicaram a criar uma história sensível, impac-

arquivo. É um *case* de como a interação entre as pessoas potencializa uma mensagem, recurso hoje usado reiteradamente pela publicidade.
Ver DM9DDB. *Use filtro solar – wear sunscreen (legendado)*. Disponível em: <https://www.youtube.com/watch?v=tD57lmumdGQ>. Acesso em: 27 de dezembro de 2019.

115 Outro grande exemplo, é o da campanha *"Retratos da real beleza"* da marca de sabonete *Dove*, de produção e criação brasileiras, da filial nacional da Ogilvy & Mather, premiada com o Grand Prix no Festival de Cannes em 2013, e que, até hoje, é um dos vídeos publicitários mais assistidos da plataforma *Youtube*. Ver PARANOID US. *Dove retratos da beleza real*. 2013. Disponível em: <https://portfoliodeagencias.meioemensagem.com.br/anuario/propaganda/agencias/OGILVY/2811/portfolio-da-agencia/Dove%20Retrtos%20d%20Rel%20Belez/1386>. Acesso em: 18 de dezembro de 2019; e VEJA. *Viral da Dove sobre "real beleza" recebe 14 Leões no Festival de Cannes*. 2013. Disponível em: <https://veja.abril.com.br/economia/viral-da-dove-sobre-real-beleza-recebe-14-leoes-no-festival-de-cannes/>. Acesso em: 18 de dezembro de 2019.

116 Ver ARAUJO, Leonardo. *Itaú emociona internautas em campanha de fim de ano*. Propmark (versão online), 2019. Disponível em: <https://propmark.com.br/anunciantes/itau-emociona-internautas-em-campanha-de-fim-de-ano/>. Acesso em: 26 de dezembro de 2019.

117 No contexto atual de cada vez mais participação de algoritmos, automações e inteligências artificiais prestados pelos serviços dos bancos, o anunciante quer realçar o fator humano.

tante e inspiradora, que se conecta com as ideias de entreter e satisfazer espiritualmente o consumidor[118]. O filme tem versões de 30, 60, 90 e 120 segundos de duração e é veiculado na TV aberta e na internet – nos canais e nas redes sociais do banco. Como inovação, utilizando-se da interatividade, ao fim do filme é colocado um letreiro informando que o vídeo está disponível para os espectadores que quiserem compartilhá-lo por *Whatsapp*[119].

Não só o compartilhamento de peças da campanha se configura como interação entre consumidor e marca. Cada vez mais, vemos que o próprio consumidor é parte ativa da criação e produção das peças e campanhas. A internet revolucionou a forma de se comunicar, ampliando os horizontes e combatendo a escassez de acesso. Ao permitir a troca de informações, a publicidade enxergou ali mais uma fonte inovadora para suas ideias criativas – a de inserir o próprio consumidor como parte "real" da campanha.

Tais inovações implicam em algumas repercussões com os direitos autorais, impondo novas reflexões que serão devidamente tratadas nos capítulos seguintes. Por ora, basta compreender que a campanha publicitária passa de uma estrutura hierárquica, quase que piramidal, de sentido único, de baixo para cima, para se configurar em uma estrutura de rede, polivalente, quando o receptor de uma mensagem também atua como emissor dessa e de outras informações.

Algo já analisado pela Organização Mundial de Propriedade Intelectual – OMPI – no seu relatório sobre direitos intelectuais e obras publicitária, na qual afirma que:

> *Hoje, na era da internet e da tecnologia da informação, o consumidor tem mais opções de entretenimento audiovisual. Como resultado, os veículos maduros para a publicidade, como mídia impressa e transmissão de rádio e TV, estão em declínio e os formatos de publicidade interativa estão aumentando em importância. À medida que a tecnologia se desenvolve, os consumidores ganham mais controle sobre como eles visu-*

[118] Como preconiza o *Marketing* 3.0, centrado no ser humano.

[119] Não só a campanha se utiliza da interatividade das mídias digitais, mas também se aproveita das conexões e contatos das próprias pessoas – muitas, talvez, nem clientes do banco – mas que irão repassar a mensagem adiante, ampliando o alcance e retenção, já que, como ressalta o *Marketing* 4.0, as pessoas confiam muito mais em seus círculos sociais próximos. (Kotler, P.; Kartajaya, H.; Setiawan, I., *Op. cit.*, 2017, p. 29)

alizam, interagem e filtram a publicidade em um mundo multimídia, levando a uma reconfiguração da tradicional cadeia de valor de publicidade.[120]

É o caso de campanhas feitas com a colaboração, no sentido criativo mesmo, dos próprios consumidores ou potenciais consumidores de uma marca. Agregam-se aqui não só a questão de envolvimento sentimental – vez que cria-se a noção de pertencimento àquela campanha – mas também um elo real entre um sujeito e uma marca.

Um grande exemplo[121] desta nova forma de produção publicitária foi a campanha da marca de refrigerante Coca-Cola, junto com a banda de pop rock californiana *Maroon 5*, com criação da agência Wieden+Kennedy, que fizeram uma transmissão online – mais uma vez, com a ajuda da plataforma Youtube – de 24 horas sequenciais em que a banda estava em um estúdio de música ensaiando e criando uma nova música para a tal campanha e que contaria com a ajuda e "interferência" direta – que pode ser compreendida como uma forma de colaboração artística – dos internautas participantes. O resultado foi um sucesso desproporcional, seja pelos baixos custos de produção, seja pelo alcance inimaginável até então. Em menos de 24 horas, a campanha atingiu 139 países ao total. E o vídeo-clipe resultante da campanha foi compartilhado à exaustão posteriormente[122].

120 Tradução para o trecho: *"today, in the era of the Internet and information technology, the consumer has more options for visual entertainment. As a result, mature advertising channels like print media and radio and TV broadcasting are on the wane, and interactive advertising formats are increasing in importance. As technology develops, consumers gain more control over how they view, interact with and filter advertising in a multichannel world, leading to a reconfiguration of the traditional advertising value chain"*. (OMPI. *Managing Intellectual Property in the Advertising Industry*. Genebra: WIPO Publication, 2011 p. 24.)

121 Ver CAMPAIGN LIVE. *Close-Up: Coke hits the right note with 24-hour recording session*. 2011. Disponível em: <https://www.campaignlive.co.uk/article/close-up-coke-hits-right-note-24-hour-recording-session/1063181> Acesso em: 26 de dezembro de 2019.

122 Em complemento a este determinado assunto, *"another trend connected to new technologies that reflects a change in the value chain and affects the creation and handling of IPRs is that of consumer-created campaigns. In this case, companies do not mandate agencies to create advertising campaigns but rather hold competitions for the public to create campaigns and advertisements for their products (also known as V-CAMs, viewer-created ad messages) (IBM (2007)). The best idea in the competition is chosen for the advertisement, and the creator receives a prize. One example of this kind of contest is a TV spot for Doritos during the 2007 Super Bowl. Moreover, companies like General Motors (for the Chevy Tahoe), MasterCard, Quiznos, Alka-Seltzer, Converse and Chevrolet have launched this kind of competition. This trend could mean that advertising agencies will become less important in the advertising process.*

Outro caso de sucesso de uma campanha criada também pela agência Wieden+Kennedy, foi o filme "#brasileiragem"[123] produzido pela Iconoclast para a Nike para a campanha da Copa do Mundo de 2018. Na sua veiculação através do Instagram, o vídeo contava com recursos de "arrastar para cima" para desvelar novos conteúdos produzidos para a mesma campanha, entre vídeos, memes, GIFs e áudios, convidando os usuários a compartilhá-los em suas redes e contatos usando a *hashtag* que deu nome à campanha.

Por fim, novamente criação da Wieden+Kennedy, destacamos o filme *"Honda presents The Other Side"*[124], produzido pela Stink Digital, com direção de Daniel Wolfe, para a marca de carros. Para apresentar uma nova versão esportiva do carro *Civic*, a marca desejava quebrar o estigma do automóvel de "carro de família". A solução encontrada pelos criativos foi produzir dois filmes sincronizados, uma versão diurna em que um pai leva suas filhas a uma festa à fantasia e uma versão noturna, na qual o mesmo ator é um motorista de uma quadrilha de roubo. Os dois filmes são reproduzidos simultaneamente e o usuário, ao apertar a tecla "R" – em alusão ao nome do carro, *Civic Type R* – troca entre as duas narrativas. O resultado alcançou um grande êxito de público e de crítica[125], especialmente pelos grandes desafios[126] que tal produção impôs aos criativos[127].

Critics point out, however, that this form of marketing could lead to a lack of brand consistency and may not help to promote the products in the long run". (OMPI, *Op. Cit.*,2011, p.25)

[123] Ver MERIGO, Carlos. *#Brasileiragem: Nike estreia campanha para Seleção na Copa do Mundo 2018.* B9 (versão online), 2018. Disponível em: nota XX – hashtags <https://www.b9.com.br/91666/brasileiragem-nike-estreia-campanha-para-selecao-na-copa-do-mundo-2018/>. Acesso em: 26 de dezembro de 2019.

[124] Ver STINK DIGITAL. *Honda Presentes: The Other Side.* Disponível em: <http://embed.wirewax.com/8117237>. Acesso em: 26 de dezembro de 2019.

[125] O filme foi o mais premiado nas diversas categorias do Festival Cannes Lions de 2015.

[126] *"Once our director, Daniel Wolfe, had storyboarded his vision of the script, we had to keep this match-cutting rigour in the camera too, without letting things become too rigid and clinical. Credit to Daniel for striking that balance, and not killing the 'mix and overlay' monitor guy who definitely had the most stressful job on set. (...) Daniel was great to work with on this project. Collaborative and a great lateral thinker around production challenges."* (DUNGATE, Scott. Entrevista para LBB online. Disponível em: <https://lbbonline.com/news/your-shot-how-wk-london-created-double-trouble-on-hondas-interactive-film/>. Acesso em: 26 de dezembro de 2019). Em outra entrevista, o diretor criativo afirmou que o sucesso e o processo criativo do filme os ensinou que as marcas e agências devem focar em entreter seus consumidores, e não dar apenas publicidade: *"Try and make entertainment. Never forget about the product, but give people a show, rather than an ad."* (DUNGATE, Scott. Entrevista para o site Fast Company. *In: Anatomy Of A Cannes Contender: Behind The Coolest Car Ad Of The Year, Honda's "The Other Side"*. Fast

Os exemplos supracitados vêm ilustrar o que as teorias da Comunicação Social têm preconizado. À vista disso, Rogério Covaleski compreende a interação como "uma forma de comunicação mediada que possibilita, a partir de mecanismos de ação entre emissores e receptores, a interferência em conteúdos disponibilizados em plataformas comunicacionais suscetíveis a essas ações"[128]. Algo que atende as demandas do "perfil comportamental do consumidor contemporâneo" que "costuma repudiar a publicidade descontextualizada, que não se encaixa no conteúdo e que é desprovida de elementos outros, além dos informativos e persuasivos"[129].

Vinícius Mano, associadamente, evoca que "o desafio da criação de uma campanha publicitária não está somente ligado ao que ela tem ou no que ela faz para os seus consumidores". Para o publicitário-autor, a efetividade de uma campanha reside, hoje, "no que os consumidores fazem com ela. Por consequência disso, o publicitário precisa imaginar regularmente o que os seus consumidores poderão fazer com suas campanhas"[130].

Para Mano[131], há quatro modos de interação que os publicitários podem se utilizar em suas campanhas: (i) interatividade cognitiva, na qual valerá a capacidade interpretativa do receptor da mensagem, por exemplo, nos anúncios que se utilizam do humor como gatilho; (ii) interatividade funcional, focada na participação utilitária ativa do receptor para então desencadear uma reação, por exemplo ao clicar em um *banner* e o usuário ser direcionado a um site; (iii) interatividade explícita, que é a participação com escolhas e processos desenhados, ilustrados pelo autor como os *advergames* que contam a narrativa da marca anunciante por meio da partici-

Company (versão online), 2015. Disponível em: <https://www.fastcompany.com/3047420/anatomy-of-a-cannes-contender-behind-the-coolest-car-ad-of-the-year-hondas-the-other- >. Acesso em: 26 de dezembro de 2019.

[127] A *web*série "COMA", produzida também pela Stink, mas da sua divisão brasileira, para a Getty Images, se pauta nessa mesma lógica de interação ativa do consumidor ao apresentar uma história contada em 3 capítulos que vai se desvelando conforme o usuário vai interagindo com a narrativa. (Ver STINK. *COMA*. Disponível em: <https://gettyimagescoma.com/pt>. Acesso em: 26 de dezembro de 2019). Algo bem similar à técnica apresentada com o filme, e não a série, do Netflix, *"Black Mirror – Bandersnatch"*, em que o desenrolar da trama dependia das decisões tomadas pelo espectador.

[128] Covaleski, *Op. cit.*, 2015, p. 196-197.

[129] Covaleski, *Op. cit.*, 2015, p. 194.

[130] Mano, *Op. cit.*, 2014, p. 48.

[131] Mano, *Op. cit.*, 2014, p. 49-53.

pação do receptor na tomada de decisões, e; (iv) interatividade para além do objeto, que seria o modo mais valioso para a publicidade que é quando o receptor extrapola os limites do objeto em si e interage com campanha em outros sistemas, que cria uma certa "cultura de fã" em torno da marca.

A importância da interatividade e sua renascença com as mídias digitais é destacada por Viana, a quem:

> *Nas redes sociais, as pessoas curtem, compartilham e comentam publicações de amigos e também de marcas, que ganham, por meio de redes sociais e outras plataformas, a possibilidade de veicular conteúdo em canais próprios. Com isso, os sujeitos interagem com objetos de consumo, que se expressam nesses espaços tanto quanto um sujeito de carne e osso. A pessoa assiste a vídeos online em que produtos são mencionados e, quanto mais próximos de sua realidade cotidiana (ou mais presentes em seus sonhos de consumo, em outro extremo), maior a identificação. O consumo de produtos e serviços mistura-se ao consumo midiático, à construção de identidades e, cada vez mais, está vinculado ao cotidiano e aos processos de produção de sentido da realidade.*[132]

E nesse contexto, Covaleski insere o ato de compartilhar conteúdos, gerando a tão pretendida "viralização"[133], que atua como um indicador de êxito na atividade publicitária.

> *O hábito dos usuários das mídias digitais – sobretudo nas redes sociais – de compartilharem conteúdos que julgam interessantes, contribui para a disseminação,* ***ampliação e perpetuamento*** *de campanhas publicitárias disponíveis na web, e suscetíveis ao efeito viral. Por compartilhamento – dentro do escopo do novo produto midiático que esta pesquisa defende – compreendemos como a intenção espontânea do receptor em partilhar conteúdos sorvidos a partir de uma experiência relevante empreendida.*[134] (grifo nosso)

Por fim, inescapável citar novamente Covaleski com a seguinte reflexão: O entretenimento publicitário interativo, como propomos, implica ao criativo elaborar peças e campanhas que abram espaço para a experiência do público a que se destina tal mensagem. Pressupõe que o receptor irá dialogar, contribuir e expandir o conteúdo disponibilizado a ele. Quanto

[132] Viana, *Op. cit.*, 2017, p. 15.

[133] *"O que compreendemos por compartilhamento, no âmbito das práticas comunicativas digitais, está diretamente associado ao que se convencionou chamar de viralização ou comportamento epidêmico no contexto de mídias interativas."* (Covaleski, *Op. cit.*, 2015, p. 197)

[134] Covaleski, *Op. cit.*, 2015, p. 203.

a esta nova postura e à condição de interferência do emissor na mensagem, Castro & Mastrocola (2009, p. 4) pontuam que "a possibilidade de expandir a experiência de entretenimento para diversos meios – do cinema, passando pela internet e chegando ao celular, por exemplo – propicia aos indivíduos deixarem de ser meros telespectadores, internautas ou leitores para se transformarem no interator: aquele que vai muito além do contexto de uma obra enquanto coautor, pois não só a ressignifica quando a consome, mas interage com a mesma sendo que, em alguns casos consegue até mesmo alterar seu conteúdo". Estamos, pois, diante de mídias que possibilitam o consumidor sorver o entretenimento e assumir a condição de interator.[135]

1.2.3. O *branded content* (conteúdo de marca) e a nova fronteira da publicidade

"Talvez não seja felicidade,
seja apenas publicidade!"
Milena Leão

Na conclusão de seu livro, David Ogilvy faz uma declaração inquietante:

> *Como profissional, sei que a televisão é o mais poderoso meio de publicidade jamais criado. E ganho a maior parte do meu dinheiro com ela. Mas, como cidadão, eu pagaria alegremente pelo privilégio de assisti-la sem intervalos comerciais. Moralmente, eu me encontro entre o mar e o rochedo.*[136]

Ogilvy, infelizmente, não viveu para observar as mudanças e tecnologias atuais e realizar que não está desacompanhado[137] em seu sentimento de aborrecimento pelos intrusivos reclames publicitários.

O crescimento acelerado das grandes cidades e do ritmo alucinante das transações e relacionamentos entre os indivíduos – características

[135] Covaleski, *Op. cit.*, 2015, p. 176.

[136] Ogilvy, *Op. cit.*, 2015, p. 251.

[137] Como já afirmamos, há uma tendência de repulsa aos anúncios publicitários, ainda mais acentuado pela sociedade moderna.
Ver HSU, Tiffany. *The Advertising Industry Has a Problem: People Hate Ads.* The New York Times (versão online), 2019. Disponível em: <https://www.nytimes.com/2019/10/28/business/media/advertising-industry-research.html>. Acesso em: 26 de dezembro de 2019.

intrínsecas da era pós-moderna – levou com que a otimização do tempo passasse a ser ainda mais valorizada[138]. As horas de tempo livre ganharam mais importância e, atualmente, geram novas expectativas diante de sua escassez. Assim, a busca por experiências únicas e marcantes pautadas pela justificativa autoindulgente do *"eu mereço"* começa a ganhar cada vez mais adeptos, e a transformar-se em ponto de convergência entre os anseios dos consumidores e os objetivos das marcas. Ken Auletta aponta ainda para uma inversão nos vetores de poder, indicando que, hoje em dia, é o consumidor quem está com o controle de decidir o que e quando ver[139].

É nesse contexto[140] que surge o *branded content* como uma forma híbrida entre publicidade e entretenimento, ativando uma marca, empresa ou produto através de uma comunicação estratégica que se intenciona não na venda em si do produto ou serviço, mas sim de criar um interrelacionamento entre a marca e o consumidor, inserindo-o naquela narrativa através dos paralelos traçados entre os valores e princípios colhidos da narrativa dessa mensagem comunicacional. É uma resposta moderna que a ciência do *marketing* desenvolveu ante a característica invasiva do formato tradicional de filme publicitário – de 30 segundos exibidos na televisão. Assim, as obras publicitárias modernas precisam considerar que muitos consumidores não procuram mídia; mas, ao contrário, buscam informações que lhes interessem e conteúdos que lhes despertem atenção. Isso faz com que a publicidade hoje, para alcançar efetivamente seu público,

[138] Esta noção já havia sido delineada por Ogilvy também, ao estatuir entre as suas 9 regras de ouro para a publicidade que o publicitário *"não deve aborrecer as pessoas para comprar seu produto; você só pode interessá-los a comprá-lo"*. Trata-se exatamente do mesmo conceito usado pelo *branded content* ou da publicidade interativa, que insere o consumidor num universo envolvente do qual ele não é aborrecido, mas sim tem interesse, ativo ou passivo, em acompanhar a mensagem publicitária. (Ogilvy, *Op. cit.*, 2015, p. 15).

[139] *"Today, the consumer is in control, and increasingly the challenge for advertisers is to create experiences that people will want to have because they will no longer have to have them"*. (Auletta, *Op. Cit.*, 2018, p. 25)

[140] *"O modelo de comunicação pelo qual a publicidade constituiu-se nos meios de comunicação era baseado na invasão e na interrupção. E é justamente por essa razão que os meios não estavam preparados para a conquista de poder por parte de suas audiências. O desenvolvimento tecnológico, que empodera a audiência, e que começa com o controle remoto, potencializa-se muito mais com o surgimento da internet, do streaming, de aparelhos que permitem saltar intervalos comerciais, sem falar em outros fenômenos marcantes da cultura do compartilhamento característicos do século XXI, como a pirataria."* (Viana, *Op. cit.*, 2017, p. 81)

tenha que desempenhar um papel híbrido, em que seu conteúdo comunica e entretém ao mesmo tempo.

A hibridização dessas novas obras publicitárias fazem surgir não apenas pequenos filmes de curtíssima duração com predominância essencialmente utilitarista e funcional para vender um produto ou serviço. Surgem, daí, novos conteúdos: filmes, de longa, média e curta duração, séries, documentários, festivais de cinema, concursos culturais e outras obras e eventos ligados ao universo audiovisual. Muitas vezes, ainda, é até penoso destacar a presença da marca da empresa anunciante, já que a estratégia da comunicação é voltada não para venda, mas para a "ligação espiritual" com o consumidor, ao passo que "ações comunicacionais publicitárias (que) se mimetizam de entretenimento (são) mais bem aceitas e sorvidas pela audiência"[141].

Para efeito ilustrativo, vale citar o primeiro caso emblemático[142] dessa hibridização entre publicidade e conteúdo (entretenimento), que foi a série de 8 curtas-metragens, lançados em 2 temporadas, encomendados pela marca de carros BMW, chamada "*The Hire*", na qual o automóvel da marca fazia parte da história, mas não era o elemento central das narrativas dos filmes.

A série de curtas-metragens fez um sucesso estrondoso, se aproveitando principalmente da divulgação espontânea que os vídeos tiveram na internet, levando os vídeos para um amplo número de pessoas – estimam-se mais de 100 milhões de downloads numa era pré tecnologias de distribuição de conteúdo audiovisual, como o Youtube, por exemplo –, tornando-se uma referência para a nova publicidade mundial[143].

[141] Covaleski, *Op. cit.*, 2015, p. 156.

[142] Embora este seja considerado o caso paradigmático de *branded content*, é importante lembrar que a inserção e a iniciativa de produções de conteúdo por meio e influência de marcas já aconteceu muito antes. Num rápido exemplo, as primeiras radionovelas na década de 1930 eram patrocinadas por marcas de higiene pessoal nos Estados Unidos, como Procter & Gamble, Colgate-Palmolive e Lever Brothers (atual Unilever) fato que deu origem às chamadas "*soap operas*".
Ver Tréguer, Pascal. *The Origin of "Soap Opera"*. Word histories: how words and phrases came into existence (versão online). Disponível em: <https://wordhistories.net/2017/12/18/soap-opera-origin/>. Acesso em: 26 de dezembro de 2019.

[143] A respeito da série "*The Hire*", oportuna é a análise de Rogério Covaleski sobre os filmes: "*Os filmes foram veiculados na internet, em um hotsite corporativo. Aos prospects interessados em receber uma mídia DVD com os filmes bastava preencher um pedido para recebê-la por correio. A hibridização com*

Este sincretismo intertextual[144] presente na série *"The Hire"*, que sintetiza publicidade com entretenimento é o que se convencionou denominar por *branded content*, ou, conteúdo de marca. Cabe, neste ponto, uma breve diferenciação entre outras técnicas publicitárias que se assemelham e se complementam ao *branded content*, mas que com ele não se confunde; são elas: o *advertainment* e o *product placement*.

Product placement, que no Brasil se mescla[145] erroneamente com o conceito de *merchandising*[146], é uma estratégia publicitária na qual uma marca anunciante insere seu produto ou serviço em algum conteúdo de entretenimento. No entanto, o faz de forma deslocada, descontextualizada com a narrativa central do conteúdo. Geralmente, é uma contrapartida assumida pelos produtores em troca de patrocínio para a obra audiovisual e é feita de forma menos sutil; há uma identificação, por parte do espectador, de exposição publicitária de um produto e serviço. Há, em tese, uma ausência de influência sobre o conteúdo – a não ser pela justaposição do produto ou serviço no enredo. Viana, em leitura de Newell, aponta que esta estratégia já é uma prática antiga das marcas[147]. Em breve e apertada síntese,

o cinema não só se deu pelo formato proposto nesse esforço de marketing. A campanha gerou um híbrido de publicidade e entretenimento e, pela primeira vez em larga escala, peças comunicativas foram disputadas e compartilhadas por receptores como objetos colecionáveis. Foram convidados alguns importantes diretores de filmes de ação para realizar cada episódio. Na primeira temporada, foram produzidos os episódios 'Ambush', dirigido por John Frankenheimer, 'Chosen' (Ang Lee), 'The Follow' (Wong Kar-Wai), 'Star' (Guy Ritchie) e 'Powder Keg' (Alejandro González Iñárritu). Para o segundo ano da série, três outros episódios foram produzidos: 'Hostage' (John Woo), 'Ticker' (Joe Carnahan) e 'Beat The Devil' (Tony Scott). A série continuou sendo estrelada por Clive Owen, e contava com participação especial em cada episódio de grandes nomes do cinema e da música, como Gary Oldman, F. Murray Abraham e James Brown. Na produção executiva de The Hire figuraram nomes como o do diretor Ridley Scott. A inter-relação entre cinema e publicidade poucas vezes esteve tão próxima como nessa estratégia de comunicação da BMW. Já em 2001, no artigo 'Advertainment's New Frontier', Erika Milvy anuncia a chegada da síntese entre publicidade e entretenimento: 'Ninguém está chamando o projeto como um comercial. E também não é product placement em si, embora os filmes claramente mostrem vários modelos da BMW. O que é, é o que muitos temiam que um dia se tornasse o futuro do entretenimento. Advertainment, a síntese perfeita de publicidade e entretenimento, chegou'". (Covaleski, *Op. cit.*, 2015, p. 119-120)

144 Covaleski, *Op. cit.*, 2015, p. 163.

145 Viana, *Op. cit.*, 2017, p. 84.

146 *"Costumo, em algumas palestras, brincar com a plateia dizendo: 'Vocês sabem o que é merchandising?' E, antes que alguém responda, eu complemento: 'É aquele negócio que de vez em quando passa uma novela no meio."* (Olivetto, *Op. cit.*, 2018, p. 120).

147 *"O Product Placement no cinema ocorre desde os primeiros filmes, assim como nos programas televisivos, marcando presença nas mídias desde longa data. Newell et al. (2006) revelam que a Unilever*

product placement se basta no aproveitamento da audiência do programa ou conteúdo onde há a inserção do produto.

O que o difere do *advertainment*, caracterizado pela busca de sensibilização do espectador quanto à mensagem, e não apenas aproveitamento da audiência do conteúdo exibido por mera inserção[148]. Há a tentativa de aprofundar a relação entre o espectador-receptor ao conteúdo, almejando o seu interesse. Nesse sentido, há uma inversão do processo criativo quanto à publicidade tradicional: ao invés de propagar o que a marca quer comunicar, se veicula o conteúdo que o público-alvo quer consumir, ainda que com contornos publicitários. Outrossim, "a duração prolongada também é outro aspecto a ser destacado na nova relação temporal estabelecida. As peças de *Advertainment* possuem narratividade mais elaborada, em vista de captar a atenção do consumidor para a história a ser contada, uma vez que ele está imerso no conteúdo apresentado"[149].

O *branded content* é um passo a frente do *advertainment*; enquanto esse último ainda é marcado por ser uma construção publicitária dentro de um formato de entretenimento, o *branded content* é, opostamente, uma construção, antes de tudo, de uma obra audiovisual para entreter, que desfruta de autonomia editorial[150]. Com essa inversão lógica, pretende-se que o público-alvo não apenas se interesse e consuma o conteúdo, mas, que também o dissemine, que o divulgue[151]. Covaleski apresenta os quatro vetores que caracterizam a comunicação por *branded content*: (i) persuasão, (ii) entretenimento, (iii) interação e (iv) compartilhamento, assumindo que *branded content* "envolve correlacionar a marca à ideia criativa, junto com

fez inserções intencionais nos primeiros filmes dos irmãos Lumiére, ainda no fim do século XIX, muito antes de o cinema tornar-se narrativo como o conhecemos: "a prática de inserir produtos de marca em filmes para fins comerciais se desenvolveu como uma ferramenta promocional distinta" (DE GREGORIO & SUNG, 2010, p. 83, tradução nossa)". (Viana, *Op. cit.*, 2017, p. 86-87)

148 Viana, *Op. cit.*, 2017, p. 90.

149 Viana, *Op. cit.*, 2017, p. 91.

150 *"Contrariamente à publicidade tradicional, o conteúdo de marca goza de autonomia editorial e ganha ao se demarcar pela ausência de argumentação e slogan comerciais. Os conteúdos compartilham objetivos similares aos valores da marca e aos valores do(s) público(s): abordar conceitos, despertar sentimentos, atrair para ações que correspondem aos anseios dos consumidores em potencial, retendo sua atenção com pertinência para obter seu envolvimento e participação".* (Zozzoli, Jean C. Jacques. *Novas práticas midiáticas e comparecimentos contemporâneos da marca.* In: Anais do XXXII Congresso Brasileiro de Ciências da Comunicação. Curitiba: 2009, p. 11 *apud* Viana, *Publicidade que entretém: conteúdos de marca no contexto digital*, 2017, p. 95.)

151 Viana, *Op. cit.*, 2017, p. 95.

os produtores. É um esforço de colaboração, a fim de trazer aos consumidores dos produtos midiáticos de entretenimento e de informação – como filmes, séries de tevê, animações, programas de seriados, *reality shows*, entre outros – o que eles desejam, no formato que lhes mais agrada"[152].

Desde 2001, com o lançamento da série *"The Hire"* até os dias atuais, o *branded content* revolucionou a forma como fazer publicidade[153]. Sua evolução, inclusive, criou novas subespécies e novos gêneros, como o *branded entertainment*[154]. Sua recepção pelo mercado publicitário é notável: o Festival Internacional *Cannes Lions*, o grande prêmio da indústria publicitária mundial, que destaca o que há de melhor e de mais inovador neste universo, lançou em 2017, na sua 64º edição, a categoria *Lions Entertainment*, que dá espaço e coroa as produções publicitárias de conteúdo de marca. Em 2020, essa categoria, agora chamada de *Audiovisual Branded Content*, foi ampliada para comportar 12 premiações[155].

São diversos exemplos que podem ser citados, desde webséries alocadas nos sites próprios das empresas, até filmes que em nada devem para produções *"hollywoodianas"*, ainda que sejam destinados somente para veiculação e exibição na internet, quando não produções de *Hollywood* propriamente ditas. Enfim, tratam-se de novas obras audiovisuais publicitárias que fogem ao formato tradicional, e que adquirem ainda mais uma noção de fruição estética e artística da obra.

152 COVALESKI, *Op. cit.*, 2015, p. 172-173.

153 É preciso pontuar, contudo, que o *branded content*, e também as outras formas citadas, *product placement* e *advertainment*, não ocuparam integralmente a atividade publicitária, substituindo o modelo tradicional – que, no vídeo, se traduz pelo filme publicitário de "30 segundos" veiculados principalmente na TV. Mas, em verdade, são formas complementares, que são utilizadas em conjunto, num exercício que exige genuína inteligência da ciência publicitária, a fim de atingir os objetivos da marca. A existência dessas novas formas apenas permitiram uma nova abordagem comunicacional, são novas ferramentas e que a cada dia se tornam mais relevantes e presentes.

154 VIANA, *Op. cit.l*, 2017, p. 97.

155 Categorias de premiação em Cannes Lion para 2020, na categoria *"Audiovisual Branded Content": "(i) Fiction Film: Up to 5 minutes; (ii) Non-fiction Film: Up to 5 minutes; (iii) Fiction Film: 5-30 minutes; (iv) Non-fiction Film: 5-30 minutes; (v) Fiction Film: Over 30 minutes; (vi) Non-fiction Film: Over 30 minutes; (vii) New Realities; (viii) Live Broadcast / Live Streaming; (ix) Audio Content; (x) Brand Integration & Sponsorships / Partnerships; (xi) Audience Engagement / Distribution Strategy; (xii) Promotional Content for Publishers & Networks"*.
Ver CANNES LIONS. *Entertainment Lions*. Disponível em: <https://www.canneslions.com/enter/awards/entertainment/entertainment-lions#/>. Acesso em: 26 de dezembro de 2019.

O filme publicitário *"Le film – Chanel nº 5"*[156], produzido em 2004 para a marca de moda francesa, de direção do australiano Baz Luhrmann (diretor também dos filmes Romeu+Julieta e Moulin Rouge) e estrelado pela atriz Nicole Kidman e pelo ator Rodrigo Santoro, é um exemplo notável de *branded content* e inaugurou um novo momento de como a marca encara a sua comunicação publicitária[157]. A produção[158], que figura como a mais cara peça publicitária produzida na história[159], foi exibida em cinemas mundo afora e também em horários nobres na televisão[160], como se fosse um trailer, fazendo com que a peça fosse absorvida tal como um filme de entretenimento e não um comercial exatamente[161], posicionando a marca num contexto maior na cultura popular, ressignificando-a com o glamour de

156 Ver CHANEL. *Le Film – CHANEL Nº5*. 2012. Disponível em: <https://www.youtube.com/watch?v=0hcaaKhGL00&t=49s>. Acesso em: 27 de dezembro de 2019.

157 No filme, o então diretor criativo da Chanel, Karl Lagerfeld, assumiu a direção de arte e figurino. A experiência foi tão impactante que, posteriormente, Lagerfeld se incumbiu na missão de produzir uma série de outros pequenos filmes "artísticos" para a marca, se aventurando como diretor e produtor de obras audiovisuais. Tais filmes, produzidos entre 2006 e 2014 marcaram definitivamente a assinatura de Lagerfeld para a Chanel e da Chanel para seu público. Ver CHANEL. *The Tale of a Fairy by Karl Lagerfeld – CHANEL*. 2011. Disponível em: <https://www.youtube.com/watch?v=X3_rl2fAyy4>, CHANEL. *"Once Upon A Time..." by Karl Lagerfeld*. 2013. Disponível em: <https://www.youtube.com/watch?v=0o9dTCl0hkY> e CHANEL. *"Reincarnation," film by Karl Lagerfeld ft. Pharrell Williams, Cara Delevingne & Géraldine Chaplin*. 2014. Disponível em: <https://www.youtube.com/watch?v=wO4-TV6Zckc>. Acessos em: 27 de dezembro de 2017.

158 O vídeo de making of demonstra o tamanho monumental da produção, com desafios e soluções de uma verdadeira obra de cinema. Ver ADAGIETTO. *Parfum Chanel Nº5 The Film | Nicole Kidman, Rodrigo Santoro. "Le Film du Film"*. 2012. Disponível em: <https://www.youtube.com/watch?v=D2WA5tEZJ-g&t=536s>. Acesso em: 27 de dezembro de 2019.

159 O custo total foi de US$ 33 milhões, dos quais US$ 3 milhões foram só de cachê para a atriz Nicole Kidman.

160 Na veiculação na televisão britânica, o filme publicitário foi precedido por reclames publicitários que traziam o seguinte convite: *"Chanel invites you to a television premiere this evening at 9.20pm"*. Ver THE SIDNEY MORNING HERALD. *Every second counts in $42m three-minute 'film'*. 2004. Disponível em: <https://www.smh.com.au/entertainment/movies/every-second-counts-in-42m-three-minute-film-20041123-gdk61e.html>. Acesso em: 27 de dezembro de 2019.

161 No filme, não há sequer a exibição do frasco do perfume. A menção à marca fica por conta da aparição do logo da Chanel no topo de um prédio e, ao final, a atriz usa uma jóia no formato do número 5. O filme, então, busca recriar um mundo de luxo e riqueza, próprio da marca, instigando o espectador não à compra do perfume em si, mas o desejo de vivenciar e participar daquele universo exclusivo.

Hollywood[162]. O corte original do diretor tinha 360 segundos, mas, para adequar à veiculação na televisão e no cinema, o filme final resultou em 180 segundos, dos quais 60 segundos finais são de créditos – o que revela tanto a sua proposta de filme de entretenimento, ao apor créditos (algo totalmente impensável na publicidade tradicional), como também não deixa de seguir a lógica comunicacional publicitária, ao se adaptar aos formatos dessas mídias. Tal como cinema, o filme teve sua sequência[163] com o mesmo diretor, gravada em 2014 e estrelada pela modelo brasileira Gisele Bündchen.

Aliás, o sucesso de público desses filmes *"cinemato-publicitários"* acabam, igualmente à lógica vigente de "blockbusters de heróis", gerando sempre uma sequência de outros filmes, que emprestam toda a repercussão e a bagagem comunicacional e cultural engendrada pelo filme original para ampliar e aprofundar a comunicação da marca.

O filme *"Write the future"*[164] da campanha da Copa do Mundo de 2010 para a Nike, de criação da Wieden+Kennedy, produção da Independent Films e direção do mexicano Alejandro González Iñárritu, se destacou no mercado publicitário após ganhar o prêmio *Film Grand Prix* no Cannes Lions de 2011, e também por ter se revelado um *case* de sucesso de público – a Nike foi a marca mais mencionada durante o torneio, com quase o dobro de ativações frente à segunda colocada, Adidas, que era patrocinadora oficial do evento[165]. O filme conecta o universo do futebol – por meio de diversos

[162] A conexão entre a marca Chanel e a indústria de entretenimento de *Hollywood* sempre foi íntima. Basta lembrarmos da célebre resposta de Marilyn Monroe quando perguntada pela *Life Magazine*, em 1952, o que ela usava para dormir, ao que ela respondeu a clássica: *"just a few drops of Chanel Nº 5"*, que criou instantaneamente um símbolo lendário para a marca. O mais espantoso é que se tratou de uma mídia totalmente espontânea, sendo considerada a propaganda gratuita de maior sucesso de todos os tempos. Ver CHANEL. *Marilyn and Nº5 – Inside CHANEL*. 2012. Disponível em: <https://www.youtube.com/watch?v=Wo8UtWiYiZI>. Acesso em: 27 de dezembro de 2019. A ligação da Chanel com mundo do cinema estava estabelecida, portanto, e, nos anos que se seguiram, sempre a marca teve atrizes famosas como a "porta-voz" de seu emblemático perfume, a exemplo da Catherine Deneuve, Carole Bouquet, Audrey Tautou e o ator Brad Pitt.

[163] Ver DAVID JONES STORE. *CHANEL Nº5: The One That I Want – The Film*. 2014. Disponível em: <https://www.youtube.com/watch?v=bvVe-tGLRvo>. Acesso em: 27 de dezembro de 2019.

[164] Ver INDEPENDENT FILMS. *NIKE WRITE THE FUTURE – FULL LENGTH*. 2011. Disponível em: <https://www.youtube.com/watch?v=Owih9MUa9EQ>. Acesso em: 27 de dezembro de 2019.

[165] Ver VARALL. *Hora de botar o seu time em campo*. Roupa no varal (versão online), 2010. Disponível em: <https://roupanovaral.wordpress.com/tag/nike/>. Acesso em: 27 de dezembro de 2019.

jogadores – com outros símbolos culturais e esportivos, ao apresentar no mesmo filme o jogador de tênis Roger Federer, o jogador de basquete norte-americano Kobe Bryant, o ator mexicano Gael García Márquez e o personagem fictício de animação Homer Simpson, o que certamente ajudou na sua proposta como entretenimento. A receita narrativa foi repetida para a campanha da Copa do Mundo de futebol feminino de 2019, com o filme *"Dream further"*[166] criação também da Wieden+Kennedy, mas produção da PRETTYBIRD e direção de François Rousselet. Que, por sua vez, se insere também na narrativa da campanha global atual da Nike que foi inaugurada pelo filme multipremiado[167] *"Dream crazy"*[168], de criação da Wieden+Kennedy e produção da Park Pictures LA e que deu sequência ao filme *"Dream crazier"*, já comentado anteriormente.

O *branded content* se configura também como uma ferramenta que explora os mais diversos formatos e linguagens para as obras audiovisuais. Nesse sentido, tem sido usual o envolvimento das marcas na produção de videoclipes musicais, no qual se destaca o clipe interativo *"O Farol"*, da cantora Ivete Sangalo, com direção de Ricardo Laganaro, criado e produzido pela O2 Filmes, lançado no perfil do Facebook da cantora[169] e que foi gravado com recursos de realidade virtual em 360º, permitindo o usuário interagir e explorar até 4 histórias simultâneas. A ideia é que as pessoas assistam a esse videoclipe por meio de seus aparelhos celulares, o que explica o envolvimento do Facebook, Instagram e da operadora de telefonia Vivo no projeto[170].

O relacionamento entre a publicidade e o universo musical já acontece há longo tempo, mas tem sido cada vez mais frequente dado à criação de

[166] Ver PRETTYBIRD. *Dream Further.* 2019. Disponível em: <https://www.clubedecriacao.com.br/ultimas/dream-further/>. Acesso em: 27 de dezembro de 2019.

[167] Entre tantos prêmios, destacam-se os dois Grand Prix no Cannes Lion (Entertainment for Sports e Outdoor) e o prêmio *outstanding commercial* no Creative Arts Emmy Awards de 2019.

[168] Ver PARK PICTURES LA. *Nike – Dream Crazy.* 2018. Disponível em: <https://www.youtube.com/watch?v=E48hHS-5HyM>. Acesso em: 27 de dezembro de 2019.

[169] Ver O2 FILMES. *O farol.* Perfil profissional e público da cantora Ivete Sangalo na rede social Facebook. Disponível em: <https://www.facebook.com/watch/?v=10153890645188530>. Acesso em: 27 de dezembro de 2019.

[170] IAB. *White Paper: Comitê de Branded Content.* São Paulo: 2018, p. 12. Disponível em <https://iabbrasil.com.br/wp-content/uploads/2018/12/WP-IAB-Branded-Content-v.-05.12.pdf>. Acesso em 09 de dezembro de 2019.

um ambiente "ganha-ganha" para ambos lados[171]. De um, os anunciantes se aproveitam de todo o prestígio e credibilidade da base de fãs dos artistas, com um custo de investimento relativamente muito mais baixo do que a construção que esta sinergia imporia para a marca. Pelo lado dos artistas e das gravadoras, com a derrocada da indústria fonográfica a partir do final do século XX, vislumbra-se, na publicidade, uma fonte de receita vultuosa que dá vazão e possibilita o financiamento da longa cadeia produtiva fonográfica[172]. Marcelo Braga, em seu artigo, cita alguns bons exemplos dessas parcerias, como o caso da Anitta e da marca de alimentos Mondelez, através do clipe musical "Deixa ele sofrer", que, além da inserção de produtos da marca no videoclipe, contou com diversas outras pílulas de conteúdos entregues pelas redes sociais da cantora. Ou, ainda, do *case* da Red Bull[173], que criou um verdadeiro selo musical com diversos estúdios

[171] *"O poder de investimento em comunicação de marcas como Coca-Cola ou Ford, por exemplo, é centenas de vezes maior do que todo o dinheiro que uma gravadora pode colocar no marketing de divulgação de uma obra. Por outro lado, replicar com uma campanha publicitária o poder mobilizador de artistas e músicas de sucesso demandaria da marca investimentos astronômicos para que fossem minimamente possíveis. Unindo os dois mundos, o consumidor receberá um produto artístico mais bem cuidado e de melhor qualidade, além de estabelecer relações emocionais vigorosas e duradouras com grandes marcas e produtos que se alinhem aos valores de seus ídolos."* (Braga, Marcelo. *Música e publicidade: ainda estamos aprendendo.* Artigo produzido para o Meio & Mensagem. São Paulo: 2016. Disponível em: <https://www.meioemensagem.com.br/home/opiniao/2016/08/11/musica-e-publicidade-ainda-estamos-aprendendo.html>. Acesso em: 27 de dezembro de 2019).

[172] Sobre essa relação, importa ainda notar que as marcas, ao atuarem para o ser humano, agem como tal, garantindo que a construção de suas identidades e personalidades sejam verdadeiramente autêntica. Sobre o tema: *"Não é incomum, nem tão pouco errado, afirmar que as marcas atualmente são vistas pelos consumidores como pessoas comuns, ou até mesmo como celebridades ou personagens históricas (Rook, 1985). Uma vez que uma relação consiste em 'dar e receber', os traços de personalidade dos indivíduos associados a uma marca são transferidos diretamente para esta (McCracken, 1989), contribuindo para uma melhor construção da sua personalidade, uma melhor identificação do consumidor com a marca e uma maior longevidade e consistência da relação que os une."* (Ramos, João Ricardo Marques; Machado, Ana Teresa. *Música na publicidade: compondo a relação entre marca e consumidor.* Comunicação Pública (Online), Vol. 11, nº 20, 2016. Disponível em <https://journals.openedition.org/cp/1181#quotation>. Acesso em: 27 de dezembro de 2019)

[173] O caso da marca de bebidas energéticas Red Bull é um exemplo de como o *branded content* tem um futuro promissor e ainda muito espaço para evoluir. A marca superou a sua função de mera fornecedora de um produto para ser encarada como uma *entertainment brand*, ou uma marca de entretenimento. Através de seu relacionamento com diversos esportes – que vão do futebol, motociclismo, Fórmula 1 e os mais variados esportes radicais –, além de seu envolvimento no mundo musical, criou-se um enorme portfólio de conteúdo para a marca que são distribuídos em seu aplicativo de *streaming* próprio e nas mais diversas redes e plataformas

ao redor do mundo e com projetos como o *"Red Bull Sound Select"*, que apoia novos artistas e os promove conjuntamente com o nome da marca. Braga, por fim, apenas alerta para o fato de que esse entrosamento entre as marcas e os artistas deve acontecer de forma cautelar, para que o conteúdo produzido e a obra do artista sejam preservados, afinal, é isso o que se consome em primeira instância.

Derradeiramente, importa ainda analisar o caso do documentário *"Em busca da cerveja perfeita"*[174], de criação e produção da Paranoid e direção do pernambucano Heitor Dhalia, que foi financiado pela empresa cervejeira Ambev, e que se destina a contar a história e os métodos de produção da bebida, com finalidade primeira de informar e entreter o público leigo. Certamente o objeto retratado foi delimitado pela marca financiadora, mas, a criação, o roteiro e a produção tiveram plena autonomia criativa e editorial da produtora e do diretor. Inclusive, o filme foi exibido primeiramente em salas de cinema, e o projeto todo leva a assinatura de Heitor Dhalia, famoso diretor cinematográfico, diretor de filmes de sucesso, como "O cheiro do ralo".

Reforçar a atuação do diretor, que empresta sua credibilidade e autenticidade artística[175], impõe um novo refletir nas formas de produção e no processo criativo das obras publicitárias atuais, voltadas antes de tudo ao entretenimento. Exige-se, logo, uma análise dos impactos ao tratamento jurídico dispensado a estas obras, especialmente sob a ótica dos direitos autorais, vez que, mais que nunca, a força intelecto criativa das produtoras, diretores, roteiristas e intérpretes será mais ainda aproveitada pela indústria publicitária.

digitais, se transformando numa grande contadora de histórias e entretendo seu público. Ver WEISS, Patricia. *O novo significado do marketing e o futuro do branded content.* Artigo publicado no Meio&Mensagem (versão online), 2014. Disponível em: <https://www.meioemensagem.com.br/home/comunicacao/ponto_de_vista_comunicacao/2014/01/02/o-novo-significado-do-marketing-e-o-futuro-do-branded-content.html>. Acesso em: 27 de dezembro de 2019.

174 Ver PARANOID. *Em busca da cerveja perfeita.* 2019. Disponível em: <https://embuscadacervejaperfeita.com.br/>. Acesso em: 27 de dezembro de 2019.

175 Algo que também pode ser observado na série criada para a BMW, *"The Hire"*, e no filme produzido para a Chanel, que contavam com a visão singular de cada diretor atuante. Igualmente, o clipe musical da Ivete Sangalo, comentado acima, no qual a criação ficou por conta da produtora e de seu diretor.

1.3. A intersecção entre Publicidade e Direito

Após compreender a conceituação de publicidade, suas criações e seu novo cenário atual, esta breve seção do estudo transita para sua análise jurídica. É de se dizer que o Brasil adota um sistema misto de enquadramento normativo que regula e regulamenta a publicidade[176]: um pautado por dispositivos legais, de força cogente, que versam sobre a publicidade, em diversas abordagens; outro, que emerge da própria organização do setor que, ao se auto-regulamentar, busca dar mais coesão e legitimidade para sua própria atividade.

Os debates acerca da regulação e regulamentação da publicidade são muitos e presentes numa grande variedade de temas. O tema é um objeto de estudo recorrente pelo Direito, e enfrenta as mais diversas questões, que vão da pertinência social de se veicular anúncios publicitários para menores de idade até a verificação da competência e legitimidade dos órgãos de auto-regulamentação e suas previsões dispositivas. Textos, artigos, dissertações e teses que cobrem esses temas são encontradas em bom número e, até por isso, é que este estudo não escapa de delinear os contornos normativos que regem a publicidade, posto que inescapável, mas o faz com pronta objetividade, focando em seu objetivo primeiro que é a leitura da publicidade sobre as regras e princípios do Direito de Autor.

1.3.1. A regulamentação da atividade publicitária

De início, a atividade publicitária e o exercício profissional da profissão ("publicitário") encontra sua previsão legal no Brasil através da Lei Federal nº 4.680 de 1965 e do seu Regulamento, aprovado pelo Decreto nº 57.690 de 1966. Os dispositivos legais foram resultado de uma circunstância pon-

[176] *"É fato notório e pacífico, tanto que sobre ele não se controverte, que a atividade publicitária no País é regida por dois grandes grupos de normas: i) o primeiro, composto de regras oriundas do Estado, mais exatamente da União, dotadas pois do poder de império, de força cogente, de exigibilidade coativa; e ii) o segundo, resultado de iniciativa pioneira, integrado por normas convencionadas entre os agentes interessados – anunciantes, veículos de divulgação e agências de propaganda – e agrupadas, entre outros documentos, no Código de Ética, no Código Brasileiro de Auto-Regulamentação Publicitária e nos estatutos do Conselho criado para sua aplicação (CONAR) e que, se não dispõem da eficácia jurídica daquelas, vêm ostentando inegável eficácia social, por sua observância praticamente irrestrita ao longo de 30 anos".* (Fontes, Fernando. *Parecer – A Remuneração das Agências de Propaganda, em face da Lei Nº 4.680/65 e seu Regulamento, Decreto Nº 57.690/66: Vigência, Validade e Eficácia atuais.* São Paulo: ABAP, 1996, p. 5-6. Disponível em: <http://www.abapnacional.com.br/pdfs/leis/parecer_fernando_fortes.pdf>. Acesso em: 27 de dezembro de 2019.)

tual; permeada na transição de consolidação do regime militar, foi uma resposta simpática[177] para o grupo de publicitários e dos proprietários dos grandes veículos de comunicação, cada vez mais influentes na economia e na sociedade brasileira. Em verdade, a consolidação da televisão como um decisivo e importante meio de comunicação mundialmente observado a partir do final da década de 1950 e início de 1960 fez a publicidade assumir uma importância social cada vez maior, o que gerou uma onda de leis que regulavam a atividade publicitária mundo afora[178].

Neste dispositivo, encontra-se a regulação normativa contendo os direitos e deveres de quem empenha a atividade publicitária. Embora tal lei tenha completado mais de meio século desde suas publicações, suas normas e regras ainda são quase que integralmente vigentes[179]. Sem que isso não implique, contudo, que não mereçam alguns ajustes para comportar as inovações e novas formas de comunicação publicitária desenvolvidas ao longo destes anos[180].

[177] Veja que o artigo 17 da referida lei, assume como fonte de seus dispositivos os regramentos dispostos no Código de Ética dos Profissionais da Propaganda, edificado ainda em 1957. *"À toda evidência, a lei endossou e incorporou o código de Ética a que se referiu. Em outras palavras, legalizou o que era convenção de natureza privada e lhe atribuiu caráter cogente, "a atividade publicitária nacional será regida pelos princípios e normas do Código de Ética dos Profissionais da Propaganda", instituído em outubro de 1957".* (BROSSARD, Paulo. *Parecer – A atividade publicitária entre nós está sujeita à Lei Nº 4.680/65 e a Convenções celebradas pelos interessados na condição de associações e no uso da liberdade a elas assegurada pela Constituição: Auto-Organização e Auto-Disciplina, inerentes à Liberdade da Associação.* São Paulo: ABAP, 2003, p. 7. Disponível em: <http://www.abapnacional.com.br/pdfs/leis/parecer_paulo_brossard.pdf>. Acesso em: 28 de dezembro de 2019.)

[178] Que tomam-se como exemplos a Espanha, e seu *Estatuto de la Publicidad* de 1964 (Disponível em: <https://www.boe.es/buscar/doc.php?id=BOE-A-1964-9400>. Acesso em: 28 de dezembro de 2019) e o México, com *Ley Federal de Radio y Television* de 1960 e que tinha disposições sobre a publicidade (Disponível em: <https://www.palermo.edu/cele/pdf/Regulaciones/MexicoLeyFederaldeRadioyTelevision(1960).pdf>. Acesso em: 28 de dezembro de 2019).

[179] No ano de 2019, a edição da Medida Provisória nº 905 acabou suspendendo provisioriamente os artigos 8 a 10 de tal lei, onde se encontrava a regulação da profissão do "agenciador de propaganda" e do publicitário, extinguindo assim, entre outras determinações, a obrigatoriedade de exigência de diploma de curso superior para o exercício profissional de publicitários. No mesmo ano, contudo, foi editada a MP nº 955, que revogava as disposições da primeira medida provisória. Ao fim, ambas Medidas Provisórias perderam sua validade jurídica sem qualquer uma ter sido convertida em lei. O debate proposto, no entanto, especificamente sobre a regulação da atividade do profissional da Publicidade é sempre presente.

[180] Como já se expôs, é latente o debate acerca da forma de remuneração das agências, disposta no artigo 11 da Lei nº 4.680/1965.

Do referido corpo legal, se há algo a anotar da atividade publicitária é que ela se destaca por reunir uma gama diversa e multidisciplinar de agentes e profissionais. São empresários, técnicos, executivos, analistas e especialistas da área de *marketing* e publicidade que desenvolvem uma técnica que será, posteriormente, traduzida artisticamente por meio do trabalho de escritores, redatores, desenhistas, designers gráficos, diretores de filme, diretores de arte, músicos e por aí vai, denotando uma ligação vinculativa entre uma técnica publicitária e a criação artística, intelectual. Há uma relação de simbiose entre os dois universos, que já delineamos teoricamente, e que, juntos, remontam o mundo publicitário, conforme depreendemos dos artigos 4º e 5º do Decreto nº 57.690/66[181]:

> *Art 4º Consideram-se atividades artísticas, para os efeitos dêste (sic) Regulamento, as que se relacionam com trabalhos gráficos, plásticos e outros, também de expressão estética, destinados a exaltar e difundir pela imagem, pela palavra ou pelo som, as qualidades e conveniências de uso ou de consumo das mercadorias, produtos e serviços a que visa a propaganda.*
>
> *Art 5º São atividades técnicas, para os fins do presente Regulamento as que promovem a combinação harmoniosa dos conhecimentos científicos com os artísticos, tendo em vista dar à mensagem publicitária o máximo de rendimento e impacto.*

Do decreto regulamentador, se destacam as definições legais de "agência de propaganda"[182], de cliente anunciante[183] e dos "veículos de comunicação"[184], a quem o mercado se refere mais usualmente como "mídias" ou "mídias de veiculação". Ainda importa a demarcação sobre a ética profissional, encontrada no artigo 17 do decreto e que, além de remeter – assim como o artigo do mesmo número da Lei nº 4.680/1965 – ao

[181] BRASIL. *Decreto nº 57.690*. Publicado em 1º de fevereiro de 1966. Disponível em: <http://www.planalto.gov.br/ccivil_03/decreto/D57690.htm>. Acesso em: 14 de outubro de 2019.

[182] *"Art 6º Agência de Propaganda é a pessôa jurídica especializada nos métodos, na arte e na técnica publicitários, que, através, de profissionais a seu serviço, estuda, concebe, executa e distribui propaganda aos Veículos de Divulgação, por ordem e conta de clientes anunciantes, com o objetivo de promover a venda de mercadorias, produtos e serviços, difundir idéias ou informar o público a respeito de organizações ou instituições a que servem."*

[183] *"Art 8º Consideram-se Clientes ou Anunciante a entidade ou indivíduo que utiliza a propaganda."*

[184] *"Art 10. Veículo de Divulgação, para os efeitos dêste Regulamento, é qualquer meio de divulgação visual, auditiva ou áudio-visual, capaz de transmitir mensagens de propaganda ao público, desde que reconhecido pelas entidades sindicais ou associações civis representativas de classe, legalmente registradas."*

Código de Ética dos Profissionais da Propaganda[185], se funda na proteção da "ordem pública, a moral e os bons costumes" e na relação de transparência e concorrência leal entre clientes e agências de publicidade.

Uma preocupação com o consumidor só foi ser melhor abordada, em sede legal, através do Código de Defesa do Consumidor (CDC) - Lei nº 8.079/1990, que instaura como um direito do consumidor a sua proteção contra a publicidade enganosa[186] e abusiva[187]. O CDC elege como princípios[188] que devem nortear a publicidade os princípios da veracidade, da informação e identidade publicitária[189]. É também no Código de Defesa

185 BRASIL. *Código de Ética dos Profissionais da Propaganda*. 1957. Disponível em: <http://www.cenp.com.br/PDF/Legislacao/Codigo_de_etica_dos_proffisionais_da_propaganda.pdf>. Acesso em: 28 de dezembro de 2019.

186 *"Art. 37, § 1º. É enganosa qualquer modalidade de informação ou comunicação de caráter publicitário, inteira ou parcialmente falsa, ou, por qualquer outro modo, mesmo por omissão, capaz de induzir em erro o consumidor a respeito da natureza, características, qualidade, quantidade, propriedades, origem, preço e quaisquer outros dados sobre produtos e serviços."*

187 *"Art. 37, § 2º É abusiva, dentre outras a publicidade discriminatória de qualquer natureza, a que incite à violência, explore o medo ou a superstição, se aproveite da deficiência de julgamento e experiência da criança, desrespeita valores ambientais, ou que seja capaz de induzir o consumidor a se comportar de forma prejudicial ou perigosa à sua saúde ou segurança.*
§ 3º Para os efeitos deste código, a publicidade é enganosa por omissão quando deixar de informar sobre dado essencial do produto ou serviço."

188 Para Juliana Santos Botelho, o CDC positivou quatro princípios específicos para a publicidade comercial: os princípios da (i) verdade, (ii) clareza, (iii) correção e (iv) informação. (Botelho, Juliana Santos. *O Conar e a regulação da publicidade brasileira*. Revista Líbero, Vol. 13, n. 26. São Paulo: 2010, p. 127. Disponível em: <https://casperlibero.edu.br/wp-content/uploads/2014/05/9-O-Conar-e-a-regula%C3%A7%C3%A3o-da-publicidade-brasileira.pdf>. Acesso em: 27 de dezembro de 2019)

189 Por veracidade, a publicidade deverá primar pela prestação de informações verídicas ao consumidor, evitando que induza-o ao erro ou que criem falsas expectativas, que se relaciona com o princípio da informação, ao permitir o consumidor fazer uma decisão clara e consciente. Por identificação publicitária, toda comunicação de tal natureza deve ser informada e veiculada com plena distinção de sua natureza, em obediência à informação e clareza do consumidor. Este último princípio importa sobremaneira nas atuais configurações da publicidade contemporânea já que, o conteúdo de entretenimento se confunde com a publicidade e nem sempre há a obediência dos anunciantes quanto a esse dever. A questão vai muito mais além e discute inclusive se *branded content* deveria receber a mesma lógica principiológica do que um anúncio de pura oferta de um produto ou serviço. Fato é que, recorrentemente o CONAR tem analisado casos de conteúdos publicitários híbridos, em especial os conteúdos produzidos por "influenciadores" – para usar o termo a que mais são reconhecidos – e que não cumprem com a devida identificação publicitária de seus conteúdos. Sobre o tema, oportuno o artigo de Pablo Moreno Fernandes Viana sobre a atuação do CONAR nos casos

do Consumidor que se estabelece a publicidade como instrumento de vinculação contratual – princípio da vinculação da publicidade[190] –, que obriga o anunciante a cumprir o quanto ofertado.

Em relação aos conteúdos promovidos pelas peças publicitárias, é permanentemente importante recordar os dispositivos constitucionais. Não apenas os incisos IX e XIII do artigo 5º, que garantem essencialmente a livre manifestação e expressão da comunicação e o livre exercício do trabalho e profissão, respectivamente, nas quais certamente se inserem a atividade publicitário e seus profissionais. Ademais, o artigo 220, reitera a livre manifestação do pensamento, da criação, da expressão e da informação emitidas sob qualquer forma de veiculação sem que sofram qualquer restrição ou censura prévia. Como nem todo direito é absoluto, o parágrafo quarto do mesmo artigo, prevê um regimento específico para a propaganda comercial de tabaco, bebidas alcoólicas, agrotóxicos, medicamentos e terapias que poderão sofrer restrições legais.

Ainda sobre leis que se aplicam à publicidade, em especial nas contratações dos serviços publicitários pelo poder público, tem-se a Lei de Licitações, Lei nº 8.666/1993, que regra em termos gerais qualquer contratação pelo poder público, e a Lei nº 12.232/2010, que rege especificamente as licitações e contratações da administração pública de serviços de publicidade.

Aponta-se a Lei de Direitos Autorais, Lei nº 9.610/1998, que irá regrar as criações publicitárias e suas implicações em relação à autoria e à exploração econômica de tais obras. Sincronicamente, implica também a Lei nº 6.533/1978, que traz disposições sobre a participações de artistas, técnicos, intérpretes e executantes, com importantes reflexos também no desenvolvimento da atividade publicitária.

Em conclusão, não há de se escapar de mencionar que a atividade publicitária, por sua importância sócio-econômica e seu impacto relevante na sociedade moderna está sempre sendo questionada, debatida e aprimorada.

de análise de *branded content*. Ver VIANA, Pablo Moreno Fernandes. *Conteúdo de marca e identificação: fronteiras e lacunas nos instrumentos legais da publicidade brasileira.* Revista eletrônica do Programa de Mestrado em Comunicação da Faculdade Cásper Líbero, Ano XXI, nº 42. São Paulo, Líbero, Jul/Dez 2018. Disponível em: <http://seer.casperlibero.edu.br/index.php/libero/article/download/984/930>. Acesso em: 28 de dezembro de 2019.

[190] *"Art. 30. Toda informação ou publicidade, suficientemente precisa, veiculada por qualquer forma ou meio de comunicação com relação a produtos e serviços oferecidos ou apresentados, obriga o fornecedor que a fizer veicular ou dela se utilizar e integra o contrato que vier a ser celebrado."*

Diversos são os projetos de leis que buscam regular algum aspecto dessa atividade. Entre os temas mais recorrentes nos últimos anos, dois se destacam por movimentar grandes setores da sociedade civil e dos membros das casas legislativas, são eles: (i) a publicidade direcionada para crianças e adolescentes[191] e a preocupação em preservá-los, ante o estágio de desenvolvimento cognitivo ainda incompleto e, (ii) a publicidade sobre alimentos processados e industrializados[192], que se insere num debate sobre saúde pública e obesidade.

1.3.2. A auto-organização da atividade publicitária

A despeito das tentativas de interferência do poder público na atividade publicitária, sobretudo regulando o teor e os conteúdos por ela propagados, sempre encontraram grande resistência e mobilização do setor, a fim de defender sua máxima liberdade. É certo que a publicidade e a propaganda, por suas naturezas de verdadeiro "instrumento de controle

191 Sobre o tema e os pontos e contrapontos do debate, ver REBOUÇAS, Edgard. *Os desafios para a regulamentação da publicidade destinada a crianças e adolescentes: soluções canadenses e reticências à brasileira.* Revista Brasileira de Ciências da Comunicação, v. 31, n. 2, São Paulo, 2008, p. 75-97. Disponível em:<http://midia.pgr.mpf.gov.br/pfdc/hotsites/mpdcom/docs/publicidade-infantil/publicacoes/desafios-regulamentacao-publicidades-criancas-er-dez-2008.pdf>; SILVEIRA, Sandra Maria Prado. *Estudo da publicidade brasileira de produtos dirigida às crianças e a relação com as distorções cognitivas.* Dissertação apresentada ao Programa de Pós-Graduação em Psicologia – Mestrado, do Instituto de Psicologia da Universidade Federal de Uberlândia. Uberlândia: 2018, 98 p. Disponível em: <https://repositorio.ufu.br/bitstream/123456789/22497/3/EstudoPublicidadeBrasileira.pdf>, e; ABAP (Coord.). *Publicidade e Criança: Comparativo Global da Legislação e da Autorregulamentação.* São Paulo: 2013. Disponível em: <http://www.abap.com.br/pdfs/publicacoes/wp-aba-conar.pdf>. Acessos em: 29 de dezembro de 2019.

192 Ver VASCONCELLOS, Ana Beatriz; GOULART, Dillian; GENTIL, Patricia Chaves; OLIVEIRA, Taís Porto. *A Saúde Pública e a Regulamentação da publicidade de alimentos.* Ministério da Saúde, Secretaria de Atenção à Saúde, Departamento de Atenção Básica, Coordenação Geral da Política de Alimentação e Nutrição, (S. I.). Disponível em: <http://189.28.128.100/nutricao/docs/geral/regulamentaPublicidadeAlimentos.pdf>; HENRIQUES, Patricia; DIAS, Patricia Camacho; BURLANDY, Luciene. *A regulamentação da propaganda de alimentos no Brasil: convergências e conflitos de interesses.* Cad. Saúde Pública, v. 30, n. 6, Rio de Janeiro, 2014, p. 1219-1228 Disponível em: <http://www.scielo.br/pdf/csp/v30n6/0102-311X-csp-30-6-1219.pdf>, e; GOMES, Fabio da Silva; CASTRO, Inês Rugani Ribeiro de; MONTEIRO, Carlos Augusto. *Publicidade de alimentos no Brasil: avanços e desafios.* Ciência e Cultura (versão online), v. 62, n. 4, São Paulo, 2010. Disponível em: <http://cienciaecultura.bvs.br/scielo.php?script=sci_arttext&pid=S0009-67252010000400015>. Acessos em: 29 de dezembro de 2019.

social"[193] e moldadoras de comportamentos, tanto em grupos quanto em indivíduos, devem ser tratadas com certa cautela. Não à toa, é que o próprio setor, ciente de seu poder social, tratou de compor formas autônomas de proteção e fiscalização da própria atividade.

Carolina Leal de Lacerda Pires recorda que o CONAR – Conselho Nacional de Autorregulamentação Publicitária – nasce muito em razão de uma "ameaça ao setor"[194]. Ante a possibilidade de criação de mecanismos de censura prévia e de ingerência do governo militar nas produções publicitárias comerciais, o próprio mercado, em 1976, se organizou[195] para dar uma resposta antecipada onde se mantivesse o controle institucional feito pelos próprios atores do setor.

Organizaram-se então, as agências de publicidade, os veículos de comunicação e anunciantes, que prepararam uma minuta do Código Brasileiro de Autorregulamentação Publicitária (CBARP) que foi, primeiramente apresentado às autoridades federais para convencê-las a "engavetar o projeto de censura prévia e confiar que a própria publicidade brasileira era madura o bastante para se auto-regulamentar"[196]. Assim, deu-se a aprovação do Código no 3º Congresso Brasileiro de Propaganda, realizado em São Paulo em 1978, para em 1980 ser definitivamente fundado o Conselho Nacional de Autorregulamentação Publicitária – CONAR.

A necessidade de prestar uma resposta a uma possível ingerência do poder público na atividade publicitária é explicada por 2 motivos essencialmente: a provisão de uma censura prévia traria um (i) custo alto das

[193] CAUDURO; PASQUALOTTO. *Sistemas de autorregulamentação da publicidade: um quadro comparativo entre países*, 2016, p. 211.

[194] PIRES, Carolina Leal de Lacerda. *Fronteiras do (não-) plágio publicitário: um estudo discursivo de casos julgados no/pelo Conar.* Tese apresentada ao Programa de Pós-Graduação para Doutorado em Letras da Universidade Federal de Pernambuco. Recife: 2015, p. 73.

[195] *"Não era a primeira vez, no entanto, que o setor propunha para si uma regulação privada. Antes, na primeira edição daquele evento, em 1957, representantes de agências, veículos e anunciantes haviam elaborado uma série de normas que visavam à regulamentação da publicidade enquanto atividade comercial de prestação de serviços, tratando, em sua maioria, de questões financeiras relativas a comissões, descontos, tabela de preços de serviços e de veiculação etc. Criava-se, assim, o Conselho Executivo das Normas-Padrão (CENP), responsável por fiscalizar e certificar as agências de publicidade, conferindo um 'Certificado de Qualificação Técnica' para aquelas que estiverem cumprindo as normas estabelecidas."* (PIRES, *Fronteiras do (não-) plágio publicitário: um estudo discursivo de casos julgados no/pelo Conar*, 2015, p. 74-75)

[196] Ver na seção "História" do site do Conar. Disponível em: <http://www.conar.org.br/>. Acesso em: 29 de dezembro de 2019.

operações e uma maior (ii) morosidade, que é totalmente incompatível com a dinâmica e fluidez que se exige no mercado publicitário. De fato, a rapidez nas análises e decisões do Conar são caracterizadas pela extrema eficiência e agilidade. Assim, de maneira breve e apertada, o *modus operandi* do CONAR se resume em: feita uma denúncia[197], a diretoria do CONAR sorteia um relator, que é um dos membros do seu Conselho de Ética. Ato seguinte, o anunciante é notificado da denúncia e pode defender-se por escrito, num primeiro momento. O Conselho de Ética se reúne para examinar os processos, quando as partes podem comparecer às reuniões para apresentarem seus argumentos. Ao fim dos debates, o relator expõe seu parecer, que é levado à votação perante os outros conselheiros. Imediatamente as partes são comunicadas das decisões[198], sendo previstas ainda duas instâncias de recursos: Recurso Ordinário, perante a Câmara Especial de Recursos e o Recurso Extraordinário, perante o Plenário do Conselho de Ética.

Para Cauduro e Pasqualotto,

> *as vantagens que esse sistema apresenta são a rapidez, a gratuidade e o grande peso moral de suas decisões sobre os regulados. E, em relação ao Estado, a vantagem é que a não intervenção garantiria a disponibilidade para a execução de políticas em domínios carenciados, libertando meios estruturais para diferentes planos, projetos e programas. No entanto, a crítica que é feita em relação ao controle exclusivamente privado é pelas decisões do CONAR só obrigarem os signatários de tal sistema, ou seja, não há a vinculação dos agentes do mercado. Assim sendo, há a ausência de generalidade e coercitividade que a lei e os atos estatais possuem.*[199]

Além do questionamento da legitimidade e da ausência de previsão legal – o que confere falta de coercitividade das decisões do CONAR[200]

[197] As denúncias podem ser realizadas por consumidores, em grupos ou indivíduos, por autoridades públicas, pelos próprios membros associados e membros da Diretoria do CONAR, ou por qualquer outra entidade ou representação da sociedade civil. Basicamente, qualquer pessoa, jurídica ou física, pode formular uma denúncia ao Conselho.

[198] As decisões previstas pelo artigo 27 do Regimento Interno do Conselho de Ética do CONAR são, em ordem crescente de gravidade: (i) arquivamento do processo; (ii) advertência ao anunciante; (iii) alteração ou correção do anúncio; (iv) sustação, pelos Veículos de Comunicação, da divulgação do anúncio e; (v) divulgação pública da posição do CONAR.

[199] CAUDURO; PASQUALOTTO. *Op. cit.*, 2016, p. 216.

[200] Ver ZANONI, Fernando Henrique. *Da incompetência do Conar para proferir decisões de caráter coativo: uma visão crítica da auto-regulação publicitária*. Jus Navigandi. Disponível em: <https://

– outras críticas são dispensadas ao órgão. Juliana Botelho destaca o "corporativismo"[201] existente no Conselho, dada sua estrutura composta, principalmente, por membros do próprio mercado. Assim, a ética empregada para julgamento dos casos nem sempre é coincidente com a ética da sociedade, impondo um interesse privado sob um interesse público.

Por outro lado, há quem defenda que o sistema autorregulamentar do CONAR é um recurso da sociedade como um todo e que a ética publicitária, até para sua própria validade e eficácia, observa a ética social. De certa maneira, é preciso concordar que o CONAR é um exemplo de boa autorregulamentação que temos no Brasil – desde 1980, são mais de 9 mil representações julgadas. A título de conhecimento, no ano de 2018, o CONAR instaurou 324 processos éticos, dos quais 230 são de origem de queixas de consumidores Do total de processos julgados, 16,1% dos anúncios foram sustados, 21% sofreram advertências, 35,5% sofreram alterações e apenas 27,4% foram arquivados[202]. A grande maioria, portanto, sofreu uma sanção média a grave, segundo o regimento interno do Conselho de Ética do órgão, o que conflita com a argumentação de corporativismo aludido por alguns críticos.

De maneira geral, é possível assumir que o órgão autorregulamentador, justamente por ser ágil e sem grandes formalidades, consegue dar a resposta necessária e acompanhar de perto as evoluções da sociedade e da atividade publicitária, ainda que seja necessário avançar em alguns outros pontos, se inspirando em modelos já consagrados em outros países, para garantir sua plena eficácia finalística[203].

jus.com.br/artigos/10366/da-incompetencia-do-conar-para-proferir-decisoes-de-carater-coativo>. Acesso em: 28 de dezembro de 2019.

[201] Botelho, *Op. cit.*, 2010, p. 128.

[202] Todos os dados foram obtidos diretamente no site do CONAR, na seção de estatísticas. Lá estão presentes diversas outras informações e dados do ano de 2018 e dos anos anteriores.

[203] *"O modelo privado de controle da publicidade viabiliza a proteção das empresas em um mercado concorrencial, bem como assegura os direitos dos consumidores, sendo capaz de assimilar as evoluções da sociedade. No entanto, especificamente no Brasil, o órgão regulamentador não possui uma real eficácia, uma vez que as suas decisões são de cumprimento espontâneo e não possuem caráter coercitivo. Assim sendo, após a análise dos aspectos do direito comparado, é possível concluir que a autorregulamentação publicitária exercida pela França, através do Autorité de Régulation Professionnelle de La Publicité (ARPP), é o modelo mais completo e eficaz, uma vez que estipula medidas preventivas, para que as mensagens publicitárias sequer sejam transmitidas na hipótese de estarem em desconformidade com as exigências e, ainda, igualmente prevê consultas com a sociedade e prestações de contas, realizando não*

1.4. Reflexões conclusivas

A publicidade, entendida aqui como uma forma de (i) meio de comunicação que se utiliza de suas funções enquanto (ii) arte e (iii) ciência, é engajada por um anunciante que deseja "vender", nem sempre algo tangível propriamente dito, mas vender uma ideia, um desejo, uma abstração que comunicará a personalidade autêntica da marca ao consumidor, que, por ela se conectará num nível afetivo, emocional, espiritual. Essa é a publicidade e as técnicas de *marketing* desenvolvidas a partir da virada do século XX para o século XXI, quando as inovações tecnológicas impulsionam o surgimento de uma nova classe de consumidores: jovens, urbanos, conectados e que, agora, têm o controle sobre os anúncios publicitários e sobre os conteúdos que os atingem.

Nasce, portanto, a necessidade da publicidade se reinventar, não mais para apenas informar e persuadir, mas também para entreter esses novos consumidores. A publicidade atual se reveste de inúmeras formas inovadoras para estabelecer uma comunicação não invasiva, de puro entretenimento e que estimule não só o interesse dos espectadores, mas que os faça compartilhar esses conteúdos, aproveitando das redes sociais e das inúmeras ferramentas de interação. A participação dos consumidores espectadores não está adstrita ao compartilhamento, se estendendo também a participação colaborativa na criação e na ressignificação desses conteúdos – deixam de ser meros receptores para serem "interatores", para emitirem também suas mensagens numa comunicação em rede multidirecional.

Dessas novas configurações de publicidade em mídia digital, é possível antecipar alguns impactos diretos no modelo de negócio tradicional desenvolvido pela produção publicitária, calcada no tripé de licenciamento e autorização de utilização dos conteúdos limitados a um ou mais dos fatores "prazo, mídia, território". Com a mídia digital, não há mais fronteiras: sejam geográficas, sejam temporais, sejam midiáticas. Logo, a "digitalização da publicidade" cria um mecanismo de menor controle sobre o conteúdo produzido, especialmente verificado após a ruptura lógico sistêmica com a inversão – ou multiversão – dos pólos de emissão e recepção comunicacional. A criação intelectual sofrerá impactos em seu processo criativo,

apenas a mera aplicação de leis já existentes. Nesse sentido, é possível afirmar que a liberdade de expressão e o respeito com os consumidores comerciais são conciliados, gerando o equilíbrio entre a publicidade e a responsabilidade comercial." (CAUDURO; PASQUALOTTO. *Op. cit.*, 2016, p. 226-227)

horas com autoria em rede, colaborativa, horas sendo induzida ao "livre" (pretenso, ao menos) compartilhamento de tais conteúdos.

Ao mesmo tempo, a sociedade se situa na era da informação e, nunca se produziu tanto conteúdo ao mesmo tempo. Nesse contexto, a comunicação audiovisual é de longe a ferramenta mais utilizada atualmente: 80% do tráfego de dados da internet em 2019 foi de vídeos e, de acordo com o Youtube, o consumo de vídeos crescerá em uma taxa de 100% a cada ano. Pensando em publicidade, 87% das marcas usam o vídeo como ferramenta principal de suas estratégias de marketing digital, já que 59% dos consumidores preferem ver um vídeo do que ler um artigo, para ajudá-los na decisão de uma compra. Rebuscando o estudo da Havas, no qual se afirma que grande parte do conteúdo é desprezível, portanto, para ser memorável e efetivo, deverá ser um conteúdo bem produzido. E, para tanto, ensejará a participação de produtoras e a criação verdadeiramente intelectual, que deverá ou deveria ser protegida, até porque há um valor, um ativo, que se agrega como um valor intangível à marca. A tendência do mercado, por outro lado, é a da precarização do autor e de sua criação: há uma propensão de se considerar o valor da produção não como um investimento, mas como um custo, inserindo uma atividade intelectual e criativa numa lógica economicista empresarial capitalista, de pura comoditização da criatividade e de ativos intersubjetivos. A grande queixa dos produtores, a exemplo, é a recorrente imposição de prazos de pagamento, fazendo com que a atividade principal de uma produtora audiovisual seja a gestão financeira de suas produções e não a dedicação às suas criações[204].

[204] Tais queixas são sentidas globalmente. Ver FÓRUM DA PRODUÇÃO PUBLICITÁRIA. *Manual do IV Fórum da Produção Publicitária*. São Paulo: 2017, p XX; SCHWEIZER, Kristen. *U.K. Advertising Body Calls for Strike Against Budweiser Brewer*. Bloomberg (versão online). 2015. Disponível em: <https://www.bloomberg.com/news/articles/2015-03-19/u-k-advertising-body-calls-for-strike-against-budweiser-brewer>. Acesso em: 02 de janeiro de 2019; STROM, Stephanie. *Big companies pay later squeezing their suppliers*. The New York Times (versão online). 2015. Disponível em: <https://www.nytimes.com/2015/04/07/business/big-companies-pay-later-squeezing-their-suppliers.html>. Acesso em: 02 de janeiro de 2019.

2
A Obra Publicitária e o Direito de Autor

Neste capítulo[205], abordar-se-ão o esteio teórico e os reflexos do direito autoral sobre as obras publicitárias. É, pois, compreender a natureza jurídica da obra publicitária e admitir a sua proteção pela via do Direito de Autor, no primeiro momento, para, então, desenvolver as nuances dessa tutela.

O professor Bittar[206] admite, sem margem para qualquer questionamento, que *"obra publicitária é obra intelectual"* e, portanto, protegível pelo direito autoral. Muitos outros doutrinadores, a não dizer a grande maioria, seguem o mesmo entendimento. Mas há uma parte residual e excepcional que ainda questiona tal protegibilidade sob o argumento da destinação da obra publicitária e a sua finalidade meramente comercial e, principalmente, pela ausência de tais obras do rol de obras intelectuais da Lei de Direito Autoral – LDA[207].

[205] Neste capítulo, notadamente na seção que trata especificamente sobre os direitos morais de autor na obra publicitária e acerca da protegibilidade da obra publicitária, há o empréstimo da pesquisa e de partes textuais de outro trabalho do autor, "Direito moral de autor na obras publicitárias", apresentado no curso de especialização em Propriedade Intelectual, Direito do Entretenimento e Mídia, da ESA-OAB de São Paulo, sob orientação do professor Guilherme C. Carboni. Tais trechos, contudo, foram devidamente adequados ao presente estudo, bem como contam com os devidos aportes de novas fontes de pesquisa.

[206] BITTAR. *Direito de Autor na Obra Publicitária*, 1981, p. 181.

[207] O professor Georges Bonet da Université Panthéon-Assas (Paris II), discursando sobre a análise da concepção humanista do direito autoral, confirma que, *"selon une longue tradition jurisprudentielle et doctrinale, l'oeuvre protégée par le droit d'auteur est dépourvue d'utilité fonctionnelle, arbitraire et de fantaisie. L'oeuvre utilitaire, à usage commercial, ne pourrait pas être une oeuvre d'art parce que son auteur n'a pas joui de la liberté qui est la condition de la création artistique. Or, la création*

Ora, é para esta corrente, hoje minoritária, que se reforçará a concepção de obras publicitárias enquanto obras intelectuais, trazendo para a discussão a base teórica para essa afirmação, em apoio e contraposição aos novos formatos de peças publicitárias apresentados no capítulo anterior.

A base de análise e pesquisa teórica se estenderá tanto numa averiguação objetiva da obra publicitária, investigando os critérios e princípios para seu devido enquadramento enquanto obra intelectual, mas, sobretudo, se estenderá para compreender a natureza subjetiva da obra publicitária, perquirindo os ímpetos e princípios de sua autoria, e como daí decorrem os possíveis regimes jurídicos aplicáveis.

Inevitavelmente, ao passar pela autoria da obra publicitária, aproveita-se para discutir uma questão que é de exígua presença nos textos pesquisados, a saber, a questão dos direitos morais de autor nas obras publicitárias.

A defesa dos direitos de personalidade do autor são renegadas a um segundo ou terceiro plano nas discussões de obras publicitárias. Talvez pela impertinência ou mesmo pela não adequação do assunto com o processo de produção e exploração da obra publicitária. Fato é que são raros os casos em que se verifique a aplicabilidade e proteção dos direitos morais de autor nas obras publicitárias, tal como forjado pela lei autoral.

O tema adquire nova importância a partir do momento que vivemos esta nova fronteira da publicidade com a indústria do entretenimento, e a criação de verdadeiras obras de arte[208] ao dispor do apetite publicitário. Há aí também, uma nova fronteira a ser refletida, especialmente nas questões de autoria, paternidade, créditos, integridade e como se verificam a utilização prática – entendida na veiculação – destas obras.

publicitaire est bien une oeuvre utilitaire, souvent créée collectivement par un bureau d'études, avec une finalité exclusivement commerciale. Il est donc tout à fait possible de soutenir que la protection de la création publicitaire par la loi sur la propriété littéraire et artistique ne peut satisfaire parfaitement aux besoins" (BONET, Georges. *Exposé introductif: une disposition spécifique: l'article 14 de la loi du 3 juillet 1985. In:* IRPI. *Publicité et droit d'auteur.* Colloque de L'Institut de Recherche en Propriété Intellectuelle Henri-Desbois (Paris, 22 mai 1990). Paris: Librairies Techniques, 1990, p. 33-34).

[208] Entenda-se pelo seu processo criativo, de ímpeto essencialmente artístico, que não só adota a linguagem e técnica cinematográfica, mas se molda e se cria a partir do mesmo modelo das grandes obras de cinema, se afastando, por vezes, da senda criativa meramente publicitária ou somente com finalidade publicitária. A despeito, oportuno lembrar que se refuta também qualquer juízo de valor. Como ficou e ficará bem claro, esse estudo e autor admitem plenamente que uma obra publicitária possa ser considerada uma verdadeira "obra de arte", no sentido dela se alçar a um patamar mais estético do que funcional.

A busca pela compatibilização de tais direitos, de ordem pessoal, com as práticas do mercado publicitário será objeto de avaliação. Na sequência, pretende-se abordar a natureza jurídica da obra publicitária sob o viés da titularidade dos direitos patrimoniais de autor de tais obras.

Se ao mesmo tempo há pouco, ou quase nenhum, repita-se, espaço para o respeito aos direitos morais de autor é porque, na gênese criativa, há uma interpretação errônea sobre quem realmente detém os direitos de tal obra. O fato dela ser uma obra intelectual fruto de uma encomenda sugestiona, ao menos na lógica do encomendante-anunciante, que esta obra é de sua "propriedade"[209].

Alia-se a este equívoco, o fato de grande parcela dos agentes econômicos saberem muito pouco sobre as regras e princípios do Direito de Autor. A verdade é que eles até assumem corretamente quem é o autor da obra publicitária criada, ficando os desvios e atecnias relativos à titularidade dos direitos patrimoniais das obras.

A lógica de que quem paga – leia-se, "encomenda" – é "dono" da obra é uma constante neste meio. Sua força advém de vários fatores: o primeiro, pela extrema conveniência ao elo mais poderoso destas relações, fortalecendo a posição das empresas anunciantes nas negociações, já que são elas que injetam a parcela financeira. Em segundo, há uma herança histórica do instituto previsto pelo artigo 36 da antiga lei de direito autoral, Lei nº 5.988 de 1973, que previa a co-titularidade dos direitos patrimoniais das obras feitas sob encomenda.

Esta previsão, mesmo revogada e não replicada na atual lei, ainda permeia o senso comum coletivo, e é recorrentemente trazida à tona para amparar a argumentação de que uma obra publicitária é – no sentido de pertencimento, de "propriedade" – do anunciante. O presente estudo bus-

[209] A terminologia "propriedade" e seu sentido semântico, de que alguém é "proprietário" de algum direito autoral é um erro comum, especialmente no mercado publicitário. Nesse sentido, sempre oportuno lembrar, então, a lição da professora Silmara Juny de Abreu Chinellato, que tratou sobre o tema em sua tese para concurso de Professor Titular na Faculdade de Direito do Largo de São Francisco, com o trabalho "Direito de Autor e Direitos da Personalidade: reflexões à luz do Código Civil", na qual descaracteriza os direitos autorais como propriedade, amparada em 11 diferenças primordiais entre os institutos (Ver CHINELLATO, Silmara J. de Abreu. *"Direito de Autor e Direitos da Personalidade: reflexões à luz do Código Civil"*. Tese para concurso de Professor Titular de Direito Civil da Faculdade de Direito da Universidade de São Paulo. São Paulo, 2009).

cará "desmistificar" esta noção, por meio da defesa teórica de autoria e titularidade de uma obra publicitária.

Em terceiro, pode-se ainda citar que o mercado publicitário importa diversas técnicas e racionalidades que são presentes em outros países, notadamente a *work for hire doctrine*, presente no *copyright system* dos EUA.

Ao se tomar conta de que, das 30 maiores empresas anunciantes do país no primeiro semestre de 2017, segundo dados do Ibope Kantar[210], 17 empresas são multinacionais, o contexto das obras publicitárias não deveria fugir muito a esta regra de importação de práticas e preceitos estrangeiros ao ordenamento brasileiro.

Para o setor publicitário, se agrava mais ainda tal fator já que, inegavelmente, se esconde por trás todo o interesse econômico de tais empresas, nem sempre comprometidas com a defesa íntegra da propriedade intelectual alheia, mas com as metas e objetivos próprios de suas atividades. Essa lógica comercial, ao fim da linha, chega também a impactar as produções e respectivas remunerações dos criadores e produtores das obras publicitárias.

É nesse contexto que se pode compreender a importação de diversas práticas negociais para as contratações de produções audiovisuais publicitárias, nem sempre em consonância com a legislação nacional, mas, sempre voltada para o melhor interesse (econômico) das empresas anunciantes. Modelos estes, que acabaram sendo replicados entre as marcas competidoras e que, hoje, configuram-se como regra fática observada no mercado publicitário.

Por fim, destina esta seção a dirimir as questões atinentes do relacionamento da produção de obras publicitárias com obras intelectuais que envolvam direitos de terceiros. Tal prática, tão comum no processo criativo da matéria, implica em duas necessárias análises; a primeira, acerca do uso de obras preexistentes e que comporão o discurso novo planejado, e; a questão do plágio publicitário, tangenciando também uma questão muito particular desse universo, que é a pretensa salvaguarda da "ideia publicitária".

[210] KANTAR IBOPE MEDIA. *Investimento publicitário – Anunciantes: janeiro a junho de 2017.* Disponível em: <https://www.kantaribopemedia.com/anunciantes-janeiro-a-junho-2017/>. Acesso em: 16 de dezembro de 2019.

2.1. O processo criativo e a natureza jurídica das obras publicitárias

Para uma leitura da publicidade e os reflexos de suas atividades sobre o direito autoral, é preciso, em primeiro lugar, analisar o processo criativo que dá origem às criações publicitárias para, então, conferir e anatomizar a natureza jurídica dessas obras intelectuais, permitindo, por fim, a sua justa colocação frente ao ramo jurídico autoral.

De início, oportuna é a descrição do itinerário que envolve o início até a concretização final da obra publicitária feita pelo professor francês Sylvain Chatry, que traça o seguinte:

> *Um anunciante decide por promover seus produtos ou serviços. Na maioria dos casos, ele recorre à uma agência de publicidade para que concebam peças publicitárias e organizar a veiculação destas. Um primeiro briefing* (planejamento e diretrizes idealizados pelo cliente para o projeto) *é efetuado pelo departamento comercial. O projeto é, então, confiado a uma dupla criativa composta por um redator e por um diretor de arte, funcionários assalariados da agência, que procurarão ideias e pensarão em como externalizá-las em suas expressões visuais. Se necessário, o projeto é confiado a criadores independentes (fotógrafos, ilustradores, entre outros) ou a prestadores de serviços (empresas produtoras audiovisuais, por exemplo). Assim, as ideias podem vir de diferentes partes e intervenientes; elas são moldadas como parte de um plano de trabalho criativo que envolve uma multiplicidade de pessoas.*[211] (tradução nossa)

Nessa linha, Carlos A. Bittar descreve o fluxo de criação e produção de obras publicitárias dando o protagonismo às agências de publicidade, que

> *utiliza para esses fins seus próprios empregados – contratados pelo regime celetista – que recebem remuneração (e elevada) exatamente para idear e executar textos, desenhos, gravuras, pinturas e demais obras compatíveis, sempre sob a orientação de seu departamento especializado (o de criação), sob a responsabilidade de um profissional do*

[211] *"Un annonceur décide de promouvoir ses produits ou ses services. Dans la plupart des cas, il a recours à une agence de publicité pour concevoir des objets publicitaires et organiser leur diffusion. Un premier « brief client » est effectué avec la cellule commerciale. Le projet est ensuite confié à un binôme création constitué d'un concepteur rédacteur et d'un directeur artistique, salariés de l'agence, lesquels vont chercher des idées et penser à leur expression visuelle. Si besoin, le projet est confié à des créateurs indépendants (photographes, illustrateurs,...) ou à des sociétés prestataires (par exemple, société de production audiovisuelle). Ainsi, les idées peuvent provenir de différents intervenants, elles sont mises en forme dans le cadre d'un plan de travail créatif impliquant d'autres personnes"* (Chatry, Sylvain. *La protection des oeuvres publicitaires par le droit d'auteur en France.* 2015, p. 9. Disponível em: <https://hal.archives-ouvertes.fr/hal-01301179/document>. Acesso em: 27 de dezembro de 2019).

setor (...). Pode, também, confiar a produção final a empresa especializada (como, por exemplo, a de um jingle, ou filme) e isso com frequência vem ocorrendo, dada a sofisticação desses setores.[212]

Sob um olhar mais técnico e próximo à rotina do mercado publicitário e da produção audiovisual publicitária, João Vicente Cegato Bertomeu não se distancia das descrições emprestadas dos juristas. Para o filme publicitário, em específico – que, inclusive, é o grande objeto de apreciação desse estudo – o professor de Comunicação denota também o papel relevante da agência de publicidade e todos os pormenores técnicos e procedimentais no processo criativo[213], que, na obra audiovisual em específico, principia a criação, de fato, através do *briefing*. Será o *briefing* a nortear todo o processo, inclusive restringindo as "construções subsequentes, pois aponta claramente qual o efeito de sentido que busca gerar na mente do público receptor"[214].

Sobre as obras publicitárias audiovisuais, ou como o professor Antonio Chaves se refere, obras cinematográficas, em empréstimo da nomenclatura usada pela lei de direitos autorais anterior (Lei nº 5.988/1973), são elas resultado do encontro da atuação colaborativa entre "a agência de propaganda, que elabora o roteiro literário fornecendo às vezes desenhos

212 BITTAR, Carlos Alberto. *Direitos autorais nas criações publicitárias*. *In*:Revista de Informação Legislativa, ano 21, nº 83, jul/set, 1984, p. 436. Disponível em <https://www2.senado.leg.br/bdsf/bitstream/handle/id/181556/000410514.pdf?sequence=3>. Acesso em 22 de dezembro de 2019.

213 "*Em uma agência de propaganda, a solicitação da criação de um filme publicitário por parte de um cliente é previamente definida pelo planejador e pelo atendimento da conta. O planejamento de comunicação define a necessidade de comunicar de forma intensificada, via comunicação de massa, uma campanha de propaganda para um mercado muito abrangente do cliente. Nessa etapa, a análise de verba disponível, o planejamento de mídia e o período de campanha já estão aprovados pelo cliente, e, então, procura-se definir o teor da mensagem publicitária que será aprovada também pelo cliente, para posterior veiculação nos intervalos dos canais de televisão e programas definidos pelo departamento de mídia – que processualmente desenvolve o detalhamento do plano de mídia, o qual, em linhas gerais, procura definir a duração do filme e detalhar os horários, os programas e a frequência da exposição de mensagem. O job, então, começa dentro de uma agência, no momento em que se definem os meios de comunicação (mídia). Nessa fase, é encaminhada ao departamento de criação, por meio do briefing, a solicitação da criação do comercial de televisão. Esse documento é desenvolvido pelo profissional de atendimento e planejamento e encaminhado para as áreas envolvidas no processo de comunicação (planejamento, atendimento, pesquisa, mídia e criação).*" (BERTOMEU, *Op. cit.*, 2010, p. 99)

214 BERTOMEU, *Op. cit.*, 2010, p. 99.

(story-boards) que indicam como poderão ser realizadas cenas do filme, e a produtora, que convoca um conjunto de artistas e profissionais"[215] à parte[216].

Antonio Chaves assume que a produtora audiovisual contratada para a produção dos filmes publicitários possui uma organização própria de trabalho, distante tecnicamente das agências de publicidade, o que confere uma nova dimensão e um grau a mais de complexidade da obra elaborada. Assim, a obra audiovisual publicitária se sobressai por sua especificidade e singularidade própria, adicionando mais um elemento a já complexa cadeia criativa da obra publicitária. Algo parecido acontece também com as obras musicais publicitárias, a exemplo das trilhas originais e *jingles* desenvolvidos para tal fim, e que, usualmente, são fruto de criação e produção de empresas produtoras de fonogramas, que atuam igualmente como mais um elemento criativo dentro desse cenário. O impacto desse grau[217] a mais de complexidade se dá sobretudo na configuração da autoria e titularidade[218] dessas obras em específico, que oportunamente será analisada.

Em contraponto a esse entendimento de compartimentação das obras publicitárias de acordo com sua natureza, o professor espanhol José Domingos Portero Lameiro afirma que *"no es del todo apropiado, al menos a resultas de lo dispuesto en el ordenamiento jurídico, el hecho de aludir a la obra audiovisual de carácter publicitario como subtipo de la creación publicitaria"*[219]. Para Portero Lameiro, apenas na hipótese de se conferir uma regulação específica às

[215] CHAVES, *TV, Publicidade Cinematográfica*, 1987, p. 238.

[216] São: *"o diretor do filme, cenógrafo, decorador, o produtor do elenco (casting), o iluminador, o operador de câmera, diretor de arte, costumista, maquiador, cabeleireiro, técnico de som, técnico de efeitos especiais, eletricistas, maquinistas, carpinteiros, pintores, diretores de produção, assistente de produção, guarda-roupeira, contra-regra, montador, assistente de montagem, e inúmeros outros profissionais e auxiliares, dependendo das exigências de cada roteiro, além de artistas, modelos, figurantes, extras, etc... que obedecem à sua* (da produtora) *diretriz ou orientação"*. (CHAVES, *Op. cit.*, 1987, p. 238.)

[217] *"Cabe lembrar que a criação coletiva, como no caso da criação publicitária, ganha mais complexidade da interação entre as pessoas em contínua troca de sensibilidades"* (BERTOMEU, *Op. cit.*, 2010, p. 29).

[218] O professor Antonio Chaves relata com extrema didática e detalhamento toda a discussão travada na década de 1980 entre as entidades representativas de cada setor – a ABA (pelos anunciantes), a ABAP (pelas agências de publicidade) e a APRO (pelas produtoras) –, cada uma defendendo o interesse de seus associados em relação à titularidade das obras publicitárias audiovisuais (CHAVES, *Op. cit.*, 1987, p. 245-271).

[219] PORTERO LAMEIRO, José Domingo. *La propriedad intelectual sobre las obras publicitarias: Hacia una nueva configuración legislativa en España.* Madrid: Dykinson, 2017, p. 30.

obras publicitárias é que se faria sentido em criar subtipos de tal espécie de obras intelectuais[220].

De toda a sorte, por ora, ressalta-se apenas o fato de que as obras audiovisuais publicitárias importam numa reavaliação sobre a sua autoria e titularidade, o que será apropriadamente abordado no próximo capítulo. Logo, interessa tão só a generalidade das obras publicitárias e, sobre elas, a configuração do ponto central que as agências de publicidade[221] guardam dentro do processo criativo de tais obras. Parte-se, portanto, da premissa de que é na agência de publicidade em que a ideia se origina e é devidamente criada, desenvolvida e, muitas vezes, materializada.

Se é possível apontar a agência de publicidade como o epicentro criativo da produção publicitária, por outro lado, essa se caracteriza por sua coletividade de autores, que contribuem com suas participações formando um corpo só, quase sempre indivisível. Como bem aponta Chatry[222], a atividade de criação publicitária dificilmente será realizada por uma pessoa determinada ou determinável. Será, ao contrário, o resultado de esforços de um grupo de pessoas, os quais cada um poderá reclamar a titularidade dos direitos autorais circundados, ainda que seja difícil, senão impossível, essa individualização.

Acompanha tal entendimento, Bittar, ao preceituar que "a elaboração da obra publicitária pressupõe: diversidade de elaboradores; o trabalho em equipe; integração de suas contribuições ao conjunto final; direção da agência, de sorte que, no final, não se pode distinguir a participação de cada um", ponderando, entretanto, que, em raras ocasiões, pode acontecer a criação de uma obra individual de autor assalariado, "ou seja, quando o empregado criar e realizar sozinho a obra"[223].

[220] A preocupação do autor espanhol é mais no sentido de se garantir, primeiramente, a expressa previsão e reconhecimento da obra publicitária como obra intelectual protegível, quando, aí sim, seria merecedora de uma compartimentação dedicada a seus subtipos. Ainda para o autor, *"sin embargo, actualmente, al estudiar la propriedad intelectual sobre la obra publicitaria, no parece razonable llevar a cabo un análisis pormenorizada de la creación audiovisual de índole publicitaria. Además, como se advertirá, esta última no presenta particularidades significativas en cuanto a los requisitos de protección en el ámbito de la LPI, No así en cuanto a la titularidad de los derechos de autor"* (Portero Lameiro, *Op. cit.*, 2017, p. 30).

[221] Bittar, *Op. cit.*, 1981, p. 127.

[222] Chatry, *Op. cit.*, 2015 p. 10.

[223] Bittar, *Op. cit.*, 1984, p. 440.

Para Bertomeu, a "criação está espalhada pelo percurso"[224], dentro de um processo de criação inferencial, "na medida que toda ação, que cria uma forma ou sistema novo, está relacionada a outras ações e tem igual relevância quando se pensa a rede de associações como um todo"[225]. João Bertomeu, inclusive, analisa o espaço de trabalho das agências de publicidade, escritórios precisamente calculados para atuarem como a "extensão de um diálogo cultural incessante, sempre em processo de desenvolvimento", o despertar de ideias. Há, então, "a comunhão dos espaços de trabalho (que) parece reforçar a não existência da criação isolada, evidenciando a troca, o fazer coletivo"[226].

Dada as exposições acima, as obras publicitárias comportam diversas classificações possíveis quanto à sua natureza jurídica. Assim, Bittar[227] atesta que a obra publicitária será invariavelmente uma obra sob encomenda, entendida desse modo por se tratar de uma obra de iniciativa de terceiro, *"que as solicita, sugere, orienta ou dirige, cuidando da respectiva reprodução e da divulgação"*[228]. Nesse sentido, feita a criação na agência, "há encomenda em dois graus: (a) na relação entre o anunciante e a empresa publicitária e (b) entre esta e o autor (ou autores) que contrata ou emprega"[229].

Para o professor autoralista, portanto, "a obra resultante poderá ser: de produção livre do autor, dirigida ou em colaboração (conforme a participação do encomendante); obra individual de autor assalariado ou obra coletiva (esta quando não possível a identificação da contribuição de cada elaborador), seguindo cada qual um regime jurídico"[230]. Destarte, a obra de produção livre, encontrará o autor como seu único titular, enquanto a obra em colaboração, terá reconhecida a divisão da titularidade dos direitos de autor entre os autores colaboradores. Para a obra dirigida, é importante destacar a devida participação colaborativa e criativa do dirigente, sob pena de não se reconhecer a autoria e titularidade dos direitos de autor para o encomendante-dirigente[231]. Enfim, para a obra coletiva, segue o

[224] BERTOMEU, *Op. cit.*, 2010, p. 28.
[225] BERTOMEU, *Op. cit.*, 2010, p. 30.
[226] BERTOMEU, *Op. cit.*, 2010, p. 118.
[227] BITTAR, *Op. cit.*, 1981, p. 190.
[228] BITTAR, *Op. cit., 1977*, p. 62.
[229] BITTAR, *Op. cit.*, 1981, p. 190.
[230] BITTAR, *Op. cit.*, 1981, p. 191.
[231] É o que o professor Antonio Chaves já havia se atentado ao comentar, sobre as obras audiovisuais publicitárias, que *"apenas no caso excepcional da Agência dar uma contribuição criativa igual à Produtora, poderíamos ter perfeito equilíbrio e uma correspondente equiparação de direitos, que, no*

regramento disposto no parágrafo 2º do artigo 17 da LDA, no qual "cabe ao organizador a titularidade dos direitos patrimoniais sobre o conjunto da obra coletiva", enquanto se preservam as "participações individuais" de cada participante, quando possível, conforme determina a alínea *a*, do inciso XXVIII, do artigo 5º da Constituição Federal.

Ainda que seja possível delinear diversas configurações acerca da natureza jurídica da obra publicitária, é possível, contudo, traçar um denominador comum, extraindo uma classificação geral, uniformizadora, oponível à maior parte das obras produzidas com finalidades publicitárias.

De modo generalizado, considerando ainda as novas configurações de produções publicitárias, que impõem um nível de sofisticação e complexidade maior[232], é possível afirmar que as obras publicitárias são construções coletivas, onde se torna extremamente dificultoso se apontar ou se reconhecer uma participação individualizada de algum colaborador inserto no processo criativo[233].

São, por fim, obras encomendadas, em seus mais diversos graus de encomenda e complexidades, mas, que, em última análise, servem ao benefício e ao usufruto de um anunciante que deseja propagar uma mensagem, se comunicar com seu público-alvo. E assim sendo, sob essa condição de suas possíveis naturezas, resta dirimir em como se desdobra a proteção autoral a estas. Antes, contudo, é preciso superar uma equivocada pretensão de não se aceitar a plena aplicação dos direitos de autor para as criações publicitárias.

entanto, sofrerá diminuição ou aumento em favor de uma ou de outra em proporção à efetiva participação no todo". (CHAVES, *Op. cit.*, 1987, p. 240)

232 *"Após abordarmos a propaganda, a televisão e as buscas dos publicitários, podemos concluir que, além de um contexto extremamente complexo – o sistema tecnológico que controla o processo de significação cultural pelo espírito empresarial – temos, quando se criam filmes publicitários, uma construção que envolve profissionais de empresas diversas num objetivo comum: construir um produto comunicacional, criado e produzido por profissionais os mais diversos numa construção comum"* (BERTOMEU, *Op. cit.*, 2010, p. 15).

233 Conforme já foi exposto acima e também como reafirma o professor Bittar, concluindo que, *"consequentemente, do esboço inicial traçado pelo elaborador pode-se chegar a figura, ou a texto completamente diversos; alterações podem ser neles introduzidas; adições e subtrações são frequentes, tanto a textos, como a desenhos ou a figuras (...). Essas modificações operam-se em um dinamismo tal e sempre em trabalho de equipe, de sorte que, no final, impossível se torna, de regra, a identificação da colaboração de cada qual e, inclusive, da equipe do próprio anunciante, conforme o caso"* (BITTAR, *Op. cit.*, 1984, p. 438).

2.2. A protegibilidade conceitual e legal da obra publicitária pelo Direito de Autor

Dada a síntese do processo criativo, é possível comportar, então, o fluxo de criação das obras publicitárias tradicionais, compreendido na seguinte cadeia: um (i) anunciante, a quem proverá a finalidade comercial e comunicacional das peças e campanhas publicitárias, que são desenvolvidas e projetadas pelas (ii) agências de publicidade e produzidas pelos (iii) fornecedores criadores, entre os quais, designers, criativos, fotógrafos, produtoras audiovisuais, produtoras de som, redatores, entre tantos outros.

Certamente, esse é um resumo que versa sobre a generalidade das obras publicitárias, e muitas outras composições podem ser possíveis, ainda mais se consideradas as novas formas de produção publicitárias, que apresentam novos fluxos criativos. Não obstante, importa enxergar o itinerário através da síntese na qual um anunciante, com a necessidade de se comunicar ao seu público, contrata uma agência para desenvolver e criar uma campanha publicitária que se concretizará efetivamente através da produção das peças que comporão tal campanha e que serão o resultado do trabalho, técnico e artístico, de diversos outros autores[234]. Esta relação entre a técnica e produção artística para a atividade publicitária é suficiente para caracterizar a protegibilidade autoral das obras publicitárias, conforme conclui Carlos Alberto Bittar, em sua obra específica ao tema[235].

Visto assim, portanto, não era de se esperar que houvesse qualquer questionamento acerca da protegibilidade das criações intelectuais destinadas às comunicações publicitárias. No entanto, ainda que de forma residual, é possível encontrar certa resistência de setores[236] em aceitar pacificamente a plena protegibilidade autoral das obras publicitárias, ao tratá-las como

[234] O jurista e advogado, Christophe Bigot, considera o triângulo entre anunciante, agência de publicidade e veículos de comunicação, sendo que, *"ce dernier n'est qu'un vecteur de transmission du message publicitaire et n'intervient pas dan la chaîne créatrice proprement dite"*. (Bigot, Christophe. *Droit de la création publicitaire*. Paris: L.G.D.J., 1997, p. 4)

[235] *"A obra publicitária é, pois, obra protegível tanto no plano conceitual, em face da esteticidade que carrega em si, bem como a nível do Direito Positivo, eis que se enquadra perfeitamente aos respectivos sistemas – internacional e interno – existindo, mesmo, textos de lei expressos quanto à inserção"*. (Bittar, *Op. cit.*, 1981, p. 203).

[236] Para o autor jurista francês, Christophe Bigot, ao comentar a relutância de alguns na plena aplicação do Direito de Autor à proteção das obras publicitárias relembra que, *"gommer l'aspect créatif de la publicité au seul prétexte que les acteurs du jeu publicitaire sont des professionnels avertis, et comme tels indignes de protection, pour n'appliquer que les règles de droit commercial encadrant la*

obras utilitárias com finalidades essencialmente comerciais, de mera exposição de um produto ou serviço a cumprir a cadeia capitalista de produção e distribuição[237]. A dúvida sobre a protegibilidade das obras publicitárias também se reconduz a outros países, já que a ausência de expressa previsão no rol de obras intelectuais e os caracteres específicos e circunstanciais da criação publicitária reforçam esse questionamento[238].

Fato é que, interligando a atuação técnica, donde se destacam os conhecimentos científicos da publicidade e do *marketing*, à atuação artística, resultam obras intelectuais genuínas, posto que são manifestações e "criações de espírito", produtos do intelecto e da criatividade, do "gênio humano"[239] – e, como tais, se dotadas de originalidade e individualidade[240], serão plenamente alcançadas pelo quanto disposto no *caput* do artigo 7º da Lei de Direitos Autorais, nº 9.610 de 1998[241].

O centro do debate acerca das obras publicitárias enquanto obras protegidas pelo sistema de direitos autorais se estende no encontro reativo

concurrence revient à nier le caractère artistique de la publicité et à écarter arbitrairement et injustement de la protection certains artistes: les créateurs publicitaires." (BIGOT, *Op. cit.*, 1997, p. 2-3)

237 Aqui, oportuno contrapor ao quanto já se ventilou acerca das novas configurações da publicidade moderna, em especial sobre os conceitos de *branded content* ou *branded entertainment* – que se definem por meio da marca em contar uma história ao seu público – e que muito extrapolam a simples noção de anúncio para venda, mas vão além em suas finalidades, impondo um novo refletir, que ora se intenta.

238 Nesse sentido, diversas são essas provocações acerca da protegibilidade das obras publicitárias como bem nos lembra Anna Lasso, professora da *Università della Calabria*, ao expor que, "*a livello normativo, la creatività pubblicitaria non è ricompresa nel novero delle opere protette. Il messaggio pubblicitario può essere considerato opera di carattere creativo, ma tale espressione dell'ingegno umano non è affatto menzionata dagli artt.1 e 2 della l. 633/1941. La non riconduzione della pubblicità alle categorie protette dal legislatore farebbe, d'impatto, pensare all'impossibilità di applicare la pregnante tutela accordata al diritto d'autore.*" (LASSO, Anna. *Introduzione: Il diritto d'autore fra originalità del messaggio pubblicitario ed esigenze produttive dell'impresa. In:* VERA, Miguel Ángel Encabo; ROLLI, Renato (Orgs.). *Publicidad y derechos de autor en algunos países de Europa*. 1. ed. Ariccia: Aracne Editrice, 2015, p. 35.)

239 BITTAR, Carlos Alberto. *Direito de Autor.* 6º ed. Rev., atual. e ampl. por Eduardo C. B. Bittar. Rio de Janeiro: Forense, 2015, p. 43.

240 "*Si l'originalité ne s'identifie ni à la nouveauté, ni au mérite, qu'est elle alors? La réponse est qu'elle consiste en ce que la création de forme protégée est seulement celle qui porte l'empreinte de la personnalité de son auteur. La solution est traditionnelle*" (FRANÇON, André. *Oú commence l'oeuvre publicitaire? In:* RPI. *Publicité et droit d'auteur.* Colloque de L'Institut de Recherche en Propriété Intellectuelle Henri-Desbois (Paris, 22 mai 1990). Paris: Librairies Techniques, 1990, p. 10).

241 "*Art. 7º São obras intelectuais protegidas as criações do espírito, expressas por qualquer meio ou fixadas em qualquer suporte, tangível ou intangível, conhecido ou que se invente no futuro, tais como:*"

entre obras estéticas e obras utilitárias. Estas últimas, que *"têm por objetivo a consecução de utilidades materiais diretas"*, apresentam tão somente a função utilitária material, de objetos e criações de aplicações técnicas, como bem ensina o professor Bittar[242].

Por outro lado, as obras estéticas superam qualquer noção de finalidade, servindo-se como seu próprio fim. A estética pela mera esteticidade; a arte, o belo, o prazer, que se encerram em si mesmo[243]. Ressalta-se aqui a noção de *"valor estético autônomo"*[244], tampouco importando qualquer circunstância derivada da (i) origem, (ii) do uso ou (iii) da destinação que se perceberá na obra intelectual de pura fruição estética[245].

Invocando a lição dos professores Manoel J. Pereira dos Santos e Wilson Jabur[246], vê-se que é plenamente possível a concomitância entre atributos de aspectos estéticos e utilitários numa mesma obra intelectual[247]. Nesse momento, sempre que for verificado o valor estético de uma obra, ainda que conjugado a outros valores e finalidades, tal criação será protegível pelo direito de autor, dada a sua "utilidade intelectual"[248].

[242] Bittar, *Op. cit.*, 2015, p. 45.

[243] *"Do ponto de vista estético, o valor de uma obra deve ser apreciado independentemente de sua utilidade."* (Silveira, Newton. *Direito de autor no design*. 2. ed. São Paulo: Saraiva, 2012, p. 31)

[244] Bittar, *Direito de Autor*, 2015, p. 45.

[245] *"Não importam, nessa qualificação, os condicionantes fáticos e volitivos em sua exteriorização, revelando-se os atributos correspondentes em sua própria essência; assim, não se cogita da origem (pode a obra nascer no seio da atividade empresarial, sem alterar a sua substância, por exemplo, ocorre com a obra publicitária), nem do uso efetivo (assim, a obra artística utilizada em fim industrial: reprodução pictórica em embalagem, ou em produto industrial), nem de sua destinação (se a criação foi reservada para esse ou aquele fim: uma canção produzida especificamente para integrar jingle comercial, um desenho realizado para compor marca industrial, uma gravura para material escolar)"* (Bittar, *Op. cit.*, 2015, p. 45.).

[246] Especificamente no capítulo que trata sobre a *¨Interface entre propriedade industrial e direito de autor"*. (Santos, Manoel J. Pereira dos; Jabur, Wilson Pinheiro (orgs.), *Série GVlaw: Propriedade Intelectual: Direito Autoral*. São Paulo: Saraiva, 2014, p. 215-245).

[247] Como por exemplo no caso de uma embalagem de um produto que pode atender tanto ao modelo ornamental de um desenho industrial, com aplicabilidade técnica, mas também oferecer uma fruição estética. Ou, para se aproveitar da exata lição dos professores Manoel Pereira dos Santos e Wilson Jabur, o célebre ícone da marca britânica Rolls Royce, *Spirit of Ecstasy* ou *Flying Lady*, que adorna os veículos ao mesmo tempo que é uma marca identificativa da empresa automobilística. (Santos; Jabur, *Série GVlaw: Propriedade Intelectual: Direito Autoral*, 2014, p. 222). De mesmo modo, com apoio na lição do professor Newton Silveira, a quem a arquitetura, por ser *"considerada a expressão sensível de uma necessidade satisfeita"*, é o exemplo maior de que a finalidade de uma obra não exclui seu valor artístico. (Silveira, *Direito de autor no design*, 2012, p. 32)

[248] Bittar, *Op. cit.*, 1981, p. 32.

Oportuna aqui, a lição do professor Newton Silveira[249], que analisou a questão do "valor artístico" para as obras fotográficas e obras de arte aplicada sob o regramento da Lei de Direitos Autorais nº 5.988, de 1973, na qual impunha a condição excepcional de juízo do valor artístico de tais obras para a devida protegibilidade[250].

Seguindo o regramento vigente, da Lei nº 9.610/1998, esta expressão estética e o devido cumprimento dessa exigência intelectual, a questão da utilização e da destinação da obra, para o sistema autoral, hoje é irrelevante. Independente de sua destinação ou finalidade, a obra intelectual devidamente protegida pelo direito autoral não perderá sua condição protetiva[251]. A enunciação das obras protegidas pelo sistema autoral não faz qualquer distinção quanto à importância ou valor artístico, científico ou literário de uma determinada obra. Não cabe ao direito autoral qualquer juízo apreciativo em relação à obra, mas tão só um corte objetivo de quais são as obras protegidas e quais são as obras intelectuais que são excluídas do sistema.

O jurista francês Sylvain Chatry, em artigo sobre o tema[252], recorre ao princípio da indiferença da destinação da obra intelectual – *principe d'indifférence de la destination des œuvres* –, previsto no teor do artigo 112-1[253]

[249] Silveira, *Op. cit.*, 2012, p. 91-92.

[250] Mais precisamente no artigo 6º, onde se previa a lista das obras intelectuais protegidas, em especial nos incisos *"VII – as obras fotográficas e as produzidas por qualquer processo análogo ao da fotografia, desde que, pela escolha de seu objeto e pelas condições de sua execução, possam ser consideradas criação artística"* e *"XI – as obras de arte aplicada, desde que seu valor artístico possa dissociar-se do caráter industrial do objeto a que estiverem sobrepostas"*. Em contraposição, a lei atual, além de não prever expressamente as obras de arte aplicada, para as obras fotográficas, não dispõe mais tal condicionante.

[251] *"De fato, a obra intelectual pode – sem perder a sua condição – ser empregada em finalidades outras, e isso se tem observado com frequência nos tempos modernos, em função do desenvolvimento econômico e a consequente massificação da produção, a sofisticação dos respectivos processos e a acirrada e crescente competição pelos mercados, acionada por mecanismos intensos de publicidade."* (Bittar, *Op. cit.*, 1981, p. 34.)

[252] Chatry, *Op. Cit.*, 2015, p. 1. O artigo é a versão francesa, disponível na rede digital, do mesmo artigo escrito em espanhol presente em Chatry, Sylvain. *La propriedad intelectual de la obra publicitaria en Francia. In:* Encabo Vera, Miguel Ángel; Rolli, Renato (Orgs.). *Publicidad y derechos de autor en algunos países de Europa.* Ariccia: 2015, p. 69-86. Optou-se por utilizar o texto em francês, pelo seu primeiro acesso e pela maior familiaridade com a língua, embora tenham exatamente o mesmo teor.

[253] *"Les dispositions du présent code protègent les droits des auteurs sur toutes les oeuvres de l'esprit, quels qu'en soient le genre, la forme d'expression, le mérite ou la destination"* (França. *Code de la proprieté*

do *Code de la propriété intellectuelle* francês, para admitir a proteção das obras publicitárias pelos institutos da propriedade intelectual, logo, do direito autoral. Christophe Bigot reclama pela *"Théorie de l'unité de l'art"*[254], que engloba a integralidade dos princípios reunidos no referido artigo – a indiferença do gênero, da forma de expressão, do mérito ou da destinação[255].

Em relação à legislação brasileira, o artigo 7º da LDA enumera exemplificativamente[256] as obras intelectuais protegidas, enquanto o artigo 8º expõe aquelas que não serão protegidas[257]. Entre as duas listas antagônicas, não é possível identificar em nenhuma delas a espécie de "obras publicitárias" – o que permite apenas aferir que as obras publicitárias são potenciais obras intelectuais protegíveis pelo sistema autoral já que, preliminarmente, não estão presentes no rol excludente do citado artigo 8º. Ademais, "obras publicitárias" só são assim identificadas pela sua gênese, enquanto obras intelectuais fruto de uma encomenda de um anunciante

intellectuelle. Disponível em: <https://www.legifrance.gouv.fr/affichCode.do?cidTexte=LEGITEXT000006069414>. Acesso em: 17 de dezembro de 2019).

254 Sobre a teoria, ainda no debate do século passado acerca da protegibilidade das esculturas, seja no domínio das artes seja em suas aplicações industriais, Newton Silveira recorda que seu patrono, Eugène Pouillet, *"se insurgia contra os sistemas antes propostos e contra tornar-se o juiz uma espécie de crítico de arte, entendendo que a Lei de Direitos de Autor deveria tutelar todo desenho original e toda nova forma, sem levar em conta seu destino, a qualidade de seu autor ou qualquer julgamento de valor estético por parte do juiz. Sua teoria foi bem aceita pela doutrina e exerceu influência na elaboração das leis de 1902 e 1909 e sobre a jurisprudência posterior"*. (SILVEIRA, *Op. cit.*, 2012, p. 136-137)

255 O que o faz concluir definitivamente pela protegibilidade das obras publicitárias. (BIGOT, *Op. cit.*, 1997, p. 10)

256 Para além dos 13 incisos previstos em tal artigo, Costa Netto assevera que, em análise universal de diversas fontes, podem-se apontar facilmente ao menos 50 modalidades de obras intelectuais que são objeto de proteção pelo direito de autor. Esta é, inclusive uma orientação das normas internacionais, notadamente pela Convenção de Berna, em se evitar qualquer restritividade para a proteção autoral. (COSTA NETTO, José Carlos. *Direito autoral no Brasil*. São Paulos: Saraiva Educação, 2019, p. 193-194.)

257 A professora Silmara Chinellato adjudica caráter não taxativo ao rol excludente das obras enumeradas pelo artigo 8º, vez que a originalidade, "que a lei considera intrínseca e implicitamente", se aplica a toda e qualquer obra pretensamente protegida. *"Assim, todas as obras ali elencadas, a priori, não gozam da tutela da lei, mas qualquer outra obra que não tenha originalidade também não será por ela abrigada, circunstância a ser apurada em cada caso concreto."* (CHINELLATO, Silmara Juny de Abreu. *Violações de direito autoral: plágio, "autoplágio" e contrafação. In:* COSTA NETTO, José Carlos (Coord. Geral); EGEA, Maria Luiza de Freitas Valle; CARASSO, Larissa Andréa (Coord. nacional); MATES, Anitta; PONTES, Leonardo Machado (Coord. internacional). *Direito autoral atual*. 1. ed. Rio de Janeiro: Elsevier, 2015, p. 202).

que se prestará a uma comunicação publicitária[258]. As obras publicitárias, em última análise, se enquadram categoricamente nas exatas espécies previstas de obras protegidas do artigo 7º da LDA, ao serem expressas por textos, fotos, composições musicais, vídeos, desenhos, pinturas e, possivelmente, todas as demais obras intelectuais ali previstas[259]. São distintas, as obras publicitárias, apenas pelo fato de cumprirem sua finalidade enquanto (também) instrumento utilitário da publicidade, o que não descaracteriza seus valores e suas fruições estéticas.

A sobreposição da função utilitária sobre a valoração estética das obras publicitárias sempre impulsionou o questionamento acerca da protegibilidade autoral dessas. Ainda, no substrato, se avalia se a proteção autoral das obras publicitárias avaliadas sob o critério meritório[260] – o que ensejaria questionar-se se tal obra contribuiria com qualquer acréscimo aos acervos e comportamentos culturais[261] e social. Em outras palavras, se remete à longeva discussão[262], travada em níveis acadêmicos, filosóficos e sociais, que se funda na questão: pode a publicidade ser elevada ao patamar de verdadeira expressão de arte?[263]

[258] Para Bittar, a comunicação publicitária é "*alma dos negócios, como se diz na linguagem comum, a publicidade é a mola propulsora das demais atividades industriais, comerciais e de serviços, pois, por meio das mensagens que cria e transmite é que o consumidor é levado a adquirir os bens, produtos, ou os serviços que aquelas lhe oferecem*" (Bittar, *Op. Cit.*, 1984, p. 434).

[259] Exatamente por isso é que se notabilizam como genuínas expressões culturais do intelecto humano, verdadeiras criações do espírito e, por conseguinte, são devidamente custodiadas pelo Direito de Autor. Nesse sentido, oportuna a lição de Bittar, que define as obras publicitárias como obras complexas "*que se destinam à sensibilização do público por meio de mensagens visuais, audiovisuais, escritas ou musicais, ou mesmo em combinações várias. Compreendendo formas diferentes, estéticas e expressivas, por natureza (como os anúncios, jingles, filmes, filmlets, clipes, spots, cartazes, gravuras), cada qual se sujeita ao respectivo regime da espécie (assim, a música, ao sistema de execução; o filme, à obra cinematográfica)*". (Bittar, *Op. cit.*, 2015, p.104).

[260] Ao que o professor Bittar rechaça de pronto, "*a fim de evitar-se a instalação de querelas de índole subjetivista – que enseja – na apreciação da obra*". (Bittar, *Op. cit.*, 1981, p. 44)

[261] Bittar, *Op. cit.*, 1981, p.156.

[262] Covaleski, *Cinema e publicidade: intertextos e hibridismos*, 2015, p. 62.

[263] "*Verificamos, então, que tais produções parecem pretender, tão somente chamar atenção e injetar prestígio ao produto ou serviço anunciado. Mas teriam elas caráter estético? As concepções "artísticas" nas peças publicitárias, principalmente aquelas que emocionam, que afetam nossa sensibilidade, são artísticas porque conseguem fazer-nos voltar a atenção às possibilidades de leitura que a peça e o produto oferecem? Nesse caso, o que lhes tira ou outorga o estatuto da arte?*" (Iasbeck, Luiz Carlos A. *A arte no horizonte da Publicidade. In:* Revista Comunicação Midiática, Bauru: UNESP, v. 04, , 2006, p. 79)

O primeiro capítulo deste estudo já tratou suficientemente a questão. De qualquer forma, para que não haja a subsistência de nenhuma dúvida que impeça o bom desenvolvimento do tema ora abordado, é válida a leitura de Ernst Hans Gombrich, célebre estudioso da História da Arte, que inicia seu livro afirmando que a palavra "arte" significa "coisas muito diversas, em tempos e lugares diferentes"[264]. A Arte, para o autor austríaco, é uma verdade em si mesma e depende, à toda prova, da "indiferença ou interesse", do "preconceito ou compreensão" do público. Enquanto o conceito de arte sempre vai depender dessa avaliação subjetiva, os artistas "nascerão sempre"[265], com o mesmo ímpeto de se expressar e de se manifestar, qual seja sua linguagem, qual seja o seu método.

Se a publicidade é arte, então, vai depender do julgamento que cada um irá traçar sobre o material absorvido – e cada um trará suas verdades. Assim, a publicidade pode até não ser arte, mas, fato é que, a arte sempre esteve junto à publicidade[266]. Luiz Celso de Piratininga conclama o que ele denomina por "arte publicitária" – que é o conjunto entre a sensibilidade das expressões artísticas e o cumprimento técnico das exigências mercadológicas dos anunciantes. A arte da publicidade, para o autor, se caracteriza pela concisão, condensação de signos e símbolos, para comunicar-se efetiva e rapidamente[267]. Bittar, por seu turno, aduz que

[264] GOMBRICH, Ernst Hans. *A história da arte.* 16.ed. Traduzido por Álvaro Cabral. Rio de Janeiro: 2015, p. 15.

[265] GOMBRICH, *A história da arte*, 2015, p. 595-596.

[266] Apenas para citar alguns poucos e renomados artistas que já emprestaram suas genialidades artísticas ao mundo publicitário e vice e versa. Assim, Fernando Pessoa e Paulo Leminski já trabalharam como redatores para agências de publicidade; diversos diretores de cinema, entre eles Fernando Meirelles, David Fincher e Ridley Scott; fotógrafos consagrados, Sebastião Salgado, Bob Wolfenson e Henri Cartier Bresson; pintores, como Picasso, Andy Warhol e Henri de Toulouse-Lautrec. Na composição de jingles, a lista é extensa também, conforme descreve Fabio Barbosa Dias: *"autores importantes na história da música brasileira como Ernesto Nazareth, Chiquinha Gonzaga e, posteriormente, até Heitor Villa-Lobos, também compuseram peças para os mais variados produtos e estabelecimentos, tendo esse tipo de atividade contribuído não só para a popularização das marcas como também para a maior divulgação de suas obras"* (DIAS, Op. cit., 2017, p. 20-21).

[267] Sobre essa característica da arte publicitária, em especial pelo seu poder de síntese, Piratininga relembra que Alfred Hitchcock *"contratou Saul Bass, memorável diretor publicitário norte-americano, para dirigir a antológica cena do banheiro em Psicose, apenas para lembrar um caso em que diretores de cinema já lançaram mão da maestria exercitada na difícil arte da publicidade".* (PIRATININGA, *Op. cit.*, 1994, p. 84)

> *o discurso publicitário utiliza símbolos, imagens, textos, enfim, todos os recursos da língua, da ilustração, da música, da fotografia, do cinema e de outras artes e técnicas. Vazado em termos ou expressões significativas, é orientado por pesquisas, denotando estilo próprio, em que se destaca a liberdade de linguagem. Isso tudo lhe confere, quase sempre, um tom sugestivo e mesmo poético, constituindo-se obra artística e de tipo bem definido (arte popular), que tem influído positivamente na cultura.*[268]

Inalteradamente, a caracterização ou a não da publicidade enquanto arte, por assim dizer, demonstra ser uma discussão, embora válida e interessante, ineficaz para estabelecer uma relação imperativa com a proteção autoral das obras publicitárias[269]. Afinal, nem todas as obras intelectuais enumeradas no artigo 7º da LDA possui eminente valor autônomo artístico, estético. A exemplo, é possível citar as cartas geográficas, os projetos de engenharia ou mesmo as enciclopédias, que se notabilizam muito mais por seu caráter utilitário[270] e nem por isso deixam também de serem protegidas quando preenchem os requisitos determinados pela lei.

De igual modo, pode-se assumir o mesmo princípio para o ordenamento jurídico nacional, no qual será efetiva a proteção de todas as obras intelectuais, resultantes de uma criação de espírito, fixadas em um suporte, que cumpra sua função intelectual – no que a lei delimita os amplos campos da literatura, artes e ciência –, que estejam dentro do tempo previsto para a referida proteção[271] e, finalmente, que são providas do caráter de originalidade[272].

[268] Bittar, *Op. cit.*, 1981, p. 157.

[269] Sobre o assunto, o professor francês André Françon foi preciso ao afastar qualquer juízo do mérito da obra. Logo, *"une création publicitaire ne pourrait donc se voir refuser protection au seul motif qu'elle ne serait d'un niveau culturel médiocre"* (Françon, Op. cit., 1990, p.10).

[270] Vale o contraponto para afirmar que as obras aqui citadas comumente se expressam de forma utilitária, mas podem, igualmente, se expressarem com extensões e inclinações artísticas – a exemplo das cartografias coloniais de Pedro Reinel e João Teixeira Albernaz. A questão que se coloca é quanto à desnecessidade de prevalência do valor estético para configuração da proteção autoral.

[271] O que é válido, certamente, apenas para os direitos patrimoniais de autor, posto que perpétuos os de ordem moral. Ver artigos 41, 43 e 44 da Lei de Direitos Autorais (LDA), nº 9.610 de 1998.

[272] Como bem aponta José Carlos Costa Netto, esta originalidade não deve ser confundida com novidade. Deve-se ser observada sob um ponto de vista subjetivo da obra intelectual, a qual carrega uma peculiaridade, uma singularidade única, emanada da própria subjetividade de seu criador, fazendo-a única e individual, mesmo que não apresente ou manifeste uma expressão genuinamente nova, inédita (Costa Netto, *Op. cit.*, 2019, p. 160). O autor ainda pondera,

A despeito, a originalidade da obra publicitária é o real princípio determinante da sua proteção pelo sistema autoral[273]. Uma obra publicitária sem originalidade simplesmente não será objeto de proteção pela lei autoral. Para Bittar, "esse é o requisito fundamental para o reconhecimento da proteção: deve a obra encerrar contribuição do autor em sua organização, escolha e disposição de matérias, enfim, ter caracteres distintivos próprios"[274].

A originalidade, que pode ser compreendida sob diversos ângulos, encontra na publicidade contornos mais complexos. Para Portero Lameiro, os estreitos espaços criativos ditados pelos anunciantes impõem uma "margem" menor de atuação dos criativos publicitários, resultando comumente em obras publicitárias parelhas, similares, ainda que diferentes materialmente entre si[275]. Christophe Bigot, em sintonia, também enxerga a originalidade como condição determinante para a proteção das obras publicitárias, muito embora, a incerteza de uma configuração objetiva de originalidade e as singularidades de tais obras trazem uma fragilização à proteção dessas criações[276].

Ao dissecar a originalidade por meio da aplicação de diversos julgados espanhóis[277], Portero Lameiro o faz, primeiramente, dividindo-a em

citando Leonardo Machado Pontes – sobre as diferentes percepções de originalidade entre os sistemas de *Copyright* e *Droit d'auteur*, no qual o primeiro, através da *sweat of the brow doctrine*, relativiza a originalidade ou mesmo até a criatividade de uma obra intelectual para conceder-lhe a proteção desde que a obra seja resultado do *esforço* do autor – em outras palavras, que não seja uma cópia de outra.

[273] O professor Manoel J. Pereira dos Santos, ao examinar a Lei de Direitos Autorais vigente e referendar o inciso VIII do artigo 5º (definição sobre obra derivada); o inciso XI do artigo 7º (adaptações, traduções e outras transformações de obras originais), e; o inciso XIII, também do artigo 7º (coletâneas, antologias, entre outras), afirmou que *"parece que legislador nacional estabeleceu que a proteção autoral pressupõe a existência de uma 'criação intelectual', de onde se poderia concluir que o requisito* primário é o da criatividade." Para o autor, contudo, inclusive citando o mestre José de Oliveira Ascensão, *"originalidade e criatividade são práticas equivalentes. Isto porque, se a obra intelectual é uma criação intelectual pessoal, pressupõe ela a existência de um grau mínimo de engenhosidade e individualidade"*. (Santos, Manoel J. Pereira dos. *A questão da autoria e da originalidade em direito de autor. In:* Santos, Manoel J. Pereira dos; Jabur, Wilson Pinheiro (orgs.), *Série GVlaw: Propriedade Intelectual: Direito Autoral*. São Paulo: Saraiva, 2014, p. 131)

[274] Bittar, *Op. cit.*, 1981, p. 43.

[275] Portero Lameiro, *Op. Cit.*, 2017, p. 102.

[276] *"En pratique, on ne pourra jamais faire abstraction de l'insécurité régnant sur le principe de la protection d'une création publicitaire, dans la mesure où le critère d'originalité ne donne lieu à aucune définition objective permettant une réelle prévisibilité."* (Bigot, *Op. cit.*, 1997, p. 11)

[277] Portero Lameiro, *Op. cit.*, 2017, p. 104-111.

dois critérios qualitativos: (i) objetivo, dado se uma criação intelectual é original se for dotada de novidade, entendida como *"si aporta algo distinto y se diferencia en algo a las obras ya existentes"*, ou, (ii) subjetivo, quando uma obra importa certa singularidade *'fruto de la personalidad de su creador'"*[278]. Portero Lameiro conclui, enfim, que para ele o requisito de originalidade exigível a uma criação publicitária deve ser aplicada sob o critério subjetivo[279], de singularidade de tal obra. Ainda, aponta o destino comercial de tais obras, para que a exigência de originalidade fosse relativizada já que há um menor grau de *"altura creativa"* das obras publicitárias[280].

Nesse último ponto, o autor espanhol se estende também sob uma análise quantitativa acerca da originalidade das obras intelectuais. Para ele, a depender dos diferentes tipos de obras intelectuais, se exigem níveis diferentes, em termos quantitativos, de originalidade – ou singularidade de tais obras, como entende o autor[281]. Traz à tela a teoria germânica *Stufentheorie* (Teoria Gradual, em tradução livre), que se distingue pela exigência

[278] Sobre o tema, Manoel J. Pereira dos Santos também aduz pela não uniformidade do conceito de originalidade, já que se pode *"considerar que originalidade equivale (a) a criatividade, no sentido de caráter de criação intelectual individual ou aporte da personalidade do autor, ou (b) a autoria, no sentido da origem intelectual da obra (ou originação), qualquer que seja o nível de criatividade. O primeiro conceito de originalidade existe quando se exige o caráter de contribuição pessoal do autor ou 'mínimo de criatividade'. O segundo conceito se aplica quando a proteção é conferida a qualquer obra que não seja cópia de outra ou mera apropriação de elementos preexistentes."* (SANTOS, *Op. cit.*, 2014, p. 127)

[279] No que ele traça o paralelo entre as correntes da teoria do *uniqueness*, presente no direito norte-americano do *Copyright*, e pela teoria de "reconhecibilidade imprópria do autor", encabeçada pela doutrina franco-germânica, por meio dos doutrinadores Eugen Ulmer e Henri Desbois. (PORTERO LAMEIRO, *Op. cit.*, 2017, p. 114-116)

[280] PORTERO LAMEIRO, *Op. cit.*, 2017, p. 113.

[281] *"Cualitativamente, la originalidad debe ser entendida, a mi modo de ver, como singularidad, pero al mismo tiempo, la exigencia de esa singularidad u originalidad subjetiva no es cuantitativamente igual para todas las obras."* (PORTERO LAMEIRO, *Op. cit.*, 2017, p. 121). Pereira dos Santos também remete a uma avaliação quantitativa do grau de originalidade, ao remeter a distinção de Henri Desbois entre *"oeuvres absolument originales"* e *"oeuvres relativement originales"*, no contexto de avaliação acerca da protegibilidade de obras derivadas em relação às obras preexistentes. O professor brasileiro ainda cita o caso *Gracen vs. Bradford Exchange*, julgado pela Corte de Apelações do 7º Circuito dos EUA, em que foi adotado o entendimento de se exigir maior nível de originalidade de obras derivadas em relação às demais obras – a obra derivada, portanto, deveria ser *"substancialmente diferente do trabalho original para ser protegida por copyright"*. Em sua conclusão, Manoel J. Pereira dos Santos ressalta que se *"pode argumentar que o quantum de criatividade é sempre o mesmo, diferindo, contudo, a circunstância de haver ou não transformação da essência criativa da obra anterior"*. (SANTOS, *Op. cit.*, 2014, p. 144-145)

de um alto teor criativo (*Gestaltungshöhe*) nas obras de arte aplicada, frente à menor demanda de criatividade (originalidade) para as obras menores (*Kleine Münze*)[282]. Para Portero Lameiro, a *Stufentheorie* deveria revisar sua aplicabilidade frente às obras publicitárias, rechaçando que tais obras só sejam protegidas quando ostentem um alto grau criativo, mas, sim, quando apresentam um mínimo suficiente de singularidade.

O estudo comparativo é riquíssimo, mas impõe certas ladeiras onde, a princípio, o terreno é plano. É pela extrema felicidade e concisão que a lição de Carlos Alberto Bittar é sempre precisa:

> *A mais uma conclusão chegamos: a obra deve ser dotada de originalidade; ou, por outras palavras, deve constituir-se em forma inexistente, resultante de trabalho, mesmo que pequeno, de criação original.*[283]

É com este norte que se deve enxergar a construção da proteção das criações publicitárias pelo direito autoral. Não apenas a proteção das obras publicitárias é consagrada pelo conjunto de regras da lei de direitos autorais, mas também se estende em outros dispositivos em diferentes níveis hierárquicos normativos.

Nesse sentido, o CONAR – Conselho Nacional de Autorregulamentação Publicitária – estabelece como princípio geral de conduta da atividade publicitária o respeito aos direitos autorais envolvidos em tais criações, bem como a proteção de sua criatividade e originalidade[284]. As "Normas-Padrão da Atividade Publicitária", proclamadas pelo CENP – Conselho Executivo das Normas-Padrão – e por seus membros, consideram que a "proteção das ideias, peças, planos e campanhas de publicidade desenvolvidos pertençam à Agência que os criou" como forma de estímulo e

[282] *"A mayor abundamiento, autorizada doctrina alemana classifica las obras intelectuales en dos clases, atendiendo a la exigencia de cierta altura creativa o Gestaltungshöhe. De un lado, las obras menores a las que se refiere expresamente como moneda pequeña o calderilla (Kleine Münze), cuya exigencia de originalidad mínima será también pequeña. De otro lado, las creaciones cuyo propósito es comercial (tales como la marca de identificación) a las que les exige un nivel de creatividad mucho mayor, dado que este tipo de obras quedan amparadas bajo la ley de marcas o por la de diseño industrial (Geschmacksmustergesetz). Cabe añadir que dado el carácter comercial de la obra publicitaria, puede se afirmarse que el Derecho de Autor germano exige una alta tasa de originalidad objetiva (entendida como novedad)a dichas creaciones."* (Portero Lameiro, *Op. cit.*, 2017, p. 123)

[283] Bittar, *Op. cit.*, 1981, p. 43.

[284] Conforme os artigos 38 e 41, respectivamente, do Código Brasileiro de Autorregulamentação Publicitária.

incentivo à criatividade, "observada a legislação sobre o direito autoral"[285]. No plano ético da atividade publicitária, o Código de Ética dos Profissionais da Propaganda, de 1957, apresenta regras manifestas pelo devido respeito aos direitos autorais, entre os quais a presunção de autoria das ideias criativas e vedação do plágio ou *imitação* de outra propaganda. Na revisitação deste código feita pela APP – Associação dos Profissionais de Propaganda – por meio da publicação das "Normas de orientação ética do profissional de propaganda", em 2014, reforça-se que "o respeito à propriedade intelectual na atividade que exercem é fundamental e indispensável, condenando qualquer tipo de uso ou apropriação indevida neste campo"[286].

Em relação ao regramento disposto no ordenamento jurídico, destaca-se o inciso VIII, do artigo 9º do Decreto nº 57.690/1966[287] – que regulamenta a atividade da publicidade no país – ao estabelecer a presunção de titularidade das obras publicitárias na figura da agência de publicidade sobre a ideia utilizada na propaganda[288], sendo prevista também a justa remuneração quando da utilização dessa "ideia". No artigo 17, inciso I, alínea *c*, do mesmo decreto[289], veta-se a reprodução de criações publicitárias, "salvo com o consentimento prévio de seus proprietários ou autores".

Sob o campo jurisprudencial, são poucas as decisões do Superior Tribunal de Justiça acerca do tema, ainda que seja possível aceitar o pacífico entendimento daquela Corte quanto à inequívoca protegibilidade das obras publicitárias perante o sistema autoral vigente[290].

[285] Item 3.7. das Normas-Padrão da Atividade Publicitária. Disponível em: <https://www.cenp.com.br/documento/normas-padrao-portugues>. Acesso em: 03 de janeiro de 2020.

[286] APP. *Normas de orientação ética do profissional de propaganda*. 2014. Disponível em <http://appbrasil.org.br/wp-content/uploads/2014/11/codigo_de_etica_app_maio2014.pdf>. Acesso em 15 de novembro de 2019.

[287] *"VIII – A idéia utilizada na propaganda é, presumidamente, da Agência, não podendo ser explorada por outrem, sem que aquela, pela exploração, receba a remuneração justa, ressalvado o disposto no art. 454, da Consolidação das Leis do Trabalho."*

[288] Sabe-se que o direito autoral não acolhe a proteção da ideia. No entanto, o exemplo aqui citado serve como referência para a construção do princípio de autoria das criações publicitárias, originando direitos e deveres acerca de sua exploração, em plena sintonia com as disposições e finalidades do sistema autoral.

[289] *"I – Não é permitido:*
c) reproduzir temas publicitários, axiomas, marcas, músicas, ilustrações, enredos de rádio, televisão e cinema, salvo consentimento prévio de seus proprietários ou autores;"

[290] Destaca-se a decisão do Recurso Especial nº 655.035/PR, que reconheceu a violação de uso indevido de slogan publicitário. Do respectivo acórdão, destaca-se a construção argumentativa

Exposta a síntese, a proteção autoral das obras intelectuais destinadas à publicidade é abarcada desde o direito posto, pelas normas autorregulamentárias, pela atuação judicial e, enfim, pela própria fundamentação conceitual teórica do Direito de Autor. Por esse prisma, Portero Lameiro, alega que o processo criativo das obras publicitárias *"requieren de una ideación y un esfuerzo o labor creativa que merece tal distinción"*[291]. Deste esforço criativo para se materializar uma criação publicitária – de íntima relação com a *sweat of the brow doctrine* – Lameiro defende a proteção de tais obras, inferindo que seria injusto alguém se aproveitar indevidamente não só desse *"esfuerzo ajeno"*, mas também da reputação e prestígio do genuíno autor[292].

Ainda assim, importa notar que a proteção autoral não será absoluta, o que implica em dizer que, algumas criações publicitárias, ou destinadas a tal fim, não serão protegidas, especialmente quando tais obras não sobrevierem e não expressarem além do seu caráter puramente técnico, utilitário, ou quando não se destacar um mínimo de originalidade. É o que o professor Carlos Alberto Bittar denomina por "mensagens meramente comerciais"[293], a exemplo das fotografias de *packshot*[294]. Dentro dessa dis-

do ministro relator Humberto Gomes de Barros para a proteção do slogan *"Cerveja nota 10 (dez)"* – que formava uma construção gráfica por meio de uma garrafa de cerveja, para formar o número "1", e uma tampinha com o rótulo da marca, para formar o "0". Para o ministro, *"o toque artístico é, justamente, a junção da expressão publicitária com a imagem formada pelos elementos"* – remontando a expressão da criatividade e originalidade do autor plagiado – merecendo, portanto, a devida proteção por parte do direito autoral. (STJ. Recurso Especial nº 655.035-PR, 3ª Turma, Ministro Relator Humberto Gomes de Barros, DJ. 07.05.2007).

291 Portero Lameiro, *Op. cit.*, 2017, p.30.

292 Portero Lameiro, *Op. cit.*, 2017, p. 50.

293 Bittar, *Op. cit.*, 1981, p.187.

294 *Packshots* são a espécie de obras fotográficas que se destinam unicamente a retratar fidedignamente um produto ou objeto, geralmente em fundo branco, de modo a expô-lo à sua comercialização. São, por exemplo, as fotografias puramente técnicas que ilustram catálogos e websites de comércio de produtos. São o que Bittar chamaria de mensagens comerciais, logo, não protegíveis; assim como as fotografias documentais no formato 3x4 – sem maior qualquer expressividade de originalidade ou individualidade do fotógrafo –, que não passariam pelo crivo de efetiva *artisiticidade*, não superando sua condição tão-somente técnica (Cf. Bittar, *Op. cit.*, 2015, p. 96-97). Sobre as fotos no formato 3x4, o professor Morato, apoiado nas leituras de Antonio Chaves e Piola Caselli, concebendo a possibilidade de uma obra fotográfica, mesmo quem em "singela" expressão de uma foto 3x4, de forma que o Direito de Autor deva ser aplicável a todas as formas de obras fotográficas, sem levar em consideração qualquer merecimento (juízo de mérito e de valor), tal como se opera nas demais espécies de obras intelectuais (Morato, Antonio Carlos. *Limitações aos direitos autorais na obra audiovisual.* Tese

cussão, se insere o longo debate acerca dos *slogans*, artifícios usuais na criação publicitária, mas que, nem sempre, serão protegíveis pelo direito autoral[295].

Apartada essas hipóteses excepcionais de exclusão da proteção autoral às obras publicitárias, é seguro afirmar que, a grande maioria dessas criações, ainda que destinadas para seu cumprimento utilitário enquanto instrumentos para a comunicação publicitária, serão recepcionadas e serão legítimos objetos da protegibilidade do sistema de proteção autoral. Nesse contexto, as novas configurações de obras publicitárias, que apelam muito mais à fruição estética do que suas funções técnicas, acentuam ainda mais a necessidade de se reconhecer a plena aplicação do Direito de Autor para a devida guarida dessas criações.

apresentada ao concurso à livre-docência do Departamento de Direito Civil da Faculdade de Direito da Universidade de São Paulo. São Paulo, 2016, p. 29). Em relação à fotografia publicitária, Bigot afirma que a *Cour de Cassation* francesa tem uma concepção muito larga acerca da originalidade dessas obras, apresentando uma jurisprudência homogênea e coesa. O jurista francês cita o caso julgado pela corte de apelação de Paris em 1976 (Cf. Paris, 4e ch. B, 9 juillet, 1976), que considerou fotos de legumes *clichés* como objeto da proteção autoral, posto que havia decisões técnicas e artísticas tomadas pelo fotógrafo autor – responsável pela técnica fotográfica. Segundo Bigot, tal decisão foi alvo de críticas por Henri Desbois, que acreditava que uma decisão como tal abriria campo para proteção de toda e qualquer fotografia. (BIGOT, *Op. cit.*, 1997, p. 39)

[295] Os slogans publicitários são um grande divisor de opiniões para a discussão da proteção autoral de obras publicitárias. Sylvain Chatry aponta os slogans, junto com a fotografia de *packshots*, como o grande foco de discussão acerca da originalidade das obras publicitárias, e que para um slogan ser devidamente protegido, deve ele fugir de uma construção banal – *"l'originalité, entendue comme l'absence de banalité"* (CHATRY, *Op. cit.*, 2015, p. 7). Para Christophe Bigot, os *slogans* são o exemplo vivo da falta de uniformidade acerca do critério de originalidade tomada pelas diferentes decisões por ele analisadas, vez que algumas expressões são protegidas enquanto outras não – expondo a imprecisão e subjetividade da jurisprudência francesa. (BIGOT, *Op. cit.*, 1997, p. 25-26). Nesse sentido, Carlos A. Bittar já havia afirmado que mera concisão literal era insuficiente para afastar a proteção de slogans verdadeiramente originais, no entanto, alertava-nos, citando Mario Fabiani, que *"a proteção do slogan débil pode levar a um verdadeiro monopólio de linguagem"* (BITTAR, *Op. cit.*, 1981, p. 158). A mesma leitura pode ser encontrada também em Antonio Chaves (CHAVES, Antonio. *Direito do autor: princípios fundamentais.* Rio de Janeiro: Forense, 1987a, p. 377). Ainda sobre os slogans, destaca-se o Código de Direito de Autor e Direitos Conexos de Portugal, mais precisamente a alínea *m)* de seu artigo 3º, que prevê a protegibilidade de *"lemas ou divisas, ainda que de caráter publicitário, se se revestirem de originalidade"* (PORTUGAL. *Código de direito de autor e direitos conexos.* Disponível em <https://ciist.ist.utl.pt/docs_da/codigo_direito_autor_republicado.pdf>. Acesso em 23 de dezembro de 2019).

2.3. A titularidade dos direitos autorais na obra publicitária

De início, cumpre estabelecer a expressividade dúplice que reveste o Direito de Autor: que se traduz em suas duas frentes; uma de ordem moral, que relaciona a obra intelectual ao seu criador, numa ligação pessoal e perene, outra, de ordem patrimonial, oriunda da própria comunicação da obra ao mundo exterior. São, como o professor Antonio Chaves elucidou, "duas esferas de atribuições"[296], cada qual invocando faculdades próprias, embora se entrelacem em torno do mesmo átomo, formado na junção nuclear entre a obra intelectual e seu criador[297].

Assim, partindo para o real escopo desse estudo, analisar a obra publicitária sob a ótica do direito autoral é confrontá-la perante esses dois aspectos incidentes; de um lado, o direito moral de autor e, de outro, o direito patrimonial de autor. Nesse sentido, assumindo a generalidade das obras publicitárias como obras intelectuais coletivas, posto que dotadas de contribuições de diversos autores que se fundem numa criação autônoma[298], grande parte das discussões travadas sobre a matéria se concentram no aspecto patrimonial da questão da titularidade destas obras.

É compreensível, já que a preocupação maior é, como indicou o ilustre professor Morato, de conferir certa e segura proteção à pessoa jurí-

[296] Chaves, *Op. cit.*, 1987a, p. 17.

[297] A fundamentação e conceituação do Direito de Autor é um tema assaz discutido na doutrina especialista e se desmembra numa discussão acerca dos fundamentos históricos e racionais da própria existência e alcance da matéria. Certamente o tema é rico e interessante, mas não cabe a este estudo detalhá-lo, até porque outras obras muito mais competentes já o fizeram. Emprestamos a leitura de Costa Netto, elencando os inúmeros juristas que já versaram sobre o tema. *"Destaca a evolução das teorias doutrinárias que buscaram localizar o efetivo fundamento do direito de autor, de autoria de célebres autoralistas precursores como Saleilles, Berard, Palmande, Colin, Pierre Masse, do início do século passado e, posteriormente, Vaunois, Piola Casellii, Henry Desbois, René Savatier e outros"* (Costa Netto, *Op. cit.*, 2019, p. 133-134), como também o já citado trabalho da professora Silmara Chinellato, quando da sua aprovação a ingressar como Professora Titular da Faculdade de Direito da USP. Ainda, não se ocupará esse estudo a retomar as teorias consagradas do direito autoral, a saber, teoria dualista, apresentada por Henri Desbois, na metade do século XX – que distingue a natureza dos direitos morais e dos patrimoniais, formando o sistema autoral por dois direitos de naturezas diversas –, ou a teoria monista – que defende a natureza do direito autoral fundado na união dos direitos morais e patrimoniais, que repercutem entre si –, e, por fim, a teoria da propriedade – que encara o direito autoral como uma propriedade do autor –, hoje, já mais distante da aceitação doutrinária contemporânea.

[298] Para retomar a condição de validade aposta por Costa Netto para que se considere uma obra coletiva (Costa Netto, *Op. cit.*, 2019, p. 180).

dica, possibilitando-a fazer "circular a obra, acelerando sua difusão"[299]. No entanto, fica residual e esquecida a discussão temática acerca da titularidade de direitos morais de autor por uma pessoa jurídica.

As implicações dos direitos morais de autor na obra publicitária se imbricam sob uma análise essencialmente teórica dos princípios e regramentos dos aspectos de ordem pessoal dos direitos autorais em contraposição à práxis diurnal da atividade publicitária. Aqueles simplesmente não são plenamente harmoniosos a essa. E, embora se evidenciem claras violações dos direitos pessoais de autor; estas ofensas, em sua grande parte, não chegam a afetar a realidade prática, ou, não se traduzem em conflitos fáticos, percebidos judicialmente ou não. São diversos os fatores que podem ser apontados – oportunamente indicados – que expliquem essa dinâmica e, talvez, o mais apropriado seja o de que há uma sobrevalorização dos aspectos patrimoniais do Direito de Autor, enquanto, por consequência, se subestima o espectro de direitos autorais de ordem moral[300].

2.3.1. A titularidade dos direitos patrimoniais de autor da obra publicitária

Em certa monta, por parte do público distante da disciplina, há mesmo até uma certa confusão do conceito popularmente concebido sobre "direitos autorais" através de sua percepção tão só pelas regras que regulam o âmbito patrimonial, perpetuado no imaginário de que um uso indevido de uma obra intelectual atinge tão só a sua expressão econômica.

Talvez por isso – e, claro, pela própria importância do negócio em si –, é que a generalidade das discussões centradas sobre direitos autorais em obras publicitárias se concentrem exatamente nos conflitos de ordem patrimonial que insurgem nas relações entre anunciantes, agências de publicidade e demais autores e titulares, pessoas físicas ou jurídicas.

Deveras, o tema implica em questões centrais na atividade publicitária já que reflete diretamente sobre a utilização e exploração da obra intelectual publicitária para atingir o seu fim maior, que é a comunicação ao público. Nesse sentido, importa estabelecer com precisão a quem competem os

[299] MORATO, *Op. cit.*, 2008, p. 17.

[300] Ao que o autoralista Rodrigo de Moraes dá o nome de "patrimonialização" do direito autoral, ante a sua proposta antagônica de "repersonalização" do Direito de Autor (MORAES, Rodrigo. *Os direitos morais de autor: Repersonalizando o direito autoral.* Rio de Janeiro: Editora Lumen Juris, 2008. p. 47-48).

direitos já que as dúvidas e as imprecisões verificadas no seio publicitário são das mais diversas. Assim, nessa seção se pretende analisar tais interrogações recorrentes: poder-se-ia supor o anunciante como titular originário dos direitos patrimoniais, enquanto agente provocador e financiador da iniciativa da criação publicitária? Ou, ainda, caberia essa titularidade *ab initio* para a agência de publicidade? E, então, como ficariam resguardados os direitos dos demais autores?

Para se iniciar o assunto, mister fazê-lo através de uma sintética contextualização jurídico doutrinária sobre o entendimento acerca dos direitos patrimoniais, de forma a tecer o caminho para se trilhar a matéria. Destarte, Carlos Alberto Bittar trata os direitos patrimoniais como "aqueles referentes à utilização econômica da obra", que surgem concomitante à sua criação e "se manifestam, em concreto, com a sua comunicação ao público, e o poder que o autor, ou os autores, tem de colocar a obra em circulação"[301], que vão garanti-lo(s) com direitos de exclusividade outorgada para a devida exploração econômica da obra. Ainda, para o professor, é a própria utilização da obra, por meio de sua exploração econômica, que vai permitir ao(s) autor(es) integrar os proventos de sua criação com seu(s) patrimônio(s)[302].

O professor Antonio Chaves destaca a esfera de natureza patrimonial dos direitos do autor como aquela que se codifica na "prerrogativa exclusiva de (o autor) retirar da sua produção todos os benefícios que ela possa proporcionar"[303], elencando as mais diversas modalidades[304] de exploração de uma obra intelectual.

Costa Netto, por sua lição, define os direitos patrimoniais como os "atributos – exclusivos – do criador intelectual de utilizar, fruir e dispor de sua obra, bem como o de autorizar sua utilização ou fruição por terceiros"[305].

Traçando um recorte sobre as características fundamentais dos direitos patrimoniais de autor[306], Bittar aponta[307]: (i) a exclusividade, que recai

[301] Bittar, *Op. cit.*, 2015, p. 71.

[302] Bittar, *Op. cit.*, 2015, p. 72.

[303] Chaves, *Op. cit.*, 1995, p. 29.

[304] O artigo 29 da Lei de Direitos Autorais, nº 9.610/1998, elenca exemplificativamente, as modalidades de utilização, fruição e disposição das obras intelectuais, entre as quais a reprodução, edição, adaptação, tradução, inclusão em fonograma ou produção audiovisual, distribuição, entre outras tantas formas de utilização possíveis.

[305] Costa Netto, *Op. cit.*, 2019, p. 240.

[306] Sobre o tema e também sobre os princípios que norteiam os contratos para exploração da obra intelectual, é preciosa a leitura de artigo da professora espanhola Delia Lipszyc

ao autor ou autores; (ii) alienabilidade, permitindo o comércio jurídico da obra; (iii) temporaneidade, estabelecido prazo limitador do exclusivo; (iv) penhorabilidade, advindo do caráter de direitos disponíveis; (v) prescritibilidade, regida pela norma geral do Código Civil, pela ausência de disposição específica na LDA; (vi) o caráter de bem móvel, advindo do artigo 3º da LDA, e; (vii) a divisibilidade, traduzida na independência dos direitos patrimoniais entre si, expresso pelo artigo 31 da LDA.

Esboçado o panorama conceitual, conclui-se, então, que a exata definição da titularidade originária de tais direitos é que vai ditar quais os enlaces contratuais, por meio de cessões, concessões ou licenciamentos, necessários para a devida exploração utilitária da obra publicitária, cumprindo sua finalidade primordial de comunicação ao público.

A concretização da titularidade originária[308] dos direitos patrimoniais da obra publicitária vai, contudo, depender antes da classificação de sua natureza jurídica frente ao ordenamento autoral. A partir de sua forma e processos criativos, poder-se-ão apontar diferentes titulares desses direitos. Nesse sentido, já se sedimentou aqui, na visão do professor Bittar, acompanhada também pelo professor espanhol Miguel Ángel Encabo Vera[309], de que a obra publicitária pode se configurar como: (i) mais habitualmente, obra coletiva, mas também em, (ii) obra unipessoal ou individual, que poderá ser de um autor assalariado ou contratado especificamente para a criação, ou ainda, de criação do próprio anunciante[310], e (iii) obra

(Ver Lipszyc, Delia. *Principios generales aplicables a los derechos patrimoniales y a los contratos de explotación de obras protegidas por el derecho de autor. In:* Moraes, Rodrigo (Coord.). *Estudos de direito autoral: em homenagem a José Carlos Costa Netto.* Salvador: EDUFBA, 2017, p. 441-463).

307 Bittar, *Op. cit.*, 2015, p. 71-72.

308 Que se distingue da titularidade derivada. A titularidade originária, assim, cabe tão só ao criador ou criadores da obra. Já a titularidade derivada, em decorrência do caráter de disponibilidade dos direitos patrimoniais de autor, é aquela exercida por terceiros que a adquire por meio do circulação jurídica da obra, através dos contratos em que o autor (titular originário) autoriza o titular derivado, ou nos casos de sucessão por vínculo parentesco (Bittar, *Op. cit.*, 2015, p. 56-57). Ainda, preceitua o inciso XIV, do artigo 5º da LDA: *"titular originário – o autor de obra intelectual, o intérprete, o executante, o produtor fonográfico e as empresas de radiodifusão"*.

309 Encabo Vera, Miguel Ángel. *La propriedad intelectual de la obra publicitaria en España. In:* Encabo Vera, Miguel Ángel; Rolli, Renato (Orgs.). *Publicidad y derechos de autor en algunos países de Europa.* Ariccia: 2015, p. 55.

310 Conforme concordam os professores Antonio Carlos Morato (Morato, *Op. cit.*, 2007, p. 163) e Encabo Vera (Encabo Vera, *Op. cit.*, 2015 p. 55). Ambos apontam no mesmo

em colaboração, na letra do professor espanhol, ou em coautoria, como leciona Costa Netto[311].

Por essa compartimentação, resultarão daí diferentes regimes jurídicos, próprios de cada obra intelectual, e que definirão quem irá ocupar-se como legítimo titular originário de direitos patrimoniais de autor.

De início, em relação às criações individuais e as em coautoria sem a participação do anunciante, não há qualquer impasse maior, sendo o(s) autor(es) o(s) titular(es) dos direitos patrimoniais, seguindo a regra e os princípios gerais do Direito de Autor[312]. Pode-se supor aqui, a título ilustrativo, os casos em que fotógrafos ou artistas plásticos são contratados especificamente, pelo anunciante ou pela agência, para produção de obras de sua autoria que comporão peças publicitárias. Para essa utilização, será necessária a observância de instrumento de cessão ou autorização por parte do(s) autor(es) a fim de conferir regularidade ao respectivo uso da obra.

Na sequência, a ideia configuradora da origem criativa da obra publicitária como resultado por meio da ação de um gatilho impulsionador a partir da necessidade e comando de uma marca anunciante pode suscitar alguma indagação a respeito da participação criativa desse anunciante[313].

sentido, todavia, de que se trata de forma mais atípica a criação individualizada pelo próprio anunciante.

311 *"Atualmente, está assentada a distinção jurídica entre a coautoria e a colaboração em obra intelectual. Conforme o art. 5º, VIII, a, da Lei n. 9.610/98, consiste obra 'em coautoria' a 'criada em comum, por dois ou mais autores'. Observe-se que denominação 'obra em colaboração' se confunde com a 'obra em coautoria', sendo que a lei autoral de 1973 utilizava, em seu art. 4º, VI, a, praticamente a mesma definição que a lei vigente confere à 'obra em coautoria': estabelecia o diploma anterior que obra em colaboração é a 'produzida em comum, por dois ou mais autores'. A respeito, anote-se o acerto da mudança terminológica tendo em vista que o termo 'colaboração' não é tão preciso como 'coautoria', já que aquela terá que se adequar à condição de coautoria de obra intelectual. Com efeito, não é qualquer 'colaboração' que vai consistir em 'coautoria', como dispõe o § 1º do art. 15 da Lei n. 9.610/98: 'Não se considera coautor quem simplesmente auxilia o autor na produção da obra literária, artística ou científica, revendo-a, atualizando-a, bem como fiscalizando ou dirigindo sua edição ou apresentação por qualquer meio'"* (Costa Netto, *Op. cit.*, 2019, p. 168).

312 Cabe uma pequena reflexão aqui sobre o conceito de "obras sob encomenda", que será tratado no tópico posterior.

313 *"Con ello queremos decir que el anunciante es el primer protagonista de la obra publicitaria, y es un actor o persona física o jurídica que forma parte interessada en la obra publicitaria, al que por esa misma razón le corresponde la iniciativa generalmente, aunque no descartamos que pueda surgir la iniciativa de una agencia publicitaria en sentido inverso, ofrendo una publicidad a un cliente o anunciante concreto"* (Encabo Vera, *Op. cit.*, 2015, p. 52-53). O que, em verdade, também tem acontecido com as novas formas de expressões publicitárias, notadamente as de *branded content*, determinadas por obras

Aprofunda-se, nesse cenário, o fato de ser o anunciante o ente financiador da criação, partícipe na tomada de decisões que vão direcionar o processo criativo[314]. Outrossim, a própria funcionalidade comercial da obra publicitária empresta uma tessitura singular a essa obra intelectual, onde se destaca a figura do anunciante[315].

Assim compreendido, seria legítimo hipotetizar se caberia, nessa situação, o exercício da titularidade originária dos direitos patrimoniais, portanto, autor da obra publicitária, conquanto se considere sua participação no processo criacional. Miguel Encabo Vera, nessa leitura, afirma de pronto que *"el anunciante no es protegido por tal única circunstancia de propulsor de la iniciativa como autor de la obra publicitaria, aunque se le cedan por ley, salvo pacto contrario, los derechos de explotación"*[316].

audiovisuais destinadas primeiramente ao entretenimento que podem e estão sendo, muitas vezes, apresentadas pelas próprias produtoras audiovisuais, que detém a completa expertise para tanto. Embora seja cada vez mais crescente o número de produções criadas e produzidas a partir das empresas produtoras, esse é um tema problemático e pouco debatido no universo publicitário, pois ele faz uma quebra na medula da organização da atividade publicitária ao afastar a função criativa das agências de publicidade. Não que isso implique que não haja mais a participação das agências, que certamente atuarão de alguma forma: seja prestando apoio com obras derivadas e acessórias à obra principal (com materiais de divulgação, por exemplo), ou exercendo suas funções analíticas e técnicas, de compra e análise do plano de mídias. Fato é que, a reconfiguração da publicidade contemporânea tem trazido consigo um questionamento todo especial à própria atuação e reformulação dos modelos de negócios das agências.

314 A partir das informações prestadas para feitura do *briefing*, a aprovação desse, aprovação do conceito publicitário, aprovação dos roteiros para as obras audiovisuais; em alguns casos, escolha dos atores – principalmente quando são celebridades que mantém contrato direto com a marca anunciante – escolha de alguns elementos, como a locação (cidades), cor do produto (especialmente nos filmes de lançamento de carros novos) e, finalmente, aprovação final das peças.

315 Christophe Bigot denuncia a teoria defendida isoladamente por André Bertrand, que defende a obra publicitária como obra coletiva e que, portanto, o anunciante, investido de sua iniciativa e pelo fato de divulgar a obra publicitária sob seu nome, seria alçado à condição de autor, na visão do jurista. Essa concepção audaciosa, nas palavras de Bigot, parece se repousar longe da realidade, já que é fruto de uma confusão entre a pessoa quem paga pela criação e aquela que, de fato, tem a iniciativa do processo criativo. Assim, *"il est évident que l'effort intellectuel et créatif n'est pas fourni par l'annonceur, mais par les équipes créatifs de l'agence, ou les créateurs indépendants auxquels l'agence de publicité fait appel avant de fondre les diverses contributions dans un ensemble"* (Bigot, *Op. cit.*, 1997, p. 96). Para Bigot, isso é tão claro quanto o caso de uma pessoa comum que encomenda uma pintura a um pintor e que não compartilhará os direitos autorais de tal obra.

316 Encabo Vera, *Op. cit.*, 2015, p. 55.

Nesse ponto, cabe um adendo relevante: o professor espanhol reconhece que não caberia a função de coordenador (ou, organizador, segundo a terminologia da lei brasileira) para o anunciante, numa obra publicitária coletiva, apenas por ter tido ele a iniciativa, quando a função coordenadora ficaria para a agência de publicidade ou de outra pessoa, física ou jurídica, que leve a cabo a verdadeira criação[317]. No entanto, numa análise mais aprofundada do artigo 8º da *Ley de Propriedad Intelectual*[318] (sobre obras coletivas), avaliando o papel do anunciante como o responsável pelos custos da edição e divulgação, Encabo Vera assinala que poderia-se admitir a justaposição do anunciante como coordenador, o que justificaria também, na visão do professor, a disposição do parágrafo 2º, do artigo 21 da *Ley General de Publicidad*[319], para reconhecer *ex lege* a titularidade dos direitos de exploração da obra publicitária por parte do anunciante, salvo pacto em contrário[320].

Essa é uma leitura que é possível também através do sistema francês, conforme se aprofundará no próximo tópico, mas, no sistema brasileiro, parece não haver margem para essa interpretação.

[317] Encabo Vera, *Op. cit.*, 2015, p. 53.

[318] *"Artículo 8. Obra colectiva.*
Se considera obra colectiva la creada por la iniciativa y bajo la coordinación de una persona natural o jurídica que la edita y divulga bajo su nombre y está constituida por la reunión de aportaciones de diferentes autores cuya contribución personal se funde en una creación única y autónoma, para la cual haya sido concebida sin que sea posible atribuir separadamente a cualquiera de ellos un derecho sobre el conjunto de la obra realizada. Salvo pacto en contrario, los derechos sobre la obra colectiva corresponderán a la persona que la edite y divulgue bajo su nombre." (ESPANHA. *Ley de Propriedad Intelectual* – Real Decreto Legislativo 1/1996, de 12 de abril de 1996. Disponível em: <https://www.boe.es/buscar/pdf/1996/BOE-A-1996-8930-consolidado.pdf>. Acesso em: 06 de janeiro de 2020).

[319] *"Artículo 21.*
Las creaciones publicitarias podrán gozar de los derechos de propiedad industrial o intelectual cuando reúnan los requisitos exigidos por las disposiciones vigentes.
No obstante lo dispuesto en el párrafo anterior, los derechos de explotación de las creaciones publicitarias se presumirán, salvo pacto en contrario, cedidos en exclusiva al anunciante o agencia, en virtud del contrato de creación publicitaria y para los fines previstos en el mismo." (ESPANHA. Ley General de Publicidad. Lei nº 34/1988, de 11 de novembro de 1988. Disponível em: <https://www.boe.es/buscar/act.php?id=BOE-A-1988-26156>. Acesso em: 06 de janeiro de 2020).

[320] Sobre o tema, oportuna a leitura da lição de Portero Lameiro: *"habrá de atenderse a la literalidad del contrato para determinar a quién corresponde la titularidad de los derechos de explotación de la creación publicitaria, En este aspecto, la jurisprudencia ha entendido que, conforme al art. 21 LGP en relación con el art. 17 LPI, a presunción que establece el precepto de cesión automática de la explotación a favor del anunciante, sólo entra en juego cuando nada se haya indicado en el contrato, y sólo para los objetivos establecidos en el mismo. Es decir, en este supuesto, el anunciante no adquiere derechos plenos sobre la obra, ni ilimitados temporalmente"* (Portero Lameiro, *Op. cit.*, 2017, p. 229).

Destarte, é preciso primeiro reconhecer os casos excepcionais em que o próprio anunciante é o autor da obra publicitária, que seriam aqueles em que (i) o anunciante, "com os meios disponíveis em seu estabelecimento, crie a obra publicitária, tornando-se a partir daí seu autor"[321], ou, (ii) os casos em que há verdadeira contribuição e/ou aportes criativos significativos a tal ponto de restar configurada a coautoria do anunciante com os demais autores, ou autor, fazendo jus, em ambos casos, de titularidade originária dos direitos para explorar a obra.

O professor Antonio Chaves ressalta que, "para que a cooperação dê a qualidade de autor é necessário que tenha certa importância e dignidade intelectual"[322], posto que esse é o espírito do princípio disposto no parágrafo único do art. 14 da Lei nº 5.988/1973, que encontra seu equivalente no parágrafo primeiro, do artigo 15 da lei vigente, em que "não se considera co-autor quem simplesmente auxiliou o autor na produção da obra literária, artística ou científica, revendo-a, atualizando-a, bem como fiscalizando ou dirigindo sua edição ou apresentação por qualquer meio", que parece perfazer bem o escopo da atuação mais rotineira dos anunciantes no processo criativo – notadamente por sua fiscalização e direcionamento.

Estes seriam os casos em que o anunciante poderia, a princípio, ser considerado autor, onde cabe a importante ressalva, anteriormente tratada, sobre a possibilidade de autoria por uma pessoa jurídica[323]. Assim encara Miguel Encabo Vera, afastando a observância de autoria por pessoa jurídica e, logo, admitindo o anunciante enquanto autor, quando aquele for representado tão só por pessoa(s) física(s)[324].

Pensando a obra publicitária enquanto obra coletiva, cumpre finalmente avaliar se a atuação do anunciante caracterizaria alguma forma de

[321] Conforme menciona o professor Morato, apoiado na lição de Eduardo Galán Corona (MORATO, *Op. cit.*, 2007, p. 163).

[322] CHAVES, *Op. cit.*, 1987, p. 240.

[323] Pensando exclusivamente na possibilidade do anunciante enquanto pessoa jurídica, posto que a habitualidade dos casos. Ainda que se possa imaginar os anunciantes enquanto pessoas físicas, por exemplo, nos casos dos trabalhadores autônomos que desejam publicizar seus serviços.

[324] *"No obstante, el anunciante puede ser a su vez autor cuando participe tan activamente en la creación publicitaria que sus aportaciones sean definitivas no solo en la selección de contenidos, sino en el desarrollo de la creación publicitaria a título no ya de empresario, sino de persona física que deja de alguna manera su impronta personal, tanto en una obra colectiva como en una obra en colaboración"* (ENCABO VERA, *Op. cit.*, 2014, p. 55-56).

organização, no sentido que pudesse ser aplicável o parágrafo segundo do artigo 17 da LDA, investindo-o no exercício dos direitos patrimoniais da obra. Assim, define o artigo 5º, inciso VIII, *h*, da Lei nº 9.610/1998, a obra coletiva aquela "criada por iniciativa, organização e responsabilidade de uma pessoa física ou jurídica, que a publica sob seu nome ou marca e que é constituída pela participação de diferentes autores, cujas contribuições se fundem numa criação autônoma".

Destacando a função organizadora, Morato sedimentou que ela não só deve se pautar no exclusivo fornecimento de elementos para a criação da obra, mas também na direção de sua execução, "contribuindo, no mínimo, para o que poderíamos denominar como um *ambiente criativo* a tornar possível a existência da obra"[325].

Esse "ambiente criativo", pelo já analisado, sobretudo quanto ao processo criativo das obras publicitárias, é encontrado nos escritórios das agências de publicidade. Ainda, para Bittar, será a agência que exercerá o papel de direção, edição e divulgação da obra, posto que "justo se torna atribuir-lhe os direitos autorais, exatamente porque a concepção e a realização da obra, cujos riscos suporta, não seria possível sem essa organização"[326].

Nessa perspectiva, Miguel Ángel Encabo Vera consuma:

> *Menores problemas conlleva admitir a las agencias de publicidad como creadoras o autoras de una obra publicitaria. Y además es esa precisamente una de sus posibles actividades principales, ya que pueden llegar a ser considerados entes creativos especializados. Normalmente dichas agencias aseguran la concepción, realización, ejecución y difusión de la publicidad sobre las que se ejercita una verdadera coordinación; actividades en las que no todas y cada una de ellas comportan una actividad de creación en puridad, por eso a menudo se ha destacado su función de mandatario respecto a otros contratos que realiza por cuenta del anunciante, y su función en los actos jurídicos por cuenta de terceros.*[327]

[325] MORATO, *Op. cit.*, 2007, p. 28.
[326] BITTAR, *Op. cit.*, 1984, p. 432.
[327] ENCABO VERA, *Op. cit.*, 2015, p. 56-57.

2.3.1.1. A obra publicitária como obra coletiva realizada "sob encomenda"

Nas palavras do professor Manoel J. Pereira dos Santos,

> *em parte por causa das novas tecnologias (como o cinema e a radiodifusão) e em parte em virtude da organização empresarial moderna, avultam as obras produzidas sob encomenda ou sob contrato de trabalho, em que há a multiplicação dos autores em função da complexidade da produção intelectual contemporânea, resultando na prática corrente do trabalho em equipe.*[328]

A caracterização da natureza jurídica da obra publicitária como maiormente uma obra coletiva se insere nesse contexto, especialmente vivenciado ao longo do século XX, de afastamento da concepção de autoria individual, uma clássica noção da era de produção cultural circunscrita à produção literária, em contraste com as novas realidades de produção intelectual[329].

A compreensão do processo criativo publicitário, tomado por sua generalidade, depreende num modelo de criação inferencial[330], de construção procedimental através do encadeamento de vários aportes criativos cumulativos e sucessivos[331], dos quais, na obra resultante se observará costumeiramente a indeterminação quanto à identidade autoral desses esforços[332]. Trabalham eles para a construção de um objeto comum, em obra autônoma e com finalidade própria[333], e, assim, se caracteriza como obra coletiva[334].

[328] SANTOS, *Op. cit.*, 2014, p. 113

[329] Conforme pontua o professor Antonio Carlos Morato, amparado pela Tese de Doutorado de Vanessa Merceron, que *"conforme ocorrem inovações tecnológicas, nas quais há a necessidade de grande número de envolvidos para a finalização da criação, as obras coletivas tendem a desenvolver-se, rompendo os limites tradicionais das obras literárias (enciclopédias, dicionários e compilações)"* (MORATO, *Op. cit*, 2007, p. 16)

[330] BERTOMEU, *Op. cit.*, 2010, p. 28.

[331] *"La création publicitaire résulte de la contribution de multiples intervenants (...) qui sont: l'annonceur (...); l'agence(...); les collaborateurs de l'agence (...) et les auteurs extérieurs auxquels l'agence fait appel"* (SCHWINDENHAMMER, Alain. *Qui est titulaire des droits d'auteur? In:* IRPI. *Publicité et droit d'auteur.* Colloque de L'Institut de Recherche en Propriété Intellectuelle Henri-Desbois (Paris, 22 mai 1990). Paris: Librairies Techniques, 1990, p. 13-14).

[332] BITTAR, *Op. cit.*, 1981, p. 191 e BITTAR, *Op. cit.*, 1984, p. 431.

[333] COSTA NETTO, *Op. cit.*, p. 177.

[334] *"L'oeuvre publicitaire apparaît susceptible de répondre au critère de fusion des participations. En effet, les contributions des différents participants sont bien souvent imbriquées de telle manière que la création*

Na sua análise, o professor Morato discorre pontuando as diversas conceituações doutrinárias conferidas à obra coletiva para, enfim, sinalar os atributos da (i) sua organização por uma pessoa, física ou jurídica, que a divulga em seu nome e (ii) sua indivisibilidade, que é sempre permanente em relação à obra em si. Para o professor, em consonância à leitura de Guilherme C. Carboni, "a individualização das participações individuais pode ou não ocorrer na obra coletiva, não sendo sua característica principal"[335]. O que remete à garantia constitucional prevista no artigo 5º, inciso XXVIII, *a)*, de "proteção às participações individuais em obras coletivas", quando aquelas puderem ser dissociadas destas[336].

Outra lição importante a se reaproveitar é quanto aos reflexos à autoria da pessoa jurídica na obra coletiva[337]. Assim, Morato afasta a teoria da ficção da pessoa jurídica para adotar a teoria da realidade técnica e afirmar que

> *existindo a obra coletiva, a pessoa jurídica realmente cria, pois, embora tal criação realize-se de maneira diversa da efetuada pela pessoa física, é também aferível no plano fático enquanto uma realidade inafastável, sendo por isso uma criação de natureza objetiva.*[338]

Que, por sua vez, se ampara também na lição de Carlos Alberto Bittar, sinalizando que "isso significa que, com base no mesmo fenômeno da criação, eis que os executores agem sob direção da pessoa jurídica, é possível a atribuição a esta de direitos de autoria (...). É o caso da empresa que contrata funcionários para a tarefa de anúncios publicitários"[339]. Pois, a agência de publicidade, enquanto organizadora da criação das obras publicitárias

publicitaire sera une oeuvre collective, à tel point qu'on a pu affirmer que 'la création publicitaire est le lieu par excellence d'application de la notion d'oeuvre collective'. La plupart des auteurs concluent, dans ces conditions, à la reconnaissance du caractère collectif d l'oeuvre" (Bigot, *Op. cit.*, 1997, p. 95).

335 Morato, *Op. cit.*, 2007, p. 5.

336 Bittar, *Op. cit.*, 2015, p. 61.

337 Mesmo o autoralista José Carlos Costa Netto, o qual já se expôs sua visão humanista e subjetivista, defensora do autor pessoa física, manifestou que a obra coletiva, seria *"a única hipótese em que poderiam ser interpretadas tais atribuições legais de autoria"*, resguardando o entendimento de que somente se admitiriam, para estes efeitos, *"o exercício do direito de autor em seus aspectos patrimoniais ou econômicos, nunca em relação aos morais, em qualquer caso, especialmente no que concerne à esdrúxula atribuição de paternidade ou autoria à pessoa jurídica"* (Costa Netto, *Op. cit.*, 2019, p. 179).

338 Morato, *Op. cit.*, 2008, p. 35.

339 Bittar, *Op. cit.*, 2015, p. 57.

será certamente a titular originária dos direitos patrimoniais de autor[340] e, a depender da visão doutrinária adotada, ser considerada também como autora criadora em função de sua organização.

A despeito, o professor da Université Panthéon-Assas (Paris II), Georges Bonet, em análise do então artigo 14 da antiga lei francesa nº 85-600, de 3 de julho de 1985, ratificou seu entendimento favorável à autoria das agências de publicidade[341] quando se tratarem de obras coletivas. Segundo ele,

> *l'agence est titulaire des droits d'auteur sur la création publicitaire lorsque cette création est une oeuvre collective, ou lorsqu'elle a été élaborée dans le cadre d'un contrat de travail. Dans le domaine de la publicité, il n'est pas rare que les créations soient élaborées sur l'initiative et avec les moyens de l'entreprise qu'est l'agence. Elles résultent du travail d'une équipe et constituent une oeuvre collective au sens de l'article 9, alinéa 3, de la loi de 1957. L'agence est alors titulaire originaire des droits sur l'oeuvre publicitaire. La jurisprudence antérieure à la loi de 1985 l'admettait déjà.*[342]

Acerca da experiência francesa sobre o regramento da matéria, é preciso atentar-se à inovação trazida pelo artigo 14 da lei nº 85-660 de 1985, que encontra correlato no atual artigo L 132-31 do *Code de Propriété Intellectuelle*[343]. Georges Bonet aponta a novidade como a entrada definitiva da

[340] Essa titularidade seria originária na visão do professor Bittar, a despeito de outras considerações aqui apontadas; tal condição seria advinda *"não por ficção ou substituição ou cláusula implícita de mandato de encomenda – como se pretendeu – mas porque se reveste ele (terceiro comitente ou empregador) da qualidade de autor"* (BITTAR, *Direito de autor na obra feita sob encomenda.* São Paulo: RT, 1977, p. 80-81).

[341] Versando também sobre o tema, Christophe Bigot, critica a concepção clássica personalista da jurisprudência e doutrina tradicional francesa, corroborando que a não consideração da capacidade criativa por uma pessoa jurídica por falta de personalidade, implica numa própria contradição à concepção doutrinária personalista, que aceita a autoria e criação de pessoa jurídica para os desenhos e modelos, dispostos no livro V do CPI, mas não o reconhece essa faculdade criativa para o livro I do mesmo código, onde está disposto o Direito de Autor (BIGOT, *Op. cit.*,, 1997, p. 90).

[342] BONET, *Op. cit.*, 1990, p. 37.

[343] *"Article L132-31*

Dans le cas d'une oeuvre de commande utilisée pour la publicité, le contrat entre le producteur et l'auteur entraîne, sauf clause contraire, cession au producteur des droits d'exploitation de l'oeuvre, dès lors que ce contrat précise la rémunération distincte due pour chaque mode d'exploitation de l'oeuvre en fonction notamment de la zone géographique, de la durée de l'exploitation, de l'importance du tirage et de la nature du support.

obra publicitária no domínio do Direito de Autor, afastando de vez qualquer questionamento acerca de sua protegibilidade[344].

Sylvain Chatry indica que o legislador francês reconheceu o caráter *sui generis* das obras publicitárias, vez que o referido artigo cria um regramento particular para tais obras, ao prever, entre outras disposições, a presunção de cessão dos direitos autorais pelo autor para a devida exploração econômica da obra, desde que o contrato firmado entre as partes preveja a justa remuneração de acordo não só com a modalidade de uso da obra, mas também em função do território e do tempo de uso de tal, bem como da importância e da natureza do suporte daquela obra. Essa forma de remuneração é considerada como híbrida[345], já que ratifica o pagamento de uma parcela fechada, mas que leva em consideração outras questões, como a relevância da obra e da campanha, para proporcionalizar o devido valor[346].

Contudo, o ponto mais marcante do mencionado artigo 14, foi quanto à presunção de cessão dos direitos autorais de exploração da obra feita sob "comando" (sob encomenda), que recairiam ao *"producteur"* (produtor) – termo que merece certa atenção. Na leitura do artigo, Bonet primeiro trata sobre o termo *"oeuvre de commande utilisée pour la publicité"*, que seriam as obras criadas sob encomenda específica para a utilização em campanhas

Un accord entre les organisations représentatives d'auteurs et les organisations représentatives des producteurs en publicité fixe les éléments de base entrant dans la composition des rémunérations correspondant aux différentes utilisations des oeuvres.
La durée de l'accord est comprise entre un et cinq ans.
Ses stipulations peuvent être rendues obligatoires pour l'ensemble des intéressés par décret." (FRANÇA. *Code de Propriété Intelectuelle.* Lei nº 92-597, de 3 de julho de 1992. Disponível em: <https://www.legifrance.gouv.fr/affichCodeArticle.do?cidTexte=LEGITEXT000006069414&idArticle=LEGIARTI000006279012&dateTexte=&categorieLien=cid>. Acesso em: 06 de janeiro de 2020).

[344] Bonet, *Op. cit.*, 1990, p. 34.

[345] Bonet, *Op. cit.*, 1990, p. 38.

[346] A remuneração proporcional foi uma demanda dos autores, segundo consta transcrição de uma mesa redonda que aconteceu durante o seminário do IRPI em Paris, em 1990, e que reuniu o professor Georges Bonet, Jacques Bourgoin (então, diretor da associação das agências de comunicação), Alain Grangé Cabane (então, vice presidente diretor geral da união dos anunciantes) e a advogada Francis Teitgen, que representou os interesses dos autores criativos nos debates da edificação da lei de 1985 (IRPI. *Table Ronde. In:* IRPI. *Publicité et droit d'auteur.* Colloque de L'Institut de Recherche en Propriété Intellectuelle Henri-Desbois (Paris, 22 mai 1990). Paris: Librairies Techniques, 1990, p. 41-51).

publicitárias, excluindo, então, as obras preexistentes[347]. Assim, o professor admite que a encomenda de tal obra poderia se estender entre (i) um anunciante, por uma obra realizada por empregados assalariados de uma agência, ou, (ii) uma obra encomendada por um anunciante ou por uma agência a um criador independente.

Na sequência, comentando as partes mencionadas no artigo 14, o professor francês retoma o conceito de *"producteur"* – previsto já nas obras audiovisuais, nos fonogramas, e em outras criações –, que é o agente que financia e explora a obra, para afirmar que, *"en ce qui concerne la publicité, le producteur est donc généralement l'annonceur"*[348]; conferindo, então, presunção da cessão dos direitos patrimoniais ao anunciante, em solução parelha à lei espanhola, acima abordada. Pondera, apenas, que tal presunção de cessão, segundo a jurisprudência, só seria válida se as regras contratuais previstas no artigo fossem reproduzidas na respectiva contratação.

Christophe Bigot, por seu turno, aponta a divergência doutrinária sobre essa acepção, em que parte assume o *producteur* como o anunciante (donde indica o professor G. Bonet, X. Desjeux e J.P. Oberthur), enquanto outra corrente admite essa qualidade à agência de publicidade (S. Durrande, M. Veyssière e P. Greffe e F. Greffe) e, uma terceira corrente, que tal qualidade depende de uma circunstância do fato e da natureza das relações contratuais (A. Lucas e E. Parent)[349].

Georges Bonet, por fim, avalia os impactos que eventualmente o artigo 14 e suas regras pudessem ter sobre o espírito do direito autoral tradicional, admitindo que ele exprime a dificuldade de harmonizar esse direito, humanista e individualista por essência, com as exigências comerciais da criação publicitária, ao que ele assume a consagração do dispositivo em plena conformidade com a equidade esperada[350].

O regramento do artigo 14 da lei nº 85-600/1985 da França, rebusca uma última dimensão que deve ser tratada no tocante ao regime jurídico

[347] *"L'oeuvre de commande utilisée pour la publicité se distingue tout simplement de l'oeuvre créée indépendamment de toute commande faite en vue d'une campagne publicitaire, que nous avons appelée 'oeuvre préexistante'"* (BONET, *Op. cit.*, 1990, p. 35).

[348] Em continuação: *"C'est lui qui a pris l'initiative de la commande, c'est pour son compte que l'oeuvre est exploitée. Cette solution était déjà d'usage avant la loi nouvelle, dans la mesure où le contrat type de 1961 entre l'annonceur et l'agence prévoyait la cession globale des droits d'auteur par l'agence à l'annonceur"* (BONET, *Op. cit.*, 1990, p. 36).

[349] BIGOT, *Op. cit.*, 1997, p. 178

[350] BONET, *Op. cit.*, 1990, p. 39.

dos direitos patrimoniais das obras publicitárias. À vista disso, Bittar infere que a obra publicitária será sempre uma obra sob encomenda, donde vão se estratificar os mais diversos níveis de relações, conforme já aposto, (i) entre o anunciante e a agência; (ii) entre a agência e seus empregados ou colaboradores; (iii) entre a agência e criadores independentes – onde se inserem as produtoras audiovisuais e fonográficas, que por sua vez, vão enveredar outro nível, entre essas e os autores por elas contratados, e assim por diante.

Sobre a obra intelectual feita sob encomenda, importa primeiramente tecer sua previsão legal dentro do ordenamento jurídico pátrio, que ocorria através do artigo 36 da Lei nº 5.988/1973[351], e que não foi reproduzido na lei atual. Ainda que não previsto legalmente no arcabouço jurídico vigente, as regras e princípios norteadores do conceito de obras sob encomenda subsistem na prática comercial dos negócios jurídicos autorais e, não raro, o tema é tratado em artigos e documentos acadêmicos[352].

O próprio professor Carlos A. Bittar anuncia que a ausência de normas reguladoras do instituto da obra sob encomenda suscita inúmeros problemas na prática[353]. Em seu estudo que busca elucidar o tema, Bittar manifesta que a obra sob encomenda se diferenciará em razão da espécie da obra, na natureza do vínculo existente entre as partes contratantes e dos seus graus de participação na execução da obra, conferindo distintos regimes jurídicos a cada caso. Sob o prisma do vínculo entre as partes, "a encomenda pode, pois, estar ligada à prestação de serviço em geral ou à relação de emprego ou função"[354].

Sobre o vínculo empregatício, este se deriva de (i) contrato de trabalho ou dever funcional, donde se distinguem duas formas possíveis ao processo criativo, (i.a) feita individualmente pelo autor assalariado[355], que é contratado especificamente para a produção intelectual e dirigido e orientado

[351] *"Art. 36. Se a obra intelectual for produzida em cumprimento a dever funcional ou a contrato de trabalho ou de prestação de serviços, os direitos do autor, salvo convenção em contrário, pertencerão a ambas as partes, conforme for estabelecido pelo Conselho Nacional de Direito do Autor".*

[352] Nesse sentido, destaca-se a Tese de Doutorado sobre o tema defendida pela autoralista Ivana Có Galdino Crivelli em dezembro de 2019. Infelizmente não tivemos contato com o texto final, mas, certamente, deverá prestar boa e completa leitura, como de hábito da autora.

[353] Bittar, *Op. cit.*, 1977, p. 65.

[354] Bittar, *Op. cit.*, 1977, p. 117.

[355] Bittar, *Op. cit.*, 1977, p. 143.

por seu empregador[356], ou, (i.b) em decorrência de obra coletiva, verificada nos casos em que a "empresa lança o plano, traça as suas diretrizes, fornece o material, dirige os serviços dos diferentes elaboradores para a realização da obra, suportando os riscos de sua atividade"[357].

No tocante às obras resultantes de contratação autônoma, deve-se avaliar o grau de participação e as circunstâncias da criação da obra intelectual, ter-se-ia, então: (i) a obra de produção livre, na qual o autor cria livremente, segundo sua linguagem artística e recursos próprios, e onde não há ingerência do encomendante[358]; (ii) a obra dirigida[359], na qual a atuação intelectual do comitente é significativa, cabendo ao comissário a execução da obra, ainda que o professor Bittar pondere para a avaliação das contribuições de cada parte, resultando em (ii.a) obras em colaboração entre comissário e comitente[360], reconhecendo as respectivas parcelas dos direitos sobre a obra de cada parte, (ii.b) ingerência total do comitente[361], quando atua o comissário como mero executor mecânico, caso em que o comitente será considerado o criador da obra; (iii) obras futuras, a quem o professor descarta da disciplina da matéria de obra sob encomenda[362].

Por esta apertada síntese da ilustre obra do professor Carlos. A. Bittar, às obras publicitárias, tidas como obras sob encomenda, se caracterizariam porquanto obras decorrentes (i) do vínculo de trabalho da agência com seus funcionários[363] regularmente contratados, quando seja para a produção de obra coletiva, seja para a produção de obra individual circunscrita ao objeto do contrato de trabalho, seria a agência de publicidade a titular dos direitos patrimoniais de autor das criações; (ii) da contratação de serviços independentes, criam-se as seguintes hipóteses: (ii.a) se conferida a atuação

[356] *"A obra de assalariado apresenta contornos diferentes da encomenda em geral: em face da direção do comitente, do oferecimento de recursos materiais e da assunção dos ônus por este, os direitos patrimoniais do autor são a ele atribuídos, restringindo-se, também, em certos aspectos, os direitos morais do comissário"* (Bittar, *Op. cit.*, 1977, p. 144).

[357] Bittar, *Op. cit.*, 1977, p. 156.

[358] Bittar, *Op. cit.*, 1977, p. 124.

[359] Bittar, *Op. cit.*, 1977, p. 130.

[360] Bittar, *Op. cit.*, 1977, p. 135.

[361] Bittar, *Op. cit.*, 1977, p. 133.

[362] Bittar, *Op. cit.*, 1977, p. 119.

[363] Como exemplos, podem-se citar os diretores de arte, redatores, ilustradores, maquetistas, fotógrafos internos, diretores de criação, e tantos outros profissionais que são fixos nas estruturas criativas da agência de publicidade.

intelectual[364], com a ingerência inconteste e contributiva da agência à feição da obra, caberá direitos autorais patrimoniais a esta, na medida de sua participação, que, inclusive, pode ser total, quando o contratado atua como mero executor, ou, (ii.b) quando houver autonomia criativa, uso de recursos próprios e organização distinta da agência[365], os direitos dessa obra, então, serão de exclusividade de seus autores, devendo a agência ser devidamente autorizada pelos corretos instrumentos jurídicos para a futura utilização da obra.

Pelo exposto nessa seção, está clara a posição da agência como ente criadora e organizadora da obra publicitária, justificando, assim, sua titularidade dos direitos patrimoniais de autor das criações publicitárias, ressalvadas as hipóteses excepcionais de regime jurídico diverso.

Nesse sentido, ainda que a agência fosse investida de titularidade originária de tais direitos, também se analisou algumas regras, notadamente sediadas nas leis espanhola e francesa, em que seria o anunciante a exercer os direitos patrimoniais de exploração da obra, não em caráter originário, posto que derivado, oriundo de presunção legal de cessão dos respectivos direitos. A realidade brasileira, conforme se analisou pelo esteio jurídico com os devidos aportes doutrinários, inclina na direção de somente garantir a titularidade do anunciante, *ex lege*, nos inusuais casos em que resta configurada sua autoria. Para todos os demais casos, somente seria observado o exercício dos direitos autorais pelo anunciante mediante justo e legítimo comércio jurídico destes.

Essa é a realidade jurídica, que não reflete, todavia, a realidade fática, quando não raro se observa o exercício de poder dos anunciantes tal como autor, ou melhor, "proprietário"[366] da obra. Noção essa que perpassa por

[364] Estendendo o exercício imaginativo, aqui situam-se os *free lancers* das mais diversas posições e expertises, que prestam seus serviços em caráter interno mas não habitual, ou melhor, não fixo à estrutura da agência, podendo ter sua vinculação relacionada a projetos ou de acordo com a demanda específica, por exemplo, a exigência do projeto em contar com um ilustrador especializado na linguagem caricaturista para confecção de determinadas peças.

[365] Neste casos, os exemplos mais óbvios são os das produtoras audiovisuais, fonográficas e dos fotógrafos com equipamento e estúdio próprios e que são contratados, na maior parte das vezes, muito em decorrência da sua linguagem artística, da sua individualidade e originalidade com que prestam seus serviços intelectuais. Aqui, repousa a noção sobre as obras audiovisuais publicitárias, que serão devidamente tratadas no próximo capítulo.

[366] Recorda-se a lição, já citada previamente, da doutrina que afasta a caracterização dos direitos autorais enquanto propriedade, ainda que o tratamento verificável, nestes casos, seja

outro instituto jurídico, estranho ao nosso ordenamento, mas que recorrentemente é levantado como fundamento nos negócios jurídicos sobre obras publicitárias.

2.3.1.2. *Work made for hire doctrine* e a experiência do direito norte-americano

Na seção que tratará sobre os direitos morais de autor das obras publicitárias, se ventilará que uma das razões para diagnosticar o descompasso entre prática e os ditames legais de tal âmbito do direito autoral, reside no fato das negociações entre agências, anunciantes e produtoras importarem práticas e regras estrangeiras, ainda que de forma obtusa, contratualmente falando, de mecanismos correlatos à obra sob encomenda forjado no sistema de *copyright* nas leis dos EUA.

Esse sistema específico é denominado de *work made for hire doctrine* – ou, apenas de *work for hire* – e compreende não apenas uma transferência ou cessão definitiva *ad perpetuam* ao contratante, mas, sim da autoria e titularidade originária da referida obra na pessoa do encomendante. O sistema está previsto na lei 17 U.S.C. § 101 e §201[367].

As consequências da doutrina *work for hire* para os criadores e artistas envolvidos são extensas e intensas, de forma que toda a criação nunca terá pertencido, sob qualquer aspecto, ao seu criador, senão ao seu encomendante. Uma das motivações que levaram os EUA a adotarem este regime especial de direito autoral foi justamente as características e os processos criativos e distributivos da sua indústria cinematográfica. Em linhas gerais, uma vez que um filme congrega diversos artistas e criadores, era dificultoso para os produtores prestarem suas atividades plenamente tendo que gerir tantos interesses, por vezes divergentes, e que poderiam obstaculizar o pleno aproveitamento econômico da obra.

exatamente o de um proprietário de um bem, que dispõe como bem entender sua vontade, sem quaisquer outras considerações.

[367] *"§101: "A "work made for hire" is (2) a work specially ordered or commissioned for use as a contribution to a collective work, as a part of a motion picture or other audiovisual work, as a translation, as a supplementary work (...);*

§201: (b) Works Made for Hire – In the case of a work made for hire, the employer or other person for whom the work was prepared is considered the author for purposes of this title, and, unless the parties have expressly agreed otherwise in a written instrument signed by them, owns all of the rights comprised in the copyright."

Assim pensou-se na *work for hire doctrine*, garantindo que, todos que trabalhassem nesse regime, em nada teriam direito a reclamar posteriormente. Inclusive, e justamente por não se tratar de uma transferência de direitos, mas de uma fonte originária dos direitos de autor na pessoa do contratante, é que não se aplica a regra temporal de proteção autoral. Ou seja, mesmo passado o tempo previsto em lei de exploração exclusiva do titular da obra, aquele direito não retorna ao seu criador real, mas, tão só determina o fim de exploração econômica exclusivamente pelo contratante, que desde o início, por artifício da lei, foi o autor e titular originário.

Pois, no mercado publicitário tem sido recorrente regimes de contratação nos contornos do modelo *work made for hire*, na medida em que se determina uma cessão definitiva dos direitos autorais e conexos envolvidos nas obras publicitárias, pretendendo o encomendante, no caso em tela, o anunciante, como se autor originário fosse da obra. Certamente os desdobramentos dessa engenharia não são percebidos em íntegra forma nos contratos, por óbvia ilegalidade e nulidade de tais dispositivos, mas, são verificados maiormente em reiteradas condutas e exigências, fora do escopo contratual, que resultam em manifestas violações aos direitos de autor, sobretudo quanto aos de ordem moral e, notadamente aos de ordem patrimonial, quando não há o devido respeito em relação às limitações quanto aos prazos, mídias e territórios contratados.

Nesse sentido, tanto a cessão definitiva em alguns casos[368], quanto o desprezo pelo direito moral são inconcebíveis pela legislação pátria atual. Não obstante apenas apontar-se os desarranjos e insistir na formatação improdutiva perante o direito posto, importa estudar a gênese fundamental da *work for hire doctrine* para que se avalie se há e quais são os ensinamentos que tal corrente pode emprestar para a dissertação aqui pretendida. Assim, buscar-se-á compreender como surgiu a doutrina do *work for hire* no direito norte-americano e quais são os reflexos e questionamentos atuais dentro daquele país para, então, aplicarmos uma análise mais precisa sobre a práxis do mercado publicitário.

Nessa toada, a *work for hire doctrine* apenas se instituiu, em sede legislativa, através do *Copyright Act of 1909* no direito norte-americano[369]. Antes

368 Aqui, recorda-se da disposição do artigo 13 da Lei nº 6.533/1978, que veda a cessão total e definitiva das participações dos técnicos e artistas de empreendimentos artísticos, dentre os quais os filmes publicitários.

369 Schwab, John. *Audiovisual works and the Work for Hire Doctrine in the Internet Age*, Columbia Journal of Law & The Arts, 2012, p. 143.

do ano de 1909, não havia uma explícita regra semelhante à *work for hire* no sistema de *copyright* norte-americano. Antes do marco legal, em verdade, havia a mesma previsão comumente encontrada no sistema continental de direito de autor, na qual o artista é o autor e titular originário de suas obras, ainda que comissionadas ou fruto de seu trabalho contratado[370]. Assim, o empregador ou encomendante apenas participaria da autoria ou titularidade da obra se houvesse uma clara contribuição intelectual para a obra.

A concepção de que os empregadores[371] poderiam ter direitos às obras criadas por seus empregados apenas surge na segunda metade do século XIX[372], a partir de decisões que foram avançando o entendimento jurisprudencial[373] no sentido de estabelecer a autoria, e não apenas a mera titularidade, das obras intelectuais aos empregadores[374]. Assim, define a

[370] Fisk, Catherine. *Authors at Work: The Origins of the Work-For-Hire Doctrine*, 15 *Yale Journal of Law & the Humanities* 1-70, 2003. p. 67. Ver também *Wheaton vs. Peters*, 33 U.S. (8 Pet.) 591 (1834). Disponível em <https://supreme.justia.com/cases/federal/us/33/591/>. Acesso em 19 de novembro de 2019.

[371] É preciso distinguir os empregadores, que mantém seus empregados em rotina de trabalho regular e habitual, dos mero contratantes, que de prestação de serviço casual e esporádica. Nesse primeiro momento, na construção da doutrina *work for hire* nos EUA, falou-se apenas sobre os casos de produção de obras intelectuais de empregados. A evolução natural, conforme se demonstrará, equiparou posteriormente os empregadores dos contratantes e encomendantes. (Cf. Hill, Anne Marie. *Work for Hire Definition in the Copyright Act of 1976: Conflict Over Specially Ordered or Commissioned Works*. Cornell Law Review, v. 74, 1989, p. 561). Disponível em: <https://scholarship.law.cornell.edu/cgi/viewcontent.cgi?article=3413&context=clr>. Acesso em: 03 de janeiro de 2020)

[372] FISK, *Op. cit.*, 2003, p.10 e 33.

[373] Não sem qualquer resistência e relutância em assumir uma empresa, pessoa jurídica, como autora de uma obra intelectual. O processo da compreensão da *work for hire doctrine* foi gradual e seguindo uma organicidade de seu tempo. Segundo Fisk, "*the claim of a corporate 'author', composed of many different people working toward a common end, had greater rhetorical appeal than the claim of one individual partner to the work of another. On the other hand, the rise of corporate power threatened the very individualist premises and values of much nineteenth-century law. Inasmuch as courts regarded authorship as uniquely individual, corporate authorship was simultaneously oxymoronic and repugnant. Courts did not immediately capitulate to the empire-building tendencies of the growing corporations in this area any more than they did in any other area of law. One way to understand the schizophrenic state of the law of ownership of ideas is as a working-out of the tension between individualism and corporatism in American law and society*" (Fisk, Catherine. *Authors at Work: The Origins of the Work-For-Hire Doctrine*, 15 *Yale Journal of Law & the Humanities* 1-70, 2003, p. 56).

[374] O que ficou definitivamente claro a partir do caso *Bleistein vs. Donaldson Lithographing Co*, 188 U.S. 239, 248, do ano de 1903, em que peças de litografia usadas para a publicidade de um grupo circense foi o centro das discussões, na qual a Suprema Corte dos EUA decidiu

sessão §201 – *Ownership of copyright*, que trata sobre as definições dos autores das obras intelectuais pelo direito norte-americano, estabelecendo a autoria originária do empregador ou da pessoa que encomendou a obra, com a reserva de todos os direitos de autor, salvo se houver pacto diverso entre as partes.

Schwab pontua que a doutrina do *work for hire* do direito norte-americano estabelece uma série de efeitos prejudiciais à economia criativa, em especial sobre a análise dos *screenwriters* (roteiristas), tal doutrina contribui para a criação de um ambiente hostil à criatividade, dando vazão a um número menor de criadores[375].

O trabalho de John Schwab envereda uma pesquisa sobre a possibilidade de afastamento ou substituição da doutrina do *work for hire* às vistas do desenvolvimento tecnológico dos meios e bens de produção e distribuição de obras audiovisuais, o que beneficiaria os autores e artistas individuais ou organizados em pequenos grupos, distantes da sistemática de produção audiovisual norte-americana empreendida pelos grandes estúdios.

O mais significativo da *work for hire doctrine* é que, desde a minuta inicial de sua proposição em 1909[376], ela já conferia o status de autor ao empregador, e não meramente titular, seja original ou derivado, da obra produzida. Isso guarda especial relação, entre outros motivos, com a defesa dos direitos de renovação daquela obra, que ficariam sob o controle dos empregadores, já que considerados autores da obra.

pela (i) protegibilidade das obras em questões, ainda que de destinação publicitária e de mera comunicação de massa; (ii) pela titularidade dos direitos pela empresa encomendante das obras, e não dos artistas, abrindo o caminho para a codificação da *Work for Hire Doctrine* em 1909.
Ver Schwab, *Op. cit.*, 2012, p. 144 e <https://caselaw.findlaw.com/us-supreme-court/188/239.html> Acesso em: 10 de novembro de 2019. Sobre o caso, ainda vale a leitura de Catherine Fisk que sublinha a contradição retórica do Juiz Justice Holmes ao dizer que "*he invoked the traditional notion of authorship as artistic creation – 'the personal reaction of an individual upon nature' – while giving it an entirely new significance: corporate authorship of advertisements. To expand copyright protection into new media, he equated 'the etchings of Goya' and 'the paintings of Manet' with commercial advertising. He did so precisely because giving new content to the old form of authorship was an effective rhetorical strategy to expand copyright protection. By eliding the distinction between the legal fiction of corporate authorship and the fact of collaborative creation in a corporate setting, and by effacing the (ever-shrinking) difference between advertising and art, Holmes made a significant change in doctrine that seemed to be nothing more than a simple analogy.*" (Fisk, *Op. cit.*, 2013, p. 59).

[375] Schwab, *Op. Cit.*, 2012, p. 142.

[376] Ver Schwab, *Op. Cit.*, 2012, p. 144.

Para Catherine Fisk, a consideração do empregador (*employer*) como autor diretamente, e não um cessionário, das obras intelectuais produzidas advém de 3 justificativas maiores[377]: (i) coerência sistêmica, vez que o termo autor já havia sido utilizado no resto do *Copyright Act of 1909* e demais dispositivos sobre a matéria; (ii) evitaria qualquer questionamento sobre a constitucionalidade de tal lei; e, (iii) como citado acima, garantiria sem qualquer margem de dúvida os direitos de renovação para os empregadores. Mesmo nas conferências que discutiram a proposição que culminou na lei de 1909 e da codificação da *work for hire doctrine*, observaram-se discussões e resistências para a efetiva consideração de empresas e corporações empregadoras como autoras de obras intelectuais produzidas pelos seus empregados[378].

Nesse sentido e ainda assim, a proposição, àquela época, suscitou certas dúvidas dos congressistas quanto à constitucionalidade de se efetivar os empregadores como autores diretos, e não meramente cessionários. Afinal de contas, havia a clara noção que uma disposição como tal beneficiaria enormemente as entidades empregadoras, em claro prejuízo aos autores criadores, com manifestas intenções de simplificar e desonerar as relações[379].

Tal debate também voltou à tona quando da expansão da doutrina de *work for hire* edificada pelo *Copyright Act of 1976*[380]. A diferença entre os

[377] "*The decision to label the employer an "author", rather than create a default rule of implied automatic assignment, appears to have been based on three considerations. First, it was a matter of ease in statutory drafting ('author' is a term of art used throughout the statute). Second, it avoided constitutional doubts about a default rule of employer ownership stemming from the constitutional provision that Congress may give "authors" a copyright. Third, and most importantly, the drafters of the revision wanted to be sure that the employer would be the initial copyright owner rather than an assignee, because only the initial owner is entitled to obtain a renewal.*" (Fisk, *Op. cit.*, 2003, p. 62)

[378] Inclusive com proposições próximas e que atendessem aos problemas da renovação, mas que preservassem o conceito de autoria e autor, como destaca Fisk, ao mencionar que "*Robert Underwood Johnson, Secretary of the American Authors' Copyright League, objected to the notion that an employer should be deemed the 'author' of works created by employees. He proposed that the statute create two categories: 'authors' and 'proprietors.' Each term should be given 'the most inclusive definition possible,' but he insisted that 'a man who gets up a cyclopedia and contracts with other people to write for him' was only 'the proprietor and ought to be considered the proprietor, and not the author'. Underwood's objection was based on the symbolic value of the term 'author', rather than on the notion that the encyclopedia publisher was not entitled to copyright, or even to a renewal term*" (Fisk, *Op. cit.*, 2003, p. 64).

[379] Fisk, *Op. Cit.*, 2003, p. 65.

[380] Schwab, *Op. Cit.*, 2012, p. 144.

dois dispositivos é que a lei do início do século passado apenas previa a autoria de obras produzidas sob um contrato de trabalho, numa relação entre *employers* e *employees*. Já na lei de 1976, havia a extensão da doutrina para considerar a autoria também do encomendante, em casos de obras comissionadas ou por encomenda – enquadrando também aqueles profissionais criadores que trabalhavam como *freelancers*, que eram contratados especificamente para aquele serviço.

Em comparação das construções legislativas sobre a *work for hire doctrine*, tomando por base os dois dispositivos supracitados, na primeira lei de 1909, havia apenas a constatação de que o conceito de "autor" agora também valeria para o empregador nos casos de *works made for hire*, conforme grifamos do texto original abaixo:

> *SEC. 62. That in the interpretation and construction of this Act "the date of publication" shall in the case of a work of which copies are reproduced for sale or distribution be held to be the earliest date when copies of the nrst authorized edition were placed on sale, sold, or publicly distributed by the proprietor of the copyright or under his authority, and* ***the word "author" shall include an employer in the case of works made for hire.***[381] (grifo nosso)

Note-se que o texto original não fazia a definição conceitual do que se tratava uma *work made for hire* ou mesmo estabelecia critérios objetivos para delimitar o que seria uma obra feita sob contratação. Tal definição, como próprio *Copyright Office* dos EUA manifestou[382], se daria em análise caso a caso[383], a depender das circunstâncias analisadas pelas partes e pelos julgadores. Ainda assim, o escritório citava que os julgados que aplicaram o dispositivo apresentavam um padrão de análise para caracterização de

[381] EUA. *Copyright Act of 1909*. Disponível em <https://www.copyright.gov/history/1909act.pdf>. Acesso em 05 de dezembro de 2019.

[382] Conforme se depreende de entendimento esposado pelo próprio órgão no documento *"'Work Made for Hire' under the 1909 Copyright Law"*. Disponível em <https://www.copyright.gov/comp3/chap2100/doc/appendixE-madeforhire.pdf>. Acesso em 06 de dezembro de 2019.

[383] Como também anotou Anne Marie Hill, ao dizer que a pergunta sobre a natureza da *work for hire doctrine*, a partir de sua previsão na lei de 1909, se limitava na definição se um empregador deveria adquirir a autoria pela mera existência de uma relação empregatícia. Para ela, *'the answer inevitably depended upon the courts' interpretation of the term 'employee' under the work for hire doctrine. Courts formulated several standards for making that determination."* (HILL, *Op. Cit.*,, 1989, p. 559 e 564).

uma *work made for hire*, que entre outros fatores, deveriam apresentar (i) a existência de um contrato ou um acordo que previa a criação e/ou autoria de uma obra intelectual; (ii) pagamento de salários ou outras formas de remuneração; e, (iii) o direito do empregador como autor, no caso deste financiar e custear a produção da obra ou ter agido como "fator motivador" para sua criação.

Já a *Copyright Act of 1976*, trazia em seu teor uma definição mais clara do conceito de *work made for hire*, ao prever que:

> ***§ 101. Definitions***
>
> *(...)*
>
> *A "work made for hire" is –*
>
> *(1)* ***a work prepared by an employee within the scope of his or her employment****; or*
>
> *(2)* ***a work specially ordered or commissioned for use as a contribution to a collective work, as a part of a motion picture or other audiovisual work, as a translation, as a supplementary work, as a compilation, as an instructional text, as a test, as answer material for a test, or as an atlas, if the parties expressly agree in a written instrument signed by them that the work shall be considered a work made for hire****. For the purpose of the foregoing sentence, a "supplementary work" is a work prepared for publication as a secondary adjunct to a work by another author for the purpose of introducing, concluding, illustrating, explaining, revising, commenting upon, or assisting in the use of the other work, such as forewords, afterwords, pictorial illustrations, maps, charts, tables, editorial notes, musical arrangements, answer material for tests, bibliographies, appendixes, and indexes, and an "instructional text" is a literary, pictorial, or graphic work prepared for publication with the purpose of use in systematic instructional activities*[384]. (grifo nosso)

Importa anotar que, finalmente, a codificação trouxe uma luz sobre a definição para *work made for hire*, que seriam as hipóteses de (i) qualquer obra intelectual criada por um empregado no escopo de seu trabalho e (ii) as nove categorias de obras intelectuais elencadas pela lei e que adviriam de um contrato de encomenda[385]. A inovação legislativa suscitou agora

[384] EUA. *Copyright Act of 1976*. Disponível em: <https://en.wikisource.org/wiki/Copyright_Act_of_1976>. Acesso em 06 de dezembro de 2019.

[385] O que se mantém até hoje na lei de *copyright* dos EUA mesmo após a *Work Made for Hire and Copyright Corrections Act of 2000*, ao definir que obras frutos de contratos de encomenda

novos questionamentos acerca da possibilidade de autoria de uma parte contratante e/ou encomendante de uma obra intelectual, como assinala Anne Hill[386]: estaria a *work made for hire*, no caso exclusivo de contratação por serviço ou encomenda, limitadas aos nove tipos de obras elencadas ou ainda seriam possíveis admitir outros tipos de obras intelectuais fora daquela lista para considerar a autoria da parte contratante?

Ainda em 1965, já no processo de debates que discutiam as inovações de direito autoral que vieram a culminar na lei de 1976, mais especificamente sobre as obras "comissionadas" ou sob encomenda – na tradução técnica ao nosso direito –, destaca-se novamente a argumentação dos representantes das indústrias, notadamente aqui, dos setores editoriais e audiovisuais, que insistiam na inclusão de suas obras na lista da seção II, o que as fariam jus a se enquadrarem como *work made for hire* nos contratos de prestação de serviço. Sem nenhuma inovação, tal como foram as discussões na lei anterior, de 1909, pelos representantes da litografia, tais setores se amparavam novamente na questão dos custos de se gerenciar uma obra intelectual com múltiplos autores, além de afirmarem que um editor e/ou um produtor audiovisual exerciam a "verdadeira criatividade" em suas obras coletivas[387].

ou prestação de serviços somente serão consideradas *work made for hire* se se enquadrarem nos seguintes tipos: (1) contribuição para uma obra coletiva; (2) parte de uma obra audiovisual ou *motion picture*; (3) tradução; (4) obra suplementar; (5) compilação; (6) texto instrutivo; (7) um teste; (8) material com respostas para um teste; e, (9) um atlas, considerando que as partes acordaram por escrito expressamente que o serviço se tratava de um *work made for hire*.

386 *"There are two interpretations of the specially ordered or commissioned works in clause two of the definition of works made for hire. One line of cases interprets clause two as the exclusive test for determining the work made for hire status of commissioned works: if the work is not within one of clause two's nine specified categories and specifically designated a work for hire by the required writing, then it is not a work made for hire. This 'exclusive' interpretation supports the theory that Congress intended to radically change the work for hire doctrine in the 1976 Act by limiting the types of commissioned works eligible for work for hire status. The second line of cases expresses a more conservative view of the specially ordered or commissioned works category. Under this "non-exclusive" interpretation, commissioned works outside the nine categories of works in clause two can still qualify as works made for hire if the project was performed pursuant to basic standards of agency law."* (Hill, *Op. cit.*, 1989, p. 560)

387 *"Moreover, the publishing and motion picture industries argued that the legal and policy justifications behind the work for hire doctrine supported their view that the definition of works made for hire should include certain commissioned works. They argued that, because a publisher or movie producer exercises the true creativity in composite works, he should be considered the author for copyright purposes. If the copyright did not vest in the commissioning party, the transaction costs of dealing with multitudes of authors would render the production of such works economically infeasible. In the end, one basic purpose*

A questão acerca da constitucionalidade ou não da *work for hire doctrine* nunca foi analisada a fundo pela Suprema Corte dos EUA, mas analistas defendem que o caráter não imperativo, ou seja, a possibilidade das partes contratantes disporem livremente sobre a titularidade das obras, é o contorno a qualquer configuração de inconstitucionalidade de tal regra. Nesse sentido, John Schwab[388] aponta que a posição mais enfraquecida dos empregados criadores numa obra audiovisual, frente ao maior poder de barganha de seus empregadores, iria fazer proliferar a prática de contratos que estabelecessem a cessão dos direitos de tais obras, de qualquer jeito[389].

Afinal, a *work for hire doctrine*, embora aplicável para outras obras intelectuais, é especialmente conveniente para a indústria do entretenimento audiovisual. Para Schwab[390], a doutrina resolveu grandes problemas logísticos do setor: a começar pela (i) resolução da dificuldade de estabelecer a autoria numa obra intelectual de natureza complexa e que tem a participação de muitos criadores; (ii) manteve o papel histórico dos artistas criadores do audiovisual como empregados, a serviço dos contratantes[391], no modelo econômico dominado pelos estúdios, com sua formação a par-

of the Copyright Clause-to disseminate information and thereby enhance learning-would be frustrated. (Hill, *Op. cit.*, 1989, p. 568)

388 Schwab, *Op. Cit.*, 2012, p. 145.

389 Em análise sobre os fatores que levaram os roteiristas a aceitarem pacificamente a *Work for Hire Doctrine* se destaca o fato de que a grande maioria deles se filiava como membro do sindicato dos roteiristas – *Writers Guild of America* (WGA). Na condição de sindicalizados, eles automaticamente aceitavam sua condição enquanto empregados (*employees*) e assim, mesmo antes do *Copyright Act of 1976*, a grande maioria dos roteiristas que trabalhavam para os estúdios de *Hollywood*, estavam sob a égide da doutrina *Work for Hire*, no teor da lei de 1909. Schwab cita que (i) a possibilidade de melhores condições de trabalho e salários, (ii) a previsão de planos de seguro e de aposentadoria, garantida pelos empregadores e, sobretudo, (iii) os custos proibitivos de produção e distribuição de uma obra audiovisual, ainda que os direitos autorais fossem de titularidade dos roteiristas, remontavam o cenário de aceitação destes para a filiação ao sindicato – WGA –, que se ampara também num poder de barganha maior para negociar os acordos coletivos com os estúdios. Fica estabelecida claramente uma relação que ambos lados se beneficiam. Paralelamente, sob o ponto de vista dos estúdios de produção, a necessidade de extrema segurança jurídica para livremente garantir a plena exploração econômica das obras audiovisuais produzidas, com vias de recuperar os altos investimentos com produção e distribuição, além do alto risco do mercado em si, fecham o ciclo que faz Schwab concluir pela perfeita adequação da *Work for Hire Doctrine* à indústria audiovisual dos EUA. (Cf. Schwab, *Op. Cit.*, 2012, p. 148-149).

390 Schwab, *Op. Cit.*, 2012, p. 145.

391 Schwab, *Op. Cit.*, 2012, p. 147.

tir da década de 1920 e o surgimento dos filmes com áudios sincronizados, e; (iii) representa uma solução racional eficiente sob o ponto de vista econômico, tomando por base que a produção e distribuição de uma obra audiovisual apresenta grandes desafios financeiros acerca de sua logística e exploração. É bem verdade que a *work made for hire doctrine* é uma construção do direito norte-americano, contudo, o esteio essencial de consideração do empregador enquanto titular originário do direito patrimonial é também encontrado em outras sedes da *Common Law*, com as legislações de *copyright* do Reino Unido, Austrália e Canadá[392].

Para o mercado de produção de conteúdo da indústria de *Hollywood*, simplesmente não há a consideração de que um roteirista possa manter os direitos autorais de suas criações. Além da *work for hire doctrine* e do fator histórico da formação da indústria do audiovisual nos EUA, que estrutura o *frame* legal e social dessa realidade, John Schwab[393] cita a regulação da televisão, que a partir do *Financial Interest / Syndication Act* de 1992, permitiu que os canais distribuidores de conteúdo fossem os titulares (*owners*) dos programas exibidos, criando um ambiente de incentivo de produção e distribuição de conteúdos próprios, repelindo a produção independente – o que acaba por afetar, segundo a crítica tecida pelo jurista, a diversidade e pluralidade dos conteúdos audiovisuais exibidos.

Por outro lado, Schwab contrapõe que o sistema arquitetado pela produção audiovisual norte-americana dos estúdios, que trabalha baseada na *work for hire doctrine*, possibilita aos autores – não apenas os roteiristas, mas diretores e também os atores – a atuação em grandes projetos, que necessitam de fôlego financeiro para concretizar as produções. Partici-

392 É oportuno comparar brevemente como que outros países da *Common Law* regulam, em suas leis de direitos autorais, a questão das obras audiovisuais (publicitárias ou não) feitas sob encomenda e/ou frutos de um contrato de trabalho. Nessa perspectiva, a lei australiana – *Copyright Act, 168, §§ 98* – determina que ou empregador ou comitente da obra audiovisual sejam investidos da autoria, ao invés do autor original. Mais comumente, para as obras audiovisuais, o produtor é o "proprietário" do filme, a não ser que o filme seja comissionado. A lei do Reino Unido se aproxima muito do regramento australiano, embora não tenha uma previsão específica para obras audiovisuais. Em resumo, ambos os países, permitem que o empregador seja o autor, desde que a obra seja feita dentro do escopo do trabalho do empregado. Para os casos de contratação de serviço ou encomenda, poderá o comitente ser considerado o autor, desde que haja um acordo, expresso ou implícito, que assim o defina. Essa também é a definição legal presente no Canadá.

393 SCHWAB, *Op. Cit.*, 2012, p. 150.

par desses empreendimentos, além de satisfazer uma possível demanda individual egóica de cada pessoa, também acresce à carreira e ao portfólio profissional, credenciando o artista ou ator para que possa trabalhar em novas produções.

Associadamente, ao se subordinar às condições impostas pelos estúdios, em contrapartida, estes profissionais se aproveitam dos benefícios advindos de suas filiações aos respectivos sindicatos. Na indústria audiovisual americana há um acordo em que os estúdios apenas empregam profissionais sindicalizados[394], e, por outro lado, estes apenas trabalham em produções com profissionais sindicalizados, gerando um ciclo tanto vicioso quanto virtuoso[395].

Assim, Schwab conclui que a estrutura da indústria audiovisual norte-americana, com sua organização amparada na sindicalização de seus profissionais, resulta em altos custos de produção e distribuição, criando um paradoxo: se, por um lado, ela permite que os profissionais sejam garantizados com um piso remuneratório e benefícios, como planos de saúde e programas de aposentadoria, por outro, os altos custos importam numa barreira financeira para que novos roteiristas, diretores e produtores possam empreender independentemente suas produções, restringindo a pluralidade e diversidade das produções e diminuindo seus potenciais ganhos

[394] Via de regra, todos os profissionais e artistas participantes de uma produção dos grandes estúdios devem ser sindicalizados. Sem exceção de nenhum profissional. Em contrapartida, tais profissionais sindicalizados são proibidos de prestarem seus serviços em produções que contenham profissionais não sindicalizados ou que não respeitem minimamente as exigências da entidade sindical, especialmente em relação ao piso remuneratório. Muitos sindicatos permitem que seus filiados trabalhem excepcionalmente fora das exigências do sindicato (*one-time waiver*), mas não permitiriam essa autorização especial reiteradas vezes, sob pena de prejudicar o próprio escopo do sindicato. Há, então, um contrapeso que, no fim, resulta numa reserva de mercado em que os profissionais mais experientes e talentosos acabam se rendendo à sindicalização para que possam exercer suas habilidades em grandes produções. Os estúdios, por sua vez, se aproveitam desse acesso exclusivo. Em contrapartida, assumem um custo de produção muito maior, em grande parte originado pelos altos gastos na contratação desses profissionais em decorrência das exigências e proteções defendidas pelos sindicatos.

[395] *"These unions have long protected the rights of workers who were poorly treated in the early Hollywood system. However, the unions' control over the majority of professional, experienced audiovisual production talent means that, in order for an artist to produce multiple projects outside of the studio system, she will need a significant revenue stream which is likely, paradoxically, to come only from the sort of heavily marketed, big budget projects financed by the studios."* (Schwab, *Op. Cit.*, 2012, p. 167)

ao explorar as obras e suas derivações[396]. Ao recorrerem à estrutura dos estúdios, acabam se sujeitando à *work for hire doctrine*, o que atinge não apenas as obras intelectuais produzidas naquele primeiro momento, mas todas as obras derivadas da obra primígena.

É nesse sentido que Schwab chega a assumir que, mesmo o sistema de presunção de cessão dos direitos autorais para os estúdios – a exemplo de outras legislações de diversos países –, ainda assim não seriam satisfatórias para os estúdios, pois poderiam ser problemáticas em relação à exploração adjacente, a exemplo das obras derivadas, que são a *cornerstone* (pedra fundamental) da indústria cinematográfica[397]. Para o autor, enfim, a solução seria a criação de um sistema misto, com base na presunção de cessão dos direitos para os estúdios, inclusive dos direitos necessários para a exploração das obras e de *merchandising*, mas reservados os direitos de sequências ou *remakes* da obra quando essa for original, garantindo assim, a participação dos autores nessas obras derivadas. No caso do projeto ser baseado em alguma obra preexistente, contudo, se aplicaria a *work for hire* tradicional[398].

O relato crítico de John Schwab acerca dos impactos da *work for hire doctrine* na indústria cinematográfica dos EUA importam ao estudo ora apresentado, já que é possível traçar um paralelo entre os estúdios e os anunciantes, posto que estes estão mais preocupados em apenas explorar as obras, e não necessariamente criá-las[399]. De modo que, a exploração econômica plena, sem quaisquer entraves, é o grande objetivo de ambos setores e a *work for hire doctrine* fornece essa ampla possibilidade. A questão que fica, entretanto, é que não há necessidade de conferir autoria ou mesmo titularidade originária de pronto, se, em contrapartida, seja garantida a exploração econômica dessas obras de acordo com as estritas finalidades dos estúdios e dos anunciantes.

Seguidamente, em se tratando de direitos autorais, criação de obras publicitárias e a *work for hire doctrine*, é imperativa a análise do caso *Excel*

396 SCHWAB, *Op. Cit.*, 2012, p. 167.

397 *"The problem with this approach, from Hollywood's point of view, is that it does nothing to secure the conglomerates' rights in two very important areas: merchandising and sequels."* (SCHWAB, *Op. Cit.*, 2012, p. 165)

398 SCHWAB, *Op. Cit.*, 2012, p. 166.

399 *"It is, however, apparent that studios are already primarily in the business of exploiting, rather than creating, intellectual property"*. (SCHWAB, *Op. Cit.*, 2012, p. 168)

Promotions Corporation vs. Babylon Beacon, Inc. et al.[400], em que autor e réu eram ambos empresas que publicavam e distribuiam um periódico semanal na mesma região. O autor alegou que o réu reproduziu indevidamente uma cópia de um anúncio publicitário de um terceiro anunciante, que havia sido criado pelos funcionários do jornal do autor no processo. Em sua defesa, o réu alegou que ambos os periódicos usavam os serviços do mesmo diagramador, que operou a inclusão do anúncio em seu periódico, seguindo, ainda, instruções diretas do anunciante, contratante do espaço publicitário.

A decisão da corte norte-americana tomou por base a lei de direitos autorais de 1976 – *Copyright Act of 1976* –, já que os fatos ocorreram em janeiro de 1978, e decidiu, em síntese, que: (i) obras publicitárias, mesmo publicadas em jornais, são protegíveis pela lei norte-americana[401]; (ii) seria aplicável a *work for hire doctrine* ao caso; e, considerando que não havia nenhuma disposição em contrário entre o anunciante e os jornais, (iii) acolheu-se a argumentação do réu para definir que o autor original das peças publicitárias seria não o primeiro jornal, mas o anunciante, quem, de fato, contratou a produção de tais obras – configurando-se como o "*ultimate employer*", já que foi ele quem pagou pela produção e impressão do anúncio publicitário. Para a corte, o fato de que o jornal, autor do processo, empregava sua equipe que havia preparado o anúncio era simplesmente irrelevante, absolvendo, assim, o réu no caso da acusação de violação de direitos autorais sobre o anúncio publicitário.

O que se contrapõe com a noção manifestada por Fueroghne[402], que afirma que a *work for hire doctrine* não estabelece diretamente a autoria de uma obra produzida numa rotina profissional na pessoa de um cliente anunciante – a não ser que haja um acordo ou contrato estabelecendo expressamente essa disposição. Seria dizer, no caso da publicidade, que o cliente anunciante não seria considerado o autor, seguindo a regra da *work for hire doctrine*, da obra publicitária. Seria a pessoa contratante, o que nos levaria primeiramente à agência de publicidade, no caso de uma peça

[400] Excel Promotions Corporation v. Babylon Beacon, Inc. et al., United States District Court, E. D. New York, September 27, 1979 *In* Lillis, Mark A. (Coord.), *Decisions of the United States Courts involving copyright 1979*, Copyright Office, Bulletin n. 43, 1979, p. 308-315.

[401] No que os julgadores citam a interpretação do *Copyright Act of 1909* e o caso *Brattleboro Publishing Co vs. Winmill Publishing Corp.*, 1966.

[402] Fueroghne, Dean Keith. *Law & Advertising: A Guide to Current Legal Issues.* 4 ed. Lanham: Rowman & Littlefield, 2017, p. 249.

produzida internamente, ou da empresa fornecedora, por exemplo, a produtora audiovisual contratada para produção de um filme publicitário e que, sobre ele em específico, seria sua autora.

Ainda, é com atenção que se nota outro caso importante que relaciona a *work for hire doctrine* e produção de obras publicitárias. No caso *Lulirama Ltd., Inc. vs. Axcess Broadcast Services, Inc*[403], julgado pela *Fifth Circuit Court of Appeals*, em novembro de 1997, a corte interpretou restritivamente o conceito de obra audiovisual, para afastar a aplicação da *work for hire doctrine* no caso e desconsiderar a autoria da empresa contratante na produção de um *jingle* a ser usado em uma campanha publicitária. No entendimento dos julgadores, o fato de ser um *jingle*, essencialmente uma obra musical, carecia do caráter "visual", para consideração de uma obra audiovisual, ainda que fosse ulteriormente sincronizada com um filme publicitário – o que, de fato, aconteceria, segundo a própria argumentação do réu no caso[404].

Analisando a prática rotineira no mercado publicitário norte-americano, o contrato modelo disposto no site da ANA – *Association of National Advertisers* –, que regula a relação jurídica entre cliente anunciante e as agências de publicidade dispõe a titularidade do cliente para os direitos autorais das criações das obras publicitárias produzidas. Enquanto as obras preexistentes e licenciadas para utilização em tais criações permanecem sob a titularidade do autor ou titular de tal obra[405]. O referido documento,

[403] Ver Lulirama Ltd., Inc. v. Axcess Broadcast Services, Inc., 128 F. 3d 872 (5th Cir. 1997). Disponível em: <https://casetext.com/case/lulirama-ltd-v-axcess-broadcast-services>. Acesso em 05 de dezembro de 2019.

[404] *"The Fifth Circuit reversed the District Court in holding that the statute says "motion picture or other audiovisual work" and not "sound recordings" or "parts of audiovisual works". Since the jingles were sound recordings, and sound recordings are defined as distinct from audiovisual works and motion pictures, and sound recordings are not in the nine categories, the Fifth Circuit reasoned that "sound recordings" are not synonymous with "audiovisual works" and are therefore not within the categories of works protected by commissioned work for hire. The core of the statutory definition of "audiovisual works" clearly relates to a "series of related images"; the sound component is optional."* (Hocking, Anne Hiaring. *The Bounds of Copyright Ownership and the Work for Hire Doctrine.* North Bay Business Journal, 2018 Legal & Accounting Resource Guide, 2018. Disponível em <https://donahue.com/resources/publications/the-bounds-of-the-work-for-hire-doctrine/#_ftn1>. Acesso em 05 de dezembro de 2019.)

[405] *"All campaigns, trademarks, service marks, slogans, artwork, written materials, drawings, photographs, graphic materials, film, music, transcriptions, or other materials that are subject to copyright, trademark, patent, or similar protection (collectively, the "Work Product") produced by Agency are the property of the Client provided: (1) such Work Product is accepted in writing by the Client within twelve*

em suas considerações finais, ainda pontua que as obras e criações da agência que foram rejeitadas ou não usadas pelo cliente devam permanecer sob a titularidade da agência, que foi contratada para a criação de uma ideia e a sua execução. Logo, se a ideia não foi executada, deve ela permanecer sob o escopo da agência. Entretanto, pondera o documento que, essa é uma possibilidade a ser ajustada especificamente entre as partes e que depende da natureza de cada caso[406].

Assim, vê-se a plena aceitação e aplicação dos princípios da doutrina *work for hire* também nas práticas convencionadas pelo mercado publicitário norte-americano. O desapego daquele sistema a uma visão romantizada da autoria, permitiu a concretização de uma solução objetiva que visa garantir um ambiente de eficiência e produtividade voltadas para a circulação da obra intelectual no meio social, o que se justifica, a princípio, no caso das obras publicitárias, nascidas para comunicarem ao público. Entretanto, a assunção imediata de autoria para a parte contratante (seja empregadora, seja comitente) se contrapõe ao princípio fundador de autoria concebido pelo sistema subjetivista encontrado no *droit d'auteur*, donde se concebe a fundamentação jurídica pelo sistema autoral brasileiro.

Tal dimensão ganha ainda mais relevância através das novas formas de produção de obras audiovisuais publicitárias, não só destinadas ao entretenimento, mas, que, muitas vezes, atendem a um projeto de comunicação global das marcas anunciantes.

(12) months of being proposed by Agency; and (2) Client pays all fees and costs associated with creating and, where applicable, producing such Work Product. Work Product that does not meet the two foregoing conditions shall remain Agency's property.
Notwithstanding the foregoing, it is understood that Agency may, on occasion, license materials from third parties for inclusion in Work Product. In such circumstances, ownership of such licensed materials remains with the licensor at the conclusion of the term of the license. In such instances, Client agrees that it remains bound by the terms of such licenses. Agency will keep Client informed of any such limitations." (ANA. *Contract Between an Advertising Agency and Client*. Disponível em: <https://www.ana.net/getfile/15991>. Acesso em: 12 de novembro de 2019)

[406] *"Ownership of creative is a major issue, particularly creative that is either rejected or not used by the advertiser. Some advertisers, particularly when they are paying the agency on a fee basis as opposed to a media commission basis, take the position that everything presented to the advertiser, whether accepted or used, is owned by the advertiser. Advertising agencies, on the other hand, contend that their stock in trade is ideas and their execution. If rejected or not used by an advertiser, the creative should therefore be owned by the advertising agency. This form attempts to reach a compromise. Whether such a compromise is appropriate in a particular deal will depend upon the needs of the respective parties." (Idem)*

Nestes casos, o aspecto maior de obras para entretenimento do público-alvo vão impor uma exploração prolongada dessa obra, tal como um filme, que passa a compor o acervo cultural de uma sociedade – ao contrário, das obras tradicionais de publicidade que são, via de regra, efêmeras e substituíveis[407]. Isso implica, sob o aspecto jurídico autoral, na maior necessidade da marca em deter os direitos dessas novas obras publicitárias sob seu controle, para que a exploração contínua e prolongada aconteça de forma não conflituosa. Ao passo que, o fato de muitas dessas obras servirem às campanhas globais dos grandes anunciantes, acentua essa necessidade de controle, já que elas serão distribuídas mundialmente, quase sempre usando também a rede mundial como vetor de distribuição, o que afasta o controle sob o número de exibições e "praças"[408].

Não raro são os casos de produções publicitárias estrangeiras que acontecem no Brasil, motivados por vários fatores: seja para se aproveitarem dos cenários e locações do país, seja pela miscigenação cultural que caracteriza nossos atores e atrizes, seja pela alta capacidade técnica de nossa produção audiovisual, ou mesmo pelos menores custos de produção em relação a outros países. Acontece que, quando as empresas produtoras audiovisuais são contratadas por agências de publicidade e anunciantes estrangeiros é comum avistar nestes contratos cláusulas que mimetizam as finalidades práticas da *work for hire doctrine*, conferindo verdadeira "autoria" às partes contratantes, em arrepio tanto à legislação autoral brasileira quanto às práxis e melhores práticas convencionadas pelo próprio mercado nacional. A participação de empresas brasileiras nessas grandes produções é muito bem quista, sobretudo pelo intercâmbio cultural que acontece e pela maior visibilidade que o setor adquire no cenário mundial. Entretanto, é notório

407 Bittar, *Op. cit.*, 1981, p. 126-127.

408 Conforme denomina o mercado publicitário aos lugares, compreendendo as mídias e territórios, que as obras seriam veiculadas. A partir do uso das ferramentas da internet como meio de veiculação, esse controle torna-se extremamente difícil, já que não há barreiras geográficas na rede e qualquer receptor se transforma também em emissor de uma comunicação. Sobre o controle de exibição e distribuição dos filmes comerciais, Bittar recorda que era comum a contratação de empresas especializadas em fiscalizar a veiculação das mensagens publicitárias, elaborando um relatório entregue às agências de publicidade e/ou anunciantes que contratavam os serviços, no qual se especificavam as mais diversas informações, *"dentre outros dados, a emissora ou veículo ou suporte, o tipo de anúncio, o nome, o objeto, a duração e o horário da transmissão (no rádio ou na televisão, com a enunciação da hora, minuto e segundos correspondentes)"*. (Bittar, *Op. cit.*, 1981, p. 129)

cada vez mais que as formas de contratação dessas produções estrangeiras, antes excepcionais, estão contaminando e influenciando as contratações do mercado interno nacional.

Se há o ensinamento da doutrina norte-americana para garantir a livre exploração da obra intelectual, o que é válido sob o ponto de vista do próprio setor em si, por outro, há de se pensar em novas e outras soluções, do que meramente importar uma prática que fere frontalmente uma pedra basilar do direito autoral nacional. Nem pode ser o Direito um obstáculo ao setor, assim como não pode o setor contornar o sistema, ignorando as leis e normas aqui consagradas; o que se torna ainda mais profundo, se considerado o aspecto moral do direito autoral.

2.3.2. Os direitos morais de autor na obra publicitária

Sedimentada a plena protegibilidade autoral das obras publicitárias, por conseguinte, todos os institutos e princípios estabelecidos pelo Direito de Autor são verificados na proteção intelectual de tais obras. Carlos Alberto Bittar aclara tal noção, ao reconhecer a proteção autoral, "todas as prerrogativas goza a obra publicitária, inclusive dos direitos morais"[409]. A modulação dos negócios no mercado publicitário, por se pautar recorrentemente por meio da cessão total de direitos patrimoniais do autor, não atingem os direitos morais. O professor, ao analisar diversos contratos que regulam as relações jurídicas na atividade publicitária, diagnostica que "muitos dos textos analisados são nulos, quando, por exemplo, autorizam modificações unilaterais na obra, que lhe retiram o sentido e ferem direitos personalíssimos preservados em nossa lei especial"[410] de direitos autorais.

A compreensão dos direitos morais de autor no universo da produção de obras publicitárias exige a percepção desse descompasso apontado por Bittar, no qual a prática cotidiana muitas vezes confronta os regramentos estipulados pela lei autoral, gerando, ao mesmo tempo, soluções jurídicas nulas, sem qualquer eficácia, mas, criando um costume próprio de tal universo, que reflete as dinâmicas e as relações ali engendradas.

Essa particularidade encontrada na publicidade, que afeta diretamente as obras publicitárias, encontra suas razões em diversos fatores, dos quais se destacam que: (i) a proteção dos direitos morais de autor, advindos da

[409] Bittar, *Op. cit.*, 1981, p. 167.
[410] Bittar, *Op. cit.*, 1981, p. 143.

herança do direito autoral continental, de índole subjetivista/personalista do *droit d'auteur*, se contrapõe aos valores objetivistas pronunciados pelo sistema norte-americano *copyright*, de onde grande parte do mercado publicitário[411] se fundou e extrai suas diretrizes e práticas negociais; paralelamente, (ii) a noção da obra publicitária enquanto uma obra sob encomenda empresta uma errônea noção de autoria ao encomendante, especialmente em relação à titularidade do exercício dos direitos morais, e que atende convenientemente aos interesses de tal mercado, sobretudo dos anunciantes que desejam explorar as obras sem quaisquer amarras, mormente nos casos de renovação dos direitos; e, por fim, (iii) é possível apontar um certo desconhecimento geral do mercado, mas não se pode aceitá-lo como justificativa, quando as relações encontradas entre os anunciantes e os verdadeiros criadores e autores das obras publicitárias são assimétricas e há uma forte influência do poder financeiro sobre toda a cadeia produtiva[412].

Daí, a própria especificidade e singularidades do mercado publicitário, notadas nos graus de complexidades de contratação apontadas por Bittar e pelo cumprimento das finalidades mercadológicas pretendidas pelas marcas anunciantes, impõe um delineamento muito peculiar quanto à exploração e utilização das obras publicitárias que, inafastadamente, colidem com algumas premissas dos direitos morais de autor, relativizando-o para dar vazão às finalidades primeiras. Há, então, um embate conflituoso que revela essa arritmia entre a realidade prática e a idealização legal do sistema autoral, que leva a uma reflexão maior sobre os direitos morais de autor das obras publicitárias.

[411] Basta enxergar que, em números concretos, o mercado publicitário norte-americano responde por mais de 50% dos gastos mundiais com publicidade e mídias, além de ser 250% maior que os gastos da China, a segunda colocada no ano de 2019, demonstrando a hegemonia de tal país nesse universo. A noção perpassa também pelo fato de que os grandes anunciantes atualmente são grandes empresas multinacionais, como já se apontou, o que acaba resultando num processo de importação de práticas comerciais estrangeiras, entre as quais as relações que circundam os direitos autorais das obras produzidas.

[412] *"La tutela del diritto d'autore nella pubblicità commerciale si pone quale esigenza rilevante in un contesto, come quello odierno, caratterizzato da logiche di mercato no sempre in linea con i valori del rispetto e della intangibilità di opere ed attività, che rappresentano la piena affermazione di idee e saperi. (...) In altri termini, il diritto d'autore, in particolare quello morale, evoca il volto positivo dell'attività imprenditoriale, la quale è, senz'altro, esercizio di potere economico, ma anche attuazione di valori, come la creazione di opere dell'ingegno attraverso le quali si manifesta la personalità dell'ideatore di strumenti"* (Lasso, *Op. cit.*, 2015, p. 25-26).

Antes, contudo, é preciso estabelecer as bases teóricas dos direitos morais de autor para, então, dar seguimento ao raciocínio proposto. De início, sob o regime legal específico, os direitos morais de autor estão previstos no Capítulo II, do Título III, compreendida sua disciplina entre os artigos 24 a 27 da Lei nº 9.610 de 1998. O primeiro destes artigos trata sobre a enumeração exemplificativa[413] de tais direitos, albergando os direitos (i) à paternidade e reivindicação da autoria, nos incisos I e II; (ii) ao ineditismo e ao arrependimento (que concretiza a retirada da obra de circulação), nos incisos III e IV; (iii) à integridade e à modificação da obra, incisos IV e V, e; (iv) ao acesso de exemplar raro ou único, previsto no inciso VII[414].

Sob o ponto de vista doutrinário, os direitos morais de autor, ou, direitos pessoais, como pontua o professor José de Oliveira Ascensão[415], são o

[413] Cf. BITTAR, Carlos Alberto. *Os direitos da personalidade*. 8. ed. Revista, aumentada e modificada por Eduardo C. B. Bittar. São Paulo: Saraiva, 2015, p. 217. Bittar pondera pela não taxatividade da lista de direitos morais de autor, em decorrência da própria "diretriz adotada na Convenção de Berna e da própria textura da lei (arts. 24 e 49, inciso I)", cabendo a doutrina a apontar outros direitos da mesma natureza, como o exemplo por ele citado do direito de "destruição da obra, ressalvados direitos de terceiros" (BITTAR, *Direito de Autor*, 2015, p. 70). Por outro lado, ponderou o professor Manoel J. Pereira dos Santos na arguição de sua análise na defesa da dissertação, ao ilustrar que o entendimento de Bittar não é unânime. Para ilustrar o seu entendimento, o nobre e generoso professor trouxe a lição de José de Oliveira Ascensão, a quem, "a tipicidade legal traduz uma posição restritiva", concluindo que: "supomos que a lei especificou as faculdades de ordem pessoal que são admissíveis sobre a obra" pois "o que a lei quis outorgar, declarou-o expressamente" (ASCENSÃO, *Direito autoral*, 1997, p. 132).

[414] *Art. 24. São direitos morais do autor:*

I – o de reivindicar, a qualquer tempo, a autoria da obra;

II – o de ter seu nome, pseudônimo ou sinal convencional indicado ou anunciado, como sendo o do autor, na utilização de sua obra;

III – o de conservar a obra inédita;

IV – o de assegurar a integridade da obra, opondo-se a quaisquer modificações ou à prática de atos que, de qualquer forma, possam prejudicá-la ou atingi-lo, como autor, em sua reputação ou honra;

V – o de modificar a obra, antes ou depois de utilizada;

VI – o de retirar de circulação a obra ou de suspender qualquer forma de utilização já autorizada, quando a circulação ou utilização implicarem afronta à sua reputação e imagem;

VII – o de ter acesso a exemplar único e raro da obra, quando se encontre legitimamente em poder de outrem, para o fim de, por meio de processo fotográfico ou assemelhado, ou audiovisual, preservar sua memória, de forma que cause o menor inconveniente possível a seu detentor, que, em todo caso, será indenizado de qualquer dano ou prejuízo que lhe seja causado.

[415] Ascensão crítica a nomenclatura "direitos morais" por afirmar que ela se trata de uma tradução equivocada de seu correlato do direito autoral francês *"droit morale de l'auteur"*.

espectro de direitos de ordem pessoal, que mantém uma ligação genética com a personalidade do autor[416].

Bittar enxerga que "o elemento moral é a expressão do espírito criador da pessoa, com reflexo da personalidade do homem na condição de obra intelectual"[417], que se manifesta tão logo haja a criação da obra. Para o professor, ainda, tais direitos são "a base e o limite do direito patrimonial que, por sua vez, é a tradução da expressão econômica do direito moral"[418].

A professora Silmara Juny de Abreu Chinellato, defensora da tese monista do Direito de Autor, visualiza uma "interpenetração simbiótica" entre os direitos morais e direitos patrimoniais, ao correlacionar que "quando se viola um direito moral de autor, há conotação patrimonial e, quando se viola um direito patrimonial, há violação de direito moral"[419].

Na essência, os direitos morais de autor se denotam como a ressonância da própria personalidade do autor, que cunha, projeta seus traços personalísticos em sua obra. A obra intelectual, portanto, é uma extensão do próprio autor, uma manifestação, exterior e material da personalidade desse; logo, os direitos morais de autor, na lição de Carlos Alberto Bittar, "constituem a sagração, no ordenamento jurídico, da proteção dos mais íntimos componentes da estrutura psíquica do seu criador"[420].

José Carlos Costa Netto, ao referir os direitos morais de autor como os "direitos autorais de personalidade", retomando nomenclatura alcunhada por Pontes de Miranda[421], assume o vínculo direto de tais direitos com os direitos de personalidade do autor; ou, como ele se refere[422], são modalidades dos direitos da personalidade. Nesta linha, destaca Costa Netto que, independente da discussão da natureza jurídica do direito de autor – seja qual for a teoria adotada; mas em especial referência à teoria dualista – é fundamental que se observe a preponderância dos direitos morais sobre os direitos patrimoniais de autor[423]. Mesmo entendimento de grande maioria da doutrina autoralista, inclusive, a exemplo do posicionamento do pro-

416 Ascensão, José de Oliveira. *Direito Autoral*. Rio de Janeiro: Renovar, 1997, p. 129-130

417 Bittar, *Os direitos da personalidade,* 2015, p. 214.

418 Bittar, *Op. cit.*, 2015, p. 69.

419 Chinellato, *Op. cit.*, 2009, p. 93.

420 Bittar, *Op. cit.*, 2015, p. 69.

421 Costa Netto, *Op. cit.*, 2019, p. 46.

422 Costa Netto, *Op. cit.*, 2019, p. 229.

423 Costa Netto, *Op. cit.*, 2019, p. 143.

fessor Antonio Carlos Morato, a quem enxerga essa prevalência a partir do direito de arrependimento do autor, que o autoriza à retirada de circulação de uma obra, prevista no inciso VI do citado artigo 24 da LDA[424].

Para o autoralista Rodrigo Moraes, que dedicou grandes esforços para uma obra relevante sobre o tema, os direitos morais de autor adquirem dupla funcionalidade, ao proteger tanto a personalidade do autor quanto a própria obra de sua autoria. Define, então, tais direitos como a "pluralidade de prerrogativas extrapatrimoniais que visam a salvaguardar tanto a personalidade do autor quanto a obra intelectual em si mesma, por ser esta uma projeção do espírito de quem criou"[425].

Em estreita relação com a definição acima, Portero Lameiro traduz os direitos morais de autor como um feixe de direitos que objetiva a proteção da personalidade do autor por meio da proteção de suas obras[426]. O jurista espanhol, assim como Bittar[427], classifica os direitos morais de autor em dois grupos, referindo-os como (i) faculdades positivas – as quais serão exercidas somente pelo autor da obra – ou (ii) faculdades negativas – que ensejarão uma atitude passiva de respeito pela coletividade.

Uma outra classificação possível dos direitos morais de autor, aventada também por Bittar, é quanto à justaposição de exercício de tais direitos em relação à obra intelectual e ao momento de sua colocação à exploração econômica, no que ele difere entre (i) direitos anteriores – de inédito, de paternidade, de nominação – e (ii) direitos posteriores – à integridade, à modificação, à reivindicação[428].

Uma terceira classificação doutrinária, que provoca ainda certa controvérsia e discordâncias, seria a da caracterização dos direitos morais de autor enquanto direitos de personalidade (i) *inatos* ou (ii) *adquiridos*. Pelo desenrolar profícuo de tal debate e pelo tema ser especialmente oportuno e caro a este estudo, aprofundar-se-á esta classificação mais a frente, quando melhor oportuno.

Por enquanto, cabe tratarmos das características intrínsecas dos direitos morais de autor, da qual se exaltam, primeiramente, a inalienabilidade e

[424] Morato, Antonio Carlos. *Direito de autor em obra coletiva*. São Paulo: Saraiva, 2007, p. 54.

[425] Moraes, Rodrigo. *Os direitos morais de autor: Repersonalizando o direito autoral*. Rio de Janeiro: Editora Lumen Juris, 2008, p. 9.

[426] Portero Lameiro, *Op. cit.*, 2017, p. 200.

[427] Bittar, *Op. cit.*, 2015, p. 70.

[428] Bittar, *Op. cit.*, 2015, p. 69.

irrenunciabilidade de tais direitos, no teor do artigo 27 da LDA[429]. A doutrina, por seu turno, estende a enumeração destas propriedades. Além da inalienabilidade e irrenunciabilidade, Rodrigo Moraes acrescenta também a intransmissibilidade *inter vivos*, a imprescritibilidade, a impenhorabilidade e a perpetuidade de tais direitos[430].

Essas características fundamentais dos direitos morais de autor são, com algumas diferenças nominais e pontuais, acompanhada pacificamente pelo resto da doutrina. Carlos Alberto Bittar, por exemplo, adiciona a pessoalidade como outra marca intrínseca do direito moral de autor, posto que são direitos de ordem personalíssima[431]. O professor também admite o termo perene para se referir à perpetuidade, assim como o termo incessibilidade[432] para o caráter de intransmissibilidade *inter vivos*.

Sobre a transmissibilidade de tais direitos, oportuno recordar que a própria lei estabelece a possibilidade de transmissão de alguns destes direitos aos sucessores do autor – com exceção daqueles ligados essencialmente à figura e pessoa do autor. Assim, o parágrafo primeiro do artigo 24 exclui os direitos de (i) modificação, (ii) retirada de circulação (ou direito de arrependimento, que só cabe ao autor, propriamente) e (iii) acesso a exemplar único e raro da obra; preservando os direitos de paternidade, reivindicação de autoria, ineditismo e integridade da obra para seus sucessores ou para o Estado, nos casos de autoria e integridade de obras em domínio público, conforme teor do parágrafo segundo do mesmo artigo 24 da LDA vigente[433].

Assim, esboçado rapidamente o conceito legal e doutrinário sobre os direitos de ordem pessoal do autor, mister sua confrontação – ou, interpenetração – com a exploração das obras publicitárias, que vai ditar alguns contornos especiais.

Nesse sentido, a importância do reconhecimento e do debate dos direitos morais de autor sobre as obras publicitárias se revela mais contumaz quando, ao persistir-se numa visão personalista do direito de autor, em

[429] *"Art. 27. Os direitos morais do autor são inalienáveis e irrenunciáveis."*

[430] MORAES, *Op. cit.*, 2008, p. 12-17.

[431] BITTAR, Carlos Alberto. *Direito de autor.* 2ª ed. Rio de Janeiro: Forense Universitária, 1994, p. 45.

[432] Em referência ao parágrafo único do artigo 52 da antiga lei de direitos autorais, Lei nº 5.988 de 14 de dezembro de 1973, que tem como correlato o inciso I do artigo 49 da lei atual.

[433] BITTAR, *Os direitos da personalidade*, 2015, p. 217.

que o criador pessoa física é titular exclusivo dos direitos pessoais de autor, transparecem conflitos inafastáveis com a prática da atividade publicitária. A obra com esta finalidade tem caráter efêmero, provisório, volátil[434] e altamente propensa às modificações e alterações de acordo com a resposta dos consumidores e anseios do anunciante.

Essa perspectiva já foi observada pelo professor Manoel J. Pereira dos Santos, ao anotar que a

> *a obra também deixou de ser um produto acabado, apesar de integrar o mercado das criações intelectuais (...). Com efeito, as obras encomendadas para uso comercial, como as criações publicitárias e aquelas desenvolvidas no contexto empresarial, necessitam de atualizações contínuas, podendo ser tratadas como obras em permanente evolução.*[435]

Enrijecer e condicionar essa permanente evolução da obra publicitária – que enseja constantes modificações – através da necessidade de autorização do autor pessoa física é um formalismo rigoroso, como apontou Chatry, e certamente um obstáculo à livre circulação da obra publicitária, na preocupação de Morato. Primeiro porque o universo publicitário é dinâmico e demanda respostas imediatas e não se sustenta se ficar a mercê de negociatas e entraves contratuais; segundo, porque como se expôs, considerada a obra publicitária como obra coletiva, em seu grande número, impossível seria indicar com precisão e justeza o autor daquela obra, já que as contribuições de todos os autores envolvidos são fundidas numa só.

Outrossim, a obra publicitária é objeto de uma concorrência voraz pela atenção dos potenciais consumidores do produto ou serviço anunciado. Tudo isso numa pequena fração de tempo; deve a obra publicitária cativar e engajar sua audiência. Para isso, elas ocupam lotes de mídias milimetricamente calculados a fim de gerarem a maior repercussão possível dentro dos objetivos traçados pela agência e anunciante. Nem se diga que estes espaços midiáticos são extremamente caros – em termos financeiros, literalmente –, tornando ainda mais valioso qualquer fragmento da obra publicitária.

[434] Estas três características – efemeridade, provisoriedade e volatilidade – são percebidas fundamentalmente na obra publicitária tradicional. As novas formas, particularmente aquelas destinadas ao entretenimento do público, têm, ao contrário, vestes de permanência, vez que passam a ocupar o acervo cultural da sociedade de maneira distinta das primeiras.

[435] Santos, *Op. cit.*, 2014, p. 114.

Não parece justificável, portanto, que se indique toda vez o nome ou a identificação do referido autor de tal obra. Um filme publicitário clássico de 30 segundos, por exemplo, usualmente demanda uma equipe de 100, muitas vezes um número até maior de profissionais técnicos e artísticos para sua concepção do início ao fim. Seria impensável apresentar todos estes nomes na pequena porção de tempo disponível para a apresentação – se é que seria possível apresentá-los de alguma forma digna. O número centenário pode ser uma hipérbole, como bem ressaltou o professor Manoel J. Pereira dos Santos em sua análise, já que, certamente, os técnicos não fazem jus a direitos morais de autor.

Mesmo assim, ainda que fossem apenas alguns nomes, destacando os principais, como por exemplo, os autores da obra audiovisual designados pela lei autoral (artigo 16 da Lei nº 9.610/1998)[436], certamente haveria um desvio de função e uma distração indevida na proposta daquela obra, que é o de engajar uma comunicação publicitária – ou seja comunicar uma marca, através de seu produto ou um serviço, para seus potenciais consumidores[437].

Sobre essa faceta da obra publicitária, destaca-se consideravelmente o papel centralizador da agência publicitária. Nessa lógica, Portero Lameiro corrobora que o processo criativo não se configura inteiramente livre, devendo os criadores se sujeitarem às regras próprias e conhecer as técnicas relativas à ciência publicitária, aferindo que a posição do autor observa certa sujeição ao "empresário", que representa a figura do encomendante, nesse caso, a agência de publicidade[438]. A obra publicitária,

[436] *"Art. 16. São co-autores da obra audiovisual o autor do assunto ou argumento literário, musical ou lítero-musical e o diretor.*
Parágrafo único. Consideram-se co-autores de desenhos animados os que criam os desenhos utilizados na obra audiovisual."

[437] Por outro lado, em contraposição, é possível admitir a indicação de autoria em outras modalidades de obras intelectuais publicitárias, por exemplo no caso de cartazes, fotografias ou banners, destinados à comunicação visual impressa ou digital, de caráter mais duradouro, e que comportam a justaposição do nome do respectivo autor. O fato ilustrado aqui, do filme publicitário, que pode se estender também para outras formas, como o *jingle*, é um exemplo de como há algumas ocasiões em que realmente seria forçoso o estrito cumprimento de alguns direitos morais na obra publicitária, o que nos faz refletir de forma mais generalista sobre o tema.

[438] Portero Lameiro ainda empresta a lição da obra *"Curso de Derecho de la Publicidad"*, do professor espanhol José María de la Cuesta Rute, para destacar o trecho donde se afirma

afinal, desempenha primeiramente seu papel enquanto instrumento de comunicação publicitária, limitada nas suas funcionalidades, técnicas e destinação.

Há, então, um certo distanciamento teórico entre um possível criador pessoa física colaborador e a criação publicitária; essa entendida como um produto cultural e intelectual, finalizado por um processo criativo plural de organização feita pela agência de publicidade. Por esse ângulo, Sylvain Chatry evidencia que *"le lien entre l'auteur et l'œuvre publicitaire n'est pas aussi intense que pour d'autres œuvres dès lors qu'il s'agit avant tout pour l'auteur de transmettre un message publicitaire et un non un message personnel"*[439].

Aplicável a esse contexto, em releitura do francês Robert Plaisant feita por Carlos Alberto Bittar, o professor brasileiro destaca que, na prática, são encontrados alguns obstáculos para a preservação dos princípios acerca da paternidade da obra (que se pode estender também aos direitos morais de autor), sobretudo em "obras menores", como por exemplo a publicidade, já que essas obras são "fruto de apartes diversos e sucessivos; o direito moral é menos forte e o empréstimo individual menos caracterizado, tornando-se mais difícil de determinar a contribuição de cada autor"[440].

A consecução a essa finalidade essencial, de subsídio à comunicação publicitária, acaba impondo, então, alguns limites, especialmente e em última análise, à aprovação final do anunciante. A obra publicitária, ainda que intelectual, deve obedecer estas balizas técnicas impostas pelo universo peculiar da publicidade; e, nesse panteão, pode-se afirmar que ela nasce predestinada à violação de certos direitos morais de autor da maneira como posto tal feixe de direitos no ordenamento atual. Ausência de indicação de autoria, plena exigência de modificação da obra, impossibilidade ao

que *"el anunciante no sólo se limita a dar instrucciones al creativo – generalmente la agencia – sino que le suministra toda la realidad material sobre la que se desea se produzca la comunicación comercial. Es a esa realidad a la que el creativo aplica sus conocimientos científicos y técnicos en busca de la eficacia comunicacional publicitaria y a ella se subordina la libertad de inspiración del creativo"*. O mesmo pode se replicar para o grau de encomenda feito da agência aos seus criadores, restritos não somente no propósito de lograr seus anseios artísticos, estéticos, mas de, primordialmente, alcançarem uma efetiva expressão de uma mensagem publicitária (Portero Lameiro, *Op. cit.*, 2017, p. 225).

439 Em livre tradução nossa: "a ligação entre o autor e a obra publicitária não é tão intensa quanto de outras obras, pois se destina aquela, sobretudo, à transmissão de uma mensagem publicitária e não uma mensagem pessoal" (Chatry, *Op. cit.*, 2015, p. 10).

440 Bittar, *Op. cit.*, 1977, p. 91.

ineditismo e direito de arrependimento inexistente são alguns dos direitos morais de autor que podemos apontar como prejudicados ou relativizados na obra publicitária.

Dessa indagação, dois caminhos possíveis surgem: (i) ou reconhece-se primeiro a possibilidade da pessoa jurídica ser autora originária e, posteriormente, admite-se a personificação dessa pessoa jurídica, que passaria, então, a ser apta a convergir direitos de personalidade, logo, a exercer os respectivos direitos morais das obras por ela criadas (leia-se também, organizadas), ou, (ii) se assume a manutenção dos direitos pessoais exclusivamente às pessoas físicas autoras e, neste caso, exerceriam tais direitos os criadores identificados ou identificáveis durante o processo produtivo das obras publicitárias, porém de forma limitada, restrita na exata medida das finalidades da obra publicitária.

Os dois trajetos apresentam igualmente pontos favoráveis e desfavoráveis. Resumidamente, é válido apontar que, por um lado, reconhecer a autoria e, em decorrência, a titularidade originária de direitos morais por parte de pessoas jurídicas é uma solução que desata na raiz a tensão conflituosa apontada, às custas, é verdade, de um abalo sistêmico na estrutura basilar do direito autoral continental subjetivista calcado nos princípios humanistas e personalistas de defesa do autor, enquanto pessoa física. Por outro lado, a manutenção desse ideal impõe certa inconveniência, senão inapropriada, ao modelo de produção criativa das obras publicitárias, exigindo um novo reajuste para estas obras em específico, assim como outras legislações já o fizeram, como se verá adiante.

2.3.2.1. A limitação do exercício dos direitos morais de autor na obra publicitária

Para se vislumbrar uma pacificação do conflito entre obras publicitárias e o exercício de direitos morais de autor, tal como arquitetado pelo artigo 24 da Lei nº 9.610/1998, é preciso que haja uma certa restrição no alcance de tais direitos. Sob este ponto, cabe preciso o destaque feito por Antonio Chaves ao seguinte trecho de "A obra de encomenda nos Direitos português e brasileiro", texto de José de Oliveira Ascensão:

> *Se o autor aplica portanto a sua capacidade criativa para a satisfação de uma necessidade alheia, é natural que a entrega da obra seja acompanhada da atribuição de todos os poderes necessários à utilização da obra em causa.*

> *Quer dizer, uma vez que se compromete a pôr* (sic) *a sua capacidade ao serviço de certas finalidades, seria inconcebível que o autor se reservasse simultaneamente direitos que impedissem ou prejudicassem a obtenção daquelas finalidades...*
>
> *O comitente há de ter todos os direitos necessários à obtenção da finalidade que justificou o contrato. O que quer dizer que é impossível determinar genericamente quais os direitos que devem caber a cada parte.*[441]

Os poderes, citados acima por Ascensão, nesse caso, pode-se supor, ser compreendidos também como o exercício dos direitos morais de autor, já que são diretamente impactados no caso das obras publicitárias. E, se não há a possibilidade teórica de titularização deste pelo organizador da obra coletiva feita sob encomenda, é preciso, pois, que se relativizar ou mesmo que se permitir algum grau de renúncia[442] – de forma não contrária ao princípio da irrenunciabilidade prevista no artigo 27 da LDA – para que se possa dar pleno cumprimento ao contrato de encomenda de uma obra publicitária.

Para se debruçar sobre esta construção argumentativa, um primeiro entrave a ser superado é a ruptura com a caracterização dos direitos morais de autor, enquanto direitos de personalidade, serem direitos absolutos[443]. Por serem caros à personalidade da pessoa humana e, logo, diretamente ligados à sua dignidade, não raro o discurso absolutista de tais direitos é levantado para blindar qualquer relativização projetada. E, nessa esteira, revela-se importante distinguir e afastar a faceta dos direitos morais enquanto direitos naturais e inatos, para fazer valer seu princípio de "essencialidade", conforme aduz o professor Ascensão:

[441] Ascensão, José de Oliveira. *Op. cit.*, 1976 *apud* Chaves, Antonio. *Op. cit.*, 1995, p. 220.

[442] O jurista francês, Christophe Bigot, comenta a decisão da *Cour d'appel* de Paris de 6 de março de 1991 (Paris 4e ch. 6 mars 1991), em que se reconheceu que a inserção de música em obra audiovisual publicitária, se devidamente autorizada, implicaria na aceitação do autor em renunciar o direito ao nome (*droit au nom*, ou indicação de autoria), o que fez o jurista concluir que tal decisão admitiu, ainda que implicitamente, que a renúncia ao direito da paternidade é válida. Indica, por fim, na leitura de A. Lucas e H.J. Lucas, que essa decisão faz parte de um movimento maior, de patrimonialização dos direitos da personalidade (Bigot, *Op. cit.*, 1997, p. 120-121).

[443] *"Dans de nombreuses hypothèses, une conception absolutiste du droit moral en matière de création publicitaire reviendrait à ruiner la destination même de l'oeuvre. Cela est tout particulièrement vrai pour le droit au nom"* (Bigot, *Op. cit.*, 1997, p. 110).

O direito pessoal seria um direito de personalidade, embora não fosse inato, pois só surgiria com a criação intelectual. Mas então seria essencial, e consistiria antes de mais nada na tutela da paternidade intelectual.[444]

Rodrigo Moraes também se posiciona contrário à consideração dos direitos morais de autor como direitos inatos, já que eles são advindos apenas posteriormente à criação intelectual. Indo além, ainda afirma que os "direitos morais não seriam necessários, essenciais, indispensáveis, imprescindíveis a toda e qualquer pessoa humana". Afinal, "nem todo ser é autor"[445].

A respeito, o professor Guilherme Carboni já se manifestou no sentido de desconsiderar a veste de direito natural do direito moral de autor[446], tampouco considerá-los como direitos inatos, com repercussão absoluta, já que eles derivariam diretamente da "exteriorização da criação intelectual e não com o nascimento da pessoa"[447]. Embora oponíveis a todos, no teor do texto legal, o professor pondera quanto ao exercício de tais direitos, que nem sempre serão soberanos.

Nesse sentido, para Carboni, a relação entre direito moral de autor e o direito de personalidade permite relacioná-los, alcançando seu ápice hierárquico no ordenamento através do princípio da dignidade humana, constitucionalmente garantido. Por sua posição, o princípio da dignidade humana se "irradia" e condiciona todas as normas infraconstitucionais e todas as relações jurídicas daí subsequentes[448].

Invocando a prestigiosa lição de Maria Celina Bodin de Moraes acerca da natureza e reflexos dos direitos (compreendido aqui, pelo desenvolvimento) da personalidade e sua genia ao princípio da dignidade da pessoa humana, estabelece-se uma quebra da concepção puramente individualista de tal princípio constitucional. Essa premissa se constrói através da noção do distanciamento conceitual entre indivíduo e pessoa humana, essa se referindo a uma entidade abstrata de toda a coletividade, ao meio social e, por assim dizer, suas repercussões jurídicas se validam somente se auferíveis também nesse meio social, comportando "limitações em si

[444] Ascensão, *Op. Cit.*, 1997, p. 602.

[445] Moraes, *Op. cit.*, 2008, p. 11.

[446] Carboni, Guilhereme C. *Função social do direito de autor.* Curitiba: Juruá, 2008, p. 60.

[447] Carboni, *Op. cit.*, 2008, p. 61.

[448] Carboni, *Op. cit.*, 2008, p. 62-63.

mesmo" para que conformem a outros objetivos e princípios constitucionais[449], bem como ao ambiente social onde são exercidos os direitos da personalidade e verificado o princípio da dignidade da pessoa humana.

Conclui Carboni que:

> *Essa concepção da pessoa humana como um ente jurídico a ser apreciado em seu meio social e não como um indivíduo autônomo, abre um importante campo para a aplicação de limitações ao exercício dos direitos da personalidade e, especialmente, dos direitos morais de autor, nas situações em que o interesse social deva prevalecer.*[450]

Para além da limitação do direito moral de autor ancorada na construção argumentativa de sua efluência do princípio da dignidade da pessoa humana, Carboni ainda se apoia na desconstrução jusfilosófica de uma concepção essencialmente naturalista do direito moral de autor, partindo para uma concepção funcional, na qual o direito moral de autor (aqui, o direito de identificação de autoria) se presta à "necessidade social de identificação do autor de uma obra"[451]. O direito moral de autor supera, então, seus limites individualistas, concêntricos exclusivamente na figura do autor, para se materializar igualmente como um direito que atende ao interesse social de reconhecer o autor de uma determinada obra intelectual[452].

A vocação da obra citada e a intenção de Carboni[453] para afastar qualquer caráter absolutista dos direitos morais de autor encontra seu fun-

[449] MORAES, M. C. B. de. *O princípio da solidariedade. In:* Os princípios da Constituição de 1988, p. 177 *apud* CARBONI, *Op. cit.*, 2008, p. 63-64.

[450] CARBONI, *Op. cit.*, 2008, p. 65.

[451] É interessante traçar um paralelo com essa conclusão de Carboni com uma prática comum no mercado publicitário; usualmente, quando um filme publicitário é veiculado no *trade*, como se denominam os veículos de comunicação especializados em noticiar informações do universo publicitário, geralmente há a preocupação de se agregar e informar não apenas os entes criativos, mas toda a equipe que de alguma forma colaborou com a produção do filme. Possivelmente, trata-se de uma herança dos créditos cinematográficos, e que não só conferem uma oportuna indicação de autoria como também cumprem o interesse coletivo, daquele público de nicho, em reconhecer os responsáveis por aquela criação publicitária. Nesse sentido, esse estudo quando citou algumas obras publicitárias audiovisuais, o fez muitas vezes, quando possível, por meio dessas mídias especializadas, em respeito às fichas técnicas, logo, aos nomes dos responsáveis e autores ali apostados.

[452] CARBONI, *Op. cit.*, 2008, p. 67 e 72.

[453] Que também pode ser visitada em outra obra sua, "Direito autoral e autoria colaborativa: na economia da informação em rede", exalta a funcionalidade ética do direito moral de autor, sobretudo o de paternidade da obra, já que ele cumpre um *"direito público à informação verdadeira*

damento na nobre defesa de um interesse legitimamente social – aqui expresso pelo direito da coletividade em identificar o real autor de uma obra intelectual. De qualquer forma, converge-se no mesmo ponto ora debatido, qual seja, a possibilidade de restrição de direitos da personalidade e, aqui mais específico, sobre os direitos morais de autor. A lição que ora se aproveita, portanto, é no sentido de relativizar o exercício desses direitos, muitas vezes focado apenas no indivíduo titular, sem qualquer ponderação ao interesse de terceiros.

Daí, é resoluta a afirmação de José de Oliveira de Ascensão, que assevera que "a qualificação de um direito como pessoal não impede que seja passível de restrições voluntárias. Contra têm-se apresentado os direitos pessoais de autor como absolutos, mas erroneamente. Não há absolutos no direito"[454]. Ainda, para o professor lusitano, em análise específica do direito de paternidade, pode este direito ser "convencionalmente limitado", o que pode e deve se estender igualmente a todos os demais direitos pessoais.

Nessa lógica, Rodrigo Moraes, comentando também sobre a paternidade de obras intelectuais, mesmo com sua dissertação favorável à repersonalização do direito moral, relativiza o princípio da irrenunciabilidade de autor, ao consolidar que,

> *é permitido ao criador, titular do direito moral à paternidade, em algumas situações, não exercitar a prerrogativa de ter designada a autoria na utilização da obra, o que não quer dizer, de maneira alguma, que haja renúncia de titularidade. O não-exercício, portanto, não afasta a irrenunciabilidade.*
>
> *O criador de um jingle publicitário, por exemplo, costuma aceitar que o seu nome não seja anunciado na utilização da obra em emissoras de rádio e televisão. Da mesma forma, um fotógrafo especializado na área publicitária costuma permitir que suas fotos sejam utilizadas em outdoors e revistas sem a menção do seu nome.*[455]

Para o autoralista baiano, não há uma renúncia expressa, mas mera "inércia" do autor que, por sua exclusiva conveniência e liberalidade[456], deixa de

e às fontes da cultura nacional", além de, no caso de obras coletivas, permitir a *"responsabilização pela disponibilização de conteúdo ilegal"* (Carboni, *Op. cit.*, 2010, p. 172-173).

454 Ascensão, *Op. cit.*, 1997. p. 289.

455 Moraes, *Op. cit.*, 2008, p. 12.

456 Essa condição de persistência do direito, aliado a seu caráter de imprescritibilidade, deixa o comitente em posição precária nessa situação, já que a conveniência do autor não se alinha sempre à conveniência do negócio jurídico por ele firmado com uma

exercer seu direito de reivindicação de autoria, ainda que tal direito seja persistente e jamais poderá ser desapropriado definitivamente[457]. Ainda, em produtiva insistência com o trabalho de Moraes, emprestamos o trecho integral destacado por ele do valioso comentário de Fábio Ulhoa Coelho sobre as obras publicitárias, que não poderia ser exteriorizado com maior precisão ao objetivo deste estudo, senão:

agência de publicidade. Os casos de autoria e sua reivindicação são dos casos mais comuns de pleito judicial, no que a justiça tem firmado posicionamento favorável ao autor, mesmo que, em algumas situações, a indicação do autor não seja devidamente apropriada ou mesmo possível. Sobre o entendimento jurisprudencial acerca da reivindicação de autoria, destacamos os seguintes julgados, REsp nº 69.134-SP e REsp 750.822-RS, transcrita a ementa do primeiro e trecho do voto do relator no segundo, conforme: "RESPONSABILIDADE CIVIL. DANO MORAL. UTILIZAÇÃO DE FOTOGRAFIA EM ANÚNCIO PUBLICITÁRIO SEM INDICAÇÃO DO NOME DE SEU AUTOR. LEGITIMIDADE DA AGÊNCIA DE PROPAGANDA PARA FIGURAR NO PÓLO PASSIVO DA LIDE. CRIAÇÃO ARTÍSTICA. – Na qualidade de prestadora de um serviço especializado, à agência de propaganda incumbe observar e cumprir os requisitos de caráter técnico, dentre eles, indicar o nome do autor da fotografia utilizada no anúncio. Tratando-se, ademais, da prática de ato ilícito, a responsabilidade é solidária, nos termos do art. 1.518 do Código Civil. – Contendo a obra um mínimo de originalidade, é considerada uma criação artística e, como tal, encontra-se ao amparo da Lei nº 5.988, de 14.12.73." (BRASIL, Superior Tribunal de Justiça. REsp nº 69.134-SP. 4ª Turma, Relator Barros Monteiro, J. 19.09.2000).
"Paulo Ramon Bittencourt ajuizou ação de indenização por danos materiais e morais em face da Associação dos Logistas do Shopping Center Iguatemi de Porto Alegre, alegando ser fotógrafo profissional e que foi contratado pela empresa "Hauck Decor", na pessoa de sua representante, Srª. Maria Viviana Hauck, empresa esta que presta serviços de decoração natalina ao Shopping. Por este contrato, o autor fotografaria doze personalidades gaúchas em seus locais de trabalho, para utilização em uma campanha de cunho social. As fotografias ficariam expostas no período do Natal e a mais votada renderia ensejo a doação, por parte do Shopping, a uma entidade a ela vinculada. O autor aduziu ainda que o preço cobrado pelo trabalho fotográfico não incluía campanha publicitária em jornal impresso ou televisão, mas tão-somente no interior do Shopping Center. Não obstante as alegadas restrições contratuais, as fotografias foram veiculadas diariamente nos jornais Zero Hora e Correio do Povo,bem como na mídia televisiva, em horário nobre, em campanha publicitária, sem indicação de autoria, indevidamente reduzidas e sem referência às entidades assistenciais participantes da campanha. (...) De todo modo, a simples circunstância de as fotografias terem sido publicadas sem a indicação de autoria – como restou incontroverso nos autos – é o bastante para render ensejo à reprimenda indenizatória, sendo irrelevante a discussão acerca da extensão do consentimento do autor." (BRASIL, Superior Tribunal de Justiça. REsp nº 750.822-RS. 4ª Turma, Relator Luis Felipe Salomão, J. 09.02.2010)

[457] Também apontado por Bigot, a indicação da paternidade é um direito e não uma obrigação, de maneira que um autor pode, dentro da sua faculdade íntima, decidir por não exigir seu direito, assim como ele pode indicar um pseudônimo (BIGOT, *Op. cit.*, 1997, p. 119).

O criador do anúncio, o compositor do jingle, o diretor do filme publicitário e outros tantos profissionais, pela lei, deveriam ter os seus nomes devidamente mencionados a cada veiculação do anúncio. Mas, se fosse cumprir o direito moral deles à risca, os anunciantes teriam de adquirir mais tempo para a veiculação dos créditos de todos os autores da obra intelectual, mesmo não sendo tais informações normalmente do interesse do telespectador. Veja que até mesmo os objetivos da obra publicitária poderiam ficar comprometidos, por desviar do produto anunciado para os créditos a atenção dos consumidores. Não há exceção expressa na lei, de modo que os autores da obra publicitária podem pretender impor aos anunciantes o ônus de os identificar. Aqueles que o fizerem, contudo, pela total incompatibilidade entre sua pretensão e a natureza da obra, correm o sério risco de não conseguir novas oportunidades de trabalho.[458]

É preciso celebrar tamanha expressividade e pertinência do jurista. A fundamentação existencial da presente seção do trabalho poderia ser reduzida, sem qualquer prejuízo, no parágrafo transcrito acima. Primeiro, porque ele traduz exatamente a dinâmica da atividade e criação publicitária ao referendar que não há espaço e nem conveniência para o rigoroso cumprimento de uma leitura inflexível dos direitos morais de autor. Segundo, porque o trecho desnuda o balanceamento encontrado pelas forças atuantes, qual seja, a inércia do autor como resultado de uma coação tácita, de potencial represália e que põe em xeque o próprio futuro artístico e profissional do autor naquele cosmo. Esse é o cenário atual; totalmente alheio ao ideal de proteção e segurança jurídica almejado por qualquer ordenamento e sistema legal.

Acerca do direito moral de paternidade em obras publicitárias, destaca-se o artigo 23 da *Ley Federal del Derecho de Autor* mexicana[459], que prevê a presunção de autorização do autor para que se omita o crédito autoral de suas obras quando aportadas em anúncios publicitários ou propagandas. O artigo vai além e assume, tal como fez Rodrigo Moraes, que essa pre-

[458] COELHO, Fábio Ulhoa. *Curso de Direito Civil: Volume 4*. São Paulo: Saraiva, 2006, p. 328 *apud* MORAES, Rodrigo. Os direitos morais de autor – Repersonalizando o direito autoral. Rio de Janeiro: Editora Lumen Juris, 2008, p. 13.

[459] *"Artículo 23 – Salvo pacto en contrario, se entiende que los autores que aporten obras para su utilización en anuncios publicitarios o de propaganda, han autorizado la omisión del crédito autoral durante la utilización o explotación de las mismas, sin que esto implique renuncia a los derechos morales* (MÉXICO. *Ley Federal del Derecho de Autor*. 1996. Disponível em <http://www.diputados.gob.mx/LeyesBiblio/pdf/122_150618.pdf>. Acesso em: 26 de julho de 2019).

sunção não implica na renúncia dos direitos morais do autor. É um bom e didático exemplo de conformação da lei autoral à realidade prática da atividade publicitária.

Se a irrenunciabilidade do direito moral é (ou, deveria ser) relativizada na obra publicitária, também assim deve ser compreendido o princípio da inalienabilidade. De forma geral, Carlos Alberto Bittar, retomando a lição francesa de Robert Plaisant, reproduz que tal princípio também não se aplica de maneira absoluta, já que "o direito moral tem a sua inalienabilidade limitada na obra de assalariado e de encomenda"[460]. Na mesma página e ancorado no entendimento de Eduardo J. Vieira Manso, Bittar reflete que, na obra de assalariado – que admitimos a extensão para as obras de encomenda de cunho publicitário, por serventia didática e análoga – o autor se vê limitado quanto ao direito de inédito e de arrependimento.

Assim também compreende o tema, a professora Silmara Chinellato, que já expôs que[461], em obras intelectuais decorrentes de contratos de trabalho, o seu autor não poderá exercer o direito de manter a respectiva obra inédita, tampouco poderá exercer o direito de arrependimento – de retirada de circulação da obra – sob pena de esvaziar a finalidade central do contrato de trabalho. Queda-se questionável, entretanto, se este entendimento se estenderia também a outras formas de contratação, a exemplo da obra sob encomenda resultante de um contrato de prestação de serviços publicitários. Novamente, admite-se momentaneamente tal extensão, já que se encontra em jogo a própria utilização da obra encomendada por seu comitente[462].

Em similar comunhão, Antonio Chaves, ao analisar a leitura de Mario Fabiani, considera exagerado o posicionamento do italiano ao "afirmar que o direito de divulgação da obra, como ato discricionário da liberdade de expressão, também deve ser reservado ao seu criador". Para Chaves, essa máxima não valeria para os contratos oriundos de relação de emprego, já que atentaria à própria condição do contrato[463]. Para o autoralista, "as prerrogativas decorrentes da criação da obra não impedem (...) que ele (o

[460] BITTAR, *Op. cit.*, 1977, p. 154.

[461] CHINELLATO, Silmara Juny de Abreu. *Le rôle changeant du droit moral à l'ère de l'information surabondante – Questionnaire. In:* MORAES, Rodrigo (Coord.). Estudos de direito autoral: em homenagem a José Carlos Costa Netto. Salvador: EDUFBA, 2017, p. 500.

[462] BITTAR, *Op. cit.*, p. 155, e CARBONI, *Op. cit.*, 2010, p. 175.

[463] CHAVES, *Op. cit.*, 1995, p. 231.

autor) renuncie a certas faculdades, em benefício da pessoa com quem contrata, como é admitido no sistema jurídico alemão"[464].

José de Oliveira Ascensão, desta vez sublinhado por Rodrigo Moraes, aponta que:

> *O direito moral tornou-se um poder arbitrário (por não necessitar de se fundar em motivos éticos) que permite ao autor a todo o momento intervir e entravar a exploração normal das obras. Os Estados Unidos da América receiam muito estas intervenções porque se colocam ao lado do copyright, portanto das empresas exploradoras das obras. Deixou de haver uma ponte entre os dois entendimentos. O resultado foi a derrota do "direito moral".*
>
> *Há que se tirar deste facto as lições devidas. Há que procurar uma integração normal de faculdades pessoais e patrimoniais no seio de um único direito de autor, temporalmente limitado, que torne a categoria aceitável no plano internacional.*[465]

O trecho transcrito está localizado justamente na seção do trabalho de Moraes que faz a defesa da repersonalização do direito autoral por meio do resgate da prevalência do direito moral na figura do autor. No entanto, as palavras de Ascensão são ambivalentes e pertencem também ao discurso ora edificado. A compatibilização do direito autoral ao universo das criações publicitárias exige essa integração entre as prerrogativas pessoais e patrimoniais que se despontam, a fim de que haja a própria conservação do direito autoral e do fortalecimento da importância do direito moral de autor, observada na prática das relações jurídicas daí oriundas.

No caso das obras publicitárias, assim como a identificação de autoria possa ser inconveniente em certas ocasiões, o que leva a relativizar a irrenunciabilidade de tal direito, também outros direitos morais devem ser compatibilizados com a natureza particular de tais obras. Especificamente sobre o tema em obras publicitárias, Christophe Bigot cita a aceitação, por parte da doutrina e jurisprudência (ainda hesitante, é verdade), da tese de abuso de direito moral de autor, no que ele indica que o terreno da obra publicitária é apropriada para o desenvolvimento dessa noção. Assim, *"un*

[464] Chaves, *Op. cit.*, 1995, p. 232.

[465] Ascensão, José de Oliveira. *O direito Intelectual em metamorfose.* Revista de Direito Autoral, Ano II, Número IV. São Paulo: ABDA e Lumen Juris, 2006, p. 14-15 *apud* Moraes, Rodrigo. Os direitos morais de autor – Repersonalizando o direito autoral. Rio de Janeiro: Editora Lumen Juris, 2008, p. 52.

auteur qui exige l'apposition de son nom dans un générique de film publicitaire ou qui n'admet pas la moindre modification légère souhaitée par l'annonceur pour sa communication, détourne les dispositions du Code de la propriété intellectuelle de leur finalité. Il pourrait ainsi mettre à néant la destination même de son oeuvre, laquelle, faut-il le rappeler, n'existerait pas sans publicité"[466].

Mais especificamente, o direito de inédito, que resguarda o direito do autor em conservar sua obra fora do trânsito de divulgação, simplesmente não prospera no universo das obras publicitárias, assim como, quiçá, de qualquer obra sob encomenda[467]. Uma obra publicitária é contratada justamente para ser veiculada, exposta – é parte da quintessência da obra publicitária ser pública, enquanto entendida como um instrumento próprio de uma comunicação engajada por uma empresa que deseja anunciar seus produtos, bens ou serviços.

De igual modo, o direito ao arrependimento, que permite a retirada da obra de circulação também não deve caber à ulterior exercício de outrem, senão do próprio comitente e beneficiário da obra publicitária, pelos iguais motivos acima expostos. No caso de obras publicitárias, uma nova dimensão se apõe: estão elas, sob a égide também de normas de controle autorregulamentar, por parte do CONAR, inclusive com o controle do conteúdo destas pelo órgão, especialmente dedicado com o nivelamento ético da concorrência entre as empresas e com a devida prestação de informação verdadeira para os consumidores. Pode haver, então, alguns casos de abusos que ensejem a atuação desta instância, que poderá recomendar a sustação da veiculação das obras publicitárias consideradas impróprias ou abusivas. Para que se dê cumprimento a estas regras, a decisão de retirada da referida obra deve ficar a cabo da agência de publicidade ou do próprio anunciante e não de outrem, que também, jamais será ofendido na observância desses casos.

Por vezes, a decisão recomendatória do referido órgão se reduz a pequenas alterações a serem realizadas nas obras publicitárias de forma a compatibilizá-las ao regramento ético. De novo, estão em jogo os direitos morais de autor de integridade e de modificação da obra. Estes são igualmente sensíveis no caso da criação publicitária, posto que estarão sempre à mercê do objetivo e limites técnicos de comunicação pretendidos pelo anun-

466 BIGOT, *Op. cit.*, 1997, p. 111.

467 Sempre nos estritos limites do cumprimento do contrato de encomenda, conforme ensina Antonio Chaves (CHAVES, *Op. cit.*, 1995, p. 261).

ciante e planejados pela agência de publicidade. Se a obra publicitária criada não cumprir com estes requisitos e não for devidamente aprovada para sua finalidade primeira, tampouco importa se ela é a expressão mais genuína da subjetividade do autor. Mesmo ela sendo a obra prima de um autor contratado para a criação de obra publicitária[468], por certo, se ela não se prestar à finalidade publicitária como pretendida pela agência ou pelo anunciante, ela inafastavelmente irá sofrer mutações até que atenda ao seu propósito primeiro.

Tome-se, por exemplo, uma fotografia, ou mesmo um filme, no qual o fotógrafo e o diretor tiveram o máximo cuidado de expressar seus maiores esforços artísticos e intelectuais, mas que o resultado se deu numa fotografia ou filme que imprimiam uma colorização antagonista à da marca anunciante, certamente o filme ou a fotografia serão manipulados de forma a atenuar ou mesmo a alterar essa colorização e direcionar a comunicação semiótica mais proximamente à da marca encomendante[469].

Igualmente, uma fotografia destinada à publicidade, que fatalmente será manipulada e alterada até se amoldar aos fins propostos, como por exemplo, a justaposição de letreiros, informações do produto ou serviço ofertados, efeitos de visualização e demais adereços e mecanismos para efetivar a comunicação pretendida. Ou, ainda, desenhos, gráficos, cartazes, *jingles*, e todas as demais obras com finalidades publicitárias, que estarão submetidas a estas limitações e deverão ter sua integridade e possibilidade de modificações relativizadas, em outras palavras, assentado anteriormente, tais poderes são indispensáveis à própria utilização da obra publicitária.

Em outra valiosa contribuição ao estudo apresentada durante o seu exame, o professor Manoel J. Pereira dos Santos ressalta que o caráter não absoluto dos direitos morais, em especial análise ao direito de integridade das obras publicitárias, indicando a decisão da 4ª. Turma do S.T.J., proferida em 4/2/2016 no Recurso Especial nº 1.358.441 – RS (2012/0243056-6),

468 Neste ponto, fala-se tão só das criações originais destinadas à publicidade.

469 Na prática: filme encomendado por um banco que tem em sua marca a presença da cor laranja e que, ao final, o filme destaca enormemente a cor vermelha, por sua vez, insígnia de seu concorrente. Certamente haverá modificação da colorização de tal obra, quer queira ou não o diretor. São as técnicas e ciências da publicidade e do *marketing*, já mencionadas, que são concentradas por meio do ente organizador da obra (agência de publicidade, nesse caso) e que limitam o processo criativo, distanciando criador e criação, numa relação objetiva.

de que foi Relator o Ministro Luis Felipe Salomão, com a constatação de que "não são todas e quaisquer modificações que violam a integridade da obra, mas somente aquelas capazes de atingir a honra e a reputação do autor ou de prejudicar a sua criação intelectual"[470].

Ainda, o professor indicou também outra decisão no mesmo sentido, esta da 9ª. Câmara Cível do TJRS, em julgado de 29.12.2004 proferido na Apelação Cível nº 70007640485, de que foi Rel. o Des. Luís Augusto Coelho Braga, determinando que a adaptação física da foto ao espaço publicitário disponível no veículo de comunicação não se enquadra na hipótese de modificação da obra intelectual.[471]

Pelo exposto, em ressonância do entendimento de Henrique Gandelman acerca do tema, que afirma que "o aparente relacionamento caótico das criações publicitárias com o ordenamento jurídico tem como única solução satisfatória a elaboração correta e abrangente de contratos escritos entre as partes atuantes"[472], é preciso que haja também a disposição de certas faculdades de ordem moral para dar plena solução à "caoticidade" e complexidade da produção e circulação das obras publicitárias.

[470] "DIREITO DE AUTOR. RECURSO ESPECIAL. VIOLAÇÃO AO ART. 535 DO CPC. NÃO CONFIGURAÇÃO. EXISTÊNCIA SIMULTÂNEA DE DIREITOS AUTORAIS E PATRIMONIAIS DO AUTOR DA OBRA. COMERCIALIZAÇÃO DE MÚSICA COMO TOQUES DE APARELHOS TELEFÔNICOS. RINGTONES. INEXISTÊNCIA DE AUTORIZAÇÃO DO TITULAR DA OBRA. VIOLAÇÃO À LEI N. 9.610/1998. VALOR DA INDENIZAÇÃO POR DANO MORAL. ATENDIMENTO AOS CRITÉRIOS DE RAZOABILIDADE. IMPOSSIBILIDADE DE INTERVENÇÃO DESTA CORTE SUPERIOR. INCIDÊNCIA DA SÚMULA 7/STJ. RECURSO NÃO PROVIDO. [...]
4. De acordo com o inciso IV do art. 24 da Lei de Direitos Autorais, não são todas e quaisquer modificações que violam a integridade da obra, mas somente aquelas capazes de atingir a honra e a reputação do autor ou de prejudicar a sua criação intelectual.
5. A garantia à integridade da obra tem por objetivo evitar a desnaturação da criação ou o desrespeito às características que a identificam e, dessa forma, a reprodução parcial da obra musical, especialmente o trecho mais conhecido, longe está de implicar vulneração à lei de direitos autorais (art. 24, IV, da Lei 9.610/1998).
6. Desde que expressamente autorizadas ou se as finalidades do contrato assim exigir, são admissíveis as adaptações da obra em razão da exigência do meio em que serão utilizadas. [...]" (BRASIL. STJ. Recurso Especial Nº 1.358.441 – RS (2012/0243056-6), 4ª Turma, Min. Rel. Luis Felipe Salomão. DJ. 04/02/2016).

[471] BRASIL. TJRS. Apelação Cível nº 70007640485, 9ª Câmara Cível, Des. Rel. Luis Augusto Coelho Braga. DJ. 29.12.2004.

[472] GANDELMAN, Henrique. *De Gutenberg à internet: direito autorais na era digital.* 5º ed. Rio de Janeiro: Record, 2007, p. 53.

Nesse sentido, e retomando a proposição positivadora desenvolvida por Bittar e Portero Lameiro, uma construção legislativa viria a normatizar essas relações para conferir maior força legal e previsibilidade para as relações jurídicas em torno da obra publicitária e os direitos morais de autor incorrentes. Nas palavras de Bittar, sempre tão caras, "garantida por norma legal (a obra publicitária), maior expressão terá a tutela dos aspectos morais desse direito e evitar-se-á o aproveitamento indevido de obras dessa espécie"[473].

2.3.2.2. A titularidade dos direitos morais de autor por pessoas jurídicas

De pronto, grande parte da doutrina adota a premissa de negar qualquer caráter personalíssimo de ordem moral às pessoas jurídicas, já que estas jamais seriam autoras, seja pela ausência de intelecto, seja pela ausência de espírito, seja pela ausência de disposição legal nesse sentido, seja pela incapacidade de realizar o ato físico de se criar[474]. Para estes, às pessoas jurídicas, caberiam tão só a invocação de direitos patrimoniais de autor.

Há, contudo, uma corrente contrária a esse axioma. Sylvain Chatry, por exemplo, ao enquadrar as obras publicitárias como obras coletivas, menciona que a pessoa física ou jurídica que tenha a iniciativa, edita, publica e divulga a obra coletiva em seu nome, será o autor originário desta, cabendo-a tanto os direitos patrimoniais quanto os direitos morais de autor, no que o jurista indica alguns julgados franceses que corroboram tal posicionamento[475]. No mesmo sentido, o professor Morato[476], citando a Tese de Doutorado sobre obras coletivas da jurista francesa Vanessa Merceron, orientanda do professor de propriedade intelectual, André Françon, na *Université Panthéon-Assas* (Paris 2), indica que a lei francesa comporta a possibilidade da pessoa jurídica ser titular de direitos morais de autor.

Nesse sentido, também manifestou Christophe Bigot, ao citar o caso *"Image Image c/ Polygram"*, primeiramente julgado pela *Cour d'appel* de Paris, com decisão confirmada pela *Cour de cassation* em 8 de dezembro de 1993, no qual se estabeleceu um importante precedente sobre o tema, ao conferir à agência de publicidade, enquanto pessoa jurídica organizadora da obra

[473] Bittar, *Op. cit.*, 1981, p. 193.
[474] Bittar, *Op. cit.*, 1981, p. 60.
[475] Chatry, *Op. cit.*, 2015, p. 12.
[476] Morato, *Op. Cit.*, 2007, p. 58.

coletiva publicitária, o exercício de direitos morais de autor, notadamente direitos de paternidade e sobre a integridade da obra. Pondera a decisão, contudo, que ela é aplicável às particularidades do caso em concreto, e que cada situação pode exigir uma interpretação diversa[477].

Na experiência norte-americana, no sistema de *copyright*, a partir do amadurecimento das decisões judiciais das cortes dos EUA sobre a autoria de obras intelectuais por empresas e corporações foi essencialmente crescente após o período de transição, onde se desenvolveu a ideia de que artistas e criadores sob um contrato de trabalho, estão mais afeitos ao cumprimento de seu dever no trabalho do que no exercício de sua genialidade criativa individual. E isso se reflete diretamente nas suas criações[478], criando o substrato para a identificação da empresa enquanto autora, conforme principia o sistema.

O professor Antonio Carlos Morato também aceita a existência de direitos morais de autor para a pessoa jurídica, mas, como ele mesmo antecipa, tais direitos manifestam-se "de forma diferente à pessoa física"[479]. Em analogia e diretos empréstimos do debate acerca do direito de honra e a sua indenizabilidade à pessoa jurídica, recorrendo inclusive à súmula nº 227 do Superior Tribunal de Justiça[480], na qual se admite que a pessoa jurídica possa sofrer dano moral, e também ao artigo 52 do Código Civil[481] (Lei nº 10.406/2002), o professor conclui que, à pessoa jurídica cabe o conceito de "autoria objetiva". Portanto, em interpretação sistemática entre a lei geral civilista e a lei especial de direitos autorais, conferem-se direitos de

[477] *"On doit donc admettre que l'agence de publicité, en sa qualité de personne morale, et de coordonnateur de la création publicitaire est investie des droits de l'auteur (y compris le droit moral) sur l'oeuvre publicitaire. Cette solution est évidemment retenue au détriment tant des annonceurs que des auteurs isolés qui contribuent, ponctuellement, à des créations publicitaires, encore que les juges seront confrontés, à l'occasion de chaque espèce à une factuelle leur permettant, dans des hypothèses marginales, de retenir, soit la qualification d'oeuvre de collaboration, soit celle d'oeuvre composite. En effet, les circonstances de fait peuvent tellement varier d'une oeuvre à l'autre qu'aucune conclusion définitive et abrupte ne peut véritablement être tirée"* (BIGOT, *Op. cit.*,, 1997, p. 97).

[478] *"Courts more readily saw employees who produced copyrighted materials as employees hired to write rather than as independent creators whose individuality was reflected in their creation."* (FISK, *Op. cit.*, 2003, p. 61)

[479] MORATO, *Op. cit.*, 2008, p. 67.

[480] *Súmula 227 do STJ – A pessoa jurídica pode sofrer dano moral.*

[481] *"Art. 52. Aplica-se às pessoas jurídicas, no que couber, a proteção dos direitos da personalidade."* (BRASIL. *Código Civil.* Lei nº 10.406, de 10 de janeiro de 2002. Disponível em: <http://www.planalto.gov.br/ccivil_03/leis/2002/l10406.htm>. Acesso em: 12 de dezembro de 2019).

personalidade à pessoa jurídica, tornando efetivamente possível o exercício dos direitos morais de autor previstos no artigo 24 da LDA[482] e [483].

Em seguimento, o saudoso professor Antonio Chaves acompanha a doutrina majoritária ao assumir que uma criação intelectual é uma extensão do espírito criativo humano, portanto, apenas concebível por uma pessoa física[484]. No entanto, Antonio Chaves relembra[485] que o antigo Código Civil, de 1916, previa a autoria dos manuscritos dos arquivos, bibliotecas e repartições públicas. O precedente de titularidade originária para pessoa jurídica, especialmente aos entes públicos, é invocado também pelo professor Manoel Joaquim Pereira dos Santos[486] para admitir a pessoa jurídica como sujeito originário de direitos autorais; o que também se verifica através do regime da obra coletiva, que se particulariza ao admitir titularidade originária de direitos autorais às pessoas jurídicas.

Antonio Chaves, enriquecendo o debate, traz a lição sempre precisa de José de Oliveira Ascensão que, ao discutir sobre as "obras de encomenda nos direitos português e brasileiro"[487], compreende que a pessoa jurídica encomendante não se confunde com a figura de mero cessionário, já que

[482] MORATO, *Op. cit.*, 2008, p. 69.

[483] Sobre o tema em si, o professor Manoel J. Pereira dos Santos trouxe à discussão julgado do TJSP reconheceu direitos morais de autor a pessoas jurídicas no caso de obras coletivas, conforme decisão da 9º Câmara de Direito Privado, proferida em 27/03/2012, na Apelação 9182936-93.2007.8.26.0000, de que foi relator o Des. Piva Rodrigues: "O terceiro ponto controvertido se refere à possibilidade de pessoa jurídica ser titular de direito autoral. À luz do artigo 11, parágrafo único da Lei 9.610/98, tem-se que "a proteção concedida ao autor poderá aplicar-se às pessoas jurídicas nos casos previstos nesta Lei". A despeito das divergências doutrinárias a respeito do tema, entendo que a atual concepção de pessoa jurídica, como detentora de direitos de personalidade compatíveis com sua condição, deve permear também a interpretação do regramento protetivo dos direitos autorais. Nessa perspectiva, a pessoa jurídica pode ser titular derivado de direitos patrimoniais do autor, cedidos pela pessoa física criadora, mas também, em determinadas situações, ser titular originário de direitos de autor, não somente em seus aspectos patrimoniais, mas também em seus aspectos morais (Lei 9.610/98, artigo 11, parágrafo único e 5º, VIII, h)." (BRASIL. TJSP. Apelação Cível nº 9182936-93.2007.8.26.0000, 9ª Câmara de Direito Privado, Des. Rel. Piva Rodrigues. DJ. 27.03.2012).

[484] CHAVES, Antonio. *Criador da obra intelectual*. São Paulo: LTr, 1995, p. 197.

[485] CHAVES, *Op. cit.*,1995, p. 200.

[486] SANTOS, *Op. cit.*, 2014, p. 123.

[487] É verdade que, na sequência, o professor Chaves comenta a afirmação de Ascensão em que, nestes casos, o criador intelectual (pessoa física) nada poderia exigir além da remuneração, o que para Antonio Chaves seria *"demasiado radical"* (ASCENSÃO, José de Oliveira. *"A Obra de Encomenda" nos Direitos Português e Brasileiro*. Recife: Anuário do Mestrado em Direito, nº 7,

aquela detém não só as faculdades patrimoniais, mas também as faculdades de caráter pessoal da obra intelectual. O reflexo direto dessa premissa é que a pessoa jurídica encomendante tem, na visão do professor português, o direito ao inédito, direito de paternidade da obra, direito de publicação e, mais cara ao tema das obras publicitárias, o direito de modificação da obra, "sem qualquer dependência do criador intelectual, reservadas ao criador certas prerrogativas de caráter pessoal fundadas já não num direito de autor, que lhe não pertence, mas numa tutela geral da personalidade", na transcrição de Antonio Chaves[488].

Em construção teórica análoga, Carlos Alberto Bittar, na obra coletiva sob encomenda, é preciso se atentar para as circunstâncias fáticas da obra em si e do contrato que rege aquela relação para estabelecer com segurança a posição jurídica de cada participante da criação, inclusive do encomendante (comitente). Ainda, em específico sobre a obra coletiva, citando o artigo que a define conceitualmente (artigo 5º, inciso VIII, *h* da Lei 9.610/1998, na lei atual), o professor afirma que a lei é expressa em reconhecer os direitos de âmbito moral e patrimonial originariamente ao encomendante, organizador da obra[489].

Por essa trilha, o conceito de "autoria objetiva", expresso no parágrafo único do artigo 11 da Lei 9.610/1998, segundo definição do professor Antonio Carlos Morato[490], se revela como uma evolução do direito em relação a seus sujeitos – e não apenas aos seus objetos. Ainda que "estáveis", certamente os conceitos não são "imutáveis", afinal os direitos e seus efeitos são resultados de conjunturas sociais delimitadas no tempo e espaço específicos.

> *Desta maneira, pretender que a pessoa jurídica não possa ser considerada autora é imobilizar o próprio direito, em especial o Direito de Autor (e não um avanço considerável, como sustentam alguns, alegando apenas que as leis que atribuem os direitos do autor às pessoas físicas são mais recentes).*

1976, p. 187-206 *apud* Chaves, Antonio. Criador da obra intelectual. São Paulo: LTr, 1995, p. 201-202).

[488] Chaves, *Op. cit.*, 1995, p. 201. Mais a frente, Antonio Chaves, novamente parafraseando o mestre português, afirma que ele se posiciona afirmativamente à consideração de titularidade de direitos morais sobre a obra encomendada, de modo a salvaguardar a posição jurídica das partes frente à obra, sempre que esse exercício for legítimo e compatível com *"as finalidades que justificaram a produção da obra"* (Chaves, *Op. cit.*, 1995, p. 236).

[489] Bittar, *Op. cit.*, 2015, p. 65-66.

[490] Morato, *Op. cit.*, 2008, p. 70.

> *No Direito de Autor, os direitos morais apresentam inegável relevância, devendo também ser reconhecidos à pessoa jurídica, pois, se se reconhece a esta os direitos de personalidade e nega-se, ao mesmo tempo, os direitos morais de autor, incorremos em irremediável contradição.*[491]

A proposição é acalentadora; em boa parte por que ela fomenta uma reflexão factual e rompe com algumas amarras que impedem o direito de responder satisfatória ou eficazmente às demandas sócio-comerciais que estão na ordem social contemporânea. Em especial para a intersecção entre obras publicitárias e Direito de Autor, a sublevação da pessoa jurídica não só como autora originária, mas como autêntica titular de direitos morais de autor traria uma solução concreta dos pontos de tensão que hoje se percebem. Ao concentrar o exercício de tais direitos pessoais para quem de fato vá usufruir e divulgar a obra, os conflitos então existentes seriam residuais e facilmente dirimidos por livre autonomia contratual.

A bem da verdade, em nome dessa estabilidade do sistema autoral no ponto que ora se ataca, o que se verifica na prática[492] dos contratos e práxis publicitários é um contorcionismo trôpego, muito mal equilibrado e que carrega uma enorme insegurança jurídica nas relações que ali se desenvolvem.

Nesse prisma, ressalta-se novamente o ponto central que adquire a pessoa jurídica no processo de criação de obras intelectuais, sobretudo em um cenário de alta complexidade das relações sócio jurídicas[493], que estimula a um (novo?) pensar sobre o conceito de autoria. Essa necessidade de compatibilização do Direito de Autor frente às mudanças tecnológicas e criativas do mundo contemporâneo se desdobra também em outras importantes questões enfrentadas pela doutrina, a exemplo da muito bem

[491] MORATO, *Op. cit.*, 2008, p. 70.

[492] Esta realidade também foi brevemente comentada por Rodrigo Moraes, ao apresentar a lição de Roxana Cardoso Brasileiro Borges, que vislumbra o quadro atual de relativização do exercício de prerrogativas extrapatrimoniais em função das demandas atuais, o que coloca em xeque a visão clássica do direito civil sobre o princípio da irrenunciabilidade dos direitos de personalidade; tema que oportunamente será retomado (MORAES, *Op. cit.*, 2008, p. 13).

[493] *"O grande desenvolvimento tecnológico deste século – principalmente dos meios de comunicação, os chamados mass media – trouxe para as obras coletivas e as criadas sob encomenda uma forte presença da pessoa jurídica. Compreende-se tal fato pela própria complexidade operacional que as obras intelectuais de hoje estão exigindo, desde sua concepção criativa até sua produção e distribuição"* (GANDELMAN, *Op. cit.*, 2007, p. 111).

explorada lição do professor Guilherme Carboni ao tratar sobre a matéria da obra e autoria colaborativa.

Segundo ensina, a autoria colaborativa se denota pelo "pluralismo jurídico", especialmente da figura do organizador da obra colaborativa, não reduzido a um único indivíduo, mas sim composto por um coletivo de sujeitos. Isso implicaria na "elaboração de um conceito de direito autoral coletivo"[494], despertada por esta formulação de "organização coletiva", que hoje não é recepcionado pelo ordenamento jurídico autoral. O sistema atual, adverte o professor, é insuficiente para dar uma resposta satisfatória a esta novel atuação conjunta de um grande número de sujeitos em uma obra colaborativa, que pressupõe como essencialidade o grande fluxo de informação das redes, em uma troca sinergética e simbiótica entre autores e usuários – logo, nesse sentido deveria se direcionar o direito autoral, de forma a possibilitar a "reinserção do usuário como participante ativo do sistema"[495].

Por derradeiro, para Carboni, o direito autoral deve ser repensado, já que "inócuo", posto que "o conceito de autoria, estabelecido pelos tratados internacionais e pelas diversas legislações de direitos autorais, não inclui as novas formas de autoria propiciadas pelas redes e pela tecnologia digital, notadamente, a colaborativa"[496]. Sua exposição é pertinente pois funda igualmente uma reflexão acerca da evolução dos conceitos de autoria, que não devem ser considerados como "dados inquestionáveis", nem muito menos devem se estabelecer como "arbitrariedades culturais" de um tempo que não condiz com a realidade social hodierna[497].

Essa ruptura da dicotomia entre romantismo e utilitarismo[498] também foi abordada recentemente pela jurista Mariana Giorgetti Valente. Segundo sua leitura, a concepção de autoria ligado à pessoa e à personalidade do autor, tal como um direito natural, tem sua marcação histórica

[494] CARBONI, Guilherme. *Direito autoral e autoria colaborativa: na economia da informação em rede*. São Paulo: Quartier Latin, 2010, p. 175.

[495] CARBONI, *Op. cit., 2010*, p. 177.

[496] CARBONI, *Op. cit., 2010*, p. 188.

[497] CARBONI, *Op. cit.*, 2010, p. 186

[498] Romantismo para significar o ideal concebido entre os séculos XVIII e XIX do *gênio criador*, que ata a criação intelectual como um atributo individual do autor. Em contraposição, se tem a fundamentação utilitarista do direito autoral, constituída através do pensamento de John Locke, no qual a propriedade é fruto do trabalho, conferindo uma roupagem patrimonialista às criações intelectuais.

bem definida no final do século XVIII, quando prevalecia o "entendimento da criação como emanação do gênio individual"[499]. Conceito esse, que foi questionado ao longo do século XX, segundo Valente, pela "teoria social, teoria literária, por estruturalistas e pós-estruturalistas" para afirmar que o conceito de "autoria solitária" seria um "mito", já que as formas de criação estariam em constante transformação; muito embora, essa mudança não tenha sido absorvida pelo direito autoral continental, apegado à visão romântica do conceito de autoria de 3 séculos atrás[500 e 501].

Esse romantismo da tradição autoralista, verificável na doutrina e legislação no Brasil, seria incoerente com a evolução social, tecnológica e cultural do último século. Citando a Tese de Doutorado do jurista Bruno Lewicki, Mariana Valente destaca o trecho em que ele aponta um paradoxo nessa relação já que "nenhum ramo do direito privado sofreu de forma tão intensa os novos influxos da tecnologia, e poucos continuam tão atados às suas origens"[502], o que se desdobra numa blindagem do direito autoral às tendências modernas de relativização e funcionalização que outros ramos do direito privado têm observado[503].

Seguramente, as duas reflexões apontadas, de Guilherme Carboni e Mariana Valente, respectivamente, esteiam-se em outras preocupações: a primeira com a recepção do direito autoral por novas formas de cria-

499 VALENTE, Mariana Giorgetti. *A construção do direito autoral no Brasil: cultura e indústria em debate legislativo.* Belo Horizonte: Letramento, 2019, p. 411.

500 VALENTE, *Op. cit.*, 2019, p. 412-413.

501 No mesmo sentido, entende a pesquisadora e jornalista Beatriz Cintra Martins que, ao analisar a autoria em rede, ressalta dois aspectos importantes para seu estudo, *"o primeiro deles é a constatação da variedade de formas e dinâmicas que o processo autoral adquiriu em diferentes épocas, o que nos informa de sua natureza mutável. Em segundo lugar, é importante perceber como, apesar de todo o questionamento a respeito do lugar do autor no século XX, ainda prevalece na atualidade a concepção de autoria como aquela do Romantismo: a de autor como um gênio criador. Essa noção está presente não só no senso comum sobre o conceito, mas também, o que é mais significativo, embasa ainda as normas através das quais nos relacionamos com os bens intelectuais em nossa sociedade"* (MARTINS, Beatriz Cintra. *Autoria em rede: os novos processos autorais através das redes eletrônicas.* 1º ed. Rio de Janeiro: Mauad, 2014, p. 45).

502 LEWICKI, Bruno. *Limitações aos direitos do autor: releitura na perspectiva do direito civil contemporâneo.* Tese para Doutorado em Direito na Faculdade de Direito da Universidade do Rio de Janeiro. Rio de Janeiro, 2007, p. 33-35 *apud* VALENTE, Mariana Giorgetti. *A construção do direito autoral no Brasil: cultura e indústria em debate legislativo.* Belo Horizonte: Letramento, 2019, p. 415.

503 VALENTE, *Op. cit.*, 2019, p. 416.

ções mais recentes, sobretudo na participação ativa de usuários em um processo colaborativo e, a segunda, na modulação de um sistema autoral equilibrado com o acesso à cultura e informação, que, segundo a autora, exige uma flexibilidade do exclusivo da proteção autoral frente ao titular dos direitos para dar vazão a esses outros direitos fundamentais. Invariavelmente, os dois questionamentos apresentam horizontes pertinentes, qual seja, o de repensar a inevitabilidade da adequação que o Direito de Autor enfrenta ante as exigências postas pela configuração prática das relações sócio jurídicas que pretende domesticar e que são postas no presente[504].

Por outro lado, como já bem sedimentado aqui, é preciso ponderar que estamos a tratar de um universo muito peculiar – são as obras publicitárias uma espécie própria de obras intelectuais com características que as distingue ao passo que as distancia das demais espécies, notadamente sobre seu processo criativo e finalidade utilitária. Parecem, então, não ser a melhor referência para se instituir uma positivação que implique numa inovação de tamanha dimensão. Exatamente por esse motivo que, a reflexão aqui proposta serve mesmo como mera provocação ao pensar: a consideração legítima de autoria e titularidade originária por uma pessoa jurídica organizadora de uma obra coletiva sob encomenda traz um remédio para o dilema apresentado. Fato! Mas, quais são os efeitos colaterais de tal à vista da estabilidade sistêmica do Direito de Autor, em especial por sua edificação principiológica, histórica e doutrinária; considerando também outras espécies de obras intelectuais? Não seria esse um precedente mais turbulento do que resolutivo?

A depender de uma grande gama de doutrinadores e estudiosos dedicados ao tema, muitos deles, inclusive, aqui referendados[505], essa seria uma inovação totalmente incompatível com os princípios e com os dispositivos legais presentes no Direito de Autor atualmente[506]. E, se o direito há de evoluir, ele o faz através de sua legitimação e aceitação social e política.

[504] Atenção apontada também pelo professor Bittar e, muito provavelmente, por seu filho, a quem revisou e atualizou a obra, Eduardo Carlos Bianca Bittar (Bittar, *Os direitos da personalidade*, 2015, p. 218-219).

[505] Chaves, *Op. cit.*, 1995, p. 199; Santos, *Op. cit.*, 2014, p. 126; Moraes, *Op. cit.*, 2008, p. 47-54.

[506] O professor Manoel J. Pereira dos Santos pondera para posicionar seu entendimento dentro de uma leitura positivista do direito autoral, tal como forjado pelo artigo 11 e seu parágrafo único da Lei de Direitos Autorais, Lei nº 9.610/1998. Para Manoel, a pessoa jurídica pode ser titular do direito de autor, mas não autora de obra. No entanto, ele ressalta que o reconhecimento da autoria e mesmo dos direitos morais de autor não constituam por si uma

Por esse viés, posta a reflexão, indaga-se ainda se não há qualquer outro remédio plausível e compatível com o sistema autoral que possa pacificar ou mitigar os pontos de tensão ora tratados, no que se aponta, seguindo a experiência estrangeira, a solução primeira advinda por parte da jurisprudência, antes de uma inovação legal.

2.4. As obras publicitárias em relação a direitos de autor de terceiros

Para além da conceituação da natureza jurídica das obras publicitárias e da descrição dos seus tratos enquanto uma obra intelectual original, é importante também fazer uma breve análise sobre a relação das obras publicitárias quando importam ou esbarram em direitos de outros autores de obras intelectuais.

Efetivamente, numa análise concreta da jurisprudência encontrada sobre o tema "publicidade" e "direito autoral", é quase unânime o versamento das decisões judiciais sobre a utilização indevida ou ilícita de obras intelectuais de terceiros nas obras publicitárias judicializadas[507].

Importa, assim, avaliar como são tratadas a utilização de obras preexistentes no processo de produção das obras publicitárias, bem como, avaliar os requisitos e como se opera a questão do plágio publicitário, o que se faz a seguir, respectivamente.

2.4.1. A utilização de obras preexistentes na obra publicitária

Não faltam exemplos de icônicas peças publicitárias nacionais que povoam o imaginário coletivo que se utilizaram de criações já existentes para engajar suas comunicações publicitárias.

Assim, o primeiro filme publicitário brasileiro premiado com Leão de Ouro no Festival Cannes Lions, "Homem com mais de 40 anos"[508], de cria-

inovação totalmente incompatível com os princípios do Direito de Autor. Este tema é discussão de natureza e finalidade diversa, nas palavras do professor.

507 O que se pode explicar pelo fato de que, quando se tratam de obras publicitárias originais, de criação e produção primígena, na ocorrência de algum conflito na relação, mais usualmente recorrem as partes para soluções de conflitos alternativas extrajudiciais. Seja por acordo direto ou por meio de arbitragem, mediação e conciliação, onde se destaca a atuação da Câmara Nacional de Arbitragem e Mediação na Comunicação, instalada e administrada na sede da Associação dos Profissionais de Propaganda.
Ver <http://appbrasil.org.br/app-brasil/servicos-e-manuais/camara-de-arbitragem/>. Acesso em: 05 de janeiro de 2020.

508 Disponível em: <https://www.youtube.com/watch?v=m7XLAgS7ZTE>. Acesso em: 05 de janeiro de 2020.

ção da DPZ – mas, com a assinatura indelével de seus criativos, Francesc Petit e Washington Olivetto – e produção da ABA Filmes, com direção de Andrés Bukowinski, é um filme relativamente simples mas que se utiliza, como força de sua comunicação, fotografias de homens consagrados e famosos, nos mais diversos campos sociais, cujos todos realizaram seus feitos após os 40 anos de idade. O sucesso do filme é a sua simplicidade e sua mensagem direta, por meio de uma locução segura, um texto milimetricamente escrito e sua composição com as fotografias – obras preexistentes –, como se fossem extraídas de um jornal. A mesma receita foi utilizada posteriormente por Washington Olivetto, com o filme "Hitler"[509], elaborado para a Folha de São Paulo, da mesma agência, produtora e diretor.

Outro filme que leva a assinatura de Washington Olivetto e que talvez seja o estandarte da publicidade nacional, "Meu primeiro sutiã"[510], de criação da agência W/GGK e produção da Espiral Filmes, em 1987, teve como trilha sonora, o tema clássico da ópera *La bohème*, de Giacomo Puccini. Falando em obras musicais, outro ícone da publicidade nacional que até hoje permeia a cultura popular, é o filme "Aquarela"[511] elaborado para a Faber Castell, criado pela agência FCB/Siboney e produzido pela Start Filmes, com direção da animação por Walbercy Ribas, que imortalizou a canção homônima atribuída a Toquinho, mas que também tem entre seus compositores Maurizio Fabrizio, músico italiano parceiro de Toquinho, Guido Morra, autor da letra original da música em italiano, e Vinícius de Moraes, autor da tradução para a versão em português.

Um dos jingles de maior sucesso da publicidade brasileira, notada por seu *recall*[512] com o público infantil, é o tema musical usado no filme "Danoninho (me dá, me dá)"[513], para a marca alimentícia Danone, de 1989[514], que tinha na sua trilha, a adaptação da obra musical "Chopsticks", valsa

[509] Disponível em: <https://www.youtube.com/watch?v=PShbxd42JN8>. Acesso em: 05 de janeiro de 2020.

[510] Disponível em: <https://www.youtube.com/watch?v=xehmV7XdmbA>. Acesso em: 05 de janeiro de 2020.

[511] Disponível em: <https://www.youtube.com/watch?v=mlzJd0xKubA>. Acesso em: 05 de janeiro de 2020.

[512] Termo usado na publicidade para designar uma comunicação que tem grande aceitação e rememoração pelo público.

[513] Disponível em: <https://www.youtube.com/watch?v=j57F3HALxj4>. Acesso em: 05 de janeiro de 2020.

[514] Sem informações precisas sobre a criação e sua produção.

composta em 1877 pela britânica Euphemia Allen sob o pseudônimo de Arthur de Lulli[515].

A utilização de obras intelectuais preexistentes como artifício comunicacional da publicidade é recorrente no processo criativo dos publicitários[516], quase como uma técnica de "bricolagem", na definição de Carrascoza[517]. Para o professor, o uso de obras preexistentes remete à recomendável utilização de recursos e discursos de fácil assimilação e reconhecimento pelo público-alvo, aprofundando o teor persuasivo e identificatório da comunicação publicitária com seu público destinatário[518]. "O objetivo, obviamente, é facilitar a assimilação, dando-lhe o que ele de certa forma já conhece – embora haja um trabalho para *vestir* esse conhecimento já apreendido, que é a própria finalidade do ato criativo publicitário"[519].

Essa busca intertextual – feita entre o repertório cultural e a obra publicitária – é feita pela publicidade como forma de enaltecer e enriquecer seu próprio discurso. No seu estudo riquíssimo de exemplos, Carrascoza desenvolve a ideia de *ready-made* na publicidade. Amparado pelas expe-

515 Sobre o *jingle* comentado, cabem duas curiosidades. A primeira é que o *slogan* tradicional para o produto – "Aquele que vale por um bifinho" – havia caído em desuso após a atuação do CONAR, na década de 1980, por se tratar de prestação de informação incorreta ao consumidor, que poderia ser induzido a acreditar que o produto poderia substituir nutricionalmente o consumo de um "bifinho". Assim, surgiu a necessidade de reprogramar a comunicação da marca e do produto, contexto que se insere o citado filme comercial e seu inesquecível *jingle*. Em segundo, conforme relata Fábio Barbosa Dias, a criação do *jingle* exigiu um grande esforço criativo do jinglista e músico Lúcio Orquestra. Fábio narra que, *"a maior dificuldade foi acertar a letra de maneira que todas as informações descritas como obrigatórias no briefing fossem citadas. Organizar lipídios, glicídios, protídios, cálcio, ferro, fósforo e vitamina A em uma ordem cuja divisão permitisse adequar a métrica foi o mais complicado. Tanto é que na gravação, de maneira quase imperceptível, é cantado 'fosfre vitamina A'. Foi o jeito que Orquestra deu para a letra funcionar. Ele dizia para as crianças do coro: metade canta 'fosfre' e metade canta 'fosfro'. Ficou tão bem-feito que se ele não contasse esse segredo ninguém perceberia."* (DIAS, Fábio Barbosa. *Jingle é a alma do negócio: a história e as histórias das músicas de propaganda e de seus criadores*. 1. ed. São Paulo: Panda Books, 2017, p. 268).

516 *"Mas onde encontramos inspiração para um conceito criativo? A melhor resposta talvez seja: no dia a dia. Na realidade, no cotidiano, nos nossos defeitos, na sinceridade, na maneira em que nos relacionamos, em uma notícia, no cinema, no teatro, em um diálogo, na rua, em uma piada, em uma história, em um ponto de vista, em uma discussão, nas culturas populares, e assim por diante"* (Mano, *Op. cit.*, 2014, p. 143).

517 *"Os criativos atuam cortando, associando, unindo e, consequentemente, editando informações do repertório cultural da sociedade. A bricolagem, assim, como o pensamento mítico, é a operação intelectual por excelência da publicidade."* (Carrascoza, João Anzanello. *Do caos à criação publicitária: processo criativo, plágio e ready-made na publicidade*. São Paulo: 2008, p. 18)

518 Carrascoza, *Op. cit.*, 2008, p. 23.

519 Carrascoza, *Op. cit.*, 2008, p. 24.

riências artísticas e movimento capitaneado por Marcel Duchamp, João Carrascoza aplica o mesmo conceito para a produção publicitária, que desloca o objeto original emoldurando-o às peças publicitárias. O filme supracitado, "Aquarela", é um bom exemplo de utilização desse recurso técnico criativo[520].

A obra intelectual preexistente manobra, então, um enunciado fundador, com *status* de citação de autoridade, que visa "anestesiar a memória do público, ratificando os valores e as crenças do grupo social que enuncia a mensagem"[521]. Outra razão levantada pelo autor é que o uso e acúmulo de discursos, pouco a pouco, vai construindo uma memória discursiva[522] – que vai explicar, além do uso de obras preexistentes e *ready-made*, o porquê de tantos remakes de filmes publicitários, que se apropriam do discurso elaborado pela peça original para reativar, reviver, recontar aquela mensagem com uma nova roupagem.

Essa noção de facilidade de assimilação junto à maior familiaridade das ideias associadas pela comunicação publicitária é particularmente significativa ao considerar a difícil disputa pela atenção do público e as formas concisas e sintéticas de suas expressões, que devem estar comprometidas com a eficiência e eficácia comunicacional, "que não permite alternativa do fracasso"[523].

Pelo exposto, o caso mais emblemático sobre o uso de obras preexistentes e desse acervo cultural como forma de discurso publicitário talvez, seja o filme *"Endless Stories"*[524], de 2018, elaborado para a Getty Images, com criação da AlmapBBDO e produzido pela divisão brasileira da produtora Stink Films, que ganhou diversos prêmios nos mais variados festivais de filmes publicitários[525]. O filme e o site[526] da campanha contam a histó-

[520] *"O* (sic) *utilização do ready-made é massiva, principalmente no campo sonoro da publicidade. Proliferam comerciais que apresentam como fundo musical canções de sucesso, amplamente absorvidas pelo público, e que cabem, sem alteração de sua letra ou de sua base melódica, na proposta criativa – estão agradavelmente prontas na memória afetiva do público."* (Carrascoza, *Op. cit.*, 2008, p. 79-80)

[521] Carrascoza, *Op. cit.*, 2008, p. 84.

[522] Carrascoza, *Op. cit.*, 2008, p. 135.

[523] *"Por essa razão a arte da publicidade tem de condensar a realidade em signos de fácil e rápida apreensão e compreensão, dado o seu total comprometimento com a necessidade de fazer valer sua voz e imagem em curtos períodos de tempo".* (Piratininga, *Op. cit.*, 1994, p. 84)

[524] Ver https://www.youtube.com/watch?v=Xtf9ntWkD0c

[525] Não só ganhou diversos prêmios como foi selecionado para compor o acervo permanente do MoMA. Ela é uma das 1975 peças publicitárias que estão à disposição do museu e aprofunda

ria da "luta do século", protagonizada pelos lutadores Muhammad Ali e Joe Frazier, no dia 8 de março de 1971. A sinopse do curta metragem de pouco mais de 4 minutos conta o desenrolar da renomada luta e de outras histórias adjacentes ocorridas no mesmo dia: como a presença curiosa do famoso cantor Frank Sinatra, que, após esgotarem os ingressos, apenas ingressou no estádio credenciado como fotógrafo; e, da prisão do maior traficante da América do Norte, Frank Lucas, que estava sentado na primeira fila para assistir à luta e foi reconhecido pelo seu casaco de chinchila de mais de R$ 100 mil. Todas essas 3 histórias interligadas foram contadas, no vídeo, por meio de fotos e vídeos presentes no banco de imagens da empresa Getty Images.

O filme busca traduzir a infinidade de possibilidades de enredos que as imagens do banco podem contar, ilustrando assim o grande acervo ativo do anunciante. O filme se baseia numa locução em *voice over* que narra os fatos e dita o ritmo milimétrico e envolvente da edição das imagens. É puro entretenimento e informação a quem assiste. O filme, que inclusive abriu caminho para a produção da websérie COMA – do mesmo anunciante[527], agência e produtora –, é mais um grande exemplo de *branded content* e publicidade interativa[528] – ao envolver e engajar o consumidor, que, entretido, absorve a comunicação publicitária projetada pela marca

ainda mais a noção de arte e de significação cultural que uma obra publicitária pode se revestir. Disponível em: <https://propmark.com.br/mercado/endless-stories-da-almap-entra-para-o-acervo-do-moma/>. Acesso em: 12 de janeiro de 2020.

526 Ver https://www.gettyendlessstories.com/pt/

527 Na verdade, a inspiração para desenvolver uma narrativa por meio de imagens editoriais do banco de imagens da Getty Images já havia sido objeto de uma campanha, criada também pela agência AlmapBBDO, em 2012, que gerou o filme *"From love to bingo"*, de produção da Paranoid BR, que utilizou 873 imagens do banco de imagens para criar a história da vida de um homem que se apaixona, se casa, tem filhos, envelhece, fica viúvo e refugia-se da solidão jogando bingo – ver <https://www.youtube.com/watch?v=E7xc7J8bdsU>. Acesso em: 05 de janeiro de 2020. Outro caso de sucesso da parceria entre a Getty Image e a AlmapBBDO, já em 2018 novamente, é o projeto First Aperture – ver <https://www.firstaperture.com/#/pt/home>. Acesso em: 05 de janeiro de 2020. No projeto, um artista DJ virtual, que "criou" a música *"Take Control"* e seu videoclipe, todos originados através de arquivos de áudio e imagens editoriais presentes também no site da Getty Images.

528 O filme aqui referendado é parte de uma campanha homônima que envolve também um site que possibilita a interação do usuário para contar outras anedotas curiosas sobre Bob Dylan, George Foreman e Miles Davis, sempre por meio de fotos e vídeos do banco de imagens e que aconteceram ou se conectam com os eventos do mesmo dia 8 de março de 1971.

anunciante – enquanto essa passa a povoar o consciente coletivo cultural, posicionando-se frente a esse público alvo.

É também um precioso exemplo do uso de obras preexistentes na produção de obras publicitárias, em especial, nas obras audiovisuais publicitárias. O fato do anunciante ser o próprio banco de imagens de onde as obras fotográficas e audiovisuais utilizadas foram obtidas é certamente um fator facilitador para esse tipo de produção. Ao todo, foram utilizados mais de 400 imagens editoriais, entre fotos e vídeos, o que imporia um enorme desafio para qualquer outra produção devido o trabalho hercúleo e o alto custo envolvido de se conseguir todas as autorizações e licenciamentos dessas obras – o que foi mitigado pelo fato do anunciante ser o próprio titular de todas essas obras, reforçando ainda mais o caráter singular desse filme publicitário.

Trazendo a discussão para o plano jurídico, sob a égide das regras do direito autoral, a utilização de obras intelectuais preexistentes impõe uma dificultosa tarefa de ordem prática para a devida regularização destes direitos[529]. Localizar com exatidão quem são os efetivos titulares dos direitos de exploração de uma obra intelectual nem sempre é fácil, ainda mais se consideradas as obras com múltiplos autores ou que foram objeto de comercialização de seus direitos patrimoniais. A cadeia de titulares de direitos é extensa e ainda pode ser mais complexa se consideradas as limitações geográficas ou de utilização que cada obra pode ter sido submetida em seus negócios.

De toda a sorte, para a atividade publicitária é inescapável[530] recorrer à prévia e expressa autorização para a utilização das obras intelectuais em suas obras publicitárias, conforme determina o *caput* do artigo 29 da Lei nº 9.610/1998. Deve-se ter em mente, ainda, que as autorizações para a utilização, assim como todo negócio jurídico sobre os direitos autorais, são, por força do artigo 4º da mesma lei, interpretados de forma restritiva, sempre favoráveis aos interesses do autor e/ou titular da obra[531], assim

[529] Bigot, *Op. cit.*, 1997, p. 226.

[530] *"Daí toda utilização pública da obra, que objetive o retorno pecuniário direto ou indireto (receita ou promoção), estar sujeita à incidência do direito patrimonial."* (Bittar, *Op. cit.*, 2015, p. 82)

[531] Bittar, *Op. cit.*, 2015, p. 89, Costa Netto, *Op. cit.*, 2019, p. 243 e Lebois, Audrey. *Las excepciones al derecho de autor en materia publicitaria. In:* Vera, Miguel Ángel Encabo; Rolli, Renato (Orgs.). *Publicidad y derechos de autor en algunos países de Europa*. 1. ed. Ariccia: Aracne Editrice, 2015, p. 104.

como as diversas modalidades de utilização são independentes entre si e atingem apenas o objeto da autorização concedida, no teor do artigo 31 da LDA, o que firma um dever de compromisso e disciplina para o devido tratamento dessas autorizações[532].

Muito se discute acerca da finalidade essencialmente comercial das obras publicitárias, caráter tal, que obrigaria sempre a necessidade de prévia e expressa autorização dos titulares dos direitos patrimoniais da obra. Costa Netto, relembra, contudo, que mesmo nos casos de utilização sem plena caracterização de fins lucrativos, essa autorização é necessária[533]. Realidade que importa mormente "nas hipóteses de publicidade com finalidade política, ideológica ou religiosa", quando o uso não autorizado "poderá ser ainda mais grave, pois pode representar (mesmo que indiretamente) o endosso do autor a posicionamento político, ideológico ou religioso diverso da sua convicção pessoal (do autor)"[534]. O mesmo pode ser estendido para os casos de publicidade de causas filantrópicas, que podem contradizer as convicções pessoais do autor, o que remete a uma outra dimensão do uso de obras preexistentes: a ligação direta dessas com a personalidade do autor, por meio dos direitos de ordem pessoal de autor.

A autorização – por meio de cessão, concessão ou licenciamento –, tão só atingem o espectro patrimonial dos direitos autorais. Posto que os direitos morais de autor são irrenunciáveis e inalienáveis, é preciso estar atento quanto a este feixe de direitos quando da utilização de obras preexistentes no contexto das campanhas e peças publicitárias. Ainda mais relevante, é o dimensionamento que, sobre a figura do autor também recaem os direitos personalíssimos do autor quando da utilização de sua obra, quando, eventualmente, podem ocorrer, direta ou indiretamente, ofensas à sua imagem, privacidade, honra, e outros.

Ainda que fora do escopo do Direito de Autor em si, essa é uma noção que afeta os casos das obras que estão em domínio público. O fato de estarem em domínio público, em tese, implica que as obras intelectuais estão fora do prazo do monopólio[535] de exploração econômica estipulado pela lei e conferidos ao autor ou aos titulares da obra. A sua utilização, portanto, é livre e pública, prescindindo de autorização. O que não implica

[532] Costa Netto, *Op. cit.*, 2019, p. 242 e Bittar, *Op. cit.*, 2015, p. 89.

[533] Costa Netto, *Op. cit.*, 2019, p. 241.

[534] Costa Netto, *Op. cit.*, 2019, p. 254.

[535] Bittar, *Op. cit.*, 2015, p. 92.

que não possa ser configurado uma violação aos direitos personalíssimos do autor da obra ou, ainda, que não possa estar configurada uma violação ao direito moral do autor.

Christophe Bigot preceitua que a jurisprudência francesa tem se orientado no sentido de configurar igualmente uma ofensa ao direito moral de autor quando houver a utilização de uma obra de terceiro sem a devida autorização[536], já que a utilização da obra em uma peça publicitária, com fins comerciais, atentam ao respeito da própria obra, desvalorizando-a[537].

> *La succession de ces décisions fait penser que toute utilisation publicitaire de l'oeuvre d'un tiers constitue, par principe, une altération de celle-ci se elle est réalisée sans l'accord de l'auteur ou de ses héritiers. Cela signifie que même pour les créations tombées dans le domaine public, des autorisations devront nécessairement être recueillies.*[538]

A regra, portanto, é que sempre haja a devida autorização para a composição de obras preexistentes na construção de novas obras publicitárias[539], mesmo que aquelas estejam em domínio público, ou que essas não necessariamente tenham finalidade comercial. É possível, entretanto, imaginar

[536] O autor cita o caso do uso desautorizado de obras do escultor Bouchard em um *spot* publicitário. A decisão judicial não apenas julgou o uso indevido como também determinou que houve ofensa ao direito moral do autor (Bigot, *Op. cit.*, 1997, p. 231). Mais a frente, o autor francês critica essa visão binária da jurisprudência francesa, apontando que a oposição entre obras de caráter comercial e obras artísticas não é feliz, pois endossa um ar degradante puramente baseado na sua finalidade.

[537] Algo também citado por Audrey Lebois, ao afirmar que *"la jurisprudencia* (francesa) *constantemente considera además que el desvío de una obra a fines publicitarios atenta contra el derecho al respeto de la obra; poca importancia tiene la renovación de la notoriedad que puede serle aportada, si llega el caso, por la publicidad".* (Lebois, *Op. cit.*, 2015, p. 104-105)

[538] Bigot, *Op. cit.*, 1997, p. 232.

[539] Sobre o tema, é com relevância e interesse que segue o relato de Washington Olivetto sobre um de seus comerciais, ao ser selecionado para compor uma coletânea de DVD com os comerciais do mundo que deveriam ser vistos. *"Nem me preocupei com o fato de nem eu nem a Garoto termos autorizado a presença do filme naquela coletânea. Fiquei feliz da vida por termos sido lembrados e ponto. O que o pessoal que selecionou o filme para a coletânea não sabe é que, apesar da trilha sonora ter o mesmo arranjo da gravação original e a mesma voz de Frank Sinatra, quem canta 'I Had the Craziest Dream' no filme Garotos Sonhos não é o Sinatra. Só depois de comprarmos os direitos autorais da canção para o filme é que descobrimos que o Sinatra não liberava os direitos fonomecânicos das suas gravações para comerciais, coisa que me deixou meio frustrado. Quem resolveu o problema foi o maestro Vicente Salvia, o Vitché, que não só fez o arranjo igual ao da gravação original como colocou para cantar um perfeito imitador do Sinatra que ele conhecia de suas andanças pela noite paulistana."* (Olivetto, *Op. cit.*, 2018, p. 82).

algumas hipóteses de limitação do direito autoral para obras de terceiro em matéria publicitária.

Sobre o tema, em análise da lei e jurisprudência francesa, Audrey Lebois assevera que há uma "estreita margem para manobra"[540], evidenciando que as hipóteses de limitação dos direitos autorais são residuais e excepcionais em se tratando de matéria publicitária. O artigo L. 122-5 do *Code de la Propriété Intellectuelle* francês trata sobre as hipóteses de limitação dos direitos autorais – que seria ao correlato artigo 46 da lei brasileira de direitos autorais.

De pronto, a professora francesa afasta a aplicação da limitação sob o critério da citação (previsto no artigo L. 122-5 3º CPI), já que o uso publicitário em nenhum aspecto cumpre com as justificativas estabelecidas pela lei, a saber, o uso de forma crítica, controversa (que permita a discussão), educacional, científica ou informativa. Christophe Bigot acompanha o mesmo entendimento, ao estatuir que *"on imagine mal qu'une création publicitaire puisse valablement invoquer les nécessités de l'information"*[541]. O dispositivo da lei francesa ainda estabelece que as citações devem ser indicadas juntamente com o nome do autor da obra fonte da citação, o que pode representar uma impossibilidade técnica nas obras publicitárias. Note-se que a lei brasileira, expressa no inciso III, do artigo 46 da LDA, determina as mesmas condições para que uma citação seja válida, e desimpedida quanto à autorização do autor.

Na sequência, Lebois pondera que a limitação estabelecida pelo artigo L. 122-5 9º do CPI, que trata sobre a reprodução parcial ou integral de trecho de uma obra intelectual para fins de informação também não seria alcançado pelas obras publicitárias, por estas não perseguirem os fins diretos de informação. Tal entendimento também pode ser aplicado ao inciso VIII, do artigo 46 da LDA, já que o uso da obra em uma peça publicitária pode implicar em prejuízo da exploração normal da obra reproduzida ou um prejuízo injustificado aos interesses dos autores, conforme preceitua

[540] LEBOIS, *Op. cit.*, 2015, p. 105.

[541] BIGOT, *Op. cit.*, 1997, p. 235. Fica aqui uma pequena provocação sobre a limitação autorizada por citação nos casos de obras publicitárias fundadas nas novas concepções de comunicação publicitárias, como o exemplo já citado do documentário "Em busca da cerveja perfeita", que parece traçar uma finalidade muito mais informativa do que persuasiva, de mera índole comercial em si, embora, por outro prisma, seja difícil dissociar a sua gênese enquanto um instrumento da comunicação publicitária da marca anunciante. Não se pretende qualquer resposta, mas apenas um tema a ser discutido futuramente.

o dispositivo[542]. Lebois, ao avaliar a "regra dos três passos", adjudicada na sequência do artigo L. 122-5 9º CPI e válida para todas as hipóteses do dispositivo, avalia que uma obra publicitária será sempre um (i) caso especial e (ii) não competirá com a exploração ordinária (normal) da obra, entretanto, nestes casos, parece não haver o cumprimento do terceiro passo já que, para a autora, (iii) há um potencial de injustificável prejuízo aos interesses do autor, por restar configurado a perda por lucros cessantes[543].

Essa foi a conclusão a que a professora Lebois chegou ao avaliar a limitação permitida nos casos de paródias, para, enfim, sobrepor o monopólio exclusivo do autor ou titular sobre a limitação, que se funda na liberdade de expressão[544]. Historicamente[545], a publicidade sempre se utilizou da paródia e da caricatura como procedimentos técnicos de sua comunicação, dentro do que o professor Carrascoza assinala como uma "opção criativa" adotada pela proximidade cultural entre a obra e o público[546].

Analisando também as paródias publicitárias, Christophe Bigot, afirma que[547], num primeiro momento, a legislação francesa de propriedade intelectual não faz qualquer distinção quanto à (i) natureza e à (ii) destinação da obra neste caso específico de limitação. Todavia, o autor francês contrapõe que as exceções ao direito autoral devem respeitar a *"loi du genre"*, e é bem evidente que a paródia publicitária foge do sentido original da paródia pensada pelo legislador, calcada na crítica e na liberdade de expressão, já que a primeira se aproxima de uma utilização comercial. Também

[542] Muito embora, como bem relembrou Manoel J. Pereira dos Santos, a jurisprudência nacional já permitiu a hipótese de limitação dos diretos autorais prevista no dispositivo para a sua aplicação em obras publicitárias: "RECURSO ESPECIAL. DIREITO AUTORAL. TELA QUE COMPÔS CENÁRIO DE FILME PUBLICITÁRIO. ALEGAÇÃO DE EXPOSIÇÃO NÃO CONSENTIDA. LIMITAÇÕES AO DIREITO. ART. 46 DA LEI N. 9.610/1998. PERMISSÃO DE EXPOSIÇÃO DE PEQUENOS TRECHOS DA OBRA. CARÁTER ACESSÓRIO. INEXISTÊNCIA DE PREJUÍZO INJUSTIFICADO AO AUTOR. VIOLAÇÃO AO ART. 535 DO CPC. NÃO OCORRÊNCIA." (BRASIL. STJ. REsp nº 1.343.961-RJ, 4ª Turma, Min. Rel. Luis Felipe Salomão. DJ. 06.10.2015).

[543] Lebois, *Op. cit.*, 2015, p. 111-112.

[544] Lebois, *Op. cit.*, 2015, p. 112.

[545] As paródias, *"em verdade, seguem uma longa tradição iniciada, no Brasil, com músicos e compositores que, a partir dos anos 30, convidados pelas agências de propaganda, alteravam as próprias letras para divulgar produtos. É o caso de Noel Rosa, que parodiou alguns versos de sua música 'De babado', para 'vender' os cigarros da marca Yolanda."* (Carrascoza, *Op. cit.*, 2008, p. 62)

[546] Carrascoza, *Op. cit.*, 2008, p. 65

[547] Bigot, Op. cit., 1997, p. 239.

suporta a argumentação de que a paródia publicitária pode originar um prejuízo injustificado para o autor, mesmo que na esfera econômica, tal como assinalou Lebois. Assim, Bigot conclui que a paródia publicitária, sem a devida autorização, é um "exercício de alto risco"[548].

No Brasil, o tema parece ser tratado com mais flexibilidade. Nos raros casos em que o Superior Tribunal de Justiça tratou sobre o uso (in)devido de obras preexistentes em obras publicitárias, se destaca o julgado do Recurso Especial nº 1.597.678 – RJ[549], de relatoria do Ministro Ricardo Villas Bôas Cueva, em que se analisou se haveria violação de direitos autorais no *outdoor* publicitário de uma rede de hortifruti no qual havia a inscrição "olha que couve mais linda", em referência à música "Garota de Ipanema", de Tom Jobim e Vinícius de Moraes. Por unanimidade, o acórdão negou provimento ao recurso apresentado pela recorrente, Universal Music Publishing MGB Brasil, sob a fundamentação de que a paródia é lícita e consiste em livre manifestação do pensamento, desde que (i) não seja uma reprodução da obra originária, revelando algum acréscimo criativo e (ii) que não possua nenhuma conotação depreciativa ou ofensiva à criação ou ao autor dela, nos termos da exegese do artigo 47 da LDA, que prevê a limitação por paródia e paráfrases. Ainda, para os julgadores, a paródia cumpria com sua função satírica, de comicidade, ao passo que não desvalorizava ou ofendia os autores da canção[550].

Finalmente, cumpre tratar dos casos em que obras publicitárias representam obras intelectuais que estejam situadas permanentemente em logradouros públicos – tema que é versado pelo artigo 48 da LDA, que restringe a representação de tais obras por meio de pinturas, desenhos, fotografias e procedimentos audiovisuais. Muito embora o referido dispositivo não estenda nenhuma regulação maior sobre a forma e a destinação de tais representações, em se tratando de matéria publicitária, a aplicação de tal regra ganha contornos mais complexos pelas decisões judiciais verificadas nos tribunais brasileiros.

[548] Bigot, Op. cit., 1997, p. 239.

[549] STJ. REsp nº 1.597.678 – RJ. Terceira Turma. Min. rel. Ricardo Villas Bôas Cueva. DJO. 21 de agosto de 2018.

[550] Este julgado amparou nova decisão sobre o tema (REsp nº 1.810.440), mas pelo uso da paródia em propaganda política, realizada pelo artista Tiririca durante a campanha eleitoral, em que ele parodiou trecho da canção de Roberto Carlos. A mesma fundamentação jurídica foi aplicada para os dois casos.

Com a popularização e profusão dos grafites na cultura urbana brasileira, é comum encontrarmos diversas dessas obras de artes adornando as ruas e muros das cidades. É bem verdade que o Brasil é carente de mais equipamentos e obras de artes em seu mobiliário urbano, talvez por isso que, grande parte das decisões analisadas[551] versem sobre a espécie de obra de arte "grafite", posto que, em muitos casos, são as solitárias expressões culturais que permeiam o itinerário do vai e vem cotidiano de nossos cidadãos. Fato é que, os grafites estão presentes nas mais remotas cidades e regiões, fazendo parte do cenário urbano e representando uma expressão artística cosmopolita e democrática. Não seria estranho, portanto, que os grafites e seus autores "emprestassem" suas artes para a comunicação publicitária. Daí que surgem os conflitos.

De modo geral, a limitação prevista no artigo 48 da LDA não se aplica nos casos de obras publicitárias, posto que verificável nestas, eminente caráter comercial e fins lucrativos, ainda que indiretos. Nesse sentido, oportuna a lição de José Carlos Costa Netto, que, em parecer sobre o tema de representação de obras situadas em logradouros públicos, tratou sobre a confusão recorrente entre os conceitos de "domínio público" e "logradouro público", asseverando entendimento que é uníssono na jurisprudência sobre o tema, ao afirmar que

> *a instalação de obra intelectual protegida em logradouro público obriga – diferentemente – a obtenção de prévia e expressa autorização, onerosa ou não, do seu autor ou sucessores. É, portanto, o titular em pleno exercício de seu direito patrimonial e não uma titularidade que inexiste ou cessou.*[552]

As obras situadas em logradouros públicos, de caráter permanente, são um patrimônio público, por sua situação *sui generis*, de exposição ao público. Ainda assim, preservam suas prerrogativas legais de proteção autoral[553]

[551] Os exemplos são relativamente numerosos, mas apenas em sede dos tribunais estaduais. A exemplo, citam-se os mais recentes casos julgados pelo Tribunal de Justiça do Estado de São Paulo: TJSP. Apelação cível n. 1085160-40.2018.8.26.0100, Rel. Des. Coelho Mendes, DJO. 03 de setembro de 2019; TJSP. Apelação Cível nº 1057152-53.2018.8.26.0100, Rel. Des. Silvério da Silva, DJO. 27 de novembro de 2019.

[552] Costa Netto, José Carlos. *Estudos e pareceres de direito autoral.* Rio de Janeiro: Forense, 2015, p. 69.

[553] Nos casos do grafite, por exemplo, uma questão adjacente é a reflexão que se pode fazer diante o fato da prefeitura de São Paulo ter promovido uma política pública de "limpeza"

ressalvada a limitação, excepcional, prevista em lei[554]. Se o dispositivo legal é lacunoso e deixa margens à interpretação, a jurisprudência sobre o tema não o é, deixando claro que, obras, peças e campanhas publicitárias devem estar plenamente autorizadas pelos autores e titulares das obras intelectuais que ornamentam os passeios públicos.

Talvez – em dedução de puro foro íntimo, sem qualquer embasamento científico –, a maior convivência dos franceses com obras de arte em suas cidades, desde sua rica arquitetura às constantes esculturas ornamentais, os fizeram tratar o assunto diferentemente, especialmente em sede jurisprudencial. Há, ali, uma consideração mais branda da representação das obras situadas em logradouros públicos, como anota Christophe Bigot, primeiramente a sedimentar que o fato dessas obras estarem em terreno público não afasta a incidência da proteção autoral[555], para, depois, condicionar essa proteção aos casos em que a representação ou reprodução dessas obras seja a título principal.

Destaca-se, então, o princípio de reprodução ou representação acessória[556] da obra, que, a princípio, limita os direitos autorais, mesmo nos casos de obras publicitárias. Seguindo tal princípio, há duas condições para a efetiva limitação: (i) o caráter acessório da representação da obra (ii) situada em local público. A representação acessória da obra, segundo Audrey Lebois, não deve ser confundida quando a representação ou reprodução não identifica os signos característicos e originais da obra. Para a autora, a exceção da representação acessória *"reenvía los casos en los cuales la obra es representada o reproducida porque los trazos característicos y originales de la obra le son comunicadas al público, pero la obra no es el objeto principal representado o tratado"*[557]. Assim, aplica-se tal princípio, quando a obra representada é apenas um elemento secundário – acessório –, e não se constitui como

urbana, ao apagar diversas obras de grafites expostas na cidade. O fato foi retratado pelo documentário "Cidade cinza", de 2013, de direção de Marcelo Mesquita e Guilherme Valiengo, e, no seio autoralista, provocou um debate acerca da violação dos direitos morais de autor dos respectivos artistas.

[554] Costa Netto, *Op. cit.*, 2015, p. 69-70.

[555] Bigot, Op. cit., 1997, p. 240.

[556] *"Le principe selon lequel la reproduction d'une oeuvre située dans un lieu public n'est possible qu'avec l'autorisation de l'auteur souffre une exception lorsque les 'traits caractéristiques' de l'oeuvre ne sont pas livrés au public."* (Bigot, Op. cit., 1997, p. 240)

[557] Lebois, *Op. cit.*, 2015, p. 114.

elemento central em relação ao objeto tratado, o que garante uma maior elasticidade, inclusive para as produções publicitárias[558].

2.4.2. O "plágio publicitário" – a não proteção da ideia publicitária

"The bad artists imitate, the great artists steal."
Banksy[559]

Outro tema relevante no trato de obras intelectuais em matéria publicitária é em relação à condenável prática do plágio, que, nesse universo peculiar, ganha contornos igualmente próprios, ao se notabilizar um conceito de plágio publicitário mais maleável em relação ao conceito jurídico autoralista de plágio. Nem tanto pela sua definição, que segue os exatos ditames teóricos, mas, muito pela própria atividade publicitária e seus processos de criação intertextuais, que acabam relativizando essa forma injusta de apropriação intelectual – quase que numa nova forma de "apropriação amigável"[560], seguindo a expressão cunhada por Oliver Sacks sobre o ambiente criativo literário do Reino Unido no século XVII, recordada pela prestigiosa lição da professora Silmara Juny de Abreu Chinellato[561].

De início, cabe recordar que o Código de Ética dos Profissionais da Propaganda, publicado pelo próprio setor e referendado com força legal pela Lei nº 4.680/1965, normativiza que "o plágio, ou a simples imitação de outra propaganda, é prática condenada e vedada ao profissional". No marco legal autoral, contudo, a conduta do plágio não é prevista expressamente,

[558] LEBOIS, *Op. cit.*, 2015, p. 114.

[559] Ver imagem 53/61. BANKSY. Disponível em <https://www.banksy.co.uk/in.asp>. Acesso em: 18 de dezembro de 2019.

[560] Não tanto por ser uma prática celebrada no meio, posto que ainda reprovável. Mas pela sua alta taxa de recorrência e na assimilação de que os plagiados, por vezes são também plagiadores, criando um ambiente de maior tolerância de tal prática. A título ilustrativo, no ano de 2018, apenas 2% dos processos instaurados no CONAR versavam sobre a questão de direitos autorais.

[561] CHINELLATO, Silmara Juny de Abreu. *Violações de direito autoral: plágio, "autoplágio" e contrafação. In:* COSTA NETTO, José Carlos (Coord. geral); EGEA, Maria Luiza de Freitas Valle; CARASSO, Larissa Andréa (Coord. nacional); MATES, Anitta; PONTES, Leonardo Machado (Coord. internacional). *Direito autoral atual.* 1. ed. Rio de Janeiro: Elsevier, 2015, p. 202.

o que, "não significa que o plágio não seja condenável juridicamente. Ao contrário, trata-se da infração mais odiosa na seara do Direito Autoral"[562].

Acompanha o mesmo entendimento, o autoralista José Carlos Costa Netto, a quem "o crime de plágio representa o tipo de usurpação intelectual mais repudiado por todos: por sua malícia, dissimulação, pela consciente e intencional má-fé do infrator em se apropriar – *como se de sua autoria fosse* (sic) – de obra intelectual (*normalmente já consagrada*) que sabe não ser sua"[563].

Nesse pequeno trecho, condensam-se precisamente o esteio teórico que delineia o plágio. Nesse sentido, na falta de uma definição legal do conceito de plágio, cabe à doutrina fazê-lo[564]. Assim, Carlos Alberto Bittar, define o plágio como "imitação servil ou fraudulenta de obra alheia, mesmo quando dissimulada por artifício, que, no entanto, não elide o intuito malicioso"[565]. Para o professor, o plágio atenta contra a própria personalidade do autor, por haver a "frustração de paternidade"[566], já que, a sua configuração "ocorre com a absorção do núcleo da representatividade da obra, ou seja, daquilo que a individualiza e corresponde à emanação do intelecto do autor"[567]. O plágio, então, é uma forma delituosa por atentar contra a "identidade de traços essenciais e característicos"[568] da obra plagiada.

Para Manoel J. Pereira dos Santos, plágio é "basicamente a usurpação do trabalho criativo de terceiro em que o autor não recebe crédito pela con-

[562] Pinheiro, Luciano Andrade. *Reflexões sobre o plágio. In:* Moraes, Rodrigo (Coord.). *Estudos de direito autoral: em homenagem a José Carlos Costa Netto.* Salvador: EDUFBA, 2017, p. 249.

[563] Costa Netto, *Op. cit.*, 2015, p. 331.

[564] A professora Silmara Chinellato, em seu artigo sobre o tema, expõe a conceituação dada pelo artigo 124 da Lei nº 13.714, de 1961, promulgada no Peru e que, posteriormente, foi revogada pelo Decreto Lei nº 822, 1996, que não replicou a conceituação (Chinellato, *Op. cit.*, 2015, p. 203). O mesmo artigo também é indicado nas lições de Costa Netto (Costa Netto, *Op. cit.*, 2019, p. 513). Ambos encontraram suas referências na pesquisa do Professor Antonio Chaves. O professor Manoel J. Pereira dos Santos, por seu turno, relembra o artigo 31 da Lei nº 4/90, de 1990, de Angola e do artigo 32 do Decreto de 9 de janeiro de 1968 do Haiti. (Santos, Manoel J. Pereira dos Santos. *Contrafação e plágio como violações de direito autoral. In:* Santos, Manoel J. Pereira dos; JABUR, Wilson Pinheiro (orgs.), *Série GVlaw: Propriedade Intelectual: Direito Autoral*. São Paulo: Saraiva, 2014, p. 181).

[565] Bittar, *Op. cit.*, 2015, p. 164.

[566] Bittar, *Op. cit.*, 2015, p. 164.

[567] Bittar, *Op. cit.*, 2015, p. 165.

[568] Bittar, *Op. cit.*, 2015, p. 165.

tribuição que foi aproveitada"[569]. Ao professor, é o "elemento fraudulento, ou seja, o fato de que se trata de uma cópia disfarçada ou dissimulada"[570] do plágio que o distancia de outras formas delituosas, como a contrafação[571], por exemplo. Manoel dos Santos ainda apresenta a distinção entre (i) plágio material, que seria a cópia servil, enquanto reprodução literal da obra protegida, do (ii) plágio virtual ou ideológico, "modalidades mais complexas de aproveitamento do trabalho criativo de terceiro"[572] que visam a cópia da "forma interna"[573].

Costa Netto, ressalta o caráter subjetivo do plágio, em que deve restar clara a "existência efetiva da intenção de plagiar"[574] para a caracterização do ilícito, o que, por consequência, implica na análise de cada caso concreto[575]. Nesse sentido, o autoralista elenca cinco critérios objetivos para a análise concreta de plágio, a saber:

> *(a) o grau de originalidade da obra supostamente plagiada; (b) a anterioridade de sua criação (e publicação) em relação à obra supostamente plagiária; (c) o conhecimento efetivo, ou, ao menos, o grau de possibilidade de o autor supostamente plagiário ter tido conhecimento da obra usurpada, anteriormente à criação da sua obra; (d) as vantagens – econômicas ou de prestígio intelectual ou artístico – que o plagiário estaria obtendo com a usurpação; e, (e) o grau de identidade ou semelhança (em relação aos elementos criativos originais) entre as duas obras.*[576]

Silmara Chinellato, ante a difícil caracterização concreta do plágio[577], trata o assunto primeiramente movendo as fundamentações basilares do próprio Direito de Autor, o qual não defende a ideia, que faz parte do "acervo cultural da Humanidade"[578], mas se destina à proteção à "forma

[569] Santos, *Op. cit.*, 2014, p. 180-181.
[570] Santos, *Op. cit.*, 2014, p. 182.
[571] Bittar aponta a diferença fundamental entre as duas formas: *"tem-se, outrossim, por contrafação, a publicação ou reprodução abusivas de obra alheia. O pressuposto é o da falta de consentimento do autor, não importando a forma extrínseca (a modificação de formato em livro), o destino, ou a finalidade da ação violadora."* (Bittar, *Op. cit.*, 2015, p. 164).
[572] Santos, Op. cit., 2014, p. 184.
[573] Santos, *Op. cit.*, 2014, p. 189.
[574] Costa Netto, *Op. cit.*, 2019, p. 514.
[575] O que também é ressaltado por Carlos A. Bittar (Bittar, *Op. cit.*, 2015, p. 164.).
[576] Costa Netto, *Op. cit.*, 2019, p. 514-515.
[577] Chinellato, *Op. cit.*, 2015, p. 211.
[578] Ideia compartilhada também pelo professor português José de Oliveira Ascensão. (Ascensão, *Op. cit.*, 1997, p. 28)

como ela se 'veste', como se apresenta, com a criatividade singular de cada pessoa", ponderando ainda que se deve ter em mente a "intercontextualidade, o aproveitamento de fontes comuns" já que não há originalidade absoluta[579]. Deve, portanto, o Direito de Autor se prestar à proteção das criações intelectuais que apresentem originalidade e individualidade.

Nessa proposta, a professora adota uma avaliação sobre o mérito da obra supostamente plagiária, ao elencar os seus requisitos para a caracterização do plágio, que se seguem cumulativamente: (i) a inconteste protegibilidade da obra supostamente plagiada pelo direito autoral, tomada o juízo de sua originalidade e individualidade; (ii) a intenção usurpadora de obra alheia; (iii) prejuízo de ordem material e/ou moral para a obra supostamente plagiada; (iv) fruição dos elementos centrais da obra supostamente plagiada; (v) "insubsistência" e ausência de individualidade da obra que supostamente recaia o plágio; (vi) ao contrário, "subsistência" e individualidade da obra supostamente plagiária, "a demonstrar a sua irrelevância para a obra à qual se imputa o plágio"[580].

Na leitura de Ivana Có Galdino Crivelli, a autoralista menciona decisão da 2ª Câmara Cível do Tribunal de Justiça do Estado de São Paulo[581] em que se reconheceu o plágio de obra publicitária por meio de 3 aspectos: "identidade de forma de expressão, interesse econômico e prova de acesso"[582].

Em relação ao interesse econômico, Ivana Crivelli ressalta que tal requisito é cumprido através da apreensão de haver uma concorrência entre empreendedores do mesmo segmento econômico[583]. Nesse sentido, a autora cita novo acórdão[584] do Tribunal de Justiça do Estado de São Paulo que afastou a caracterização de plágio entre uma peça de teatro (supostamente plagiada) por uma campanha publicitária, pelo fato de que as obras

579 Chinellato, *Op. cit.*, 2015, p. 204. Conceito que já foi tratado também por Carlos Alberto Bittar, que regra pela originalidade relativa. (Bittar, *Op. cit.*, 2015, p. 47)

580 Chinellato, *Op. cit.*, 2015, p. 214-215.

581 TJSP. Apelação Cível nº 5.724/89, 2ª Câmara Cível. Rel. Des. Maurício Fábregas. DJO. 24 de abril de 1990.

582 Crivelli, Ivana Có Galdino. *O plágio na obra audiovisual. In:* Costa Netto, José Carlos (Coord. Geral); Egea, Maria Luiza de Freitas Valle; Carasso, Larissa Andréa (Coord. nacional); Mates, Anitta; Pontes, Leonardo Machado (Coord. internacional). *Direito autoral atual.* 1. ed. Rio de Janeiro: Elsevier, 2015, p. 147.

583 Crivelli, *Op. cit.*, 2015, p. 150.

584 TJSP. Apelação Cível nº 0120649-73.2009.8.26.0100, 1ª Câmara de Direito Privado. Rel. Des. Claudio Godoy. DJO. 26 de julho de 2012.

intelectuais sequer compartilhavam o mesmo segmento cultural, além de alcançarem públicos distintos. Por essa síntese da lógica aduzida no acórdão, leva-se a crer que o plágio publicitário somente seria concretizado, então, quando opostas duas obras publicitárias, posto que concorrentes do mesmo segmento. Tal premissa não parece, *a priori*, ser o melhor norte para se tomar como regra geral[585]. O caso em tela certamente teve maiores nuances, assim como a caracterização de um plágio, em qualquer circunstância, deve sempre ser analisada caso a caso.

Quanto à prova de acesso, essa é coincidente com o terceiro requisito objetivo apontado acima por Costa Netto, e deve fundamentar que o plagiário teve conhecimento ou tinha potencial meios para ter conhecimento da obra plagiada, o que revela ser uma máxima no meio publicitário, em decorrência das constantes trocas de informações entre os agentes, dos diversos festivais mundo afora destinados a premiar as mais criativas peças publicitárias, e mesmo da grande divulgação em mídias especializadas dos grandes casos de sucesso. A própria tradição do ensino da publicidade se dá, em grande parte, na análise e dissecação minuciosa de exemplos de êxito, tanto comercial, como comunicacional – que viram os *cases* para os publicitários. Há, então, uma constante troca do acervo intelectual publicitário, que se perfaz como, não só um método de aprendizagem, mas parte do próprio processo criativo das agências de publicidade, produtoras de fonograma e audiovisuais que prestam seus serviços em campanhas publicitárias[586].

O que subsequentemente leva ao outro requisito apontado por Ivana Crivelli, o da identidade da forma de expressão, que, segundo a autora, é

585 Mesmo porque, como elenca a professora Silmara Chinellato em seus requisitos, o prejuízo percebido pode não ser apenas de ordem patrimonial, mas de ordem moral também que, inescapavelmente, irá repercutir-se por uma expressão patrimonial, na teoria monista defendida pela autoralista.

586 Sobre esse aspecto, é oportuna a orientação de Vinícius Mano, comentando sobre os processos criativos, o autor cita como um dos métodos possíveis, o *"Catálogo Kickstart, constituído a partir da análise de mais de dez mil campanhas, todas premiadas em festivais reconhecidos de publicidade. esse catálogo é apresentado de forma prática, por meio de duzentas perguntas, com o objetivo de provocar a fase inicial da geração de ideias. Devido ao tamanho do catálogo você não precisará utilizá-lo na íntegra. Até mesmo o autor sugere a escolha aleatória de alguns itens do catálogo como suficiente para o desencadeamento inicial de ideias"* (Mano, *Op. cit.*, 2014, p. 91). Outra prática comum no universo publicitário é a confecção de peças criadas por publicitários com a intenção de influenciar outros publicitários (Cf. Carrascoza, *Op. cit.*, 2014, p. 35).

"o domínio de técnica e de arranjos, bem como de artifícios para comunicar e tentar tornar perceptíveis sentimentos e ideias"[587]. Nesse sentido, retoma-se a concepção da não proteção de ideias e temas pelo sistema autoral, quando Crivelli aponta para a possibilidade de existência de "coincidências criativas", quando dois autores distintos poderiam produzir obras assemelhadas ou muito próximas criativamente[588], quando seria necessário aplicar o exame de mérito quanto à originalidade/individualidade das obras, referendados pela professora Silmara Chinellato.

Luciano Pinheiro, referindo-se sobre as excludentes de plágio, apõe o conceito de "coincidência fortuita"[589], quando há a semelhança entre as obras, mas "há uma impossibilidade de ter sido fruto de ato deliberado", porque o autor da obra plagiária desconhecia a obra plagiada[590]. Ou, ainda também a ocorrência da "reminiscência" ou "criptomnésia", na lição de Manoel Pereira dos Santos, "que é um distúrbio da memória em que a pessoa considera como novidade aquilo que deveria lhe ser familiar, pois que está no seu subconsciente"[591]. Sobre essa excludente, questiona-se sua fundamentação baseada no aspecto subjetivo, já que, por ser inconsciente, a princípio, não estaria configurada a intenção do autor plagiador[592]. Apesar da excludente, os direitos do autor da obra primígena restariam preservados, posto que a lesão de seus direitos independe da "boa-fé da parte infratora"[593], segundo lição do professor e amparado pela decisão da corte norte-americana sobre o caso de plágio da música *"My sweet lord"*, de George Harrison, e a música *"He's so fine"*, interpretada pelo quarteto feminino The Chiffons[594].

O tema do plágio publicitário, visto de dentro da própria atividade, é, nas palavras de João Anzanello Carrascoza, "assunto delicado no dia-a-dia das agências de propaganda e de inegável relevância no trabalho dos profis-

[587] Crivelli, *Op. cit.*, 2015, p. 147.

[588] Crivelli relembra que o conceito de coincidência criativa foi utilizado para o julgamento do Recurso Especial nº 655.035-PR, já comentado nesse estudo (Crivelli, *Op. cit.*, 2015, p. 149).

[589] Segundo Manoel J. Pereira dos Santos, a possibilidade dessa ocorrência é uma hipótese "bastante controvertida" (Santos, *Op. cit.*, 2014, p. 194).

[590] Pinheiro, *Op. cit.*, 2017, p. 250.

[591] Santos, *Op. cit.*, 2014, p. 198.

[592] Santos, *Op. cit.*, 2014, p. 200.

[593] Santos, *Op. cit.*, 2014, p. 200.

[594] Caso também comentado pela professora Chinellato (Chinellato, *Op. cit.*, 2015, p. 203).

sionais de criação"[595]. Carrascoza menciona o processo de globalização que acaba por universalizar também o repertório cultural, aprofundando ainda mais a utilização dos discursos *ready-made* que acabam, muitas vezes, igualando os "enunciados fundadores" das mensagens publicitárias[596]. Afinal, "as referências culturais podem ser usadas como matéria-prima pela publicidade o tempo todo, sendo um *continuum* à disposição dos criativos"[597].

Essa realidade dimana, então, numa "exploração intertextual massiva"[598], implicando no crescimento de inúmeros exemplos onde pode ser alegada a ocorrência de plágios[599]. Algo que passa também, segundo o professor, por uma própria ignorância quanto ao processo criativo e a própria fundação ética e legal da proteção das ideias pelos publicitários[600].

> *Não é por acaso que a apropriação da máxima de Lavoisier é a mais emblemática adaptação no dia-a-dia das agências de propaganda: "Na natureza nada se cria, tudo se copia"*[601].

O que se questiona, enfim, é se essa intertextualidade massiva[602], considerada uma "dinâmica natural da atividade criativa"[603] contemporânea, seria um fator legitimador, relativizando o plágio em matéria publicitária.

595 Carrascoza, *Op. cit.*, 2008, p. 117.

596 Nesse sentido, versando sobre obras audiovisuais publicitárias, Rogério Covaleski também encontra esse fenômeno de empréstimo de inspirações em outras fontes intelectuais. Segundo ele, *"com um natural esgotamento de ideias originais e a saturação de modelos e soluções criativas preconcebidas, a alternativa pelo reuso de ideias já realizadas aparece como recurso aceitável e até, muitas vezes, 'criativo'. Gerar criatividade, porém sem ineditismo, é a ocorrência mais comum ao se recorrer ao roteiro, ao personagem, à ambientação, ao cenário ou a qualquer outro elemento pertencente a uma obra cinematográfica. Roteirizar um filme publicitário a partir de algo visto nos cinemas, nada mais é do que beber em uma das muitas fontes de informação e cultura disponíveis, e ao alcance de todo criador de peças para publicidade"* (Covaleski, Op. cit., 2015, p. 72).

597 Carrascoza, *Op. cit.*, 2008, p. 117.

598 Carrascoza, *Op. cit.*, 2008, p. 130

599 *"Se o fragmento de algum discurso é incorporado em uma peça publicitária sem modificação, ou seja, de forma integral, temos, como já dissemos, um ready-made. E, nessa condição, a chance de ocorrer coincidência, ou mesmo plágio, é muito maior"* (Carrascoza, *Op. cit.*, 2008, p. 124).

600 Carrascoza, *Op. cit.*, 2008, p. 120.

601 Carrascoza, *Op. cit.*, 2008, p. 123.

602 O aproveitamento do conceito criativo, por si só, não enseja o plágio, desde que a obra criada se demonstre com elementos individualizadores, o que fica claro no trecho narrado por Washington Olivetto: *"Sendo muito sincero, esse recurso de mostrar com graça um cigarro ou uma bebida como consolo para uma situação adversa não era novo. As cigarrilhas inglesas Hamlet, por exemplo,*

É oportuna essa indagação ao realizar o tamanho infindável do acervo de supostos plágios ou meras coincidências que acontecem na publicidade a nível mundial. Tanto é assim que desde 1999 está na rede mundial o site "Joe la pompe"[604], dedicado exclusivamente para contrapor os diversos anúncios publicitários em que aparentemente há a observância de plágios. O site ainda oferece uma breve contextualização dos casos expostos, informando os nomes da campanha, o ano de sua veiculação, a agência de publicidade responsável por sua criação, um breve julgamento do editor do site e uma ferramenta que permite os visitantes "serem os juízes", optando por decidir se foi uma coincidência ou uma imitação.

O referido site é um verdadeiro acervo mundial sobre o tema "plágio publicitário", e, por consequência, da própria produção publicitária, escancarando a relativa criatividade e originalidade de suas construções discursivas – entre as formas, os conteúdos, os temas e, propriamente, das ideias e conceitos publicitários[605].

Destacando dois exemplos de possíveis plágios publicitários, para breve análise diante o exposto nesta seção do estudo, tem-se, primeiramente, um famoso caso no meio publicitário de anúncios impressos e eletrônicos da Fundação brasileira SOS Mata Atlântica e o outro da divisão holandesa do Greenpeace, lançado poucos meses após, em que, ambos utilizam o mesmo conceito: a ilustração de códigos de barras como se fossem troncos de árvores, simbolizando o impacto ambiental do consumo excessivo. Há algumas diferenças na forma representada, embora a semelhança conceitual e o aproveitamento dos elementos centrais de uma obra sobre a outra são inegáveis[606]. Ainda assim, mesmo se tratando de segmentos sociais coin-

fizeram em 1966 uma campanha que durou anos com o tema 'Happiness is a cigar called Hamlet', que tinha esse espírito. Assim como as cervejas Heineken, que em 1973 trilharam esse mesmo caminho com a campanha 'Heineken refreshes the parts other beers cannot reach'. O mérito do nosso comercial de Charm, criado depois dos comerciais de Hamlet e Heineken, estava na produção e na direção perfeitas, na trilha sonora com a canção 'Teach Me Tiger', sensualmente interpretada pela April Stevens, e na atuação do personagem principal, o ator amador – e até então desconhecido – Emile Eddé." (OLIVETTO, *Op. cit.*, 2018, p. 32).

603 SANTOS, *Op. cit.*, 2014, p. 176.

604 Recomenda-se fortemente uma visita ao site, pela riqueza do material e pela abordagem interativa e informativa de seu conteúdo. Ver *Joe la pompe*. Disponível em: <https://www.joelapompe.net/>. Acesso em: 06 de janeiro de 2020.

605 Ainda que estes aspectos, repise-se, não são abarcados pelo Direito de Autor. Mas demonstra esse caráter de empréstimo criativo, tão recorrente nessa realidade.

606 Para visualização das imagens, ver RODRIGUES, Aline. *Mera coincidência? 02*. O fantástico mundo publicitário.

cidentes – ambas organizações atuam na defesa do meio ambiente – seria possível argumentar as hipóteses excludentes de coincidência fortuita ou reminiscência? Para Carrascoza, em análise sobre o caso, há sim uma margem positiva para a coincidência, já que "toda peça publicitária advém de uma associação de idéias do redator e do diretor de arte. Se ambos receberem um *briefing* semelhante ao que foi passado para uma dupla de criativos em outra parte do mundo, podem chegar às mesmas soluções"[607].

O segundo caso destacado é quanto ao conflito gerado entre a Rede Record de Televisão e a empresa de serviços de *video on demand*, Netflix[608]. A referida rede de televisão, valendo-se de uma afirmação do apresentador Silvio Santos à revista Veja, de que ele assistia ao seriado *Breaking Bad* – transmitido pela Record–, produziu um anúncio informando o fato e convidando os leitores a assistirem ao programa em seu canal. Quase que imediatamente, em seu perfil da rede social, *Twitter*, a Netflix apôs o mesmo anúncio fazendo pequenas alterações: na cor de fundo, para remeter a sua identidade visual; à recomendação de se assinar o serviço prestado, e; com mudança do logo de assinatura. Todo o resto do texto, desde sua escrita (conteúdo) até as fontes utilizadas (estilo), é exatamente idêntico nas duas peças.

Perante os requisitos de caracterização de plágio aqui apresentados, restaria quase que concluso a completa usurpação intencional de uma obra intelectual pela outra. Poderia, em caráter totalmente hipotético e apenas para fomentar o debate, se arguir algum leve desvio entre os interesses econômicos e relativizar o escopo das duas empresas, posto que uma se rende à distribuição de programação aberta e gratuita e a outra opera por meio de distribuição de conteúdos pela internet e por subscrição, com claros públicos distintos e não concorrentes entre si. Ainda assim, ambas disputam a audiência pelo mesmo programa, o que dificultaria qualquer prosseguimento dessa argumentação, restando, a princípio, pouco espaço para a não configuração de plágio sob o prisma doutrinário e judicial.

Disponível em: <https://fantasticomundopublicitario.wordpress.com/2010/04/30/mera-coincidencia-02/>. Acesso em: 06 de janeiro de 2020.

607 Carrascoza, *Op. cit.*, 2008, p. 125.

608 Ver PORTUGAL, Mirela. *Record quer processar Netflix por anúncio de Breaking Bad.* Exame (online). 2014. Disponível em: <https://exame.abril.com.br/marketing/record-quer-processar-netflix-por-anuncio-de-breaking-bad/>. Acesso em: 06 de janeiro de 2020.

Sem embargo dessa legítima leitura, se o caso eventualmente fosse analisado pelo CONAR – que se presta também como sede de solução de conflitos de direitos autorais em matéria publicitária, como já se ventilou[609] – haveria um espaço de manobra maior para a defesa de excludente do plágio. Segundo preceitua seu artigo 41, o Código Brasileiro de Autorregulamentação Publicitária "protege a criatividade e a originalidade e condena o anúncio que tenha por base o plágio ou imitação, **ressalvados os casos em que a imitação é comprovadamente um deliberado e evidente artifício criativo**" (grifo nosso). Pelo trecho em destaque, ao deliberadamente se aproveitar do anúncio publicitário alheio, em cópia quase que idêntica, em tese, haveria espaço para a Netflix arguir a instrumentalização do plágio como um recurso criativo.

Desse exemplo, extrai-se a experiência do direito francês quanto ao tema da proteção das ideias publicitárias. Tal como o sistema autoral brasileiro, naquele ordenamento jurídico as ideias não são protegíveis, por seu espírito de patrimônio cultural eminentemente público. Ainda assim, é válido sopesar o valor intrínseco das ideias em matéria publicitária, já que elas condensam verdadeiro valor ativo da atuação das agências de publicidade e que é traduzido, expressamente, pelos altos valores dos investimentos aportados pelo anunciante[610]. Na defesa das ideias e conceitos

609 Sobre a atuação do CONAR em julgados sobre plágios publicitários – ou (não-)plágios, como a autora denomina–, é de bom interesse a leitura do trabalho realizado por Carolina Leal de Lacerda Pires. Embora o trabalho aborde uma ótica aprofundada na linguística e discursividade do órgão, e descontada as atecnias jurídicas – totalmente justificáveis – ele presta uma ótima compreensão do tema. Ver PIRES, Carolina Leal de Lacerda. *Fronteiras do (não-) plágio publicitário: um estudo discursivo de casos julgados no/pelo Conar.* Tese apresentada ao Programa de Pós-Graduação para Doutorado em Letras na Universidade Federal de Pernambuco. Centro de Artes e Comunicação. 2015. 246 p. Disponível em: <https://repositorio.ufpe.br/bitstream/123456789/14973/1/VERSAO%20FINAL%20DIGITAL%20bc.pdf>. Acesso em: 15 de dezembro de 2019.

610 *"Les créations publicitaires sont à la fois des créations artistiques mais aussi des techniques commerciales. Il s'agit de promouvoir des produits ou des services, l'investissement publicitaire représentant souvent une valeur économique très importante. Les idées publicitaires pour certains devraient être protégées pour des raisons économiques, par équité envers les publicitaires. En effet, la protection de la création de forme uniquement, telle qu'elle est appréhendée par le droit d'auteur leur semble insuffisante. S'il est admis que les idées sont de libre parcours, et donc que l'idée n'est pas protégeable, quel que soit le moyen de protection, en revanche, la question se pose lorsque l'idée est matérialisée. En effet, pour les publicitaires, cette idée représente 'une valeur marchande très substantielle'"* (PIGNARD, Isabelle. *La liberte de création.* Tese de Doutorado em Direito apresentado na Faculté de Droit, de Sciences

publicitários, então, no direito francês, especialmente por meio de sua jurisprudência, surgem os institutos da concorrência desleal e parasitismo como ferramentas para dar uma solução aos casos em que o Direito de Autor não alcança[611]. Embora corrente nas decisões judiciais, a solução, contudo, não é desamparada de críticas: Christophe Bigot aponta que há certa dissidência jurisprudencial sobre o tema, onde contrapesa o princípio de que as ideias são de domínio público e a ação por concorrência desleal, amparada naquele ordenamento pelos artigos 1382 e 1382 do *Code Civil* francês se destinam à defesa contra um atentado a um direito privado[612].

A solução da aplicação do instituto da concorrência desleal e, em alguns casos, do direito marcário, como forma de dirimir eventuais conflitos que possam se assemelhar com o plágio de uma criação intelectual é referendada também por grande parte da doutrina e dos sistemas legais analisados. Inclusive, em certa medida, na estrita finalidade destes institutos jurídicos, essa possibilidade pode ocorrer também pelo ordenamento jurídico brasileiro.

Resta, por fim, cumprir que o plágio publicitário se revela de maior importância nos casos em que o anunciante, por motivos vários, troca seus serviços publicitários por uma outra agência, embora leve consigo muitas das criações e dos conceitos criativos para serem trabalhados e executados nessa nova parceira. Em relação às criações, já materializadas, deve haver a plena autorização para sua devida utilização. No entanto, o problema se torna um pouco mais delicado em relação ao conceito porque, em tese, a não proteção da ideia impõe uma dificuldade para que a agência anterior possa defender sua criatividade, ainda que não efetivamente materializada num suporte, mas em estágio primitivo de criação. É nesse sentido que Christophe Bigot anota que a jurisprudência sedimentou entendimento

Politiques, Economiques et de Gestion de l'Université Nice Sophia Antipolis. 2013, p. 95. Disponível em: <https://tel.archives-ouvertes.fr/tel-00868027/document>. Acesso em: 06 de janeiro de 2020).

611 *"Une protection des idées publicitaires par le droit d'auteur conduirait à restreindre la liberté de création de manière excessive. Il est donc préférable de recourir à la concurrence déloyale ou le parasitisme, qui sont ainsi invoqués a posteriori et au cas par cas. Ce mode de protection n'a pas pour but de protéger toutes les idées publicitaires. Seul un comportement fautif, constituant un 'acte de concurrence contraire aux usages honnêtes du commerce' est sanctionné"* (Pignard, *Op. cit.*, 2013, p. 96).

612 Bigot continua sua lição comentando os diversos casos que tanto acolhem como afastam a concorrência desleal para defesa da ideia em matéria publicitária (Cf. Bigot, *Op. cit.*, 1997, p. 72-73).

da não proteção da ideia, mesmo na relação entre anunciante e agência[613], donde resta tão só a aplicação residual dos institutos da concorrência parasitária ou desleal, ou dos princípios da responsabilidade civil, que parece tratar o tema mais adequadamente, se tratando de aproveitamento indevido de conceito ou tema publicitário criado primeiramente por uma agência.

2.5. Reflexões conclusivas

Por todo o exposto neste capítulo, tem-se que o processo criativo da obra publicitária – reforça-se, tomado pela maioria dos casos[614] –, se configura a partir da junção de diversas contribuições criativas que serão organizadas e concentradas dentro do "ambiente criativo" sediado pela agência de publicidade.

Dessa criatividade, insumo da atividade primeira da publicidade e da agência de publicidade, se originam verdadeiras obras de engenho, concebidas a partir do "gênio criativo" e que, a despeito de suas finalidades utilitárias e de possíveis questionamentos acerca de seu valor cultural ou artístico, serão amplamente recepcionadas pela proteção autoral, desde que carreadas por legítima originalidade, traduzida, por esse estudo, através de seu caráter subjetivo, vislumbrado no empréstimo de individualidade e singularidade do criador dessa obra.

Pacificada sua protegibilidade e esboçado o protagonismo conferido à atuação da agência de publicidade no processo de criação, chega-se à noção da obra publicitária na qualidade de uma obra coletiva – talvez, uma de suas melhores expressões – vez que a indissociabilidade das contribuições e caráter autônomo da obra restam plenamente configurados, ainda que possam subsistir algumas menores hipóteses distintas.

Tal definição da natureza jurídica da obra publicitária vai refletir no regime jurídico autoral aplicável, donde se destacam e se distinguem os direitos de aspecto moral e patrimonial.

[613] BIGOT, *Op. cit.*, 1997, p. 19.

[614] Importa esclarecer que essa análise conclusiva se dá por meio da generalidade dos casos de obras publicitárias, conforme exposto neste e no capítulo anterior do estudo. Ainda assim, é possível conceber outras formas de criação e, portanto, de regramento distintos. Dessa maneira, quanto ao próprio processo, nos casos por exemplo de contratação de criador independente, que preserve sua autonomia criativa e se utilize de recursos próprios, quando este será o autor da obra. A própria natureza intelectual da obra pode exigir esse processo criativo, notadamente, nos casos da obra audiovisual publicitária, donde a participação de uma empresa produtora pontua uma nova sede criativa, de organização própria, e que se distingue e se distancia da coordenação da agência de publicidade.

Para a devida exploração econômica da obra publicitária, caberão esses direitos à agência de publicidade, enquanto organizadora e coordenadora dessa criação. Analisa-se ainda se o papel organizador não renderia, por si, um próprio caráter de criação, o que levaria à agência ao papel de verdadeira autora. Tal noção, aceita em sua maior parte pela jurisprudência estrangeira e doutrina, tanto nacional como estrangeira, se configura num nível maior do que a mera assunção de titularidade originária dos direitos patrimoniais da organizadora da obra coletiva, entendimento pacífico e sedimentado pelo parágrafo segundo do artigo 17 da Lei de Direitos Autorais, nº 9.610/1998.

Assumir a organizadora – nesse caso, a agência de publicidade – como autora, *per se*, seria poder alcançar o seu exercício também dos direitos de aspectos extrapatrimoniais de autor – sobretudo os de paternidade, integridade e modificação da obra, e os relacionados à divulgação, pelo ineditismo ou pela retirada de circulação. Essa idealização resolveria importantes pontos de tensão verificados na prática publicitária, mas esbarra no conceito humanista e personalista do direito autoral de tradição continental, que afasta a concepção de personalidade natural e de criação às pessoas jurídicas, que não poderiam exercer direitos morais de autor.

A construção teórica do nobre professor Antonio Carlos Morato – aliada a importantes julgados da doutrina estrangeira, sobretudo do sistema francês, que guarda maior familiaridade com o sistema brasileiro –, ao definir a "autoria objetiva" das pessoas jurídicas na obra coletiva, aclara o tema em comento com rara e pertinente precisão.

Ainda que não se aceite essa teorização, contudo, especificamente sobre as obras publicitárias, é preciso que os direitos morais de autor sejam relativizados ou limitados na atuação dos criadores pessoas físicas, sob o argumento destes impactarem sobremaneira a própria existência da referida criação intelectual. Assim, parece premente reconhecer certo aspecto de "renunciabilidade e alienabilidade funcional" às obras publicitárias, a despeito de seus princípios fundadores, de modo que aquelas não sejam prejudicadas pelo exercício abusivo ou contrário às suas finalidades intrínsecas.

Na sequência, a proteção autoral da obra publicitária se estende também para a criação de terceiros, na exata medida disposta pelos direitos autorais comuns, devendo sempre restar guardado os devidos instrumentos jurídicos autorizantes da utilização de obra preexistente em peça ou campanha publicitária, cabendo poucas ou quase nenhuma exceção, muito por seu caráter comercial e finalidades lucrativas, diretas ou indiretas. Assim, apenas nos casos de paródia e paráfrase é que poderiam se vislumbrar alguma hipótese de limitação dos direitos de autor.

Quanto ao "plágio publicitário", resta clara a não proteção da ideia publicitária, e confere-se uma certa relação paradoxal da matéria nesse universo: enquanto este repugna a falta de ética de tal conduta, por outro lado, sua própria atividade criacional é muito derivada no "empréstimo" criativo alheio, gerando um certo ambiente de relativa permissividade e tolerância da prática. A defesa da ideia publicitária, contudo, é especialmente cara nas questões de concorrência entre as empresas anunciantes, comportando melhores soluções em outras sedes jurídicas, mais apropriadas do que o próprio direito autoral.

Por fim, todo o aqui exposto se reflete de forma ainda mais específica quando analisadas as especificidades das obras publicitárias de expressão audiovisual. São os filmes publicitários, hoje configurados muito além dos clássicos "reclames" televisivos enlatados em 30 segundos, fazendo merecer uma análise dedicada para cobrir a extensão de suas complexidades.

3
Obras Audiovisuais Publicitárias e a Delimitação do Estudo

O ponto de partida deste capítulo não poderia ser outro que não por uma investigação pormenorizada das regras e princípios do Direito de Autor sobre as obras audiovisuais, buscando conceber sua natureza jurídica, assim como pautar os reflexos da configuração de sua autoria e, por consequência, da titularidade dos direitos daí advindos; questionamento esse, de grande contenda e que impacta frontalmente os desdobramentos da obra audiovisual, seu acesso e comunicação ao público.

As discussões acerca do enquadramento e do regimento legal prestado às obras audiovisuais remontam um longo e ainda presente debate doutrinário sobre como e a quem deve operar a proteção autoral. Como bem apontou o professor Carlos Alberto Bittar[615], a complexidade criativa e as diversas finalidades da obra audiovisual resultam numa regulação "peculiar", totalmente específica, exigindo, então, uma análise, sob a ótica autoralista totalmente dedicada.

O desafio de um estudo do regime legal de uma obra audiovisual se reflete, então, por diversos ângulos, passando desde o debate filosófico e jurídico sobre a quem compete a autoria[616]– em sua designação de titu-

615 Especialmente ao versar que *"a mais específica de todas as disciplinações é a da obra cinematográfica, que conta com regime peculiar, seja quanto aos titulares, quanto ao alcance dos direitos, ou quanto à respectiva utilização"*. (Bittar, *Direito de autor*, 1994, p. 74.)

616 Sobre o contexto histórico da evolução da autoria no cinema – que seguramente pode-se considerá-lo em seu gênero, obra audiovisual – num paralelo com Foucault, o qual ponderou a autoria de obras literárias durante os séculos XVII e XVIII como a asserção de veracidade do conteúdo, Marcius Freire versou que *"os operadores Lumière num primeiro momento e, em*

laridade originária, de reconhecimento expresso e legal – até sobre a sua finalidade[617], se mero instrumento utilitário-industrial ou obra de plena fruição artística, na sua acepção de sétima arte.

Nesse contexto, a definição da autoria e titularidade originária se mostra como o primeiro entrave e sinaliza como um derradeiro ponto de divergência entre os diversos estudiosos, ao passo que também não é unânime nos regramentos de direito de autor pelos países unionistas[618].

Na sequência, cabe ao estudo a sua abordagem delimitativa ao universo das obras audiovisuais publicitárias. Nesse momento, há o confronto entre as noções da obra audiovisual e da obra publicitária, apresentada anteriormente, que se fundem para originarem uma obra singular e de grande complexidade sob o ponto de vista do direito autoral. A expressão publicitária da obra audiovisual acaba por mesclar características inerentes às duas obras intelectuais assinaladas, formando uma obra novel, autônoma, que congrega os esforços de uma longa cadeia criativa, além, é claro, de servir como instrumento para a comunicação publicitária, carregando consigo o comprometimento de não apenas servir à fruição estética ou intelectual, mas também de amparar o planejamento comunicacional empreendido por um anunciante.

Assim, a escolha metodológica desta pesquisa para restringir-se ao estudo das obras audiovisuais publicitárias se justifica justamente por esse

seguida, os de Pathé e Edison registravam as coisas do mundo, próximo ou longínquo, mas suas fitas não levavam os seus nomes, apenas o da firma produtora. Ela era a garantia da veracidade do que estava sendo mostrado. (...) O cinema vai precisar se ficcionalizar, notadamente com Méliès, para poder ver o nome do realizador nos créditos" (FREIRE, Marcius. *Documentário: ética, estética e formas de representação.* São Paulo: Annblume, 2011, p. 224).

[617] Valiosa a lição do professor autoralista Antonio Carlos Morato, ao contrapor, através de seus estudos, os debates desenvolvidos acerca do tema sobre os estudiosos Hector Della Costa e Ugo Capitani, e que servem de referência para a compreensão da composição heterogênea da obra audiovisual, se um *"um organismo complexo de natureza industrial"* ou seu entendimento enquanto obra de arte, *"uma criação do espírito, ainda que resultante de uma atividade técnico-industrial"*. (MORATO, *Direito de autor em obra coletiva*, 2007, p. 172-173)

[618] A própria Convenção de Berna, mesmo após suas inúmeras revisões, manteve a faculdade dos países signatários de estabelecerem suas regras particulares, o que, dada à complexidade da natureza e das implicações práticas da obra audiovisual, fez surgir um inúmero de regramentos que, se aproximam quanto à forma e aos princípios, mas que se distanciam minimamente quanto ao conteúdo, sobretudo na definição de autoria da obra audiovisual. Ver o Artigo 10 Bis, 2.a), da Convenção de Berna: *"A determinação dos titulares do direito de autor sobre a obra cinematográfica é reservada à legislação do país em que a proteção é reclamada."*

confronto combinatório entre as referidas obras intelectuais, o que, dada a rara complexidade dessa nova expressão, importa em grande desafio para estabelecer as premissas pretendidas.

Por outro lado, essa máxime heterogeneidade da obra audiovisual publicitária infere que o seu regramento, ao cobrir grande parte das especificidades da publicidade e sua atividade, empresta também seus ditames para outras espécies de obras publicitárias, quando conveniente e justo. Delimitar o estudo ora proposto, então, não pressupõe a restrição da análise tão só ao objeto-matéria da pesquisa, mas, ao contrário, é pormenorizar uma situação tão repleta de nuances que acaba vertendo noções valiosas e aplicáveis analogamente a outras sedes.

Por fim, como assaz edificado no primeiro capítulo, a obra audiovisual publicitária protagoniza enormemente o cosmo da produção publicitária, o que é verdade desde a difusão da televisão como um verdadeiro veículo de comunicação de massa, fenômeno ocorrido a partir da década de 1960. A democratização do acesso cultural[619] permitido por esse meio, aliado ao seu status de comunicação sensorial, muito mais completa para o ser humano, faz com que a comunicação audiovisual seja a forma mais utilizada pela sociedade da informação e, logo, também pela publicidade.

[619] Esse processo de democratização cultural possibilitado pela comunicação audiovisual advém, na lição de Manuel Castells, da quebra de exclusividade que a comunicação literária impõe, ao alcançar somente parcela alfabetizada da sociedade. Em suas palavras: *"A alfabetização só se difundiu muitos séculos mais tarde, após a invenção e difusão da imprensa e fabricação de papel. No entanto, foi o alfabeto que no ocidente proporcionou a infra-estrutura mental para a comunicação cumulativa, baseada no conhecimento. Contudo, a nova ordem alfabética, embora permitisse discurso racional, separava a comunicação escrita do sistema audiovisual de símbolos e percepções, tão importantes para a expressão plena da mente humana. Ao estabelecer – implícita e explicitamente – uma hierarquia social entre cultura alfabetizada e a expressão audiovisual, o preço pago pela adoção da prática humana do discurso escrito foi relegar o mundo dos sons e imagens aos bastidores das artes, que lidam com o domínio privado das emoções e como mundo público da liturgia. Sem dúvida, a cultura audiovisual teve sua revanche histórica no século XX, em primeiro lugar com o filme e o rádio, depois com a televisão, superando a influência da comunicação escrita nos corações e alma da maioria das pessoas. Na verdade, essa tensão entre a nobre comunicação alfabética e a comunicação sensorial não-mediativa determina a frustração dos intelectuais com relação à influência da televisão, que ainda domina a crítica social da comunicação de massa.(...) Um dos mais importantes componentes do novo sistema de comunicação, os meios de comunicação estruturada em torno da televisão, já foi estudada em seus pormenores. Sua evolução para globalização e descentralização foi prevista, no início dos anos 60, por McLuhan (...)."* (CASTELLS, Manuel. *A sociedade em rede*. Traduzido por Roneide Venâncio Majer, atualizado por Jussara Simões. 6. ed. São Paulo: Paz e Terra, 1999, p. 413 e 415).

Hoje, as telas são onipresentes e acompanham cada etapa diária de um indivíduo. O consumo de obras audiovisuais nunca foi tão intenso, assim como a produção de conteúdos audiovisuais nunca foi tão plural e diversa. Vive-se, nas palavras de Orlando Aprile, a "era da imagem"; e, a organização da sociedade em rede, quando os receptores são também emissores, só tende a aprofundar ainda mais essa "imagetização" social, tornando a comunicação audiovisual como centro catalisador na troca de informações e conhecimentos, formando a cultura contemporânea.

Essa é, então, também outra justificativa para a pretendida delimitação do estudo, qual seja, o ponto de vista de relevância social e econômica que reveste a comunicação audiovisual na sociedade hodierna, sobretudo pela sua centralidade nos "hipertextos" ou "supertextos" multimídias, que integram numa mesma modalidade comunicacional, a escrita e a oralidade, em torno do audiovisual[620].

3.1. Noções sobre a obra audiovisual e o Direito de Autor

Dessarte, importa superar a conceituação de obra audiovisual como o gênero que comporta suas espécies, tais como, a obra cinematográfica, videofonográfica, obra televisiva, obras audiovisuais publicitárias, animações, entre outras. Este é um cuidado[621] constante, já que a nominação de tais obras evoluiu ao longo das disposições legislativas[622], e que, para efeitos deste estudo, quando nos referirmos à obra cinematográfica, seja em citações, seja no próprio texto, admite-se simplesmente como obra audiovisual, em sua generalidade.

É certo que essa diversidade nas espécies de obras audiovisuais pode explicar tamanha divergência de entendimento quanto à natureza jurídica e aos regramentos que o direito autoral empresta. De maneira geral, essa complexidade de espécies se repercute de maneira convergente aos processos criativos, às origens da empreitada fundadora, bem como à dinâmica entre os poderes que dirigem tal obra. A ver, a seguir, como se desenvolvem estes conceitos.

[620] Cf. CASTELLS, *Op. cit.*, 1999, p. 414 e 459.

[621] Cuidado que o professor Morato também adota em seu pontapé na Tese de Livre-Docência, apresentada em concurso para Professor Associado da USP (MORATO, *Limitações aos direitos autorais na obra audiovisual*, 2016, p. 1).

[622] A lei 5.988/73, definia, em seu art. 6, inciso VI, enquanto obras protegidas, as obras cinematográficas. Enquanto que a lei atual, nº 9.610/1998, em seu art. 5, VIII, estabelece, mais adequadamente, a obra audiovisual como definição padrão.

3.1.1. A complexidade da natureza jurídica da obra audiovisual

O grande desafio para o devido enquadramento jurídico autoral das obras audiovisuais reside na possível divergência quanto à sua natureza jurídica: se obras simples ou complexas[623], se oriundas de autoria individual, de coautoria ou autoria colaborativa, e, maiormente assim considerada pela doutrina e sistema brasileiros, tal como obra coletiva. Importa notar que essa divergência se esparrama invariavelmente sobre a compreensão que se terá sobre a obra, em especial aos desdobramentos acerca dos direitos patrimoniais, na exata medida do quanto se verificou para as obras publicitárias.

Deve-se, antes de qualquer seguimento, conferir a definição legal emprestada para estas obras, que se encontra no artigo 5º, inciso VIII, alínea *i*, da Lei nº 9.610/1998, onde a obra audiovisual será aquela que "resulta da fixação de imagens com ou sem som, que tenha a finalidade de criar, por meio de sua reprodução, a impressão de movimento, independentemente dos processos de sua captação, do suporte usado inicial ou posteriormente para fixá-lo, bem como dos meios utilizados para sua veiculação".

O professor Antonio Chaves, em sua exposição sobre o tema de obras cinematográficas e amparado na lição de Piola Caselli, desconsiderou a "errônea" interpretação das obras cinematográficas como subclasses das obras literárias[624], convergindo a atenção daquelas para o roteiro cinematográfico[625]. Demonstra a obra cinematográfica, para o professor, expressividade artística própria – "expressão cinematográfica" – que irá ditar as

[623] Versando especificamente sobre a espécie cinematográfica das obras audiovisuais, Ivana Có Galdino Crivelli assim trata o tema: *"A obra cinematográfica é considerada a mais abundante de todas as que pertencem ao gênero complexo. As obras complexas são aquelas que somente são realizadas pela participação de várias mentes criativas, concomitantes às contribuições técnicas e também indispensáveis ao desenvolvimento da idéia em obra audiovisual. As obras em colaboração, as coletivas, e mesmo as compostas, são indistintamente gêneros da espécie obra complexa. Caso o trabalho seja concentrado em uma só contribuição, perderá a característica de pluralidade e, portanto, deixará de ser obra complexa, bem como não comportará as subclassificações anteriormente citadas"* (CRIVELLI, Ivana Có Galdino. *Direitos autorais na obra cinematográfica: o delineamento da autoria e titularidade de exploração comercial da obra audiovisual no universo contratual.* São Paulo: Editora Letras Jurídicas, 2007, p. 53).

[624] Nessa mesma leitura, o professor Antonio Carlos Morato enuncia outras obras intelectuais também que podem se mesclar, mas não se confundem com a obra audiovisual, acrescentando também as *"obras coreográficas, as cenográficas, as de pantomina, as alocuções, os sermões e as conferências, uma vez que – a obra audiovisual como suporte – permite proteção autônoma sem prejuízo do amparo conferido pelo legislador a cada espécie de obra anteriormente mencionada."* (MORATO, *Op. cit.*, 2016, p. 21).

[625] CHAVES, *Cinema, TV, Publicidade cinematográfica*, 1987, p. 9.

técnicas e linguagens para a concepção da obra audiovisual, entre as quais o professor cita o corte de um filme e técnicas de operação da câmera, entre outras, que vão conferir *status* de verdadeira obra de autor. Ainda, Antonio Chaves também empresta a lição de Ugo Capitani para estabelecer a obra cinematográfica como uma obra de arte, mas também como uma obra da técnica e um produto industrial[626].

Sobre o seu princípio criativo, Ivana Crivelli anota a teoria da autoria múltipla para as obras cinematográficas, tomada por sua espécie, que serão sempre obras complexas coordenadas pela figura do produtor[627]. Assim, caberia o devido enquadramento da obra cinematográfica aos regimes de obra em coautoria ou obra coletiva. Para a autoralista, a legislação autoral brasileira definirá a obra cinematográfica como obra coletiva "sempre que ela for presidida pela organização de um produtor"[628]. No entanto, muito embora assuma o regime coletivo de produção da obra cinematográfica, Crivelli questiona o regime de criação dessa obra, ao contrapor a possível dissociabilidade de certas contribuições, como a da trilha sonora (argumento musical) e do argumento literário, concluindo pelo caráter misto da obra cinematográfica: coletivo em sua produção e colaborativo em sua criação[629], isto é, quando as contribuições possam ser destacadas, indicando o entendimento de Antonio Chaves à matéria, que entende a obra cinematográfica como "uma obra de colaboração, de caráter indivisível"[630]. Por fim, a autora menciona a supressão, na Lei nº 9.610/1998, da definição de obra em colaboração, que a equiparou à obra em coautoria, "reforçando, assim, o ato de criar em detrimento do ato de produzir"[631].

De certa maneira, apesar de existente tal divergência, é possível assumir a dominância do entendimento da natureza de obra coletiva para a obra audiovisual, ao admitir que esta corrente parece ter sido o ponto de partida para a análise dos mais diversos e renomados estudiosos da matéria. Esta é a posição do professor Morato, ao relembrar inclusive que "a obra cinematográfica teve grande relevância, em particular na França, para que a importância da obra coletiva fosse percebida"[632]. Nesse sentido, se

626 Chaves, *Op. cit.*, 1987, p. 12.
627 Crivelli, *Op. cit.*, 2008, p. 51.
628 Crivelli, *Op. cit.*, 2008, p. 51.
629 Crivelli, *Op. cit.*, 2008, p. 54.
630 Chaves, *Direito de autor: princípios fundamentais*, 1987a, p. 344.
631 Crivelli, *Op. cit.*, 2008, p. 56.
632 Morato, *Op. cit.*, 2007, p. 171.

tratando de obra cinematográfica, "cuja destinação e exibição seja prioritariamente e inicialmente o mercado de salas de exibição"[633], parece, em tese, que a obra coletiva se adeque melhormente: embora congregue em sua composição múltiplas obras, a obra audiovisual cinematográfica se percebe como uma obra distinta das demais, provando seu caráter autônomo. Ainda, o papel da produtora cinematográfica ocupa fielmente o papel de organizador da obra cinematográfica, posto que incorre na iniciativa, organização e responsabilidade da referida obra, que a publica sob seu nome.

Essa concepção de obra coletiva, por consequência, também se estenderá à toda obra audiovisual, tomada por seu gênero, que for organizada e coordenada por um produtor, pessoa física ou jurídica, no teor da definição legal do inciso XI, do artigo 5º da LDA.

Finalmente, cabe uma breve análise sobre as obras audiovisuais de autoria simples, unipessoal. Conforme lição do professor Morato, tratariam-se daquelas produzidas por cinegrafistas amadores, de registro de seus cotidianos, amparados pela difusão tecnológica que permitiu o acesso a equipamentos de filmagem e gravação. O professor comenta que mesmo estas obras, apesar de questionável valor artístico, podem ser observadas com eminente valor histórico, ao citar o exemplo de Abraham Zapruder, que registrou o assassinato do Presidente norte-americano John F. Kennedy, em 1963, que deu origem ao litígio *Time vs. Bernard Geis Associates*, destacado pelo professor como um importante caso para a delimitação do alcance dos direitos autorais[634].

Sobre as obras audiovisuais de autoria simples, é preciso destacar também o fenômeno contemporâneo do *Youtube*, hoje o maior canal de conteúdos audiovisuais do mundo[635]. Embora a evolução da empresa e da própria plataforma nessa última década tenha alcançado patamares de verdadeira indústria do audiovisual interativo em rede, congregando entre os usuários

633 Definição emprestada do inciso II, do artigo 1º da Medida Provisória nº 2.228-1/2001, com força de lei e que instituiu a Ancine e que define relevantes conceitos e regras para a atividade cinematográfica no Brasil. (Ver. BRASIL, *Medida provisória nº 2.228-1, de 6 de setembro de 2001*. Disponível em: <http://www.planalto.gov.br/cciViL_03/MPV/2228-1.htm>. Acesso em: 10 de janeiro de 2020).

634 Morato, *Op. cit.*, 2017, p. 26-32.

635 Hoje são mais de 2 bilhões de usuários, presentes em mais de 100 países que, por dia assistem a mais de 1 bilhão de horas de conteúdo audiovisual. (Ver YOUTUBE. *Youtube para a imprensa*. Disponível em: <https://www.youtube.com/intl/pt-BR/about/press/>. Acesso em: 10 de janeiro de 2020).

também empresas do audiovisual, muitas delas, inclusive, pertencentes ao mundo das "grandes mídias", ainda assim, subsiste o princípio fundador do *Youtube* de servir como um meio de veiculação de mensagens de indivíduos para outros indivíduos. Ainda hoje é possível vislumbrar grande parte dos conteúdos que são disponibilizados pela plataforma de produção independente, muitas vezes criados e produzidos a partir de uma pessoa apenas. Assim também são produzidos os *stories* das redes sociais digitais, muitas vezes gravados com o próprio aparelho celular do usuário[636] e divulgados por eles próprios em seus perfis; evidenciando que, as obras audiovisuais de autoria simples estão presentes em grande monta na atualidade[637].

3.1.2. A autoria e a titularidade dos direitos autorais na obra audiovisual

Outra dimensão a ser apontada é que, salvo as exceções[638] comentadas acima, uma obra audiovisual, pela sua própria natureza geral de criação

[636] Há de se pensar aqui, apenas como reflexão, qual é o impacto das diversas ferramentas de edição disponibilizadas pelos aplicativos dessas redes sociais que emprestam verdadeira linguagem estética e artística para essas obras em específico. São os filtros, as ferramentas de inserção de trilha, de *sound design*, inserção de ilustrações animadas, e tantas outras, que acabam aportando características que vão conferir certa originalidade e individualidade. É certo que a decisão de inclusão (a edição) é do próprio usuário. Ainda assim, essas ferramentas contribuem significativamente para o resultado final, suscitando a possibilidade de uma coautoria entre o usuário e os autores destas ferramentas. A princípio, no foro íntimo, descarta-se tal possibilidade, até pelas intrincadas relações que advém dessas ferramentas e, como antecipado, pela decisão artística ser do usuário – o que poderia ser análogo à inserção de obra preexistente, por exemplo. Ainda assim, pensando nos recursos de inserção de animação, e em alguns casos de trilhas sonoras, resta residual e inquietante dúvida.

[637] O tema é especialmente caro ao mercado publicitário, que tem se utilizado dos perfis de usuários de grande alcance midiático, formadores de um público cativo e atento aos seus discursos, para verterem também mensagens de cunho publicitário. São os famigerados "influenciadores digitais" ou "criadores de conteúdo", fenômeno mundial verificado na atual década e que a cada dia impõe mais reflexões sobre o Direito, inclusive o direito autoral. Uma questão das mais prementes, contudo, é quanto a obrigatoriedade de indicação de conteúdo publicitário, em decorrência das disposições consumeristas e da atuação dos órgãos de autorregulamentação, que frequentemente têm sido questionados sobre o tema. Embora de grande interesse, o estudo ora apresentado não irá se estender a esse universo, mas é outro ponto que merece a devida atenção.

[638] Pelo exposto, admitiu-se a possibilidade da obra audiovisual como uma obra de autoria individual, muito em decorrência da profusão e o barateamento dos meios produtivos, donde se destacam o incremento e a real possibilidade de se deparar com uma obra audiovisual de autoria simples, ainda que em caráter de experimentação artística ou de mero retrato do cotidiano. Essa noção, contudo, não impacta sobremaneira este estudo, merecendo uma

complexa, sempre será o resultado da soma de esforços de um grupo de pessoas, que, ao exercerem suas funções específicas, técnicas ou criativas, darão ensejo à obra finalizada. Essa união de contribuições individuais[639] vai se relativizar conforme cada obra, assumindo maior ou menor importância para o resultado final.

Por sua vez, tais contribuições técnicas ou criativas[640], além de distanciarem os países unionistas entre si, quanto à definição da autoria de obras audiovisuais, fazem segregar ainda mais o modelo subjetivo de proteção autoral – expresso na tradição francesa do *droit d'auteur* – ante o modelo objetivo adotado pelos países de *common law* – denotado pelo sistema de *copyright*, especialmente o norte-americano, conforme já delineado na seção que tratou sobre a *work made for hire doctrine*[641].

análise mais atenta a suas especificidades próprias. No mesmo sentido, ainda é válido apontar um horizonte cada vez mais próximo: a atuação da inteligência artificial como ente "criadora" de obras audiovisuais. Cada vez mais a questão acerca da autoria de obras intelectuais geradas por inteligência artificial é recorrente, tão logo novos exemplos de tais obras surgem mundo afora. De súbito, impressionou e provocou diversas reações o projeto *"The Next Rembrandt"* (Ver *"The Next Rembrandt"*. Disponível em: <https://www.nextrembrandt.com/>. Acesso em 12 de dezembro de 2019), encabeçado pelas empresas ING e Microsoft, que por meio de redes neurais e *active learning*, após a análise computacional de diversas obras do pintor holandês, foi capaz de gerar uma obra plástica do zero, que remetesse às características das pinturas do autor – não sem que houvesse algumas críticas, apesar de ter sido recentemente leiloada pelo valor de U$ 432.500,00 (ver <https://goldmund-wyldebeast-wunderliebe.nl/can-artificial-intelligence-be-creative-an-introduction-to-generative-adversarial-networks/>. Acesso em 12 de dezembro de 2019). Acerca de obras audiovisuais geradas por inteligência artificial, temos o exemplo do documentário experimental *Sunspring* (ver <https://arstechnica.com/gaming/2016/06/an-ai-wrote-this-movie-and-its-strangely-moving/>. Acesso em 12 de dezembro de 2019), lançado em 2016, e que teve seu roteiro integralmente escrito por *Benjamin*, nome dado pela própria inteligência artificial roteirista, baseada na tecnologia de rede neural de memória de longo e curto prazo, ou LSTM na sigla em inglês. O filme foi uma idealização do diretor da obra, Oscar Sharp, e seu amigo, Ross Goodwin, pesquisador de inteligência artificial da NY University.

639 Ver CRIVELLI, *Op. cit.*, 2008, p. 62-64.

640 SANTOS, *A questão da autoria e da originalidade em direito de autor*, 2014, p.113.

641 Essa distância sistêmica vai se amparar sobre quem ou o que recai a proteção autoral. Na tradição continental, o direito se reflete na posição do autor da obra e é a ele direcionado. Por outro lado, na tradição anglo-saxã, o direito recai sobre o objeto a ser protegido, ou seja, à obra em si, o que gera um contraste nos desdobramentos legais, sobretudo quanto ao produtor audiovisual e ao papel que este desempenha em cada sistema jurídico. Nesse sentido, o papel do produtor no modelo norte-americano como um investidor e a necessidade justa de recuperar pelos gastos do empreendimento cinematográfico, adquire uma relação

Mas, quem, então, seria o autor da obra audiovisual? A essa pergunta, o professor Antonio Chaves assim a responde:

> *Eis aí a questão das mais embaraçosas, à vista do grande número de pessoas que tomam parte numa produção cinematográfica e da dificuldade de determinar o papel mais ou menos importante que cada uma delas desempenha na sua elaboração, tendo pois direito a serem considerados como autores, autores paralelos, ou colaboradores e à proporção em que deva entre eles ser atribuída a compensação adequada.*[642]

Para Antonio Chaves, os autores na obra audiovisual seriam aqueles que emprestam seus esforços criativos. Por outro lado, também se vislumbra a participação de colaboradores meramente técnicos – engenheiro de som, eletricista, anotadora de continuidade –, que não adicionam qualquer empréstimo artístico ou intelectual de forma que se possa considerar alguma "expressão criadora", não restando a esses últimos a sua classificação como coautores intelectuais da obra audiovisual[643], já que pautam suas ações meramente executivas, de obedecimento de ordens[644].

O professor Antonio Carlos Morato, também destaca a dificuldade em delimitar a titularidade dos direitos autorais na obra audiovisual, "pois sua

de moldura trabalhista, que se denota na leitura da seguinte análise: "*with respect to certain categories of work, particularly audiovisual works and computer software, some countries either deem employers the initial owners of copyright or presume that the actual creators have transferred their rights to the employer or producer. Some suspicion that the nature of the authorship entailed in a computer program is more industrial than artistic may underlie those countries' departure from the usual rule of creator-ownership. By contrast, with respect to audiovisual works, practical considerations, rather than perceptions of a lack of the right kind of creativity, explain the vesting of, or presumption of transfer of copyright to, producers of audiovisual works: these works often involve too many creative contributors for a co-authorship ownership regime feasibly to enable the work's exploitation.*" (Ginsburg, Jane C. *Overview of Copyright Law. In:* Oxford Handbook of Intellectual Property, 2016, pág. 10. Disponível em: <https://papers.ssrn.com/sol3/papers.cfm?abstract_id=2811179>. Acesso em: 24 de dezembro de 2019).

642 Chaves, Op. cit., 1987, p. 27.

643 "*Nesse universo, os co-autores são os principais criadores intelectuais: o autor do assunto ou argumento, o diretor seguido pelos cooperadores intelectuais, e todos em geral, aparelhados pelos cooperadores técnicos. O criador intelectual tem a liberdade artística, diferentemente do cooperador criativo e técnico, seguidores de orientação daqueles. Ainda nesse vértice, é interessante apontar a distinção entre as tarefas de mero auxílio e as tarefas criadoras. nem todos os que participam entre as tarefas criativas são agentes criativos, têm efetiva participação colaborativa acrescida por pessoalidade e toques de genialidade e/ou originalidade à criação intelectual. É dessa efetiva participação criativa que nascem as figuras dos co-autores; aos demais cabe a autoria individualizada perante a respectiva obra intelectual*" (Crivelli, *Op. cit.*, 2008, p. 173).

644 Chaves, *Op. cit.*, 1987, p. 31.

realização demanda o concurso de um número importante de criadores"[645]. Além, Morato observa que "os limites entre a técnica e a arte nem sempre são muito nítidos no cinema", o que dificulta a plena assunção donde se inicia e onde termina a participação de cada profissional e o seu respectivo impacto para a criação da obra audiovisual. Daí o porquê, a consideração da obra audiovisual como obra coletiva no entendimento do professor[646].

Nesse sentido, dentro da noção esposada por Ivana Crivelli, também delineada por Antonio Chaves, tem-se que a obra audiovisual é formada pela colaboração de (i) sujeitos de criação diretiva; (ii) sujeitos de criação acessória ou dirigida, que prestam auxílio intelectual e, (iii) de cooperadores estritamente técnicos. Pelos autores citados, apenas as duas primeiras perfazem verdadeira criação protegível, pelo seu aporte intelectual à obra audiovisual[647]. Em verdade, Antonio Chaves condiciona a definição da autoria de uma obra cinematográfica a uma análise concreta de cada caso, já que a avaliação de cada participação depende de "circunstâncias de fato"[648].

A Lei de Direitos Autorais, nº 9.610/1998, dita, em seu artigo 16, a obra audiovisual em coautoria com o autor do assunto ou argumento literário, musical ou lítero-musical e o diretor, e, quando verificado, também os criadores de desenho animado (parágrafo único, do mesmo art. 16).

A escolha legislativa para estabelecer a autoria da obra audiovisual nessas posições se dá, na visão de Ivana Crivelli, de maneira "não aleatória", já que condicionada ao tipo de criação da obra audiovisual, donde esses entes criativos se destacam por sua posição enquanto criadores diretivos, isto é, a partir de suas criações, há o direcionamento do processo de criação da obra, inclusive com a orientação das criações acessórias e das participações técnicas. É possível dizer que, o legislador brasileiro elegeu o argumentista literário ou musical, os desenhistas (na animação) e o diretor como a estrutura medular da obra audiovisual, destacando-os à condição de coautores da obra.

645 Morato, *Op. cit.*, 2016, p. 84.

646 Morato, *Op. cit.*, 2016, p. 86.

647 Sobre a obra cinematográfica, assim Ivana Crivelli reconhece: *"O autor do assunto ou argumento literário é o instaurador da história, do enredo do qual nascem personagens, os quais originam determinadas criações do maquiador, do figurinista, dos figurantes, do cenógrafo, do diretor de fotografia, do argumentista musical e do diretor. Os auxiliares técnicos instrumentalizam fisicamente as realizações"*. (Crivelli, *Op. cit.*, 2008, p. 169).

648 Chaves, *Op. cit.*, 1987, p. 33.

Isso não implica em dizer que a contribuição destes seja de maior ou menor valor artístico, numa avaliação qualitativa, mas que, a indicação destes criadores se dá pela própria tipificação da obra audiovisual. Essa foi a decisão do legislador brasileiro que se diferencia de outras legislações autorais, dada a autonomia conferida pela Convenção de Berna em indicar os autores da obra audiovisual, já mencionada.

A lei mexicana, por exemplo, em seu artigo 97[649], destaca como autores da obra audiovisual o diretor, o argumentista, o compositor musical da obra, os autores do desenho animado, tal como a lei brasileira, mas também indica o autor da adaptação, o roteirista, o autor dos diálogos (dialoguista), o caricaturista (em animações) e o fotógrafo, todos como coautores da obra audiovisual.

A legislação francesa adota uma visão generalista, indicando, que serão autores da obra audiovisual as pessoas físicas que realizarem criações intelectuais na obra, presumindo, salvo prova em contrário, o regime de colaboração entre o cenógrafo, autor da adaptação, autor dos diálogos, autor das composições musicais e o diretor, segundo teor do artigo L. 113-7 do *Code de la Propriété Intellectuelle*. A *Ley de Propriedad Intelectual*, da Espanha, adota os mesmos autores da lei brasileira, adicionando também os autores da adaptação, do roteiro ou dos diálogos (artigo 87).

O artigo 20 da lei argentina (Lei nº 11.723), por sua vez, não indica uma autoria pré-definida, mas tão só indica que o autor do argumento, o compositor de obra musical (quando em obra cinematográfica musical), o diretor e o produtor têm iguais direitos sobre a obra. O Código do Direito de Autor e dos Direitos Conexos, do Direito lusitano, em seu artigo 22, aponta o realizador (que pode ser entendido como o diretor), o autor do argumento ou dos diálogos (se for pessoa diferente), o autor da "banda musical" (a ser compreendida pela trilha musical do filme), o autor dos diálogos e o autor das composições musicais especialmente criadas para a obra, e também os autores da sua eventual adaptação.

Por essa breve análise, é possível identificar que cada lei adota uma visão própria sobre a estrutura medular da obra audiovisual, conferindo a dife-

[649] *"Artículo 97.- Son autores de las obras audiovisuales: I. El director realizador; II. Los autores del argumento, adaptación, guión o diálogo; III. Los autores de las composiciones musicales; IV. El fotógrafo, y V. Los autores de las caricaturas y de los dibujos animados."* (MÉXICO. *Ley Federal del Derecho de Autor.* Publicada em 24 de dezembro de 1996. Disponível em: <http://www.diputados.gob.mx/LeyesBiblio/pdf/122_150618.pdf>. Acesso em: 13 de janeiro de 2020).

rentes criadores a autoria da obra audiovisual, ainda que se possa esboçar um núcleo duro, quase sempre presente nas diversas leis, composta entre: argumentista e/ou roteirista, compositor musical e diretor.

Insta, portanto, concluir que existirão os autores "da" obra audiovisual – configurados por aqueles indicados expressamente como tais pelas legislações – e os autores "na" obra audiovisual, composto pelos primeiros e pelos outros inúmeros criadores que aportam suas criações, ainda que em caráter acessório, para a formação da obra audiovisual.

O terreno é pacífico na doutrina e cada qual indica uma diversa gama de autores criadores que colaboram no processo criativo audiovisual. Assim, o professor Morato e o professor Chaves indicam a possibilidade de que os atores e atrizes, além de titulares de direitos conexos, possam ser considerados também como autores, quando estes de fato, por meio de suas interpretações, aportam "construções significativas" e "verdadeiramente criativas"[650].

De igual modo, é possível reconhecer aportes genuinamente criativos para outros tantos colaboradores na obra audiovisual, entre eles: (i) o(a) maquiador(a)[651], (ii) cenógrafo[652]; (iii) diretor de fotografia[653]; (iv) roteirista e/ou dialoguista; (v) tradutor e adaptador; (vi) coreógrafos; (vii) diretor de arte[654]; (viii) o montador ou editor do filme; (ix) produtor[655], entre tantas outras funções e pessoas que possam de alguma forma criar junto ao processo de formação da obra audiovisual, já que cada projeto contará com suas próprias dinâmicas e singularidades.

O ponto fulcral nessa discussão, por fim, se destina a delimitar quem são os autores de uma obra audiovisual, de modo a garantir não só o ímpeto

[650] Chaves, *Op. cit.*, 1987, p. 31 e Morato, *Op. cit.*, 2016, p. 155-160.

[651] Assim entendeu Antonio Carlos Morato (Morato, *Op. cit.*, 2016, p. 86-87). E assim corrobora João Vicente Cegato Bertomeu, para quem *"maquiagem é um trabalho de criação, não só de técnica"* (Bertomeu, *Criação em filmes publicitários*, 2010, p. 170).

[652] Morato, *Op. cit.*, 2016, p. 142-144.

[653] Bertomeu, *Op. cit.*, 2010, p. 175.

[654] Bertomeu cita, em específico nos casos de filmes publicitários, que o diretor de arte lida com dois mundos distintos: há filmes que contam com um roteiro super minucioso, dificultando o trabalho dele e, por contrário, há roteiros que de tão vagos, exigem um "super trabalho" do diretor de arte que, junto com o diretor, irão criar a concepção do filme. Nesse ponto, a direção de arte é especialmente cara, para ambientar e contextualizar todo o enredo dando maior ênfase na história contada (Bertomeu, *Op. cit.*, 2010, p. 176-177).

[655] A consideração do produtor como autor da obra audiovisual remonta em longa divergência doutrinária, conforme se exporá adiante.

de proteção da criatividade intelectual do autor, mas, também, balizar a quem se destina a efetiva titularidade dos direitos autorais da obra audiovisual, seja na sua acepção dos direitos morais de autor ou na sua repercussão econômica.

Quanto aos direitos de ordem pessoal advindos da criação da obra audiovisual, o artigo 25 da Lei nº 9.610/1998 indica o diretor da obra como o titular único para o exercício desse feixe de direitos. A indicação solo do diretor há uma razão de ser: é o diretor quem supervisiona e orienta criativamente todo o processo de formação da obra audiovisual, cabendo a ele, em última análise, toda e qualquer decisão de esteio intelectual sobre a obra. Assim, em tese, será o diretor de uma obra audiovisual quem mais irá imprimir e expressar sua personalidade no resultado final. Nas palavras de Ivana Crivelli,

> *O diretor cria a obra cinematográfica, supervisionando e dirigindo sua execução, utilizando recursos humanos, técnicos e artísticos; dirige artística e tecnicamente a equipe e o elenco; analisa e interpreta o roteiro do filme, adequando-o à realização cinematográfica; escolhe a equipe técnica e o elenco; supervisiona a preparação da produção; escolhe locações, cenários, figurinos, cenografias e equipamentos; dirige e/ou supervisiona a montagem, dublagem, sincronização musical, e todo o processamento do filme até a cópia final; acompanha, ainda, a confecção do trailer e do avant-trailer.*[656]

A participação criativa do diretor também não se verifica somente nas técnicas dos processos audiovisuais[657], mas, vai além, ao buscar elementos diversos que comporão a obra produzida, seja na busca de um ritmo, de uma narrativa, de uma atuação de um ator ou atriz específicos, seja por apresentar referências de trilhas sonoras, músicas, seja por apresentar quaisquer soluções que fogem do circuito "câmera-lentes-foco-iluminação"[658]. Afinal, entre outras análises possíveis, uma obra audiovisual deve ser compreendida também pela experiência final do receptor da mensagem, que não segmenta cada campo criativo, mas recebe a mensagem como a união e integração de todas essas contribuições, que serão, a princípio, coor-

656 Crivelli, *Op. cit.*, 2008, p. 170.

657 *"Os ângulos de câmera, o foco, o movimento e a iluminação são elementos que compõem também as especialidades da linguagem audiovisual, que o diretor utiliza para efetivar a intersemiose, a transformação da linguagem do roteiro para o filme"* (Bertomeu, *Op. cit.*, 2010, p. 140).

658 Bertomeu, *Op. cit.*, 2010, p. 142 e 145.

denadas pelo diretor. Razão pela qual, guarda este, a mais íntima relação entre autor e obra[659], cabendo justeza à sua posição de titular de direitos morais de autor da obra audiovisual.

Na sequência, via de regra, se considerada como obra coletiva, por força do parágrafo segundo do artigo 17 da LDA, caberá ao organizador da obra, portanto ao produtor, a titularidade dos direitos patrimoniais de autor.

A nobre aula de Ascensão, plenamente oportuna ao momento, indica essa transição para o centralismo na figura do produtor. *In verbis*:

> *As necessidades da indústria cinematográfica e os grandes investimentos realizados em cada produção, levam a que as leis procurem cada vez mais assegurar ao produtor a plenitude dos direitos de exploração econômica da obra. Podem fazê-lo mediante a outorga ao produtor da categoria de autor. Mas mesmo não o fazendo, procuram de várias maneiras assegurar ao produtor, com autonomia, direitos de utilização*[660].

A justaposição do produtor ao exercício dos direitos patrimoniais da obra audiovisual se justifica, então, a partir de uma ótica de empreendedorismo cultural com viés empresarial, no qual o produtor, ante os custos e riscos de um projeto audiovisual, deve ter reconhecida a sua plena capacidade de explorar a obra, como forma de recomposição de seus investimentos e de incentivo à sua atividade[661]. A titularidade dos direitos patrimoniais, assim, caberá ao produtor (considerada a obra coletiva) como

659 *"Num set de filmagem, o diretor demonstra e exerce seu conhecimento da tecnologia, sua liderança com a equipe e domínio da linguagem visual. Durante o processo de gravação, o diretor realiza centenas de pequenas decisões relacionadas à câmera e à iluminação, buscando* ***preencher cada quadro com significados*** *precisos para o filme"* (grifo nosso) (BERTOMEU, *Op. cit.*, 2010, p. 183). Essa ressignificação dada pelo diretor à obra audiovisual vai importar diretamente seus traços personalísticos, sua visão de mundo.

660 ASCENSÃO, José de Oliveira. *Direitos de autor e direitos conexos.* Coimbra: 1992, p. 523. No mesmo sentido são as palavras de Ivana Crivelli, a qual afirma que *"é inegável a complexidade de um empreendimento cinematográfico, como também é insustentável negar a imprescindibilidade de uma rigorosa coordenação das múltiplas e heterogêneas atividades formadoras da obra audiovisual cinematográfica. Sustenta-se serem estes os elementos integrantes da qualificação do produtor ao direito de exclusividade da exploração econômica da película"* (CRIVELLI, *Op.cit.*, 2007, p. 74).

661 *"O produtor é figura relevante para o início de todo o processo de organização administrativa e viabilização financeira da obra audiovisual. Ele disponibilizará capital significativo para o empreendimento cinematográfico. Além da iniciativa da obra, ele dirige administrativamente a realização e se obriga aos encargos de edição e divulgação da película, assumindo todos os riscos do negócio sozinho ou acompanhado por co-produtores."(*CRIVELLI*, Op. cit., 2008, p. 52).*

forma desse se blindar também às reivindicações dos direitos de todos os autores da obra audiovisual.

Acerca dessa configuração, é de bom interesse trazer ao estudo a primeira decisão judicial relacionada à autoria de uma obra audiovisual, relatada pelo professor francês, André Bertrand, sobre a decisão de 10 de fevereiro de 1905 do *Tribunal Civil de la Seine*[662]. No caso, o cirurgião francês Dr. Eugène-Louis Doyen havia contratado Clément-Maurice Parnaland, um antigo operador de câmeras dos irmãos Lumière, para filmar um procedimento cirúrgico de separação de duas irmãs siamesas. Parnaland, posteriormente, descobriu que o médico havia reproduzido o filme em várias cópias, vendidas para cinemas estrangeiros. Na decisão final da corte francesa, ficou determinado que o autor do filme era o médico, que perfilou na contratação como produtor do filme, e não Parnaland, responsável e pretenso artista da filmagem.

É certo que o caso é totalmente excepcional por sua própria natureza, tendo a jurisprudência e todo o sistema autoral francês já trilhado caminho diverso para caracterização da titularidade dos direitos autorais na obra audiovisual[663]. Ainda assim, dessa decisão, seria possível assumir, em mera analogia, o médico como um produtor - que teve iniciativa, foi responsável pelos custos e divulgou a obra sob seu nome -, e, dessa forma, seria possível questionar, então, se o produtor pode ser autor originário de uma obra audiovisual. A questão é assaz controversa em sede doutrinária, fazendo merecer uma sintética análise sobre o papel do produtor numa obra audiovisual.

3.1.3. O papel do produtor audiovisual

A discussão acerca do papel conferido ao produtor numa obra audiovisual perpassa por um longo entrave acerca do limite de sua atuação, se mera organizacional, de índole financeira e administrativa ou, se além, caberia ao produtor considerá-lo também como coautor na obra audiovisual. De início, o professor Antonio Chaves menciona que "a qualidade de coautor intelectual não será necessariamente negada ao produtor" que deverá superar a mera "contribuição de seu capital ou de seu talento organizador

[662] T. civ. Seine, 10 févr. 1905, Doyen c/ Parnaland, *DP* 1905, J.389, *apud* BERTRAND, André R. *Droit D'auteur.* Paris: Dalloz, 2010, p.787.

[663] Ver MORATO, *Op. cit.*, 2007, p. 171-172 e BIGOT, *Droit de la création publicitaire*, 1997, p. 100-101.

e comercial, tomado parte, de uma maneira ou de outra, à própria elaboração da forma original, à expressão especificamente criadora"[664].

A leitura do professor se dava ainda sob a vigência da Lei nº 5.988/1973, que previa em seu artigo 16, a coautoria entre o autor do assunto ou argumento literário, musical ou litero-musical, o diretor e o produtor, nas obras cinematográficas. Nesse sentido, a supressão do produtor enquanto coautor da obra audiovisual, na atualização da redação do atual artigo 16 pela Lei nº 9.610/1998, parece restringir o papel do produtor como mero vetor econômico, excluindo-o de qualquer hipótese de criação intelectual que venha ele a contribuir para a obra. É nesse sentido que podem ser compreendidos os artigos 81 e seguintes, que versam sobre a utilização da obra audiovisual e que delimitam o produtor como o responsável pela gestão patrimonial e administrativa da obra audiovisual.

Em que pese toda a construção teórica da obra audiovisual como obra coletiva e a definição da titularidade originária dos direitos patrimoniais ao organizador da obra, ou mesmo de sua autoria, nos termos da tese do professor Morato de "autoria objetiva" da pessoa jurídica que organiza a obra coletiva, já comentada previamente; fato é que, restam algumas reflexões sobre o papel exercido pelo produtor e algumas considerações acerca dos impactos práticos de sua indicação como coautor, tal como previa a Lei nº 5.988/1973.

Assim, a presente lei autoralista menciona o produtor de obra audiovisual no inciso XI do artigo 5º, tal qual o produtor fonográfico, como aquela "pessoa física ou jurídica que toma a iniciativa e tem a responsabilidade econômica da primeira fixação do fonograma ou da obra audiovisual, qualquer que seja a natureza do suporte utilizado". As similitudes se distanciam ao vislumbrar que ao produtor fonográfico, por força de Convenção Internacional internalizada ao direito através do Decreto nº 76.906/1975 – Convenção de Paris para a Proteção da Propriedade Industrial – é concedido um direito conexo previsto nos arts. 93 e 94, o que não acontece para o produtor audiovisual[665].

[664] CHAVES, Op. cit., 1987, p. 31. Posicionamento também adotado por Ivana Crivelli, restrito ao produtor cinematográfico, pessoa física, quando este *"passar a executar tarefa intelectual artística, de cunho essencial e determinante à obra resultante, passará ao status de colaborador intelectual"* (CRIVELLI, *Op. cit.*, 2008, p. 185).

[665] Acerca desse tema, a recente consulta pública para reforma da lei de direitos autorais organizada pela Secretaria Especial da Cultura, então inserta no Ministério da Cidadania,

Veja que ao produtor cinematográfico, no texto legal setentista era garantida não só a coautoria, mas também se presumia a cessão dos direitos patrimoniais da obra ao produtor, consoante artigo 37 daquele diploma. Ambas as situações se dissiparam no corpo legal vigente criando algumas complicações práticas de gestão e de contratação nos processos de produção de obras audiovisuais, e que se acentuam nas produções publicitárias. Conforme relata José Carlos Costa Netto, em notas de rodapé[666], durante o processo de discussão e debate da lei 9.610, seu projeto inicial contemplava idêntica previsão ao do artigo 37 da lei anterior, que, contudo, restou ausente no texto final aprovado.

Em tempo, ainda que o artigo 81 da LDA/1998 preveja um sistema de presunção do consentimento à exploração econômica dos autores e intérpretes de uma produção audiovisual, ela não garante a presunção de cessão dos direitos patrimoniais da obra audiovisual. Os efeitos práticos são quase similares, mas implicam numa insegurança jurídica muito maior ao produtor atualmente, vez que, o "consentimento para utilização" não se equipara à presunção de titularidade dos direitos patrimoniais. No primeiro e atual modelo brasileiro, afastando a noção de obra coletiva, o produtor fica descoberto e a todo tempo deve se salvaguardar com a necessidade de autorizações específicas e expressas dos respectivos autores e intérpretes para todas as formas de utilização planejadas pelo produtor. Isso é um fator complicador para pleno desenvolvimento das atividades de cunho empresarial a que o produtor também se ocupa, impondo uma insegurança jurídica, a princípio, desmotivada e injusta.

Sob esta perspectiva, Ivana Crivelli argumenta que a retirada do produtor da coautoria da obra audiovisual, percebida na revogação da lei autoral

contou com diversas contribuições visando a atualização e modificação da Lei nº 9.610/1998, entre as quais, se destaca a apresentada pelo grupo EGEDA, que reivindicou a equiparação dos produtores audiovisuais aos produtores fonográficos, tornando assim possível a sua titularidade originária de direitos conexos, com fins para amparar uma futura gestão coletiva dos direitos de exibição pública das obras audiovisuais. (Ver *Direito autoral do setor audiovisual é tema de reunião na Secretaria Especial da Cultura.* 2019. Disponível em: <http://cultura.gov.br/direito-autoral-do-setor-audiovisual-e-tema-de-reuniao-na-secretaria-especial-da-cultura/>. Acesso em: 14 de janeiro de 2020).

666 *"No substitutivo ao Projeto de Lei 5.430/90 que gerou a lei brasileira de direitos autorais vigente (9.610/98) constavam três artigos que regulavam: (....) e no artigo 38 – a presunção de transferência ao produtor, nos contratos de produção audiovisual, salvo convenção em contrário, dos direitos patrimoniais sobre as obras audiovisuais."* (Costa Netto, José Carlos. *Direito autoral no Brasil.* 2. ed. São Paulo: FTD, 2008, pág. 95)

de 1973 pela lei atual 9.610/98, reconheceu o produtor como mero agente econômico no processo produtivo audiovisual, não mais exercendo, pois, função que salvaguardasse o pleito autoral, posta a ausência de sua contribuição no plano criativo intelectual[667]. A jurista ainda celebra a inovação legal, que "pôs fim a uma disputa de titularidade originária de obra coletiva entre empresa e empregados"[668], mencionando que a lei vigente primou pela defesa dos direitos individuais do autor, ao passo que garantiu a segurança jurídica do empreendedor pelo "estabelecimento da segurança dos direitos econômicos" sem, contudo, adotar soluções enviesadas na qualificação de autor.

É verdade, contudo, que a consideração da obra audiovisual como obra coletiva dirime grande porção desse problema de ordem prática, material. Ainda assim, é inegável que a supressão da presunção de cessão dos direitos patrimoniais faz surgir, especialmente quando conveniente essa bandeira argumentativa, um retrocesso à posição do produtor audiovisual. Aliada a alguns questionamentos acerca da obra audiovisual enquanto obra coletiva, que por vezes ainda ocorrem, situa-se, o produtor, em frágil posição ante outros autores e intérpretes.

Nesse sentido, primeiramente, há de se reforçar a fundamental defesa da obra audiovisual como obra coletiva, especialmente aquelas que contarem com um produtor, que, ao suportar a gestão administrativa e econômica de uma produção audiovisual, tomando a iniciativa desta, encarna verdadeiro papel de organizador da obra intelectual. O tamanho da repercussão acerca desta definição de obra audiovisual denota não só a consciência plena da obra audiovisual enquanto uma obra coletiva, mas, outrossim, no reconhecimento do papel de organizador desempenhado pelo produtor audiovisual, como uma função natural e inerente à própria natureza das obras audiovisuais produzidas.

Após assente essa noção, num segundo plano, reflete-se acerca da retirada do produtor da coautoria da obra audiovisual, bem como da supressão da presunção legal de cessão dos direitos patrimoniais. A sua possível configuração como titular originário, fortalecida pela teoria da obra coletiva e por expresso dispositivo legal, ampliaria sua posição para a devida explora-

[667] CRIVELLI, *Op.cit.*, 2007, p. 107.

[668] CRIVELLI, *Op.cit.*, 2007, p. 107. Ao mencionar, sobretudo, que a retirada do produtor do rol de autores da obra cinematográfica, aliada a definição legal do "produtor" amparava a argumentação de possibilidade de autoria por pessoas jurídicas.

ção da obra audiovisual. Não se trata de redundância de dispositivo legal, ou, que ainda assim seja considerada, mas tão só de confirmar uma situação que hoje depende de interpretação acerca da natureza jurídica da obra audiovisual e que poderia ser melhor tratada com expressa literalidade.

Nessa discussão, oportuno destacar que, entre os anos de 2008 até meados do ano de 2011, a matéria do direito autoral estava em efervescente ambiente de intensos debates, muito em decorrência de toda a movimentação orquestrada pelo então Ministério da Cultura[669] em torno de uma possível reforma do sistema autoral brasileiro. Nesse ínterim, diversos debates ocorreram[670], nas mais diversas sedes, e muitos deles discutiram a questão da obra audiovisual, não só para que houvesse a reafirmação da obra audiovisual como uma obra coletiva, mas também, oportunamente se questionou, entre tantas outras avenças, a autoria originária da obra audiovisual e o seu modelo de exploração dos direitos patrimoniais de autor como um todo[671]. Em princípio, previu o artigo 16 do primeiro anteprojeto, serem

[669] Os debates se centraram, sobretudo, sobre dois Anteprojetos de Lei apresentados e organizados pelo Ministério da Cultura. Eram os APLs de 2010 e 2011. Após diversas rodadas de negociação, audiências públicas e toda uma movimentação da sociedade civil e acadêmica em torno do tema, o Anteprojeto de 2011 seguiu para a Casa Civil, onde foi arquivado e nenhum outro andamento foi dado. A matéria só voltou a ser pauta com a nova movimentação, agora da Secretaria Especial da Cultura, em meados do ano de 2019, com vias de atualizar a lei autoral durante o ano de 2020.

[670] O momento, de intensa e pura reflexão sobre o sistema em si, permitiu que todas as questões acerca do modelo de proteção autoral fossem trazidas à tona. Certamente, foi um período que compreendeu inúmeros debates, sendo marcado por um verdadeiro *brainstorm* coletivo, que buscou congregar os mais diversos pontos de vistas e interesses envolvidos. Assim, naturalmente, a sociedade civil, o corpo acadêmico, bem como as entidades, organizações e núcleos sociais e empresariais, que se relacionam diretamente com a temática do direito autoral, se mobilizaram, cada qual na defesa de suas vertentes e conveniências.

[671] Entre os inúmeros debates, notabilizou-se aquele promovido pelo GEDAI, da UFPR, que posteriormente foi transcrito e publicado digitalmente. Nesta roda de conversas, e sobre o assunto em específico, o Relator do painel II – Obras Intelectuais e Autoria –, Dr. Álvaro Loureiro Oliveira, representante da OAB-RJ e da ABPI, indagou: "*há uma inserção no artigo 16, onde se lembra agora de incluir como coautores os roteiristas, além do autor do argumento literário. É uma introdução salutar, mas me pergunto por que não inserimos também o produtor, já que mais a frente, na lei atual, prevemos que o organizador da obra coletiva é o gestor dos direitos patrimoniais, então porque não aqui prever o produtor, se pessoa física, também como coautor?*" (Wachowicz, Marcos; Santos, Manoel J. Pereira dos (Org.). *Estudos de direito do autor e a revisão da lei dos direitos autorais*. Florianópolis: Fundação Boiteux, 2010, p. 121. Disponível em: <http://www.gedai.com.br/sites/default/files/publicacoes/livro_mw_estudodireitoautor.pdf>. Acesso em: 08 de janeiro de 2020).

os coautores de uma obra audiovisual, o diretor[672], o roteirista e os autores do argumento literário e da composição musical ou lítero-musical criados especialmente para a obra.

Insta observar, igualmente, a sugestão oferecida pela entidade FGV do Rio de Janeiro e de seu então núcleo CTS – Centro de Tecnologia e Sociedade, que hoje compõe o Instituto de Tecnologia e Sociedade, ao comentar o artigo 16 – que previa a autoria da obra audiovisual – do Anteprojeto de Reforma de Lei apresentado pelo Ministério da Cultura em 2010[673]. Seguindo a sugestão daquela entidade, o artigo de indicação de autoria deveria ser substituído para o mesmo teor de previsão de presunção de transferência dos direitos patrimoniais para o produtor[674].

A justificativa ofertada pelo grupo de estudiosos, a despeito de algumas críticas possíveis[675], em certo ponto, parece acertar quando mira na

672 No APL original de 2010, deu-se a grafia de "diretor realizador". Alguns argumentaram pela confusão que o termo "realizador" poderia gerar, sobretudo pela concepção de direção realizadora (*mise en scène*) que empenha também o produtor. Logo após, no APL de 2011, retoma-se apenas a figura do diretor.

673 *"O dispositivo cria uma série de dificuldades práticas no momento de decidir qual a utilização econômica da obra audiovisual, sobretudo porque o conceito de obra audiovisual abarca uma série bastante heterogênea de obras. Na prática, os autores das diversas partes que integram a obra audiovisual (roteirista e músico, entre outros) cedem seus direitos patrimoniais para o produtor. O que, aliás, faz sentido diante do disposto no art. 82, I, da lei atual, que sequer está sendo revisto. A obra audiovisual evidentemente não se confunde com a soma de suas partes, sendo obra autônoma e sobre a qual deve haver direitos autônomos. Atribuir a roteirista e autor da trilha sonora titularidade sobre a obra audiovisual acaba por confundir a titularidade dos direitos. O roteirista deve ser titular dos direitos sobre o roteiro e o autor da trilha sonora sobre a música. Sobre a obra audiovisual acabada, a titularidade dos direitos patrimoniais deve ser do produtor. Defendemos, portanto, o retorno à previsão legal da lei 5.988/73, art. 37, segundo o qual "salvo convenção em contrário, no contrato de produção, os direitos patrimoniais sobre a obra cinematográfica [devendo, nesta parte, ser substituído por "obra audiovisual"] pertencem a seu produtor". O diretor, o roteirista e o autor da trilha sonora devem ser remunerados de outra forma, por meio da criação, por exemplo, de direitos conexos devidos pela exibição da obra audiovisual."* (CTS/FGV. *Contribuição à consulta pública sobre a reforma da Lei de Direitos Autorais (Lei 9.610/98)*. 2010. Disponível em: <http://www2.cultura.gov.br/consultadireitoautoral/wp-content/uploads/2010/09/CTS-FGV.pdf>. Acesso em: 22 de dezembro de 2019).

674 "**Mudança de redação do dispositivo para**: Art. 16. Salvo convenção em contrário, no contrato de produção, os direitos patrimoniais sobre a obra audiovisual pertencem a seu produtor." – CTS; FGV-RJ. *Contribuição à consulta pública sobre a reforma da lei de direitos autorais (lei 9.610/98)*. Rio de Janeiro, 2010, p.19.

675 Entre as quais, destaca-se agora que a retirada da indicação dos autores da obra audiovisual impactaria sobremaneira a possibilidade de gestão coletiva por parte dos autores, titulares originários, da obra audiovisual, conforme vem se ensaiando há tempos para os roteiristas

exclusividade da repercussão patrimonial da obra audiovisual ficar a cargo do produtor, em sistema de presunção legal de cessão de direitos, o que, por uma melhor lógica, em se tratando de uma obra audiovisual, de sua natureza enquanto obra intelectual autônoma, e subentendida a função do produtor perante esta, não restaria melhor solução, evitando assim um sistema inseguro e de alto risco de transferências por via contratual, inda mais considerando a necessidade de previsão expressa contratual nos casos de retransmissão da obra na TV ou mesmo para ampliação do planejamento de distribuição por outras mídias[676].

Ainda sobre o APL apresentado de 2010, insta observar a consideração feita pelo professor da PUC/RJ, Antonio de Figueiredo Murta, durante sua relatoria no Painel IX – Utilização de obras intelectuais e Fonogramas – no congresso realizado pelo GEDAI, para a discussão da reforma da lei autoral, no sentido que, a previsão complementar do "produtor", ao fim da redação proposta no artigo 81 do projeto, "reafirma a idéia de que o produtor é o único responsável pela produção econômica da obra audiovisual, nos termos da Convenção de Berna". Na sequência[677], o professor é preciso ao dizer que:

> *O que já funciona na prática é que, a despeito do produtor não exercer seus direitos de titularidade (por razões nas quais que hoje não cabe aqui adentrar), é uma reafirmação de que ele é o único responsável pela produção econômica. Isso é um ponto relevante e tem implicações com outros dispositivos que integram esse mesmo capítulo.*[678]

e diretores. A supressão deles de expressa autoria, pela via legal, iria obstaculizar essa possibilidade.

676 Sobre o tema: *"esta presunción no opera para la explotación mediante la puesta a disposición del público de copias (video doméstico, DVD, CDRom...) ni para la comunicación pública por radiodifusión, para lo cual se necesitará la autorización expresa de los autores. ¿Por qué esta reserva de derechos? Porque en el momento en que efectúan la cesión de derechos (mediante la firma del contrato de producción) los autores han de conocer exactamente cuales habrán de ser los medios en que se explotará la obra audiovisual, para poder determinar con conocimiento de causa cual es la contraprestación por la que ceden sus derechos."* (Enrich, Eric. *La obra audiovisual.* Madrid, p.3. Disponível em: <www.copyrait.com/archivo/21.doc>. Acesso em: 22 de dezembro de 2019)

677 Wachowicz; Santos (Org.), *Op. cit.*, 2010, p. 238.

678 Em plena consonância com o quanto já exposto neste estudo, o professor Murta ainda segue sua análise sobre a questão, aprovando a previsão conjunta do artigo 86, §1º, que o fez assumir *"um reforço inequívoco acerca da possibilidade de os autores, artistas, intérpretes e produtores instituírem uma gestão coletiva de direitos de exibição pública. E por que a menção ao 81? Essa inserção, e o reforço da expressão 'e o produtor' no caput do art. 81 é uma reafirmação da inclusão do produtor nesse processo*

As discussões em torno dos anteprojetos retomaram importante noção da expressa previsão legal de presunção da cessão dos direitos patrimoniais da obra audiovisual ao produtor, confirmando certo desamparo e fragilidade de sua posição frente à edição da lei vigente. Certamente a previsão expressa de presunção de transferência dos direitos patrimoniais seria ainda mais acertada para dirimir o atual cenário de incerteza jurídica na gestão de tais direitos, sobretudo em obras audiovisuais também de cunho utilitário, a exemplo das obras audiovisuais publicitárias.

Durante esse processo de revisão da lei autoral, prontamente alguns comentaristas rebuscaram, na herança da lei 5.988/73, também a previsão legal do produtor como um dos coautores da obra audiovisual, enquanto verdadeiro contribuinte intelectual para a criação. Nessa esteira, há de se repensar também sobre a plausível possibilidade do produtor em realizar consideráveis aportes criativos à obra audiovisual. Não se trata de defender uma "autoria oblíqua", ditadas por razões econômicas ou justificada por maior segurança jurídica no trato com as criações de terceiros, mas de hipótese real de criação.

É a perspectiva salientada pelo professor Morato[679], que considera o ato de organizar também como uma forma de criação. Assim, o afastamento do produtor enquanto criador autor da obra audiovisual não pode se amparar na justificativa de que pessoas jurídicas não criam, porquanto,

de constituição de associações para gestão desses direitos, o que me parece algo extremamente oportuno e salutar. Não podemos deixar de esquecer que, na prática, apesar da ausência de referência do produtor no que toca a titularidade desses direitos, é ele que, na prática, assume, em relação ao desenvolvimento, ao florescimento e aos riscos da obra e dos negócios que a envolvem, a assunção de inúmeros encargos. Não obstante a ausência de referência nos dispositivos pertinentes, a ele são transferidos muitos direitos para que a obra possa seguir seu curso normal sem qualquer tipo de interferência indevida por parte de terceiros." (Wachowicz; Santos (Org.), *Op. cit.*, 2010, p. 238-239).

679 "*Há sempre um debate considerável se o produtor pode ou não ser considerado como um criador, mas é fato que ele interfere, positiva ou negativamente no filme como pessoa física ou, o que é mais frequente, como um conglomerado em que as decisões são impessoais, mas cumpridas pelos diretores porque fundadas em condições organizacionais que envolvem as preferências do público, logística do trabalho, final (do próprio enredo narrativo) que tem maior possibilidade de êxito na bilheteria (...).*" (Morato, *Op. cit.*, 2016, p. 91). Considerando assim, também verifica-se o produtor exercendo seu papel decisivo e criativo na produção audiovisual. Essa interpretação leva a crer que a participação ativa no processo criativo da obra intelectual garantiria, por si só, a alçada do produtor como coautor daquela obra. Na sequência, o professor ainda conclui que o "corte do diretor", tão presente nas mais diversas versões de grandes clássicos, implicaria em dizer também que a versão primeiramente comercializada, ou divulgada, seria o atestado dessa "atuação decisiva" do produtor, que ensejaria, em última análise, na convicção da autoria deste.

(i) produtor pode, no teor legal, ser pessoa física, e; (ii) já defendeu-se a tese consubstanciada pelo professor Morato, acompanhando construções teóricas dos nobres professores Carlos A. Bittar e Silmara Chinellato, de "autoria objetiva", quando, então pode-se considerar o ato de organizar uma obra coletiva como um ato de criação.

Nesse sentido, está a discutir-se não se a uma pessoa jurídica cabe ou não capacidade intelectual criativa, mas, em outro plano, discute-se o próprio conceito de "criação" e sua dependência de fatores externos para concretização da sua própria existência. Assim, o professor Bittar é preciso, em sua análise sobre a obra sob encomenda, que se uma empresa "tem a iniciativa da obra, dirige a sua realização, oferece os meios materiais para a sua concretização, edita e divulga a obra, com recursos próprios, suportando os riscos da produção, ele (ela) – e não os elaboradores – é o criador(a) da obra, **pois sem sua atividade esta não surgiria**"[680] (grifo nosso).

> *Logo, insistimos uma vez mais que o que está em discussão é, antes de mais nada, o que podemos entender como criação e neste ponto reside a importância de compreender a necessidade da adoção de um conceito objetivo do ato de criar, admitindo a organização realizada por pessoa jurídica também consiste criação. Essa concepção, que envolveria um redimensionamento da questão, demonstraria a necessidade de parte da doutrina desligar-se de uma visão já superada (ainda que mais "idealista") do Direito de Autor, vinculada a um tempo no qual existiam apenas as relações entre indivíduos e não entre grandes grupos econômicos e inúmeros indivíduos, como as existentes neste início do século XXI, no qual a demanda pela informação e pelo entretenimento impele as empresas a efetuarem vultosos investimentos nesse setor.*[681]

Por um ou outro ângulo, enxergar o produtor como autor, ainda que em sua mera função de realizador, de concretizador de uma obra audiovisual, é visualizar que sem a sua atividade organizacional, a obra audiovisual simplesmente não viria a se criar. Essa noção de criação e de "autoria objetiva", foi extremamente valiosa para a análise das obras publicitárias, assim como se revela um importante conceito para as obras audiovisuais. Logo, vai desempenhar um relevante conceito também para as obras audiovisuais publicitárias que, dada as suas características intrínsecas, exalta ainda mais essa faceta criativa da organização de seu processo criativo.

[680] Bittar, *Direito de autor na obra sob encomenda*, 1977, p. 80.
[681] Morato, *Op. cit.*, 2007, p. 179.

Nesse sentido, o papel desempenhado pelo produtor é tão importante quanto o diretor, na visão do renomado publicitário Raul Dória, que em breve contexto histórico acerca do formato das produtoras brasileiras, equalizou os papéis dos diretores e produtores, ao relatar que:

> *Os dirigentes das maiores agências do Brasil fechavam grandes acordos comerciais com os dirigentes das produtoras. (...) Até que a DPZ quebrou os paradigmas ao permitir que o diretor de criação, Washington Olivetto, escolhesse a produtora que iria realizar os filmes de sua autoria. E o Washington escolhia diretores e não produtoras. (...) Ora, é evidente que este comportamento novo deu enorme importância ao diretor no business de produção. Porém, andorinha sozinha não faz verão. E os diretores logo perceberam que os produtores eram fundamentais para estabelecerem o negócio. E os produtores logo perceberam que os diretores eram fundamentais para estabelecerem o cliente. E neste contexto nasceu o formato mais bem-sucedido deste século XXI. Produtores associados a diretores.*[682]

Percebe-se, pois, que a estrutura que forjou a produção audiovisual publicitária no Brasil comungou a força criativa dos diretores junto com a praticidade e inteligência negocial dos produtores – o que por si só impõe reflexões necessárias acerca do conceito de autoria e titularidade dos direitos patrimoniais de tais obras audiovisuais.

3.2. A obra audiovisual publicitária e suas singularidades

De início, insta consolidar a plena noção de que as obras audiovisuais publicitárias são a espécie do gênero obras audiovisuais, se aproximando de seu regramento jurídico, por prevalência da forma como se expressam e se materializam, mas, se reservando a certas peculiaridades e nuances encontradas na sua sempre presente destinação publicitária, e todo os reflexos que esta importa.

Uma das especificidades mais notáveis pode ser encontrada desde a regulação oferecida pelas normas infralegais que a Ancine – Agência Nacional do Cinema – confere às obras audiovisuais publicitárias, separando-as em regramento próprio, encontrado na Instrução Normativa nº 95 da referida agência reguladora.

Assim, tal instrumento, no inciso XVIII do artigo 1º, define a obra audiovisual publicitária como aquela "cuja destinação é a publicidade e

682 Doria, Raul. *Produtoras: formatos, atos e desatos.* São Paulo: 2001, p. 7-9.

propaganda, exposição ou oferta de produtos, serviços, empresas, instituições públicas ou privadas, partidos políticos, associações, administração pública, assim como de bens materiais".

A partir dessa conceituação, uma série de desdobramentos e regramentos específicos irão ser observados ao longo do dispositivo, dos quais, importa agora, o papel central assumido pela produtora audiovisual nesse ambiente. Destarte, segundo a instrução, a comunicação da obra audiovisual publicitária só será regular e permitida após o devido registro desta perante a Ancine. Essa necessidade tem diversas razões, entre elas, o estabelecimento de sistema de cobrança da CONDECINE – Contribuição para o Desenvolvimento da Indústria Cinematográfica Nacional – que diferencia os valores do tributo de acordo com a origem da obra audiovisual publicitária: (i) se brasileira filmada no Brasil, um valor menor; (ii) se brasileira filmada no exterior, um valor acima, e; (iii) se estrangeira, o maior valor de todos.

Trata-se de um sistema de reserva de mercado promovido pelos efeitos de extrafiscalidade do sistema tributário, ao incentivar as marcas anunciantes a produzirem suas peças publicitárias por meio da contratação de empresas produtoras brasileiras, ao invés de simplesmente importarem as obras produzidas no mercado internacional. Nesse sentido, a classificação de uma obra audiovisual publicitária vai depender, primeiramente, se ela foi produzida por uma empresa produtora brasileira, realizada por diretor brasileiro ou estrangeiro residente no País há mais de três anos, e que utilize para sua produção, no mínimo, dois terços de artistas e técnicos brasileiros ou residentes no Brasil há mais de 5 cinco anos.

Ademais, a responsabilidade fiscal da CONDECINE é de competência da produtora. Ou seja, para a devida comunicação ao público, é necessário que uma produtora brasileira registre o filme e cumpra com a respectiva obrigação tributária, assumida em seu nome, salvo nos casos de obras estrangeiras[683].

A CONDECINE será sempre devida quando o filme for veiculado em cidades com número maior de um milhão de habitantes, considerado o anuário estatístico do IBGE, e será valorada também de acordo com a mídia de veiculação que, em ordem decrescente de valor, assim determina: radiodi-

[683] Nos casos de obras estrangeiras, determina a Instrução Normativa nº 95 da Ancine que a dita obra seja adaptada por uma empresa produtora brasileira, de modo a compatibilizá-la ao mercado brasileiro, seguindo as regras ditadas pelo artigo 31 do código consumerista.

fusão por sinal de TV aberta, comunicação eletrônica de massa por assinatura, vídeo doméstico, salas de exibição e outros mercados, que englobam, vídeo por demanda, audiovisual em transporte coletivo e audiovisual em circuito restrito. Queda fora dessa regra as obras audiovisuais publicitárias que forem veiculadas na internet, o que tem sido um ponto de grande discussão e reivindicação das produtoras, notada a importância dessa mídia no contexto publicitário atual.

Por fim, cumpre ainda anotar a exigência de apresentação de uma série de documentos comprobatórios da efetiva realização da produção publicitária requeridos para averiguar a efetiva classificação da obra quanto à sua origem e ao seu local de produção[684]. Essa é uma diligência que impõe uma responsabilidade grande à produtora, inerente à sua própria atividade, mas que incorre no risco de obstaculizar completamente a veiculação da obra. Desata aqui, uma necessidade premente de extrema organização da produtora, que vai se refletir em igual ou maior monta em outras searas, inclusive ao longo do processo criativo da obra audiovisual publicitária.

3.2.1. O processo criativo da obra audiovisual publicitária

Esta seção ora apresentada se ampara enormemente no estudo de João Vicente Cegato Bertomeu, que dissecou o processo de criação de obras audiovisuais publicitárias com tamanha dedicação e detalhamento, que se torna uma leitura obrigatória àqueles que desejam entender melhor o universo por trás das câmeras e que resultam em filmes que, muitas vezes, não expressam a real dimensão de suas complexidades. Em verdade, sua análise recai sobretudo ao formato tradicional do filme publicitário.

684 Essa exigência se destina a evitar fraudes, e encontra a lista mais extensa para os casos de obras brasileiras filmadas no exterior, quando são exigidos: cópia da obra; cópia de registro audiovisual ou fotográfico dos bastidores da realização da obra; notas fiscais; documentos que atestem o efetivo recebimento dos valores relativos aos serviços de produção prestados pela empresa produtora; ficha técnica; cópia do contrato de produção; cópia(s) do(s) contrato(s) firmado(s) com o(s) diretor(es) da obra; cópia dos contratos firmados com artistas e técnicos utilizados na produção da obra, empregados nas funções especificadas na Instrução Normativa; cópia dos cartões de embarque e das faturas de hotel ou similares relativos ao transporte e hospedagem de diretor(es), artistas e técnicos brasileiros utilizados na produção da obra; cópia de documento de identidade do(s) diretor(es) e dos artistas e técnicos utilizados na produção da obra, empregados nas funções especificadas; comprovante de execução de despesas no exterior na compra de mercadorias ou contratação de serviços no exterior relacionados à produção da obra.

Os devidos apontamentos para comportar as novas configurações da publicidade serão oportunamente relacionadas ao longo da descrição.

Assim, parte-se do exato ponto do quanto fora abordado na seção acerca do processo criativo da obra publicitária, em seu gênero, isto implica em dizer que, a criação de um filme publicitário se inicia através de um anunciante e o seu desejo de comunicar ou um produto seu, ou uma mensagem que atrele algum valor à sua marca. Após, essa necessidade é transmitida na contratação de uma agência de publicidade, que irá avaliar a pertinência da produção de uma obra audiovisual para figurar como uma peça inserta no planejamento da campanha publicitária. Avaliada essa necessidade, a partir do conceito criativo da campanha, esboçam o primeiro documento prévio ao início ao processo criativo, materializado através do *briefing*[685]. Esse documento, determina dois grandes aspectos que singularizam a produção audiovisual publicitária: os prazos e as obrigatoriedades/limitações, que estipulam, entre outras coisas, os formatos das peças a serem produzidas (que impacta diretamente nas técnicas cinematográficas, especialmente os enquadramentos) e a verba destinada ao projeto – fator fundamental e que ditará as soluções criativas de cada produtor e diretor.

O *briefing*, então, é apresentado ao anunciante e, uma vez aprovado, ele se torna "fechado", ou seja, o que ali foi decidido e documentado servirá de fundamento para todo o processo verificado daqui em diante. Ainda que delimite conceitos vagos, apenas em forma de apontamentos, o *briefing* aponta os rumos. "Trata-se de rumo e vagueza, o desenrolar do processo que propicia já ao *briefing* a formação de algumas linhas de força, como parte de uma rede que se constrói coletivamente"[686]. Assim que fechado, o documento é repassado para o departamento de criação da agência de publicidade, que irá cuidar de redigir opções de roteiros, conforme

[685] O *briefing* pode ser compreendido como um compilado de informações técnicas e diretivas, que irão nortear todo o processo de criação, embora ele ainda se situe numa fase anterior. É a delimitação das intenções, objetivos, metas, conceitos e estratégias pretendidas e esperadas com a criação do filme. Nas palavras de Bertomeu, *"essas reuniões de dados são conglomerados de informações que abordam as buscas mercadológicas mais complexas, as características de perfil do público consumidor e as particularidades das estratégias de comunicação que a empresa/produto e seus principais concorrentes estão atualmente desenvolvendo. Trata-se de relações estabelecidas inicialmente para a busca e o desafio do processo criativo da equipe. É o norteador do processo. Verifica-se que os profissionais de propaganda nunca criam em liberdade total. O briefing direciona o trajeto, o rumo, mas ainda o resultado não é conhecido."* (BERTOMEU, *Op. cit.*, 2010, p. 105).

[686] BERTOMEU, *Op. cit.*, 2010, p. 106.

o escopo delimitado pelo *briefing*. Essa é uma atividade empenhada pelos redatores e pelos diretores de arte, trabalhando em conjunto sob a supervisão de um diretor de criação. É possível apontar este como o primeiro momento verdadeiramente criativo do processo. Com os roteiros produzidos em mãos, o diretor de criação irá selecionar aqueles considerados por ele como os melhores, no que seguirão para nova aprovação do cliente.

Sobre o roteiro de um filme publicitário tradicional, cabe a ele cumprir o papel de esqueleto de um filme, contendo apenas informações mais básicas e essenciais para que os próximos processos possam se materializar. Distanciam-se, então, dos roteiros cinematográficos, mais técnicos e detalhados. Exatamente por isso, é que, em alguns casos de *branded content*, especialmente aqueles que demandam uma expertise de produção de conteúdo de entretenimento – sejam filmes de ficção, documentários, *reality shows*, séries, enfim – a partir do *briefing*, o roteiro deverá ser produzido por alguém que reproduza essa técnica esperada, o que explica, em grande parte, a participação das empresas produtoras e seus criativos desde esse momento, posto que mais afeitos e experientes nessa demanda.

Assim, Bertomeu destaca que,

> *A ideia do filme publicitário apresentado num roteiro precisa comunicar a ideia geral do filme,* ***quando a produtora e o diretor irão colaborar para o aprimoramento dos aspectos audiovisuais da execução dele.*** *Os publicitários conhecem e até, em alguns casos, dominam a linguagem, mas os profissionais do audiovisual, além do domínio da técnica, estão muito próximos das novas tendências tecnológicas das produções e possuem o olhar profissional da atividade para profissionalizar o comercial.*[687] (grifo nosso)

Deve o roteiro, não se ater às questões técnicas, mas transmitir com clareza e objetividade a história a ser contada, "possibilitando a codificação visual diversificada do leitor, para que este entenda o filme e os produtores visuais (diretor do filme e produtora) (sic) não o modifiquem, mas auxiliem que a grande ideia do filme receba ainda mais expressividade visual quando o filme se transforma em audiovisual"[688].

Essa "codificação visual" vai se dar por meio do *shooting board* (ou, tratamento, como é também chamado no mercado brasileiro), realizado pelo

[687] Bertomeu, *Op. cit.*, 2010, p. 107-108.
[688] Bertomeu, *Op. cit.*, 2010, p. 110

diretor junto à sua equipe criativa, que é a tradução do roteiro em uma sequência de quadros que remontam *frame* a *frame* a visão pessoal que o diretor assume ao ler o roteiro. É o marco inicial da transmutação da obra literária (roteiro) na expressão visual, antecipando como será o resultado esperado para a obra audiovisual. Via de regra, o *shooting board* é apresentado conjuntamente ao orçamento detalhado pela produtora que participa de uma concorrência para assumir a produção do filme. É por meio deste documento, que será avaliado tanto pelo anunciante quanto pela agência de publicidade, que será aprovada ou recusada a contratação da respectiva produtora e seu diretor. Pelo importe de expressão artística e intelectual singular ao roteiro, o *shooting board* marca um estágio importante na criação, muitas vezes ilustrando caminhos criativos totalmente originais. Exatamente por essa característica, é que ele será melhor analisado adiante sob o aspecto de sua protegibilidade.

O *shooting board* se difere do *storyboard*, este último de produção da agência de publicidade que também remete a essa tradução visual do roteiro, mas que tem como principal função servir de amparo para a decisão do anunciante acerca da aprovação ou não de um roteiro. Ainda que o *storyboard* possa servir de ponto de partida para um *shooting board*, o que acontece em raros casos, o diretor e a produtora têm a plena capacidade de modificá-lo e emprestar novas significações, em um novo e outro importe criativo[689].

A escolha da produtora e do diretor, por consequência, passa por uma série de definições, que vão desde as capacidades técnicas e histórico da produtora, sobretudo em grandes projetos que demandam não só expertise mas extrema organização e responsabilidade. Esse é um fator considerável nesse meio: a depender de um projeto, a capacidade técnica de produção, envolvendo todos os aspectos que essa acepção possa incorrer, é decisiva. Por outras vezes, há a escolha daquela empresa que apresen-

[689] *"O storyboard tem o papel de antecipar a construção do filme ao cliente e ilustrar o momento de apresentação da ideia. É um documento tradutório que busca sua expressão em forma de frames do filme ilustrado, que auxiliará na compreensão daquilo que a equipe da agência imaginou para o roteiro, no qual o diretor poderá aprimorar ou modificar de forma a colaborar com a ideia principal do filme. É como uma pauta, um direcionamento, uma interpretação, uma antecipação em cenas fragmentadas passível de modificação de suporte. Não é o mesmo que um shooting board que detalha quadro a quadro toda a interpretação visual de um filme pelo diretor, já que o storyboard apresenta um número menor de cenas. Normalmente, a ilustração de um storyboard é colorida, priorizada pelo movimento e mais atrativa visualmente, pois procura aprovar a ideia do filme perante o cliente e, num outro objetivo, apresentar a interpretação visual do filme pelo departamento de criação."* (Bertomeu, *Op. cit.*, 2010, p. 125).

tar o orçamento mais enxuto e que consiga solucionar satisfatoriamente a produção do filme proposto. Assim como também, conforme relata Bertomeu, a decisão pelos diretores muitas vezes segue a lógica da escolha da linguagem cinematográfica de um diretor específico[690]. Embora incomum no mercado brasileiro, é comum haver especialização entre os diretores: diretores de filmes de carro, de filmes de culinária, de produtos de beleza, entre outros, já que cada um exigirá um conhecimento técnico e uma linguagem artística diferente, tal como são os gêneros dos filmes cinematográficos. Sobre o assunto, é de extrema pertinência o trecho da entrevista do diretor Carlos Manga Junior, destacado por Bertomeu, que ressalta a atuação criativa do diretor, já que será sua autenticidade artística que o destacará frente a outros diretores.

> *Eu acho que esse é o perfil. O diretor tem de ter uma mão própria, que dê identidade ao conjunto do seu trabalho, Seja fazendo filme de carro, de sorvete, de jeans, de cerveja, o que for, Ele não deve ser um especialista em nada, mas tem que ter uma identidade. É isso que estou tentando construir. A publicidade para o diretor é sinônimo de anonimato. Sem criar identidade você pode até trabalhar muito durante um período, mas não por definir um formato, uma área de consistência, uma forma de olhar, vai se perder, vai sumir.*[691]

Na sequência do processo criativo, após definidas as produtoras e diretores concorrentes, enviados os roteiros, e apresentados os orçamentos e *shooting boards* (tratamentos do diretor), passa-se à aprovação da produtora e diretores escolhidos pela agência e anunciante. Tomada a decisão, a próxima etapa é a reunião de pré-produção, ou PPM (*Pre Production Meeting*), que é o encontro entre o corpo criativo da agência de publicidade com os profissionais da produtora contratada, onde eles pautarão o planejamento previsto para a produção do filme. É uma reunião técnica[692] que congrega,

690 BERTOMEU, *Op. cit.*, 2010, p. 126.

691 MANGA JUNIOR, Carlos. *Entrevista. In:* Revista da Criação, agosto de 1998 *apud* BERTOMEU, *Criação em filmes publicitários*, 2010, p. 127-128.

692 *"Nessa etapa, todos os elementos pertinentes à execução do filme são apresentados por todos os responsáveis, com o objetivo de se olhar antecipadamente o filme, como ele será realizado. Esse é o objetivo da reunião. Parece ser o momento de alinhamento de todas as perspectivas do projeto, quando os profissionais que desenvolvem o roteiro e o diretor já visualizam o projeto, discutem-no, fazem as checagens necessárias e apresentam sugestões, procurando apontar todas as necessidades para alavancar um único projeto com o objetivo único: um filme criativo e persuasivo. Esse momento de acerto de perspectivas é fundamental*

via de regra, pelo lado da agência, o RTVC (intermediário entre agência e produtora), os criativos (diretor de criação, redator e diretor de arte) e o atendimento (responsável pela intermediação entre agência e cliente), por parte da produtora, participam, o produtor executivo, o diretor e seu assistente, o cenógrafo, o produtor principal, o produtor de elenco e, a depender da natureza do projeto, de outros profissionais específicos – por exemplo, em filmes de produtos alimentícios, participam também o culinarista, ou em filmes de animação, participam os responsáveis pelo desenho gráfico, quando há a participação de animais, estão presentes os seus respectivos treinadores, e assim por diante.

É não só uma reunião técnica, de definição de parâmetros, cronogramas, programação da produção e da pós-produção, mas também uma reunião onde se verifica um espaço criativo latente. Nela, podem ser decididas temas essenciais para a caracterização do filme a ser produzido, tais como locações, *casting* (atores, atrizes e/ou modelos), trilha sonora, e tantas outras linguagens cinematográficas. Cumpre destacar o papel de destaque do diretor nessa etapa[693], que será o responsável por coordenar esse processo criativo, apontando os direcionamentos para unir as contribuições de cada parte. Também, há de se apontar o papel do produtor executivo e do produtor principal (ou, coordenador de produção), ao amparar essa reunião com um olhar prático, delimitando as possibilidades criativas no contexto das limitações do projeto, fundadas, sobremaneira, na díade prazo-orçamento[694].

para gerar a continuidade do processo, nas diversas habilidades dos envolvidos. (...) Todos podem interferir. É um momento intensamente coletivo; é o conceito de rede novamente revelando suas complexidades, interconectividade de relações, definições particulares que são apresentadas à equipe. É o momento de propiciar novos caminhos, apontamentos, possíveis associações." (Bertomeu, *Op. cit.*, 2010, p. 148).

693 Sobre o tema, pertinente é a descrição de Washington Olivetto sobre o processo criativo de seu filme mais celebrado "Valisére, seu primeiro sutiã". Assim: *"O roteiro foi aprovado sem qualquer dificuldade. Todos concordaram que teríamos um grande filme – que acabou ficando ainda melhor do que imaginávamos, graças ao talento do diretor Julio Xavier da Silveira, o Julinho. Foi Julinho que descobriu a Patrícia Lucchesi, nossa escolhida por unanimidade quando vimos os testes de casting. É verdade também que existiam outras meninas ótimas, incluindo a hoje bem-sucedida apresentadora de televisão Eliana, que no comercial aparece como figurante na cena do vestiário. Foi Julinho quem sugeriu a escola, o vestiário, o quarto da menina, a luz do filme e o trecho da ópera La Bohème, de Giacomo Puccini, como trilha sonora. E foi Julinho quem teve a iniciativa de editar uma versão de um minuto e meio daquele filme que o cliente tinha aprovado como um comercial de um minuto."* (Olivetto, *Direto de Washington*, 2018, p. 75).

694 A título ilustrativo, o diretor menciona uma determinada locação, um museu ou um equipamento público, onde poderão ocorrer as gravações. Se o produtor enxergar alguma

A partir da reunião de pré-produção (PPM), é elaborado um relatório de pré-produção, onde serão anotadas todas as decisões tomadas durante a reunião, como também destacar os pontos que, de alguma forma, ficaram indefinidos e que deverão ser solucionados ou antes da gravação, ou durante o próprio *set* de filmagem.

Assim, a próxima etapa criativa é a própria produção em si, quando ocorrerão as filmagens e gravações planejadas previamente, seguindo as diretrizes determinadas pelo relatório de pré-produção, ainda que, conforme Bertomeu sublinha, os profissionais técnicos e artísticos "sabem que precisam apresentar flexibilidade nos imprevistos que podem acontecer"[695]. Nem todos os detalhes são fechados e definidos no momento preparatório da PPM, restando alguma margem de atuação e soluções criativas no momento da filmagem[696]. Há uma busca por previsibilidade e organização, em nome de eficiência produtiva. Mas, uma produção audiovisual com essa dimensão e complexidade impõe desafios diversos, muitos impensáveis e outros incontornáveis: é uma previsão de clima que não se confirma, trazendo uma chuva inesperada; é um acidente que impossibilita a participação do diretor de fotografia; é uma ausência na distribuição da rede elétrica; é um avião que se atrasa e com ele, uma atriz que não chega ao *set* de filmagem na hora marcada; enfim, toda uma sorte de aleatoriedades que são plenamente suscetíveis de acontecer num projeto dessa magnitude e que exigirão certos contorcionismos e improvisos criativos da equipe da produtora para solucioná-los, donde se destacam não só o papel direcionador do diretor da filmagem, mas de todos os profissionais que o auxilia, inclusive os de ordem prática, como o coordenador de produção, assistente de produção, assistente de direção, e outros.

Nesse ponto, a produção e, consequentemente, o processo criativo de um filme publicitário se difere de outras produções audiovisuais por dois aspectos específicos: primeiramente, há uma delimitação de um prazo específico, seja ele comprometido com o cronograma da própria campanha publicitária – por exemplo, o filme deve ser lançado no dia previsto de lançamento mundial do produto – seja ele ditado por questões orçamen-

dificuldade, por exemplo, dificuldade em conseguir a devida autorização no tempo necessário, ou, o alto custo do aluguel do lugar, pode ele, por meio de seu repertório, ao declinar tal locação, indicar outra substitutiva.

695 Bertomeu, *Op. cit.*, 2010, p. 171.

696 Bertomeu, *Op. Cit.*, 2010, p. 166.

tárias, levando ao segundo fator limitante, que é a verba disponível para a produção. Em geral, filmes publicitários têm um custo de produção muito maior do que outros tipos de conteúdos audiovisuais, muito em razão da condensação da produção e pós-produção em prazos exíguos, o que fatalmente eleva os riscos e custos desse tipo de produção. Geralmente, os filmes publicitários são produzidos por meio de 2 a 5 diárias de filmagens, se muito, resguardados casos específicos e de maior complexidade que podem contar com mais dias[697]. Assim, no caso de haver a necessidade de uma diária complementar, por qualquer imprevisto que seja, há um impacto significativo no custo de produção que, ao cabo, deverá ser aprovado ou não pelo anunciante, financiador de toda a cadeia produtiva[698].

Daí, entre outras explicações, a justificativa de tantos processos preparatórios antes da parte executória, da gravação em si, posto que nessa etapa os imprevistos devem sumariamente ser contornados, de forma a não impactar o orçamento inicialmente previsto, sob pena de instaurar um longo processo de aferição de responsabilidades e criando um desgaste

[697] Para efeito comparativo, um filme médio de ficção, de produção nacional, conta com 30 a 45 de diárias de gravação. É certo que um longa metragem necessita muito mais de material bruto, no entanto, as técnicas cinematográficas empregadas na publicidade são de alta complexidade, muitas vezes até mais intrincadas do que as técnicas empregadas nas obras cinematográficas. Outrossim, nem se meça o filme por seu tamanho, ao passo que um simples filme de 30 segundos exige uma equipe igual, ou por vezes, até maior do que um longa metragem. Inclusive, o prazo curto de gravação e produção, muitas vezes exige uma equipe maior, para que possam cumprir com todas as exigências a tempo. Nesse tema, é importante posicionar as novas obras publicitárias, em especial as obras audiovisuais de *branded content*, no meio termo dos dois processos criativos. Certamente ele contará com um prazo maior e mais planejado de execução e finalização, no entanto, ainda sofrerá igualmente as pressões dos anunciantes para atendimento dos objetivos mercadológicos.

[698] Nesse sentido, o mercado publicitário brasileiro, inspirado por experiências estrangeiras, adotou os conceitos de *weather day* e *contingency day*, que nada mais representam do que mecanismos de exclusão de responsabilidade da produtora. Assim, por previsão contratual, a produtora indica valores que corresponderão nos casos de *weather day* – quando a previsão de clima previsto não se confirma – e *contingency day* – quando ocorre algum imprevisto de ordem técnica – que acabam impossibilitando a diária de gravação. Os custos dela, assim, serão cobertos por esses valores. Também se destaca o *star day*, que é o valor computado quando há a participação de alguma celebridade na produção do filme, que, pela logística especial, incorre em custos de produção maiores. Apesar de previstos contratualmente e amparados pela experiência estrangeira, a plena observância desses dispositivos no mercado publicitário brasileiro ainda conta com certas resistências, por vezes, revelando uma pressão que dita os processos de produção de filmes dessa natureza.

nas relações entre anunciante, agência e produtora. O tema é de fundamental importância no cenário de produção audiovisual publicitária atual onde os prazos são curtos, as verbas são cada vez mais restritas e as demandas de entregas são altas, verificadas nos mais diversos formatos além do tradicional reclame televisivo. A lógica economicista é presente durante o processo inteiro, que deve se preocupar, além da criação, em soluções efetivas e eficientes para abraçar as demandas dos clientes anunciantes, cada vez mais exigentes.

Nesse exato contexto é que se denota uma necessidade quase que elementar da organização da empresa produtora, seja por seus mecanismos administrativos, seja por sua habilidade empreendedora e financeira, que vai se revelar de sumária relevância para a sua capacidade criativa no processo de produção do filme publicitário. Afinal, é essa estrutura organizativa que concretizará, objetivamente, as obras audiovisuais publicitárias. Nesse sentido, Bertomeu destaca a organização hierárquica que deve ocorrer em um *set* de filmagem, em que cada área de determinada competência se comunica numa "rede vertical de orientações e solicitações", de forma a conferir uma "mecânica organizacional para que não ocorra desorganização e para que as pessoas estejam incluídas no fluxo de informação"[699], que deve estabelecer uma comunicação clara e objetiva para atender à complexidade da produção.

Feito os devidos apontamentos, há de se destacar também o papel protagonista do diretor no filme publicitário. Para Bertomeu, é um processo bem estruturado, através de um planejamento integralizado que vai permitir o diretor se desvencilhar de demandas burocráticas para focar na atuação eminentemente criativa durante as gravações. Esse trabalho criativo é demandado não só para materializar o filme, traduzindo-o, por meio de técnicas cinematográficas, a "bidimensionalidade" do *shooting board* e as diretrizes do relatório de pré-produção na "tridimensionalidade" do *set* de filmagem, mas também para aportar soluções de última hora, já que a "produção não é um simples cumprimento linear conduzido sem reflexão"[700]; quando o diretor irá ditar alterações durante a própria gravação de acordo com seu juízo artístico, objetivando a melhor e mais completa expressividade cinematográfica ao filme publicitário. Nesse momento, certamente

[699] Bertomeu, *Op. cit.*, 2010, p. 190.
[700] Bertomeu, *Op. cit.*, 2010, p. 189.

as alterações, embora centralizadas pelo diretor, são concretizadas por verdadeiro trabalho em equipe, de caráter interativo entre os diferentes profissionais[701].

Em continuidade, feita a gravação, passa-se para a fase de pós-produção, para que o filme seja devidamente finalizado. Em geral, embora possam acontecer em algumas produtoras, especialmente nas que possuem uma infraestrutura maior, hoje, a finalização é feita de maneira digital e quase sempre exercida pelas finalizadoras, que são empresas específicas e dedicadas aos processos de: colorização, edição ou montagem (no caso raro de ser filmado em película)[702], inserção da trilha sonora (produzida pelas produtoras de som contratadas, e que segue uma lógica parecida com a produção audiovisual), inserção das partes gráficas (letreiros, efeitos especiais e manipulações da imagem, por exemplo, para apagar eventuais marcas de terceiros que porventura apareçam nas gravações), *sound design* (pela inserção de efeitos sonoros e mixagem da banda de áudio), e, por fim, a renderização (se digital) ou composição (se película) final do filme.

Ao fim desse processo, tem-se o que o mercado chama por versão *off-line*, que será devidamente apresentada à agência e ao anunciante e, se aprovada, retorna para a finalizadora para a formatação da versão *on-line*, que respeita as regras de veiculação das diferentes mídias e formatos. Uma vez que não caiba mais nenhuma alteração, está apta à distribuição do filme. A versão *on-line* (ou, final) é entregue à agência de publicidade e seu departamento de mídia irá fazer a entrega para as diferentes plataformas e veículos de mídia, iniciando aí a comunicação ao público da obra audiovisual publicitária.

Essa é uma descrição detalhada das etapas principais do processo criativo de um filme publicitário, desde a gênese por meio da encomenda, na sua materialização em conceito criativo e na consumação por meio da redação de um roteiro e da produção do material audiovisual em si. Certamente, esse é um modelo verificado na prática publicitária, mas não é uma regra imperativa, comportando algumas exceções, algumas lacunas, alguns complementos, todas essas variáveis de acordo com a natureza espe-

[701] Bertomeu, *Op. cit.*, 2010, p. 184.

[702] Sobre a edição, é válido apontar que essa etapa é direcionada também pelo diretor, de forma que ele aponta os cortes, apresenta seu *shooting board* como diretriz para a edição ou montagem e condiciona a duração do filme ao tempo definido na reunião de pré-produção (Bertomeu, *Op. cit.*, 2010, p. 194).

cífica do projeto em questão. De qualquer maneira, a partir desse detalhamento, é possível, na leitura de João Bertomeu, traçar 3 características intrínsecas do processo criativo. Assim, ele se denota por ser: (i) interativo, (ii) coletivo e (iii) limitado.

A criação de um filme publicitário se revela, primeiramente, como um processo criativo limitado por algumas circunstâncias, devendo ele observar algumas obrigatoriedades inerentes à obra publicitária. Dessas, já se apôs que os prazos estabelecidos pelos anunciantes e pelas agências de publicidade, em relação ao tempo da própria campanha publicitária, é um desses fatores limitantes, condicionando e, muitas vezes, comprimindo o processo criativo num ritmo intenso, que demanda muita agilidade e organização dos participantes. O segundo fator limitante, também mencionado, é a questão do orçamento destinado ao projeto, que vai circundar a criação proposta dentro daquela realidade material. Daqui, sobressaem as possíveis engenharias financeiras apresentadas pela produtora e pelas soluções criativas apontadas pelo diretor e o restante da equipe, de forma a apresentar a melhor relação entre criatividade-originalidade com a verba disponível. Um terceiro fator limitante é quanto à própria natureza do filme ser um instrumento de uma comunicação publicitária, devendo, portanto, obedecer à lógica mercadológica e a todos os requisitos que isso implica. Por essa ótica, é preciso estar atento ao propósito publicitário do filme produzido, que deverá respeitar certas características, limitando a criatividade de seus participantes.

> *O tempo de duração de um filme e o orçamento previsto, sem sombra de dúvida, também norteiam o processo criativo, são tendências/restrições. Não existe a criação de um comercial que se lance totalmente à aventura. Quando indicamos as verbas e os prazos, eles são apontados como limitadores para as agências e produtoras. A criação entende que uma limitação de verba já, de início, determina os limites da produção audiovisual.*[703]

A segunda característica é de que se trata de um processo de criação interativo, notado sobretudo, na interação entre a agência e os profissionais da produtora desde a reunião de pré-produção, e entre a dinâmica própria de um set de filmagem, que necessita dessa comunicação ativa entre os profissionais de modo que a criação de fato venha a se materializar. Bertomeu também aponta ao fato de que a criação de um conceito e de suas

[703] Bertomeu, *Op. cit*, 2010, p. 123.

repercussões materiais também surgem através de processos intertextuais, de trocas culturais, de absorção de referências. É "um sistema aberto que troca informações com o seu meio ambiente, as relações espaço e tempo social e individual"[704], que vão ensejar a própria formação de uma interação a um nível culturalista para a criação.

Por fim, exalta o caráter coletivo da criação do filme publicitário, já que se trata de uma "autoria de relações, nas interlocuções que vão construindo a rede de relações ao longo do processo. É um processo que só se constrói na colaboratividade dos envolvidos"[705]. Veja que essa característica adotada por Bertomeu, não implica necessariamente na sua caracterização enquanto obra coletiva, no sentido conferido pela disciplina do direito autoral. Muito embora, chegar-se-á a essa conclusão, vez que tanto uma obra audiovisual quanto uma obra publicitária já fora definida neste estudo como, majoritariamente, obras coletivas. Mas não se trata disso aqui, tão só na consciência do autor de que o processo de criação de um filme publicitário envolve inúmeras participações e contribuições para que se conclua em uma obra audiovisual publicitária finalizada.

Veja, por exemplo, que o autor reconhece o papel de coautoria do cliente anunciante por seu envolvimento em etapas decisórias e aprovatórias do processo. É certo que esse envolvimento possa significar alguma forma de ingerência ao longo do processo, e é até mesmo justo se pensar que, em última análise, cabe ao anunciante aprovar ou não a peça, afinal a criação é feita em seu benefício e aproveitamento. Mas, com o devido respeito à obra do autor, que tanto auxiliou esse estudo, parece haver um equívoco ao considerar o anunciante como coautor do filme publicitário, já que sua participação, além de financiador do projeto, é reduzida a momentos de decisão binária – ou se segue, ou se retorna. Não há nenhum material criativo nelas, por contrário, o que há são decisões que, no mais, deixam de criar, ao impor a interrupção do processo realmente criativo. Nesse sentido, parece não caber com justeza, em plena consonância ao já tratado na obra sob encomenda, que a colaboração do anunciante (comitente em primeiro grau), sob a ótica da doutrina do direito autoral[706], possa ser caracterizada como contribuição criativa, ensejadora de coautoria, vez que o grau

[704] Bertomeu, Op. cit, 2010, p. 116.
[705] Bertomeu, Op. cit, 2010, p. 136.
[706] Bittar, *Op. cit.*, 1977, p. 131.

de sua participação não apresenta "dignidade intelectual", como assinala o professor Antonio Chaves, que traduz o espírito dos termos do §1º, do artigo 15 da Lei nº 9.610/1998, conforme abordados no capítulo anterior.

Assim, da descrição narrada, de grosso modo, é possível pontuar 4 momentos onde se identifica de fato os aportes criativos da obra audiovisual publicitária, quais sejam, (i) na criação do roteiro, via de regra pelos criativos da agência, embora estes, a depender da natureza da obra, podem ser criados desde já a partir dos criativos das produtoras; (ii) no *shooting board*, montado pelo diretor e sua equipe, que é quando há a tradução fiel entre a letra e a imagem que será observada no filme produzido; (iv) na reunião de pré-produção, não em todas, especificamente se ela tratar apenas de questões técnicas, como cronogramas e programação das filmagens, mas, ao contrário, se ela se debruçar sobre elementos essenciais e distinguidores da autenticidade do filme a ser produzido – o que evidencia ainda mais o caráter de obra coletiva da obra audiovisual publicitária, e; por fim, (iv) a própria gravação e os inúmeros aportes que acontecem em seu decorrer, incluindo os processos de pós produção e finalização da obra.

Dessa análise, logo, é possível destacar os papéis da agência de publicidade e seus criativos, do diretor do filme publicitário e da produtora. À agência, por sua construção do roteiro, amparados no conceito criativo e no próprio *briefing*, e que se sustentará os processos de produção da obra audiovisual. Em que pese a participação essencialmente criativa da agência, a esta caberá tão só o papel de autora do roteiro do filme, assim como a composição da trilha sonora caberá ao compositor da obra musical e, o filme, em si, notado como obra autônoma, será de autoria do diretor, por sua identificação e empréstimos pessoais desde a montagem do *shooting board*, e seu papel decisivo durante as gravações.

O diretor, apesar de apresentar o tratamento de um filme, que, em tese, são delimitações à criatividade da obra audiovisual publicitária, ainda resguarda certa maleabilidade de criação e improviso durante o processo de filmagem e pós-produção[707]. Essa criação, embora livre, estará sempre atada às finalidades propostas da estratégia da comunicação publicitária projetada para aquela mensagem.

Ainda assim, é possível pensar acerca do papel exercido pelas produtoras. Já ficou assente nessa parte que se considera a atuação das produtoras,

[707] BERTOMEU, *Op. cit.*, 2010, p. 141.

por meio de sua organização estruturante, como decisivas para o "fazer criar" da obra audiovisual publicitária.

Nesse sentido, a noção do papel da produtora dentro do processo criativo de um filme publicitário implica no seu próprio reconhecimento pelos profissionais de uma certa identidade, autenticidade de produção. As produtoras, então, adquirem certas características próprias, as distinguindo das demais concorrentes, muito em razão de sua própria organização interna, que é, ao final, o que vai conceber o nível de expertise de uma empresa frente aos diversos tipos de projetos de produção de filmes publicitários. Há empresas que lidam melhor quando há o envolvimento de uma grande celebridade no projeto, o que demanda uma coordenação e logística própria. Há as produtoras que são reconhecidas por sua linguagem mais autoral, muito em função dos diretores que elas mantêm contrato, é verdade, mas também por proporcionar a estes profissionais recursos que possam concretizar essa linguagem, entre a sua infraestrutura – equipamentos, tecnologia, estúdios – como também o corpo de outros profissionais que estão fixos na produtora. Há produtoras que são reconhecidas por terem maior facilidade em filmar fora do país, outras que se destacam por seu trabalho em animações. Há produtoras que se diferenciam por ter uma linguagem mais feminina – o que é extremamente valorizado na publicidade contemporânea por algumas marcas e agências. Outras, que se destacam pela sua velocidade de produção, e por aí vai.

Enfim, tudo isso para concluir que, no mercado publicitário, há uma relação identitária forte entre o nome de uma produtora e o seu modo[708], o seu formato de produção, exprimindo uma individualidade e genética própria de cada empresa[709] que, a depender das demandas de um projeto,

[708] Veja, por exemplo, que os profissionais das agências de publicidade depositam enorme confiança e criam expectativas de índole criativa de acordo com as produtoras, o que fica claro no seguinte trecho, *"Francisco Ferrão, redator da McCann-Erickson, faz a seguinte declaração sobre o processo criativo do filme publicitário e sua expectativa com a direção de filmagem: 'Eu espero que a produtora tenha contribuições que ajudem na ideia inicial. Nós temos algumas limitações em relação às possibilidades da linguagem cinematográfica ... se eu usar esse ângulo, esse efeito, que resultado eu tenho? A produtora tem que ajudar'"*. (Bertomeu, *Op. cit.*, 2010, p. 131). Ou, ainda, *"Paula Junqueira, da Full Jazz, ressalta o trabalho em equipe, o que já apontamos anteriormente: 'Penso na imagem, gosto de sugerir referências e acho muito importante receber sugestões da produtora, afinal, é um trabalho de equipe.'"* (Bertomeu, *Op. cit.*, 2010, p. 134).

[709] Veja que há diversos festivais e prêmios do universo publicitário que destacam não só os projetos, os profissionais e as "ideias mais geniais", mas premiam também as próprias empresas

será decisiva para a sua contratação – o que reforça o conceito de "autoria objetiva" e a possibilidade de uma pessoa jurídica de fato criar por meio de sua organização.

3.2.2. A titularidade dos direitos autorais da obra publicitária audiovisual

No tocante à titularidade dos direitos autorais das obras audiovisuais publicitárias, a indicação dos sujeitos de direitos a quem competirá cada feixe de direitos seguirá a plena obediência em relação à natureza da obra, portanto, sob sua forma audiovisual e a veste publicitária, bem como será refletida pelo processo criativo de tal obra, conforme delineado acima.

Nesse sentido, e emprestando toda a exposição já feita até aqui, adotando-se a forma da obra como sua maior característica, considera-se nesse primeiro momento que, sob uma leitura do dispositivo legal, considerar-se-á os autores de uma obra audiovisual publicitária o exato regramento das obras audiovisuais, disposto no artigo 16 da Lei nº 9.610/1998, portanto, o argumentista da obra literal e o da obra musical ou lítero-musical, o diretor e, quando cabível, os responsáveis pela animação.

Assim, é possível indicar que os criativos contratados pela agência de publicidade para redigirem o roteiro do filme, poderão ser equiparados tais como argumentistas, posto que é a criação primígena que subsidia todo o desenrolar criativo da obra audiovisual. Assim como, os compositores musicais que criarem a trilha sonora do filme, serão os argumentistas da obra musical ou lítero-musical. Também será o diretor, contratado pela produtora, que assumirá o papel de autor e exercerá a titularidade dos direitos morais de autor, conforme teor do artigo 25 da Lei de Direitos Autorais de 1998.

Aos animadores, tão logo suas criações sejam verificadas na obra audiovisual publicitária, serão eles também autores desta. Cabe uma pequena reflexão aqui quanto ao conceito de desenho animado, que não deve ser estendido para cobrir novas formas de animações correntes na produção audiovisual. Em específico para a publicidade, que se utiliza reiteradamente de recursos de textos animados de forma a completar a mensagem transmitida. Nesses casos, os autores dos letreiros animados, que tão só complementam a obra audiovisual, mas não são parte de sua quintessência,

produtoras, reconhecendo uma certa "arte em saber criar" destas. Entre esses, pode-se citar os festivais Cíclope e Cannes Lions e, nacionalmente, o prestigiado prêmio Caboré.

não serão autores da obra audiovisual em si; mas, desde que protegíveis, isto é, se originais e singulares, serão autores de suas participações individuais.

Em síntese, essa é a composição da autoria de uma obra audiovisual publicitária, sob a ótica da literalidade dos dispositivos legais. É possível, exatamente como se fez, argumentar pela autoria de tais obras também por parte da agência de publicidade, vez que contribuinte do argumento e da própria produtora, sob a tese de "autoria objetiva", em que a organização dessas empresas significam e concretizam as referidas criações. Esse é um debate já devidamente sediado tanto na seção que tratou da autoria da obra publicitária quanto da autoria da obra audiovisual e, que, novamente, se replica aqui, tomando até maiores contornos pelo seu processo criativo coletivo, interativo e limitado, exposto anteriormente. Especialmente tratando dos direitos morais de autor, conforme exposto na seção dedicada ao tema, nas obras audiovisuais publicitárias se percebe ainda mais a necessidade de certa relativização desse feixe; e, admitindo o reconhecimento da autoria pela produtora e agência de publicidade, o possível exercício dessas prerrogativas por estas.

Dessa maneira, resta a configuração da titularidade dos direitos patrimoniais de autor da obra audiovisual publicitária, que merece uma melhor atenção. Tal análise deve retomar a definição estabelecida para as obras publicitárias enquanto "obras coletivas realizadas sob encomenda". Nos iguais termos do quanto conceituou o professor Carlos A. Bittar ao mencionar a participação das empresas produtoras de obras musicais na obra publicitária, que acaba por estabelecer um nível a mais na "encomenda", *in verbis:*

> *Mais complexo ainda é o relacionamento existente – sempre sob a figura da encomenda – na produção de fonogramas, que envolve: a) agência (já a serviço do anunciante) e produtora; b) produtora e autores, artistas e executantes que contrata.*[710]

Assim, desatam 3 níveis de encomendas: o primeiro, entre anunciante e a agência; o segundo, entre agência e os autores que emprega ou contrata ou de empresa produtora, e; o terceiro, entre a empresa produtora e os autores que esta contrata ou emprega. Em que pese o professor Bittar tratar da contratação de produtoras fonográficas, a mesma lógica pode e deve ser aplicada para a contratação de empresa produtora audiovisual,

[710] BITTAR, *Op. cit.*, 1981, p. 190-191.

estabelecendo, para as obras audiovisuais publicitárias, este grau a mais de encomenda.

Tal noção vai ser amplamente justificada pela configuração da empresa produtora como uma sede criativa nova, de organização própria e distinta da agência de publicidade, o que vai posicioná-la como a "comitente" na criação da obra audiovisual, perante os autores desta. Assim, ensina o professor Antonio Chaves, que detalhou específica análise sobre o tema:

> *O filme publicitário é, em geral, sob encomenda, da agência, tendo como característica a autonomia da produtora, isto é, com organização própria de trabalho, fora, portanto, da eventual organização do comitente da obra. (...) No caso específico de produção cinematográfica, e, em particular, das empresas de propaganda que realizam filmes com essa finalidade específica, todo o Capítulo VI do Título IV da mesma lei, sob a epígrafe 'Da utilização de obra cinematográfica',* ***é nesse sentido, centralizando na pessoa do produtor (o que exclui a agência de publicidade), uma variedade de atribuições que não encontra em outras figuras de empresários, deixando entrever a excepcionalidade do tratamento que exige semelhante atividade.*** (grifo nosso)

Para então, concluir derradeiramente:

> *Do exposto conclui-se que o fato do filme publicitário ser produzido em consequência de uma encomenda, feita pelo anunciante, através da agência de propaganda, que remunera a produtora por todas as despesas decorrentes da realização do filme, pagando inclusive uma taxa pelos serviços prestados, não só não impede que a produtora faça jús a direitos autorais como, ao contrário, é ela, como organizadora dessa empresa coletiva, por expressa disposição de lei, a única titular dos mesmos.*[711]

Para o professor, então, dada a autonomia da produtora audiovisual na consecução do projeto audiovisual publicitário, infere-se uma organização própria de trabalho, fora do escopo e da atuação da comitente, no caso, a agência de publicidade. O resultado prático disso é a conclusão de que a obra audiovisual publicitária adquire uma especificidade em seu regramento ante as outras obras publicitárias. No caso específico do filme publicitário, em relação à obra audiovisual em si, competem os direitos autorais (patrimoniais, no caso) à produtora audiovisual responsável, enquanto organizadora da obra[712]. Apenas na hipótese excepcional de uma contri-

[711] Chaves, *Op. cit.*, 1987, p. 238-239.
[712] Chaves, *Op. cit.*, 1987, p. 241.

buição verdadeiramente criativa feita pela agência de publicidade é que Antonio Chaves vislumbraria a equiparação de direitos autorais entre a agência e a produtora[713]. O mesmo poderia ser aplicado às obras musicais com finalidade publicitária, a exemplo dos *jingles*, em sua maioria, criados e produzidos por empresas produtoras de fonogramas.

Portanto, seja pela forma audiovisual com a qual se expressa, e seu regramento específico, seja pela natureza de obra coletiva realizada sob a organização e sede autônoma da produtora, será essa a exercer justamente os direitos patrimoniais de autor, posto também que é a produtora que empreende comercialmente e desenvolve a verdadeira exploração da obra audiovisual publicitária. Pode-se, de maneira superficial, aduzir que a produtora não publica a obra audiovisual publicitária sob o seu nome, o que, de fato, é uma meia verdade.

Ora, na prática, uma obra publicitária, de qualquer natureza, nunca é publicada em nome da agência ou também da produtora. Ao menos para o público consumidor, que deve ter a plena certeza de identificar corretamente a marca ou o produto/serviço anunciado. No entanto, se observada a circulação das obras publicitárias no seu meio próprio, entre os profissionais da área publicitária, há a plena identificação das agências e das produtoras, o que se verifica em rápida análise das reportagens de mídia especializada, que sempre indicam os responsáveis pela criação e produção das peças[714].

Há uma razão central nessa lógica: o nome que é publicado não enseja, aqui, a identificação na condição de autor da obra, mas, vai além ao indicar o responsável pela produção de uma obra publicitária – quem seria a pessoa, física ou jurídica, por detrás daquela criação, de forma que haja o reconhecimento no exato meio que importa essa informação, que também se conecta muito com a possibilidade de geração de novos negócios

[713] CHAVES, *Op. cit.*, 1987, p. 240. Aliás, esta foi uma longa discussão na década de 1980 que envolveu diversas entidades representativas do setor, entre a ABA (pelos anunciantes), a ABAP (pelas agências de publicidade) e a APRO (pelas produtoras), cada uma defendendo o interesse de seus associados em relação à titularidade das obras publicitárias audiovisuais. A contenda é didaticamente narrada pelo professor Chaves às páginas 245-271 do livro aqui indicado.

[714] Não só das empresas, mas também, em muitos casos, das mais diversas pessoas físicas que participaram de todo o processo da campanha, o que, anteriormente, serviu de base para que essa dissertação pudesse erigir uma condição para a limitação do direito de paternidade da obra, sob a obrigatoriedade de indicação dos autores nesses espaços, vez que nas próprias peças ela é de prática quase que impossível.

e novas contratações. É daí também que surge o fenômeno mencionado na seção anterior de haver um forte reconhecimento da autenticidade dos trabalhos produzidos, já que eles expressam também a personalidade de cada empresa.

Pode-se, igualmente, discutir se a produtora toma a iniciativa da produção da obra audiovisual publicitária, considerando as demandas da agência e do anunciante. Tal questionamento não deve prosperar, contudo, vez que a iniciativa da produtora é representada simbolicamente pela apresentação do orçamento e se materializa na condução do processo produtivo da obra. A iniciativa da obra coletiva aqui, então, se dá perante a produtora e os seus profissionais, posto que considerada uma sede criativa nova e autônoma.

Por derradeiro, insta verificar que o sistema francês adota uma abordagem diferente da que o direito brasileiro aporta para as obras audiovisuais publicitárias, em decorrência da classificação da obra audiovisual como uma obra em colaboração, segundo teor do artigo L. 113-7 do *Code de Propriété Intellectuelle*, fazendo com que haja uma concorrência entre os autores (pessoas físicas) à sua criação e, logo, aos direitos patrimoniais de autor.

Segundo Christophe Bigot, essa é uma concepção atrelada à visão humanista do *droit d'auteur*, e que também pode ser verificada nas obras fonográficas/musicais, segundo disposição do artigo L. 113-8, do mesmo diploma[715], e que impõe uma rígida e injusta disciplina sobre as obras audiovisuais que acabam não integrando o sistema ao contexto atual de grande consumo de obras audiovisuais e radiofônicas[716]. Para o jurista, é necessário contornar as imposições de um regramento obsoleto, o que se verifica mormente nos casos das obras audiovisuais publicitárias, onde entra em jogo não só sua dimensão comercial, mas também uma flagrante antinomia do sistema, que, sobre obras de mesma natureza publicitária, destina caminhos e soluções divergentes.

[715] BIGOT, *Op. cit.*, 1997, p. 101.

[716] *"A l'évidence, le rigorisme juridique et le pragmatisme économique ont grand peine à s'harmoniser sur cette question, et cette opposition doctrinale le démontre. Pour notre part, il nous semble nécessaire, dans certains cas, d'abandonner certaines théories obsolètes, afin d'offrir à la pratique, dans le respect des intérêts, parfois contradictoires, de tous, les instruments juridiques adéquats. La reconnaissance de l'existence d'oeuvres collectives audiovisuelles eût été, à cet égard, une heureuse solution. Quoi qu'il en soit, s'agissant du secteur de la publicité, on ne peut que déplorer cette émergence d'une sous-catégorie d'oeuvres publicitaires dont l'enjeu économique est considérable, et pour lesquelles règne un flou réel en ce qui concerne la titularité des droits."* (BIGOT, *Op. cit.*, 1997, p. 103).

3.2.3. Outras características relevantes

Nesta sucinta seção, cumpre anotar algumas outras características que singularizam o processo de criação de obras audiovisuais publicitárias e alguns reflexos destas no âmbito jurídico e contratual.

3.2.3.1. A protegibilidade do tratamento (shooting board) como a primeira criação intelectual da produtora

Já se verificou que, ao longo do processo criativo da obra audiovisual publicitária a materialização imagética do roteiro criado pela agência de publicidade (e seus profissionais) encontra sede através da criação do *shooting board*, também chamado de tratamento, realizado pelo diretor e sua equipe e que objetiva traduzir o texto, prevendo a construção sequencial dos quadros idealizados pelo diretor para aplicar seu conhecimento técnico cinematográfico à história.

É uma decupagem, mas mais detalhada e mais elaborada visualmente, de forma a entregar uma visão pessoal do diretor sobre o filme, tanto sob o ponto de vista artístico quanto técnico. Exatamente por isso, o *shooting board* é uma criação intelectual, tal como o roteiro, e, assim, pode e deve ser protegido pelo direito autoral se verificada certa originalidade e individualidade na referida obra.

Via de regra, o tratamento do diretor sobre o roteiro é entregue para a análise da agência e dos anunciantes como forma de subsidiar a escolha na contratação da produtora e do diretor. Será o tratamento que irá premeditar e entregar a materialização conceitual da obra audiovisual publicitária, ainda que num estágio meramente ilustrativo e representativo.

Nesse contexto, o tema se torna relevante, e por isso merece esse destaque, posto que tem sido recorrente, nas concorrências entre as produtoras, a observância de aproveitamentos questionáveis de soluções apresentadas por outros tratamentos. É certo que a ideia não é protegida pelo Direito de Autor, mas o tratamento supera a fase da concepção mental, para servir de verdadeiro suporte material ao *corpus mysticum*. Segundo consta, quando da decisão por uma produtora a assumir o projeto, por vezes, há a indicação, seja pelo cliente, seja pela própria agência, de adotar algumas soluções previstas em outros tratamentos. Fazem, então, uma composição entre os tratamentos para chegarem à obra final.

Se devidamente comprovada, que pode ocorrer por meio de comparação entre os tratamentos ou, ainda, de forma mais dificultosa mas ainda assim plausível, entre a comparação do tratamento violado e da obra final produzida, poderá ser arguido a ocorrência de plágio, pela usurpação de obra alheia com flagrante dissimulação da autoria. Nesse sentido, é preciso apontar que incorreriam como responsáveis pela violação dos direitos autorais não só a agência de publicidade, mas também a produtora que produziu a obra.

A produção de um tratamento de roteiro publicitário é uma criação custosa, pois demanda tempo significativo para a confecção e o alinhamento das ideias e soluções do diretor. Demanda também um esforço criativo enorme, onde o diretor e sua equipe depositam todo o seu conhecimento técnico e suas bagagens e acervos culturais. Ainda, demandam também certo custo financeiro, não só pela hora-trabalho de seus profissionais, mas na autorização de imagens que comporão o material; custo esse, geralmente arcado pela produtora, que investe a soma com objetivos claros de ter êxito na contratação. Não à toa, no mercado internacional, geralmente há a previsão de remuneração pela entrega do *shooting board*, constatando ali verdadeiro ofício criativo e laboral.

No Brasil, recentemente, importando outra prática internacional, tem se intensificado a observância da entrega do material criativo junto a um termo de confidencialidade (ou, como o mercado chama, *NDA – Non Disclosure Agreement*, ao adotar a nomenclatura do direito norte-americano), no qual se busca preservar o sigilo sobre o conteúdo apresentado às agências e anunciantes. O termo faz prova do acesso e pode prever as sanções aplicáveis, mas, mesmo que o termo não seja devidamente assinado, é importante ressaltar que, ainda assim, cabe total proteção da criação no caso de verificação de violações dos direitos autorais dali decorrentes.

Uma outra possibilidade a ser adotada pelo mercado é, considerando o tratamento uma criação intelectual, e havendo a necessidade de utilização de parte de suas criações, poderiam as agências e anunciantes licenciar o uso daquela criação para a execução do projeto audiovisual por uma terceira produtora, regularizando, assim, a questão dos direitos autorais dali advindos. Nesse sentido, se a criação foi feita inteiramente pelo diretor, a ele caberá a titularidade dos direitos, mas, se houver o empréstimo dos recursos e de profissionais da produtora, bem como se verificados os aportes financeiros para a consecução do material, entende-se pela titularidade da produtora, no mesmo regime verificado e aplicável às obras sob encomenda.

3.2.3.2. O regulamento do contrato modelo do mercado brasileiro

Em análise dos contratos modelos reverenciados como a melhor prática pelo próprio mercado de produção publicitária[717], é possível avaliar quais são os mecanismos adotados pelas partes para tratarem as disposições referentes aos direitos autorais das obras audiovisuais publicitárias e aos direitos conexos dos intérpretes nestas obras.

Assim, o contrato de produção prevê, inicialmente, que os direitos patrimoniais da obra audiovisual produzida é de titularidade da produtora responsável por sua produção, que faz uma cessão dos direitos para a veiculação (distribuição) da obra em nome da agência. A cessão é limitada por três aspectos, a saber, mídias, prazo de veiculação e territórios, que englobam não só os territórios internacionais, mas também podem se limitar pelas regiões do país.

Há a previsão contratual para renovação automática da cessão dos direitos, desde que o prazo de veiculação inicial não exceda o limite de 12 meses; quando exceder, prevê o contrato a obrigação de novo ajuste entre as partes. O contrato ainda prevê um mecanismo de cálculo para a extensão dos limites da cessão inicial, no caso de ser necessário expandir, por exemplo, para novas mídias ou novos territórios. O cálculo é feito por meio de uma fórmula onde se relativiza o valor do contrato e o prazo inicial de veiculação, e os antepara em relação às novas mídias e territórios, considerando a relevância comercial destes. Assim, por exemplo, se a cessão se estender para um mercado relevante para a publicidade, a alíquota aplicada será maior do que para um mercado menos relevante. O modelo parece se inspirar no modelo de remuneração proporcional, encontrado no sistema francês de direito autoral, que trata a questão no artigo L. 132-31 do *Code de Propriété Intellectuelle*, já comentado anteriormente, e adota, no caso da contratação dos artistas, disposições do artigo 14 da Lei nº 6.533/1978, tratado adiante.

[717] Tratam-se dos Contratos de Produção, firmados entre a agência de publicidade e a produtora audiovisual, com a anuência do cliente anunciante, e o Contrato de Prestação de Serviços e Autorização de uso de Imagem e/ou Som de Voz e/ou Nome do Ator ou Modelo – firmados entre o artista (ator, atriz ou modelo), pela produtora, encarregada pela prestação do serviço, pela agência, encarregada pela veiculação da obra, e demais partes. Todos esses instrumentos são endossados pelas entidades representativas, entre as quais, a APRO (dos produtores), a ABAP (pelas agências) e o SATED (pelos artistas), e se encontram no Manual do IV Fórum da Produção Publicitária, publicado em 2017.

Para a contratação dos atores, o mecanismo de cessão dos direitos conexos, que se comunga à autorização dos direitos personalíssimos (ali referendados como a imagem, o som de voz e o nome do artista em questão), adota igual mecanismo de cessão limitada por prazos, mídias e territórios. Em igual trato, também prevê a renovação automática, em iguais termos, desde que o prazo inicial disposto seja de no máximo de 12 meses. Também se aplica o mesmo mecanismo para eventuais extensões da cessão inicialmente disposta.

Em relação aos outros profissionais, não há no Manual do IV Fórum da Produção Publicitária, qualquer menção ou mesmo a apresentação de um contrato tipo. Via de regra, os profissionais de maior ocupação artística realizam contratos específicos de acordo com cada serviço, onde se prevê, quando necessário, a cessão dos direitos patrimoniais em favor da produtora contratante – reforçando que, embora sejam consideradas as obras audiovisuais como obras coletivas, essa é uma necessidade latente e mandatória, em nome da segurança jurídica para a devida exploração econômica das obras.

O único destaque fica por conta dos diretores, algumas vezes sócios das produtoras e que se mantêm vinculados a essas pela relação societária. Quando não, realizam além dos contratos de prestação de serviço, também contratos de representação, nas quais as produtoras representam os diretores, muitas vezes em caráter de exclusividade. Assim, os diretores só poderão prestar seus serviços àquelas produtoras. O caráter de exclusividade pode ser restringido, ainda, pela territorialidade, quando o diretor será exclusivo de uma produtora dentro de um espaço geográfico pré-definido. É comum que os diretores, à vista de suas capacidades e de seu reconhecimento no meio, sejam convidados a prestarem seus serviços em produções estrangeiras. Neste caso, se houver exclusividade na representação do diretor pela produtora, as partes (a produtora estrangeira e a produtora brasileira) celebram o contrato de "empréstimo" (trata-se de um *Loan Agreement*, que o mercado denomina por *loan-out*), autorizando o diretor para sua atuação na produção, podendo haver a disposição de uma comissão para a produtora representante, ou não.

3.2.3.3. Os artigos 13 e 14 da Lei nº 6.533/1978

Em relação aos contratos dos artistas envolvidos na produção de obras audiovisuais publicitárias, considerados assim no teor do inciso I, do artigo

2º da Lei dos Artistas (Lei nº 6.533/1978), onde, é artista "o profissional que cria, interpreta ou executa obra de caráter cultural de qualquer natureza", é preciso comentar uma aparente antinomia jurídica presente entre as disposições da lei de direitos autorais – posterior, mas geral – e a referida lei que regula a participação dos artistas – especial, mas anterior.

A antinomia, em tese[718], reside no confronto entre a disposição geral da lei autoral acerca da transferência dos direitos autorais e conexos com o artigo 13 da Lei nº 6.533/1978, no qual se prevê a proibição de cessão ou promessa de cessão de direitos autorais e conexos decorrentes da prestação de serviços profissionais. Em verdade, a Lei de Direitos Autorais, nada prevê nesse sentido, senão o regramento geral de transferências de tais direitos pelos meios citados de cessão, concessão ou licenciamento, de acordo com seus artigos 49 e seguintes e artigo 89, que determina igual regramento para os direitos conexos.

Na sequência, o parágrafo único do artigo 13 da Lei dos Artistas ainda estabelece que a remuneração pelos "direitos autorais e conexos dos profissionais serão devidos em decorrência de cada exibição da obra", o que tornaria praticamente impossível de ser observada nos casos de obras publicitárias, quando então o artigo subsequente estabelece um regime diferente para estas obras. Assim, estabelece o artigo 14 da referida lei[719], exigências formais para o contrato de trabalho firmado entre a produtora e o artista, donde se destaca a necessidade de se prever o tempo de exploração do filme publicitário, as mídias de veiculação e as praças onde o filme

[718] Ver D'ANTINO, Sérgio Famá; CARASSO, Larissa Andréa. *Os direitos conexos dos atores de telenovelas e minisséries. In:* COSTA NETTO, José Carlos (Coord. Geral); EGEA, Maria Luiza de Freitas Valle; CARASSO, Larissa Andréa (Coord. nacional); MATES, Anitta; PONTES, Leonardo Machado (Coord. internacional). *Direito autoral atual.* 1. ed. Rio de Janeiro: Elsevier, 2015, p. 175.

[719] "Art . 14 – Nas mensagens publicitárias, feitas para cinema, televisão ou para serem divulgadas por outros veículos, constará do contrato de trabalho, obrigatoriamente:
I – o nome do produtor, do anunciante e, se houver, da agência de publicidade para quem a mensagem é produzida;
II – o tempo de exploração comercial da mensagem;
III – o produto a ser promovido;
IV – os veículos através dos quais a mensagem será exibida;
V – as praças onde a mensagem será veiculada;
VI – o tempo de duração da mensagem e suas características." (BRASIL. *Lei nº 6.533, de 24 de maio de 1978.* Disponível em: <http://www.planalto.gov.br/ccivil_03/leis/L6533.htm>. Acesso em: 13 de janeiro de 2020).

será veiculado, que deve ser compreendida como os territórios – em próxima semelhança ao contrato analisado na seção anterior.

Acontece que, a vedação da cessão – que pode ser entendida como a vedação da transferência total e definitiva – dos direitos autorais e conexos dos artistas implica numa impossibilidade de observância real na prática da atividade publicitária. Em que pese o contrato modelo referendar um modelo de cessão limitada, tal como pretendeu o legislador ao salvaguardar os direitos dos artistas, a realidade demonstra que essa disposição é de quase ineficácia legal, posto que não absorve por completo a realidade material hodierna, sobretudo com a inserção da comunicação em rede e interativa proporcionada pela internet. A internet não tem barreiras, nem temporais, nem geográficas. Depreendendo do quanto analisado no primeiro capítulo desse estudo, sob as novas formas de configuração das obras publicitárias, não é difícil conceber que, ou há uma clara inoperabilidade prática de tal norma, e se reconhece como eficaz, ou há constantes e flagrantes violação de sua disposição.

Esses conflitos também são apontados pelos autores do artigo aqui citado, mas este sob a análise das obras televisivas, donde afirmam que este preceito legal não é observado nos contratos firmados entre os artistas e as empresas produtoras televisivas, ainda que, no entendimento dos juristas, deve restar plena a defesa dos direitos autorais e conexos dos profissionais[720].

3.3. Reflexões conclusivas

A apreensão do aprofundamento da complexidade verificada na obra audiovisual publicitária se revela, conforme analisado, na dificuldade encontrada pelo Direito e pelo mercado de harmonizarem as disposições relativas a estas criações e a sua devida utilização como instrumento de comunicação publicitária. A compatibilização dessas normas pressupõe um equilíbrio delicado entre a plena defesa dos direitos dos criadores autores e necessidade de outros sujeitos, igualmente importantes na cadeia produtiva, de concretizarem suas proposta e intenções com as respectivas criações.

Nesse sentido, primeiramente analisada a obra audiovisual, é peremptória a sua definição como uma obra coletiva, não apenas por uma questão didática ou de mera intenção a resguardar a sua devida exploração eco-

720 D'Antino; Carasso, *Op. cit.*, 2015, p. 175.

nômica na figura do produtor, mas, sobretudo, porque o instituto da obra coletiva se enxerga em plena feição à maior parte dos processos produtivos das obras audiovisuais, resguardados os casos excepcionais devidamente apontados ao longo do capítulo.

A composição das participações interativas entre os criadores diretivos, os criadores acessórios ou dirigidos e os participantes técnicos dão resultado a uma obra totalmente nova, autônoma, caracterizada enormemente pela indissociabilidade das referidas contribuições. A sua classificação enquanto obra coletiva também respalda o devido tratamento que deve ser conferido ao produtor da obra audiovisual, que se encarrega de sua organização, administrativa e financeira, sendo justa o seu devido aproveitamento em relação à exploração econômica da obra. O sistema, assim entendido, por si só se equilibra. Mas, poderia ir além, e reafirmar essa noção ao prever expressamente a presunção da cessão dos direitos patrimoniais em favor do produtor, adquirindo maior segurança jurídica toda a relação, que não ficaria à mercê da exata classificação da natureza da obra. Trataria-se de uma redundância positiva, produtiva, e que encontra respaldo no meio acadêmico e nos setores da sociedade civil, que compreendem essa dimensão maior da obra audiovisual e sua veste de empreendimento cultural.

Questiona-se ainda se, da organização estruturante promovida pelo produtor, não poderia se vislumbrar uma forma de atuação criativa, que se aprofunda ainda mais na concepção de suas expressões publicitárias. A possibilidade é real e respaldada pela construção legal e, em parte, pela doutrina, conforme aventado. Tal entendimento dignifica uma dimensão que, ao mesmo tempo que reflete com exata precisão as relações que desenvolvem no plano fático material contemporâneo, é repelida por algumas sedes doutrinárias pela romantização de um Direito de Autor que tem demonstrado certa obsolescência, em casos excepcionais, reforce-se. Refletir sobre suas aplicações e regramentos não é desestruturá-lo em suas bases fundamentais, ao contrário, é reforçá-las para que, mais fortes, possam suportar e amparar todas as demandas sociais frente à matéria.

Na análise sobre os direitos autorais e o engendramento da atividade publicitária dos dias atuais, especialmente, há um nítido distanciamento, regendo o mercado por meio de mecanismos próprios adotados à plena rebeldia frente aos ditames autorais. As noções dos direitos morais de autor, bem como o trânsito das obras intelectuais hoje sem barreiras, temporais ou geográficas, postulam sobre um novo refletir acerca do tema.

4
A Síntese da Problemática e uma Reflexão sobre uma Possível Nova Abordagem Legal da Obra Publicitária pelo Direito de Autor

Neste capítulo, já com feitio conclusivo ao estudo, é preciso retomar alguns conceitos previamente delineados para, enfim, apontar a problemática da qual trata a pesquisa. Logo, a publicidade é uma atividade imanente da sociedade capitalista, preocupada com a sua necessidade produtivo-distributiva margeada pela lucratividade, que se insere no seio do sistema cultural de massa, aproveitando-se de toda a infraestrutura e superestrutura dessa, para congregar no seu cerne a satisfação de uma finalidade mercadológica por meio de expressões artístico-utilitárias; compondo, assim, parte integrante e onipresente da formação socioeconômica e cultural hodierna.

Atenta às evoluções da atualidade, o universo da publicidade está se reinventando, como já abordado no primeiro capítulo e, neste processo de renovação, encontram-se novas fronteiras que vão exigir da criatividade e inovação a quebra das barreiras insurgentes. Isso pressupõe que cada vez mais a propriedade intelectual, e, por isso, também os direitos de autor serão importantes e cada vez mais valiosos para a atividade publicitária. Esta é a leitura que se extrai do texto elucidativo da professora Patrícia Burrowes, *in litteris:*

> *Vimos que dentre os pressupostos da publicidade estão o emprego da criatividade aplicada como solução inovadora para um problema comercial, cujo objetivo é a obtenção de um resultado em marketing, por sua vez dependente da produção de uma concordância em torno de um modelo estabelecido de viver. Não por acaso, os seus enunciados, mesmo os que momentaneamente acolhem variações nos padrões de sexualidade, etnia, gênero, mesmo quando intencionalmente questionadores, recaem na exortação ao con-*

sumo e na apresentação dele como força motriz da subjetividade. E voltamos dessa forma à constante fundamental, à postura majoritária na sociedade capitalista: o valor do capital como o ápice na hierarquia de valores. Reforçamos o consumo privado individual como solução para problemas objetivos e subjetivos, e admitimos o mercado como perfeito mecanismo de mediação. Resta-nos ainda considerar, no âmbito deste trabalho, a reunião de agenciamentos e enunciados tão díspares sob a mesma classificação de Indústria Criativa. Percebemos nos pressupostos implícitos da publicidade a coerência com o projeto da Indústria Criativa – a criatividade compreendida como insumo na produção de valor econômico a partir do simbólico.[721]

A valorização da propriedade intelectual dentro da produção publicitária parece ser um caminho sem volta. Paulatinamente se evidenciará que o valor real de uma campanha publicitária não é a soma dos valores materiais tangíveis que ela incorpora, mas todo o seu valor intangível que é adicionado pelo nível de criatividade e originalidade com que ela foi tratada. Adiciona-se a esse contexto, a conjuntura atual de questionamentos acerca dos modelos de negócios empenhados pelas agências de publicidade, que, nos últimos anos, se verteu a uma lógica tão só numérica, em detrimento do real valor de sua primeira atuação que é a criação[722]. Reforçar a proteção autoral das criações autorais, portanto, é subsidiar a criatividade como o insumo essencial da atividade publicitária, ao passo que permite o devido reconhecimento de toda sua cadeia produtiva.

Por outro lado, na publicidade se encontra também a atuação e a demanda de uma marca, de um anunciante, que vislumbra nessa forma de comunicação a consecução de seus mais legítimos interesses numéricos. Acontece que, no confronto entre os dois pólos, se situa a superestrutura do direito autoral, que busca harmonizar e convergir as intenções de cada parte, buscando uma solução pacífica e justa; o que, repita-se, tem sido questionado pelo novel formato das infraestruturas que baseiam o setor.

As novas configurações da publicidade contemporânea, ou, ao menos suas novas expressões, já que as formas tradicionais subsistem em aspecto complementar às novas, podem ser sintetizadas por se destinarem a uma comunicação que visa o entretenimento do público-alvo, não para vender

[721] Burrowes, Patrícia. *Por que a publicidade não é arte?* Trabalho apresentado no Grupo de Trabalho Comunicação, Consumo e Subjetividade – VI Encontro COMUNICON, 2016, p.12.
[722] Cf. Encabo Vera, *La propriedad intelectual de la obra publicitaria en España*, 2015, p. 56-57.

uma marca apenas, mas para conectar a marca com seu público numa relação perene, pessoal e espiritual entre os elos, entregando-lhes um valor além da própria mensagem – mesmo que seja na forma de distração, de prazer, de informação. Visam, ainda, amparada pela interconectividade e das ferramentas proporcionadas pela comunicação multidirecional da internet, a interatividade dos usuários-consumidores, de forma a ampliar a difusão das mensagens publicitárias.

Ao ofertar um conteúdo, com vestes de entretenimento, que cativa, emociona e se conecta ao receptor da mensagem, a ponto dele considerar retransmiti-la para sua própria rede de contatos, tem-se que as novas expressões publicitárias, notadamente nas audiovisuais, passam a compor o acervo cultural das pessoas de modo diferente aos que notado pela publicidade tradicional. É fato que a publicidade, mesmo no seu formato tradicional, possa importar em grande influência na cultura popular[723]. É um *jingle* que permeia o consciente coletivo, um slogan que vira mote do cotidiano. Mas essa noção nunca foi profunda quanto aos filmes publicitários. À parte dos profissionais da àrea, um filme publicitário nunca foi objeto de desejo, de cultuação, de reverberação social. Até que, os novos filmes se revestiram de um próprio "metaproduto" cultural. Essa é a linguagem atual, comunicar não o que marca quer dizer, mas o que o consumidor quer ouvir.

Através dessa nova roupagem, é relevante o estudo do professor Kristofer Erickson, da Universidade de Glasgow, que tratou sobre as obras publicitárias virais e o seu entroncamento paradoxal com o direito autoral. Primeiramente, cabe destacar que o tema específico abordado pelo professor – publicidade viral – se encontra num nicho bem peculiar e distinto do quanto tratado neste estudo, em especial quanto à estética audiovisual, que busca dar a impressão de serem produções amadoras. Há uma razão para a escolha dessa linguagem: ao mirarem a repercussão em rede,

723 Sobre essa dimensão, Washington Olivetto narra que a célebre frase do comercial da Valisére. "*'O primeiro a gente nunca esquece' entrou definitivamente para a cultura popular brasileira, sendo falada, escrita e repetida em todos os tipos de mídia e nos mais diferentes contextos. Enquanto Ayrton Senna disse, numa entrevista, 'A primeira Ferrari a gente nunca esquece', Pelé disse, em outra: 'O primeiro mundial a gente nunca esquece'. Essas citações feitas por diferentes pessoas – famosas e anônimas – foram se repetindo ano após ano, até que, vinte anos depois da estreia do filme, em 2007, eu resolvi editar um livro documentando algumas delas. (...) Boni escreveu o prefácio, e o livro de 375 páginas foi lançado no dia 8 de setembro de 2008.*"(OLIVETTO, *Op. cit.*, 2018, *p. 77*).

as marcas anunciantes apostam em produções que mimetizem o universo próprio da audiência, como se dele fizesse parte, para que sejam legitimadas como elementos da "cultura da internet", ao passo que se distanciam propositalmente de qualquer conexão que possa vincular o vídeo com um anunciante[724]. A marca aparece de alguma forma, certamente, mas, busca-se esse afastamento.

À parte dessa distinção, todo o restante da análise pode ser aproveitada e aplicável ao contexto aqui desenhado. Nesse sentido, o professor assinala a tendência da publicidade mundial em se utilizar da participação da audiência na difusão das mensagens publicitárias como forma de ampliar o alcance destas, frente às mídias tradicionais, ao passo que a viralidade se concretiza por meio de mídias espontâneas, ou gratuitas, ou de baixíssimo custo, que encontram fortes motivações pessoais dos usuários para suas difusões[725]. A repercussão do conteúdo não só garante ao anunciante uma distribuição menos custosa, mas também empresta a credibilidade de seus (re)emissores em relação à sua rede de contato, uma vez que os destinatários das mensagens de uma marca estão mais dispostos a serem convencidos quando a procedência desta é de alguém de seu círculo social.

A questão problemática reside justamente nessa esfera: a virulência das mensagens publicitárias, aqui considerada essa vontade do anunciante em propagar ao máximo o conteúdo produzido, depende em grande parte desse comportamento de um número exponencialmente crescente dos destinatários que as consomem e as reenviam à sua rede social. Que, por sua, vez, implica em sistemáticas violações dos direitos autorais dos criadores e titulares.

[724] Erickson, Kristofer. *Copyright y publicidad viral en los medios participativos.* Traduzido por María José Ros Pastor. *In:* Encabo Vera, Miguel Ángel; Rolli, Renato (Orgs.). *Publicidad y derechos de autor en algunos países de Europa.* Ariccia: 2015, p. 155-156.

[725] O professor destaca as razões sociológicas que motivam esse ímpeto no compartilhamento, ao apontar que, *"Las motivaciones personales incluyen el deseo de demostrar pertenencia al grupo al transmitir contenidos que califican al remitente como miembro del grupo (Feng et al., 2013). Paradójicamente, algunos remitentes pueden estar motivados a transmitir el mensaje porque desean diferenciarse socialmente de los demás y mostrarse como líderes de grupo. (Ho & Dempsey, 2008). La teoría de intercambio social explica la motivación de distribuir contenido de calidad a otros usuarios del grupo para acumular capital social (Alexandrov et al., 2013). Otras motivaciones sociales incluyen un deseo altruista de ayudar a otros o prevenir contra experiencias negativas, por ejemplo, dejando un comentario negativo en una página web (Henning-Thurau et al., 2004). Finalmente una de las claves de la probabilidad de transmitir mensajes virales es la gran cantidad de contenido de internet que el remitente consume."* (Erickson, *Op. cit.*, 2015, p. 154).

Para maximizar la difusión de un mensaje viral, el creador debe no ejercer sus derechos de autor en la obra viral y debe asegurarse que propietarios de una tercera parte de los derechos que puedan existir en el caso de una obra colectiva tampoco hagan valer sus derechos.[726]

Em outras palavras, a necessidade ou vontade do anunciante em amplificar a sua mensagem publicitária encontra guarida nesse comportamento social que encontra raízes pessoais em compartilhar conteúdos que considerem relevantes, que lhes tragam algum valor perante a si – tal como o entretenimento, informação, lazer –, ou perante seu grupo comunitário, aumentando sua liderança e/ou capital social em seu meio. Paralelamente, há toda uma estrutura, proporcionada pela comunicação em rede, que viabiliza a satisfação dos dois campos sociais – anunciantes e consumidores-usuários.

A problemática, então, é que nessas relações, há um terceiro campo que fica desamparado, justamente a parte criadora dessas mensagens, que vê seus direitos intelectuais à deriva nessa sistematização.

Tome-se o exemplo já comentado do filme publicitário criado para o Itaú para sua campanha de final de ano de 2019. Nele, há a o convite expresso para a audiência receber o filme completo via *Whatsapp*. Não se pode assumir que o anunciante deseje tão só entregar a versão completa, para que o espectador possa usufruí-lo individualmente. Há a genuína expectativa de que as pessoas compartilhem aquele conteúdo para a sua rede, ampliando o alcance da mensagem. Nesse momento, ocorre a violação dos direitos autorais dos autores e dos titulares. É preciso atentar-se que o anunciante, pela construção jurídica aduzida, é titular derivado da obra publicitária audiovisual, e não originário. Além disso, toda a arquitetura contratual para a transferência dos direitos patrimoniais da obra recaem numa estrutura de cessão, ou concessão, limitada pela tríade prazo-território-mídia. Essa conjuntura aliada ao princípio da interpretação restritiva dos negócios jurídicos sobre direitos autorais, faz questionar todo o sistema de proteção autoral para as obras audiovisuais publicitárias insertas nessa nova configuração comunicacional.

O anunciante pode se encontrar em plena titularidade derivada dos direitos patrimoniais e explorar a obra publicitária dentro de sua finalidade enquanto comunicação publicitária subsidiada a uma campanha publici-

[726] Erickson, *Op. cit.*, 2015, p. 159-160.

tária, nos exatos termos das disposições contratuais de cada projeto. Mas, ao deliberadamente inserir essas obras intelectuais na rede, promovendo suas difusões por terceiros, há a perda do controle sobre estas, em manifesto prejuízo aos direitos autorais dos criadores. É nesse sentido que se argumentou que os anunciantes se revestem tal como se fossem "donos", "proprietários" das criações intelectuais, o que, de fato, não são. A mesma violação acontece quando os anunciantes não promovem expressamente o compartilhamento das obras, mas que dele se aproveita quando acontece também organicamente, por meio do ímpeto e razão pessoal de cada indivíduo exercitando suas relações no meio digital. Pode-se delinear aí uma "inércia funcional", que cumpre com os interesses do anunciante, da sociedade, mas não resguarda devidamente os direitos dos criadores.

Nesse ponto, é de grande relevância o artigo do consagrado professor Tércio Sampaio Ferraz Junior, que, ao tratar sobre as criações de *software* especificamente, traceja um perspicaz panorama amplo e profundo, como lhe é costumeiro, acerca dos impactos que o ciberespaço provocou na mudança do conceito de direito subjetivo no inovador espaço social. A leitura, mais até do que a visão do professor nas cercanias dos direitos intelectuais, é assaz proveitosa na descrição da relativização entre as barreiras materiais e as insurgentes imateriais.

> *No âmbito da sociedade da informação, a noção clássica de liberdade como espaço de ação não restrito pela liberdade dos outros, que se manifesta sobre bens cujo uso exclui o uso dos outros, tende a sofrer uma revisão. Na verdade, atira-nos a um limite de abstração, cujo conceito parece ir além de um uso alternativo atípico. No campo informático, dada a inexistência de limitação física, tratamos de bens (informação e conhecimento), cujo uso por alguém não exclui o uso por outro. De fato, chega a mesmo a ser conceitualmente impossível delimitar esse "alguém". Nem mesmo como um "sujeito coletivo". Ou seja, aquele espaço de ação pode continuar livre independentemente dos outros. Mais do que isso, nessa esfera, o espaço de ação para o sujeito é relevante na medida em que lhe permite comunicar-se com os outros. O ciberespaço, por exemplo, somente se constrói à medida que cada espaço de ação de cada sujeito é voltado para a comunicação com os outros, sem a qual o próprio ambiente perde sentido. Não é propriamente "espaço" como res materialis ou mesmo immaterialis. Embora não nos retire do espaço no qual vivemos, culturalmente o supera.*[727]

[727] FERRAZ JUNIOR, Tercio Sampaio. *O Direito, entre o futuro e o passado*. São Paulo: Noeses, 2014, p. 52.

Denota-se, pois, uma nova dimensão sobre a problemática, residida na imanência e na ubiquidade das relações sociais construídas no ciberespaço, onde não há barreiras territoriais ou temporais, e que se constitui, sobretudo, na realização do indivíduo em se comunicar. Há, então, uma dimensão social, desse novo contexto digital, conectado em rede e que demonstra ser irreversível[728].

Portanto, na problemática aqui apresentada, centram-se 3 vetores, ora convergentes, ora divergentes, a saber; (i) o anunciante, emissor que deseja propagar sua mensagem sem qualquer amarra, e por isso adota os mais diversos artifícios e tecnologias; (i) o indivíduo, ou o coletivo de indivíduos insertos num campo social digital, onde realizam suas interações e conexões, e; (iii) os criadores, que sustentam os interesses dos dois vetores acima fornecendo-os suas criações. Então, como equalizar e harmonizar as forças nessa dinâmica sócio criativa?

Antes de se aventurar a qualquer tentativa de resposta ao problema circundado, é preciso estabelecer que o real escopo deste estudo é muito mais comedido em sua proposta, que se basta tão só a diagnosticar o conflito, sem, contudo, oferecer uma solução tomada como verdade ou resolutiva da situação. O que se propõe a fazer, em verdade, é provocar reflexões sobre como equilibrar o sistema de criações intelectuais publicitárias, recortando o objeto de análise nos limites fechados de suas expressões audiovisuais.

Posta a premissa deste segmento adiante, mister se faz desdobrar as problemáticas em suas duas facetas: tomado o conflito pela aparente inobservância dos dispositivos legais referentes à proteção autoral das criações audiovisuais publicitárias e sua finalidade material de servir de apoio às mais diversas comunicações humanas, aprofundadas com a difusão pela comunicação em rede; é preciso, então, avaliar a questão sobre os aspectos patrimoniais e extrapatrimoniais de tais criações, que vai se refletir em diferentes sedes.

No panorama geral, ambos aspectos insurgem com a mesma demanda, senão, na necessidade de se pensar numa fórmula que não só permita a vazão e as necessidades intrínsecas de uma obra publicitária, enquanto um produto comunicacional, mas como garantir essa plena possibilidade em íntegra e justa harmonia aos direitos de seus criadores. No entanto, para os conflitos de ordem moral, há que se resguardar a relação pessoal

[728] Erickson, *Op. cit.*, 2014, p. 159.

entre autor e obra, ao passo que esse exercício não onere ou não abuse de forma a obstar a própria finalidade da obra. Sob o aspecto patrimonial, há de se estabelecer um sistema que satisfaça genuinamente, não só as disposições legais, mas também a devida remuneração esperada pelos criadores da obra.

Nesse sentido, em que pese a provocação reflexiva de Sylvain Chatry[729], ao final de seu artigo, quando questiona a pertinência do direito autoral para proteger efetivamente as obras publicitárias, já que, ao alargar seu escopo, há a perda da essência do próprio Direito de Autor; enxerga-se a questão por outro ângulo, senão o de justamente se prestigiar e valorizar o direito autoral ao editá-lo para devidamente receber e amparar esta espécie de obra intelectual. Pode, o jurista francês, ter almejado que a complexidade da obra publicitária enseja tamanho impacto e desordem, que põe em risco a própria estrutura basilar do *droit d'auteur* e sua fundação subjetivista, que seria melhor, então, regulá-la por outros mecanismos, preservando, assim, o centro do sistema de proteção autoral.

A proposição parece muito mais atender uma lógica aplicável aos interesses dos anunciantes, especialmente quando o jurista francês insurge com soluções calcadas nos direito marcário e concorrencial para dirimir questões que tocam na publicidade, o que, por vezes, pode ser uma solução, a exemplo do plágio. Mas, essas soluções parecem fornecer respostas tão só nas disputas e conflitos entre as empresas anunciantes, deixando ainda um espaço vago para a proteção dos criadores em relação à exploração de suas obras.

Por assim assumir, é preciso conceber uma visão institucionalista do Direito, conjuntamente a sua mutabilidade e evolução de suas premissas, que devem acompanhar, ainda que na retaguarda de sua estabilidade, as evoluções e inovações sociais. Afinal, para que serve o direito senão o de pacificar as tensões inerentes do convívio em sociedade?[730] De outra monta,

[729] *"On peut toutefois s'interroger sur l'opportunité de la protection des œuvres publicitaires par le droit d'auteur. A vouloir protéger un trop grand nombre d'œuvres, le droit d'auteur en perd son essence"* (CHATRY, *Op. cit.*, 2015, p. 13).

[730] *"A doutrina da instituição, ao contrário, se inspira nas correntes sociológicas mais modernas, que acusaram o individualismo jusnaturalista de utopismo e racionalismo abstrato, e afirmam a realidade do grupo social como distinta da dos indivíduos particulares que a compõem. Logo, partindo deste pressuposto, consideram o direito como um produto não do indivíduo ou dos indivíduos, mas da sociedade em seu complexo."* (BOBBIO, Norberto. *Teoria da norma jurídica*. Traduzido por Ariani Bueno Sudatti e Fernando Pavan Baptista. 6 ed. São Paulo: Edipro, 2016, p. 38).

se se enrijecer a ponto de ser "inócuo", cairá o direito autoral em desuso, tornando suas pedras fundamentais em lápides.

Partindo desse pressuposto, reflete-se acerca de uma eventual previsão normativa das obras publicitárias, a serem devidamente inseridas no rol de obras intelectuais protegíveis como uma medida justificável vez que se tratam de (i) inequívocas espécies abarcadas pelo sistema autoral, (ii) dirimiriam qualquer dúvida residual acerca dessa possibilidade e, (iii) confeririam um apropriado espaço para ditar as especificidades dessa espécie de obra intelectual, empregando previsibilidade e segurança jurídica.

Outrossim, a previsão legal da espécie "obra publicitária" admitiria trazer à luz suas questões distintivas em espaço próprio, possibilitando, entre outras coisas, regulamentar o exercício dos direitos morais e patrimoniais de autor de tais obras, nas divisas delimitadas neste estudo, para conformá-los à prática verificada no dia a dia, em especial nota para solucionar os impasses jurisprudenciais e qualquer desbalanço entre as relações desenvolvidas no domínio da criação publicitária.

A proposta não é inovadora, e é respaldada firmemente pela doutrina. Nesse sentido, o nobre professor Carlos Alberto Bittar propõe igualmente a inclusão[731] no rol de obras protegidas, disposto na lei de direito autoral, atualmente em seu artigo 7º, a espécie de obras protegidas, dada a importância que assume a atividade publicitária no mundo atual, justificada também pelo fato de que,

> *garantida por norma legal, maior expressão terá a tutela dos aspectos morais desse direito e evitar-se-á o aproveitamento indevido de obras dessa espécie. Com isso, o autor poderá receber os direitos patrimoniais de reprodução ou de representação assegurados por legislação especial.*[732]

Em igual proposta, o professor espanhol Portero Lameiro conclui em sua obra que,

> *De lege ferenda, en este trabajo defiendo la necesidad de abordar una reforma legislativa que recoja, de forma completa y sistemática, el régimen jurídico de las creaciones*

[731] Assim conclui o professor, ao manifestar que *"nos abalançamos a envolver-nos nessa problemática e, em conclusão, oferecer sugestão no sentido de prever-se, expressamente, dentre as obras acolhidas – nos textos convencionais e de direito interno – a obra publicitária, para que obtenha o necessário sancionamento legal e a importância daí decorrente"* (BITTAR, *Direito de autor na obra publicitária*, 1981, p. 193).

[732] BITTAR, *Op. cit.*, 1981, p. 193.

> *publicitarias, como instrumento cada vez más importante del desarrollo económico y de la competencia empresarial (...) No obstante, tras analizar la enumeración de lo que el art. 10 LPI califica 'Obras y títulos originales' parece clara la necesidad de concluir que lo más lógico hubiera sido la inclusión expresa de las creaciones publicitarias entre las obras explícitamente protegidas.*[733]

Assim também se direciona o estudo, na eventualidade de uma disposição expressa das obras publicitárias no rol de obras protegidas, abre-se espaço não só para dirimir eventuais questionamentos acerca de sua protegibilidade, mas também cria-se razão e legitimidade para o devido tratamento de suas especificidades em sede e regulação própria. Uma sistematização nesse sentido possibilitaria o devido tratamento para diminuir as tensões próprias do mercado publicitário, ao passo que poderia efetivar a garantia dos direitos, tanto na sua esfera moral, como patrimonial, dos múltiplos autores das obras publicitárias, em especial à sua subespécie de obra audiovisual publicitária.

Por essa perspectiva, tratando-se dos direitos morais de autor da obra audiovisual publicitária, conforme aventado na seção dedicada, restou clara que integral observância dos direitos desta ordem não encontram a plena efetividade, quando o exercício destes pode invocar em abusos de direitos por parte de seu titular em razão da natureza específica da obra, ao que se ventilou a dupla possibilidade de, ou (i) reconhecer a "autoria objetiva" por parte da agência de publicidade e produtora sobre as criações publicitárias, quando estas poderiam exercer os direitos morais, ou parte deles, ou (ii) reconhecer os direitos morais como não absolutos e prever certas limitações ao seu exercício de modo a efetivar a comunicação publicitária.

Sobre uma melhor análise do tema, é de extrema relevância que se revela o aconselhamento reflexivo provocado pelo professor Guilherme C. Carboni, quando orientador do trabalho monográfico do presente autor, com o tema "Direito moral de autor na obra publicitária" apresentado para obtenção do título de especialista para o curso Propriedade Intelectual, Direito do Entretenimento e Mídia na ESA-OAB de São Paulo, no sentido de traçar um paralelo entre as obras publicitárias e as obras *sui generis* de programas de computador.

[733] PORTERO LAMEIRO, *La propriedad intelectual sobre las obras publicitarias: Hacia una nueva configuración legislativa en España*, 2017, p. 284-285.

Como lcediço, os *softwares* são protegidos como obras intelectuais, em igual tratamento "conferido às obras literárias pela legislação de direitos autorais"[734]. No entanto, a lei autoral serve como fonte subsidiária para sua regulação, já que foi dedicado a essa espécie de obra intelectual, um diploma legal específico para tratar de suas particularidades intrínsecas. Entre elas, aliás, há um regramento exclusivo sobre os direitos morais de autor, conforme se depreende do parágrafo primeiro do artigo 2º, *in verbis*:

> *§ 1º Não se aplicam ao programa de computador as disposições relativas aos direitos morais, ressalvado, a qualquer tempo, o direito do autor de reivindicar a paternidade do programa de computador e o direito do autor de opor-se a alterações não-autorizadas, quando estas impliquem deformação, mutilação ou outra modificação do programa de computador, que prejudiquem a sua honra ou a sua reputação.*[735]

Veja que o referido dispositivo restringe substancialmente o exercício dos direitos morais de autor incidentes nos programas de computador, resguardando apenas o direito de reivindicação de paternidade e o direito de integridade da obra, aqui compreendida em sua essencialidade de "integridade funcional" do *software*, já que seriam permitidos aprimoramentos válidos desde que não afetassem a honra ou reputação do autor.

Sobre essa "simplificação" do regime específico dos direitos morais de autor dessa obra *sui generis*, recorre-se novamente à leitura de Rodrigo Moraes, com novo e igualmente apropriado empréstimo de sua pesquisa para destacar o posicionamento de Antonio Chaves sobre a matéria, a quem a

> *indicação do nome do autor em cada exemplar da obra no que diz respeito aos programas de computação torna-se dificultoso ou impraticável pela circunstância que, em geral, resulta da colaboração de várias pessoas e fazer acompanhar cada programa da lista dos seus elaboradores seria muitas vezes impraticável.*[736]

[734] Artigo 2º – *O regime de proteção à propriedade intelectual de programa de computador é o conferido às obras literárias pela legislação de direitos autorais e conexos vigentes no País, observado o disposto nesta Lei.* (BRASIL. *Lei Federal nº 9.609, de 19 de fevereiro de 1998.* Disponível em <http://www.planalto.gov.br/ccivil_03/leis/l9609.htm>. Acesso em: 12 de janeiro de 2020).

[735] Artigo 2º, § 1º, da Lei nº 9.609/1998.

[736] CHAVES, Antonio. *Direitos autorais na computação de dados: software, circuitos integrados, videojogos, embalagem criativa, duração dos direitos conexos.* São Paulo: LTr, 1996, p 147-148 *apud* MORAES, Rodrigo. *Os direitos morais de autor – Repersonalizando o direito autoral.* Rio de Janeiro: Editora Lumen Juris, 2008, p. 56.

Em novo destaque de Rodrigo Moraes, desta vez sublinhando o posicionamento assertivo de José de Oliveira Ascensão, que questiona a validade de qualquer previsão de direitos pessoais para programas de computador, afirmando que a referida lei "deu a mais", especialmente no direito à integridade da obra, quando o professor português não vislumbra qualquer possibilidade prática de ver tal direito concretizado[737].

As críticas são pertinentes, mas não há espaço e nem a pretensão de se aprofundar no tema, posto que os programas de computador são um universo totalmente a parte, muito mais distantes do que são as obras publicitárias do regramento geral das obras intelectuais, não à toa, destaca-se em dispositivo legal próprio. Portanto, retiramos desses excertos, tão só a lição de que (i) não só podem os direitos morais de autor serem mitigados e relativizados, (ii) como, de fato, o foram no caso dos programas de computador, revelando que não são direitos absolutos, como se mitifica, e que (iii) são passíveis de conformação ante as conjunturas práticas da natureza de cada obra.

De tal forma que, uma positivação de regulamentação acerca dos direitos morais de autor na obra audiovisual publicitária não seria assim tão inventiva ou disruptora com o próprio Direito de Autor; a despeito da prova que já passou pelos programas de computador.

À vista dessa possibilidade, no tocante aos direitos morais de autor das obras audiovisuais publicitárias, que é o objeto central deste estudo, propõe-se a reflexão acerca das seguintes orientações: (i) presunção de omissão da autoria, salvo pacto contrário e expresso em contrato, tal como prevê a lei mexicana, o que poderia abarcar os casos em que a autoria poderia plenamente ser consubstanciada, por exemplo, em casos de filmes de *branded content* divulgados na internet, onde, a princípio, não há a escassez do tempo das mídias tradicionais; (ii) a possibilidade de convenção de ajustes e limites sobre o exercício dos direitos de integridade, modificação e arrependimento da obra, também a serem desenvolvidos em sede contratual, e; (iii) o afastamento da incidência do direito ao ineditismo da obra, já que totalmente ineficaz para essa espécie de obra intelectual, tal como se revela no caso dos programas de computador. Por fim, o direito de ter acesso a exemplar único e raro da obra é pouco relevante e não guarda

[737] ASCENSÃO, José de Oliveira. *Direito da internet e da sociedade da informação.* Rio de Janeiro: Forense, 2002, p. 26-27 *apud* MORAES, Rodrigo. *Os direitos morais de autor – Repersonalizando o direito autoral.* Rio de Janeiro: Editora Lumen Juris, 2008, p. 56.

nenhuma tensão com as obras audiovisuais publicitárias, no que poderiam ser regidas pela regra geral prevista no inciso VII do artigo 24 da LDA.

Tratariam-se, assim, de medidas contundentes, mas que não rompem frontalmente as estruturas e nem diminui a prevalência dos direitos morais de autor, senão, pelo contrário, garantiriam seu pleno cumprimento, valorizando assim suas disposições e fundamentos, para acertar os desvios hoje encontrados no plano da realidade fática.

A respeito de uma reflexão sobre os direitos patrimoniais de autor das obras audiovisuais publicitárias, cumpre, primeiramente, entender qual o modelo ideal para que se combine harmonicamente os diversos interesses envolvidos nessa esfera, para, então, refletir sobre uma possível convergência. Nesse sentido, em leitura do documento *"Managing Intellectual Property in the Advertising Industry"*, publicado pela Organização Mundial de Propriedade Intelectual, estabelecem-se diretrizes referendadas como as melhores práticas para a defesa da propriedade intelectual no universo publicitário, afirmando que,

> *advertising agencies have begun to understand and focus on the value of the IP that they create for their clients. One proposed solution is that an advertising agency should retain ownership of the IP it creates for an advertising campaign and license it to the client for use in specific products or services, for a specific time period, and perhaps in a specific geographical area. The resulting license fees would then reward the advertising agency in much the same fashion that the prior commission arrangement did.* [738]

A ideia de se trabalhar sobre uma plataforma de *royalties* equivale a uma exploração de longa cauda da obra intelectual publicitária. No mundo prático, e trazendo à realidade brasileira que foi analisada, seria algo bem similar ao que o contrato modelo analisado dispõe. No entanto, a delimitação do alcance de tais recompensações, avaliadas sobretudo pelo prazo e territórios onde as campanhas publicitárias são veiculadas, parecem não oferecer uma resposta satisfatória quando estas se inserem na perpetuidade e no terreno sem fronteiras que é a internet – onde se concentra boa parte da problemática diagnosticada.

Por outro viés, este modelo de compensação temporária, mais na sua face de aportes periódicos aos criadores, garantiria que as campanhas, logo,

[738] OMPI. *Managing Intellectual Property in the Advertising Industry*. Genebra: WIPO Publication, 2011, p. 56.

os filmes publicitários bem sucedidos pudessem perceber uma melhor remuneração do que outras não tão exitosas, em justeza a um sistema de remuneração proporcional, que tanto se persegue.

> *In this way, as long as the licensed IP was used by the advertiser, the agency would benefit in the form of royalty income. Presumably, the more successful the advertising campaign, the longer and more extensively it would be used by the advertiser, enhancing the potential royalty income to the agency.*[739]

Com essa perspectiva, percebe-se que há material fático e teórico para delinear uma nova e mais ajustada formulação para o regramento dos direitos patrimoniais de obras audiovisuais publicitárias. Em verdade, este também não é um entendimento de total originalidade. Já em seu texto dedicado ao assunto, o professor Bittar defende o modelo de compensação ao propor que,

> *a retribuição dos direitos autorais seria estipulada em percentagem sobre o custo da campanha, cobrando-se antes do respectivo início, mantido, pois, o regime de veiculação temporária (...) Em cada renovação da campanha, incidiria a cobrança dos direitos autorais, obedecidos os pressupostos citados (...) Qualquer outra utilização da obra dependeria de autorização e remuneração específica ao autor (ou autores).*[740]

Efetivamente, essa modulação entre compensação remuneratória a cada renovação da campanha e/ou do filme publicitário, ou a realização de um novo ajuste remuneratório a cada utilização da obra intelectual em novas modalidades, ou, em modalidades diversas das dispostas inicialmente no contrato, já é estabelecida e construída pelas práticas comerciais alçadas como as ideais pelo próprio mercado publicitário brasileiro. E, mesmo assim, resta desamparada pela problemática delineada no início deste capítulo, principalmente porque não há como verificar e nem cobrar qualquer autorização dos indivíduos que retransmitem as obras publicitárias. Trataria-se de um sistema ineficaz, totalmente infértil.

A necessidade de prévia e expressa autorização, conjunta à respectiva remuneração pelo uso, se mostra válida entre a relação anunciantes-criadores, mas não entre os criadores e a sociedade. Analisando a questão por este ângulo, contudo, é possível afirmar que o Direito de Autor já

[739] OMPI, *Op. cit.*, 2011, p. 57.
[740] Bittar, *Op. Cit.*, 1981, p. 196.

enfrentou conflito semelhante, por exemplo, em relação às obras musicais e fonográficas.

O desenvolvimento das técnicas e dos aparatos a fim de garantir a plena e justa exploração das obras fonográficas e/ou musicais encontrou na gestão coletiva um mecanismo que, a despeito de todas as críticas que se podem tecer, estabelece um equilíbrio harmônico garantindo uma, se não justa, alguma remuneração a toda a cadeia produtivo-criativa, que em função dela ainda subsiste.

Há uma clara dificuldade na gestão dos direitos autorais das obras audiovisuais publicitária, sobretudo, no contexto atual de difusão em massa, não linear e multidirecional, onde qualquer indivíduo não só é emissor e retransmissor de mensagens, mas como se sua própria existência no campo virtual dependesse disso. Aqui, valiosa é novamente a lição de José Carlos Costa Netto, uma das grandes referências sobre o assunto na doutrina brasileira.

> *Assim, em face das dificuldades de controle das diversas modalidades de uso de obra intelectual, a tendência é que o autor – ou titular de direitos autorais – transfira essa administração de direitos patrimoniais de autor a pessoas ou empresas especializadas: os agentes literários, empresários artísticos, editores, agências de licenciamento, etc., ou, então, associe-se com outros autores para licenciar e receber, de forma conjunta, as remunerações devidas pela utilização de suas obras (gestão coletiva). Essa última modalidade de controle – a gestão coletiva – vem evoluindo internacionalmente como um dos principais instrumentos de controle e arrecadação de direitos autorais das obras – sua reprodução, distribuição ou comunicação (como representação ou execução pública) – nas mais variadas formas de utilização.*[741]

A sistematização de um procedimento de gestão coletiva de direitos autorais em obras audiovisuais ainda não encontra guarida na Lei nº 9.610/1998, destinando essa possibilidade, por força legal, apenas para as obras musicais. No entanto, o tema já foi amplamente debatido e propostas legislativas para recepcioná-la já foram ventiladas e discutidas.

O professor Antonio Carlos Morato aborda o assunto e encontra na eventual possibilidade da gestão coletiva uma possível resposta satisfatória à proteção dos direitos dos autores das obras audiovisuais – certamente mais preocupado com as obras de conteúdo, cinematográficas, e

[741] Costa Netto, *Direito autoral no Brasil*, 2019, p. 404.

não com as de destinação publicitária[742]. Inclusive, relembra o professor que, a ausência de previsão legal para tanto, não obsta a sua compleição via um sistema de gestão coletiva baseada na autonomia privada entre as partes[743], quando, no caso aqui tratado, poderiam os anunciantes aportar os devidos recursos a serem distribuídos entre os diversos autores, titulares e intérpretes. Nesse sentido, sábias são suas palavras:

> *Defendemos que a tecnologia deve seguir em evolução com simultânea proteção ao autor e que tal evolução ocorrerá, em que pese seu tempo diferido na área jurídica, no compasso possível e não em descompasso como sugerem os críticos à proteção aos criadores das obras intelectuais sugerem. Tal constatação resta evidente, pois o tempo do Direito não é o mesmo da tecnologia até mesmo em razão dos legisladores, dos julgadores e doutrinadores terem a responsabilidade de adaptar, após refletirem sobre tais mudanças, as inovações tecnológicas aos institutos já existentes.*[744]

A solução poderia, inclusive, resolver a aparente antinomia apontada pelo artigo 13 da Lei dos Artistas (Lei nº 6.533/1978), vez que, de uma vez por todas, não estaria a se tratar de uma cessão, em caráter total e definitivo, mas aí sim, de um licenciamento.

Por outro lado, há tantos ou mais questionamentos e críticas que se possam imaginar para uma sistemática dessa. No entanto, conforme já alertado, a este estudo não cabe e nem se dignifica a tratá-las em seus detalhes. Não há, por ora, e nem se propõe a dar uma resposta definitiva, resolutiva, posto que o problema demanda mais reflexões, a ser realizado oportunamente em sede e estudo próprio. Apontam-se, como dito, tão só reflexões, sempre orientadas na proteção do direito autoral, na sua íntegra condição de legítimo e competente sistema para garantir a dignidade que todo autor faz jus.

[742] MORATO, *Limitações aos direitos autorais na obra coletiva*, 2016, p. 69.

[743] MORATO, *Op. cit.*, 2016, p. 72.

[744] MORATO, *Op. cit.*, 2016, p. 79.

5
Conclusão

Por todo o exposto, através da projeção do panorama atual da atividade publicitária e sua inserção no mundo digital, de relações em redes virtuais, verificaram-se inúmeras inovações em seu modo operante, bem como a imposição de grandes reflexões sobre o direito autoral; no que se buscou delinear através das aplicações dos princípios e regras deste sistema, como também por meio da exposição dos entendimentos doutrinários jurisprudenciais. Intenta-se agora, compendiar os principais conceitos tratados, não como uma forma de assumi-los tal qual axiomas da matéria, senão para entregar a visão deste autor e fornecer material para justamente ser questionado e debatido.

I – A publicidade é uma atividade eminentemente empresarial. Se organiza e se presta à consecução das demandas de anunciantes com viés de oferecer soluções e respostas à necessidade destes frente ao incremento de seus poderes distributivos. Assim, difere-se a publicidade da propaganda, quando esta se presta à propagação de mensagens de valor ideológica, cabendo à publicidade estabelecer o meio de campo entre marcas anunciantes de seus produtos e serviços aos seus públicos consumidores.

II – Desenvolvida maiormente a partir da Revolução Industrial, quando os excedentes produtivos se tornam uma realidade e os produtores de bens e mercadorias precisaram se distinguir entre seus concorrentes, a publicidade viveu dois grandes momentos desde seu surgimento: primeiro, com a revolução dos meios de comunicação de massa, através do rádio e da televisão, quando a publicidade não só passa a fazer parte do cotidiano dos indivíduos, mas, a fazer parte da cultura destes; o segundo ponto de virada se deu através da evolução da comunicação digital, caracterizada pela quebra da unidirecionalidade das comunicações e pela ubiquidade de suas mensagens. Qualquer sujeito hoje é tanto receptor quanto emissor de mensagens, impondo uma nova sistemática num contexto de intenso consumo de conteúdos, donde se sobressai as comunicações por meio de expressões audiovisuais.

III – Com a abundância na oferta de conteúdos e a ruptura da lógica de consumo passivo, quando o sujeito adquire o poder de escolher, selecionar ou rejeitar o que deseja consumir, o formato tradicional de publicidade não mais atende a essa nova classe de consumidores – jovens, urbanos e conectados. É aqui que surgem as novas configurações de publicidade, determinada por uma lógica de oferecer ao público conteúdos aprazíveis, que gerem um vínculo maior e se conectem com a audiência num nível expressivo mais profundo. Os conteúdos, para serem percebidos, agora têm que entregar um valor a mais para o sujeito, de forma a cativá-lo e apreender sua atenção. Surge, então, formas híbridas de publicidade, que congregam a informação e a mensagem que a marca deseja transmitir em vestes de entretenimento. Essa mudança, sobretudo notada pelas obras audiovisuais publicitárias, que preenchem as multitelas presentes no cotidiano, romperam com o posicionamento cultural entregado às obras publicitárias, passando a fazer parte permanente do acervo cultural disponível às interações dos sujeitos em seus meios e redes sociais digitais.

IV – A natureza do ser humano é de essência social e comunicativa, e há diversas razões, sociologicamente explicáveis, para esse comportamento natural do indivíduo em recolher capital social frente à transmissão de mensagens e conteúdos. É o compartilhamento, que, ao mesmo tempo que o destaca e o diferencia frente ao seu grupo social, normaliza um comportamento hodierno, de própria existência virtual subserviente à comunicação, à necessidade de se integrar e de interagir.

V – Nesse contexto, insta estabelecer que, a despeito de sua organização empresarial e suas finalidades utilitárias, a publicidade tem como insumo primeiro a criatividade, muitas vezes se valendo de formas e expressões artísticas para concretizar seus produtos. A despeito de outras frentes e novas atividades que as agências de publicidade acabaram por absorver em suas entregas – donde se destaca a atual preocupação maior com a entrega de números, tornando cada vez mais objetivas suas forças produtivas – a publicidade ainda depende enormemente da criação intelectual para se diferenciar frente aos seus próprios concorrentes. Há um claro cenário de remodelação dos negócios publicitários e, cada vez mais, a plena defesa dos direitos advindos das criações publicitárias será mais relevante, como forma de estabelecer e reafirmar o verdadeiro cerne da atividade, que nunca será substituída em paridade por algoritmos e automatizações programadas.

VI – Daí, nasce a intersecção entre a publicidade e o Direito de Autor, ramo do Direito que irá entregar os mecanismos de defesa das obras intelectuais de criação da agência e produtoras audiovisuais, nos casos destas. Nesse diapasão, é preciso consolidar tanto a proteção das criações intelectuais como também permitir o devido cumprimento de suas finalidades utilitárias para subsídio de uma comunicação publicitária pretendida pelo anunciante. Destacam-se pois, como é inerente ao direito autoral, repercussões que vão atingir o feixe de direitos morais de autor e o espectro patrimonial do direito autoral das mencionadas criações. Cumpre, primeiramente, estabelecer a plena protegibilidade das criações publicitárias, superando um debate obsoleto, já que a funcionalização utilitária destas criações em nada impede a sua devida guarida pelo sistema autoral, desde que dotadas de certa originalidade e individualidade, fazendo jus, inclusive, a expressa previsão legal como obra protegida, o que aconteceria no rol exemplificativo do artigo 7º da Lei nº 9.610/1998.

VII – Assim assumindo, tendo a plena proteção estabelecida, discute-se acerca da autoria das obras publicitárias, donde surgem duas possibilidades: a criação intelectual é um resultado tão só do gênio humano, no que se postula que apenas pessoas físicas possam, de fato, criar. Ou, se assume também, nos casos específicos das obras coletivas, onde firmam-se mais adequadamente as obras publicitárias, inclusive as audiovisuais, a possibilidade de pessoas jurídicas, por meio de sua organização estrutural possibilitarem a efetiva criação das obras intelectuais por elas coordenadas, na forma de uma "autoria objetiva", com respaldo da Tese do Professor Morato nesse sentido. De um, ou outro modo, aventou-se que a plena consecução das finalidades publicitárias de uma obra desta natureza, deva observar certa relativização dos direitos morais de autor dali advindos, já que, por vezes, obstam sobremaneira o efetivo propósito de sua criação, qual seja, instrumentalizar a comunicação publicitária. A limitação de tais feixes de direitos não é de toda novidade no sistema, posto que não são absolutos, o que pode ser verificado no caso do regramento específico dos direitos morais de autor dos programas de computador, bem como, no caso específico de obras publicitárias, em própria sede legal, com a presunção da omissão de autoria das obras publicitárias, prevista no ordenamento autoral mexicano. A doutrina acompanha tal entendimento, sendo maiormente favorável à certas limitações, assim como a jurisprudência e doutrina francesa já sedimentaram, em alguns casos, o entendimento de que os direitos morais de autor não podem ser exercidos de forma abusiva.

VIII – Acerca do aspecto dos direitos patrimoniais das obras audiovisuais publicitárias, é preciso retomar o contexto onde se inserem os pontos de tensão. Assim, nesse campo legal – superestrutura – se situam as relações – infraestrutura – de 3 campos sociais notáveis: os anunciantes, com o poder econômico e negocial; o(s) indivíduo(s), na sua clara preocupação de consumir conteúdos e de se comunicar com seu meio, e; os criadores, por vezes sediados na agência de publicidade ou, como nos casos das obras audiovisuais publicitárias, sediados também nas produtoras audiovisuais. Pela lógica do panorama descrito, é possível observar uma sistemática violação dos direitos autorais advindos das criações intelectuais publicitárias, no qual dois dos campos têm suas necessidades atendidas, mas, o terceiro, residido nos criadores, se vê constantemente em uma situação de difícil arranjo para fazer valer a plenitude de seus direitos autorais.

IX – Há ainda, a importação senão de práticas, de construções argumentativas de outros sistemas legais de proteção autoral, sobretudo do norte-americano, onde a *work for hire doctrine* regula a relação de modo totalmente diverso e oposto aos princípios subjetivistas do sistema autoral continental, que centraliza seu foco no autor criador. Há um equilíbrio instável, embora sejam raras as vezes que se repercute judicialmente. Denota-se um fator peculiar do próprio negócio, onde as engrenagens das relações entre criadores e anunciantes, devido à assimetria negocial entre as partes, muitas vezes impedem também o devido cumprimento e exercício dos dispositivos protetivos do sistema autoral. Visto de cima, os arranjos contratuais seguem à lógica reverenciada pela doutrina de ajuste de remuneração proporcional às cessões, ou concessões, limitadas no prazo (tempo), nas mídias e nos territórios (espaços). Acontece que, essa é uma formulação apenas adequada para os veículos de comunicação onde se possa verificar esse controle fiscalizatório e onde haja esse poder de ingerência sobre o tempo e espaço. A ubiquidade, que é característica dos meios digitais conectados em redes, rompe com a lógica de controle e de barreiras no tempo e espaço. As informações ali inseridas estão disponíveis a qualquer um, a qualquer instante. Assim como, uma vez insertas na rede, as informações são perenes, sempre acessíveis.

X – Daí o porquê a necessidade de um novo repensar sobre como o sistema autoral pode fornecer uma resposta justa e adequada, sem desproteger e nem desmerecer as pretensões e criações dos autores e seus titulares, bem como atender a essa demanda que encontra sede não só com os anunciantes, mas também nessa dimensão maior, de imanente comportamento humano, ao que, ventilou-se, tão só a título provocativo e reflexivo, sob a possível arquitetura de um sistema de gestão coletiva, seja por foça legal, ou oriundo da autonomia privada das partes, dos direitos patrimoniais das obras audiovisuais publicitárias, quando, a princípio, parece equalizar e desatar as tensões diagnosticadas no contexto descrito.

REFERÊNCIAS

Obras Gerais

Livros

AULETTA, Ken. *Frenemies: the epic disruption of the ad business (and everything else)*. Nova Iorque: Penguin Press, 2018.

BERTOMEU, João Vicente Cegato. *Criação em filmes publicitários*. São Paulo: Cengage Learning, 2010.

CARRASCOZA, João Anzanello. *Do caos à criação publicitária: processo criativo, plágio e ready-made na publicidade*. São Paulo: 2008.

CARRASCOZA, João Anzanello. *Estratégias criativas da publicidade: consumo e narrativa publicitária*. São Paulo: Estação das Letras e Cores, 2014.

CASTELLS, Manuel. *A sociedade em rede*. Traduzido por Roneide Venâncio Majer, atualizado por Jussara Simões. 6. ed. São Paulo: Paz e Terra, 1999.

COVALESKI, Rogério. *Cinema e publicidade: intertextos e hibridismos*. Rio de Janeiro: Confraria do Vento, 2015.

DIAS, Fábio Barbosa. *Jingle é a alma do negócio: a história e as histórias das músicas de propaganda e de seus criadores*. 1. ed. São Paulo: Panda Books, 2017.

DORIA, Raul. *Produtoras: formatos, atos e desatos*. São Paulo: 2001.

FREIRE, Marcius. *Documentário: ética, estética e formas de representação*. São Paulo: Annblume, 2011.

GOMBRICH, Ernst Hans. *A história da arte*. 16.ed. Traduzido por Álvaro Cabral. Rio de Janeiro: 2015.

KOTLER, P.; KARTAJAYA, H.; SETIAWAN, I. *Marketing 3.0: as forças que estão definindo o novo marketing centrado no ser humano*. Tradução por Ana Beatriz Rodrigues. Rio de Janeiro: Elsevier, 2010.

KOTLER, P.; KARTAJAYA, H.; SETIAWAN, I. *Marketing 4.0: do tradicional ao digital*. Tradução por Ivo Korytowski. Rio de Janeiro: Sextante, 2017.

MANO, Vinícius. *Conceito criativo: notas sobre o processo de criação na publicidade*. Porto Alegre: EDIPUCRS, 2014.

OGILVY, David. *Confissões de um publicitário*. Tradução por Luiz Augusto Cama. Rio de Janeiro: Bertrand Brasil, 2015.

OLIVETTO, Washington. *Direto de Washington*. Rio de Janeiro: Estação Brasil, 2018.

PIRATININGA, Luiz Celso de. *Publicidade: arte ou artifício*. São Paulo: T. A. Queiroz, 1994.

Capítulos de Livros

GOMES, Neusa Demartini (Coord.); CORRADI, Analaura; CURY, Luiz Fernando.

A dialética conceitual da publicidade e da propaganda. In: TARSITANO, Paulo Sérgio (Org.). *Publicidade: análise da produção publicitária e formação profissional.* Mauá: P. R. Tarsitano, 1998.

Artigos

BOTELHO, Juliana Santos. *O Conar e a regulação da publicidade brasileira.* Revista Líbero, Vol. 13, n. 26. São Paulo: 2010, p. 127. Disponível em: <https://casperlibero.edu.br/wp-content/uploads/2014/05/9-O-Conar-e-a-regula%C3%A7%C3%A3o-da-publicidade-brasileira.pdf>. Acesso em: 27 de dezembro de 2019.

BURROWES, Patrícia. *Por que a publicidade não é arte?* Trabalho apresentado no Grupo de Trabalho Comunicação, Consumo e Subjetividade – VI Encontro COMUNICON. 2016.

GOMES, Fabio da Silva; CASTRO, Inês Rugani Ribeiro de; MONTEIRO, Carlos Augusto. *Publicidade de alimentos no Brasil: avanços e desafios.* Ciência e Cultura (versão online), v. 62, n. 4, São Paulo, 2010. Disponível em: <http://cienciaecultura.bvs.br/scielo.php?script=sci_arttext&pid=S0009-67252010000400015>. Acessos em: 29 de dezembro de 2019.

HENRIQUES, Patricia; DIAS, Patricia Camacho; BURLANDY, Luciene. *A regulamentação da propaganda de alimentos no Brasil: convergências e conflitos de interesses.* Cad. Saúde Pública, v. 30, n. 6, Rio de Janeiro, 2014, p. 1219-1228 Disponível em: <http://www.scielo.br/pdf/csp/v30n6/0102-311X-csp-30-6-1219.pdf>. Acesso em: 29 de dezembro de 2019.

IASBECK, Luiz Carlos A. *A arte no horizonte da Publicidade. In:* Revista Comunicação Midiática, Bauru: UNESP, v. 04, 2006.

RAMOS MÉNDEZ, D.; ORTEGA-MOHEDANO, F.. *The revolution in Millennial's usage habits and consumption of video in smartphones, the revealed crossroads.* Revista Latina de Comunicación Social, 72, p. 705. Disponível em <http://www.revistalatinacs.org/072paper/1187/RLCS-paper1187en.pdf>. Acesso em: 25 de dezembro de 2019.

RAMOS, João Ricardo Marques; MACHADO, Ana Teresa. *Música na publicidade: compondo a relação entre marca e consumidor.* Comunicação Pública (Online), Vol. 11, nº 20, 2016. Disponível em <https://journals.openedition.org/cp/1181#quotation>. Acesso em: 27 de dezembro de 2019.

SILVEIRA, Sandra Maria Prado. *Estudo da publicidade brasileira de produtos dirigida às crianças e a relação com as distorções cognitivas.* Dissertação apresentada ao Programa de Pós-Graduação em Psicologia – Mestrado, do Instituto de Psicologia da Universidade Federal de Uberlândia. Uberlândia: 2018, 98 p. Disponível em: <https://repositorio.ufu.br/bitstream/123456789/22497/3/EstudoPublicidadeBrasileira.pdf>. Acesso em: 29 de dezembro de 2019.

TOSIN, Giuliano. *Publicidade e arte: perspectivas para o estudo de um sincretismo contemporâneo.* Trabalho apresentado ao NP Publicidade e Propaganda, do VI Encontro dos Núcleos de Pesquisa da Intercom, 2006. Disponível em <http://www.portcom.intercom.org.br/pdfs/83674485931817296551262520304978953644.pdf>. Acesso em 27 de outubro de 2019.

VASCONCELLOS, Ana Beatriz; GOULART, Dillian; GENTIL, Patricia Chaves; OLIVEIRA, Taís Porto. *A Saúde Pública e a Regulamentação da publicidade de alimentos.* Ministério da Saúde, Secretaria de Atenção à Saúde, Departamento de Atenção Básica, Coordenação Geral da Política de Alimentação e Nutrição, (S. I.). Disponível em: <http://189.28.128.100/nutricao/docs/geral/regulamentaPublicidadeAlimentos.pdf>. Acesso em: 29 de dezembro de 2019.

VIANA, Pablo Moreno Fernandes. *Conteúdo de marca e identificação: fronteiras e lacunas nos instrumentos legais da publicidade brasileira.* Revista eletrônica do Programa de Mestrado em Comunicação da Faculdade Cásper Líbero, Ano XXI, nº 42. São Paulo, Líbero, Jul/Dez 2018. Disponível em: <http://seer.casperlibero.edu.br/index.php/libero/article/download/984/930>. Acesso em: 28 de dezembro de 2019.

Teses e Dissertações

PIRES, Carolina Leal de Lacerda. *Fronteiras do (não-) plágio publicitário: um estudo discursivo de casos julgados no/pelo Conar.* Tese apresentada ao Programa de Pós-Graduação para Doutorado em Letras da Universidade Federal de Pernambuco. Recife: 2015. Disponível em: <https://repositorio.ufpe.br/bitstream/123456789/14973/1/VERSAO%20FINAL%20DIGITAL%20bc.pdf>. Acesso em: 15 de dezembro de 2019.

VIANA, Pablo Moreno Fernandes. *Publicidade que entretém: conteúdos de marca no contexto digital.* Tese de Doutorado apresentada no Programa de Pós-Graduação da Escola de Comunicação e Artes da Universidade de São Paulo. São Paulo, 2017.

Textos em Meio Eletrônico

Artigos, perfis, reportagens e entrevistas

ABAP (Coord.). *Publicidade e Criança: Comparativo Global da Legislação e da Autorregulamentação.* São Paulo: 2013. Disponível em: <http://www.abap.com.br/pdfs/publicacoes/wp-aba-conar.pdf>. Acesso em: 29 de dezembro de 2019.

ANA. *Number Of In-House Agencies Rising Rapidly, Workloads Increasing,* ANA Report, 2018. Disponível em: <https://www.ana.net/content/show/id/50728>. Acesso em: 25 de dezembro de 2019.

ANA. *Contract Between an Advertising Agency and Client.* Disponível em: <https://www.ana.net/getfile/15991>. Acesso em: 12 de novembro de 2019.

ARAUJO, Leonardo. *Itaú emociona internautas em campanha de fim de ano.* Propmark (versão online), 2019. Disponível em: <https://propmark.com.br/anunciantes/itau-emociona-internautas-em-campanha-de-fim-de-ano/>. Acesso em: 26 de dezembro de 2019.

BAKKE, Lars Hasvoll. *Propaganda Design & Aesthetics: Soviet Retro Posters.* Crestock (versão online), 2008. Disponível em: <http://www.crestock.com/blog/design/propaganda-design-aesthetics-soviet-retro-posters-118.aspx>. Acesso em: 12 de dezembro de 2019.

BOWMAN, Matt. *Video Marketing: The Future Of Content Marketing.* Forbes (versão online), 2017. Disponível em: <https://www.forbes.com/sites/forbesagencycouncil/2017/02/03/video-marketing-the-future-of-content-marketing/#83734ca6b535>. Acesso em: 24 de dezembro de 2019.

BRAGA, Marcelo. *Música e publicidade: ainda estamos aprendendo.* Artigo produzido para o Meio & Mensagem. São Paulo: 2016. Disponível em: <https://www.meioemensagem.com.br/home/opiniao/2016/08/11/musica-e-publicidade-ainda-estamos-aprendendo.html>. Acesso em: 27 de dezembro de 2019

CAMPAIGN LIVE. *Close-Up: Coke hits the right note with 24-hour recording session.* 2011. Disponível em: <https://www.campaignlive.co.uk/article/close-up-coke-hits-right-note-24-hour-recor-

ding-session/1063181> Acesso em: 26 de dezembro de 2019.

CANNES LIONS. *Entertainment Lions*. Disponível em: <https://www.canneslions.com/enter/awards/entertainment/entertainment-lions#/>. Acesso em: 26 de dezembro de 2019.

CRISTOFARO, Emiliano de; FRIEDMAN, Arik; JOURJON, Guillaume; KAAFAR, Mohamed Ali; SHAFIQ, M. Zubair. *Paying for likes? Understanding Facebook like fraud using honeypots*. IMC: 2014. Disponível em: <https://arxiv.org/pdf/1409.2097.pdf>. Acesso em: 25 de dezembro de 2019.

DUNGATE, Scott. Entrevista para LBB online. Disponível em: <https://lbbonline.com/news/your-shot-how-wk-london-created-double-trouble-on-hondas-interactive-film/>. Acesso em: 26 de dezembro de 2019.

DUNGATE, Scott. Entrevista para o site Fast Company. *In: Anatomy Of A Cannes Contender: Behind The Coolest Car Ad Of The Year, Honda's "The Other Side"*. Fast Company (versão online), 2015. Disponível em: <https://www.fastcompany.com/3047420/anatomy-of-a-cannes-contender-behind-the-coolest-car-ad-of-the-year-hondas-the-other- >. Acesso em: 26 de dezembro de 2019.

ENBERG, Jasmine. *US Digital Ad Spending 2019*. 2019. EMARKETER, 2019. Disponível em: <https://www.emarketer.com/content/us-digital-ad-spending-2019>. Acesso em: 24 de dezembro de 2019.

ENBERG, Jasmine. *Global Digital Ad Spending 2019*. EMARKETER. 2019. Disponível em: <https://www.emarketer.com/content/global-digital-ad-spending-2019>. Acesso em: 24 de dezembro de 2019.

EMARKETER. *More Than 75% of Worldwide Video Viewing is Mobile*. 2018. Disponível em: <https://www.emarketer.com/newsroom/index.php/threequarters-video-viewing-mobile/>. Acesso em: 25 de dezembro de 2019.

GALLAGHER, Kevin. *Millennials skip YouTube ads... and that's ok*. Business insider, 2017. Disponível em: <https://www.businessinsider.com/millennials-skip-youtube-ads-and-thats-ok-2017-1>. Acesso em: 18 de novembro de 2019.

GROUPM. *This Year Next Year Worldwide Media Forecasts*. Nova Iorque: 2019. Disponível em: <https://groupm-assets.s3.us-east-2.amazonaws.com/s3fs-public/WW%20Forecast%20DEC%202019%20singles%20%28final%29.pdf>. Acesso em: 24 de dezembro de 2019.

HATCH, Cydney. *Be in the Know: 2019 PPC Statistics You Should Know*. Disruptive Advertising (versão online), 2018. Disponível em: <https://www.disruptive-advertising.com/ppc/ppc-statistics/>. Acesso em: 25 de dezembro de 2019.

HAVAS. *Meaningful brands 2017*. 2017. Disponível em: <https://dk.havas.com/wp-content/uploads/sites/37/2017/02/mb17_brochure_final_web.pdf>. Acesso em: 24 de dezembro de 2019.

HOOTSUITE. *37 Instagram Stats That Matter to Marketers in 2020*. 2019. Disponível em: <https://blog.hootsuite.com/instagram-statistics/>. Acesso em: 24 de dezembro de 2019.

IAB. *Top 10 Things You Need to Know about Programmatic but Were too Afraid to Ask*. 2014. Disponível em: <https://www.iab.com/news/top-10-things-you-need-to-know-about-programmatic/>. Acesso em: 25 de dezembro de 2019.

HSU, Tiffany. *The Advertising Industry Has a Problem: People Hate Ads*. The New York Times (versão online), 2019. Disponível em: <https://www.nytimes.com/2019/10/28/business/media/adver-

tising-industry-research.html>. Acesso em: 26 de dezembro de 2019.

IAB. *White Paper: Comitê de Branded Content*. São Paulo: 2018.. Disponível em <https://iabbrasil.com.br/wp-content/uploads/2018/12/WP-IAB-Branded-Content-v.-05.12.pdf>. Acesso em 09 de dezembro de 2019.

IAB. *Pesquisa Digital Adspend 2019*. 2019. Disponível em: <https://iabbrasil.com.br/wp-content/uploads/2019/06/AdSpend-2019-vers%C3%A3o-final-1.pdf>. Acesso em: 25 de dezembro de 2019.

IPSOS. *Data Suggests Visual Attention to Advertising on YouTube Mobile is Higher Than on TV*. 2017. Disponível em: <https://www.ipsos.com/en-us/news-polls/google-ipsos-advertising-attention-research>. Acesso em: 24 de dezembro de 2019.

KANTAR IBOPE MEDIA. *Investimento publicitário – Anunciantes: janeiro a junho de 2017*. Disponível em: <https://www.kantaribopemedia.com/anunciantes-janeiro-a-junho-2017/>. Acesso em: 16 de dezembro de 2019.

Knauer, Kelly. *I Want You: The Story Behind The Iconic Recruitment Poster*. Time (versão online), 2017. Disponível em: <https://time.com/4725856/uncle-sam-poster-history/>. Acesso em: 12 de dezembro de 2019.

MARKETING CHARTS. *The State of Traditional TV: Updated with Q3 2018 Data*. 2019. Disponível em: <https://www.marketingcharts.com/featured-105414>. Acesso em: 24 de dezembro de 2019.

Merigo, Carlos. *#Brasileiragem: Nike estreia campanha para Seleção na Copa do Mundo 2018*. B9 (versão online), 2018. Disponível em: nota XX – hashtags <https://www.b9.com.br/91666/brasileiragem-nike-estreia-campanha-para-selecao-na-copa-do-mundo-2018/>. Acesso em: 26 de dezembro de 2019.

Oberhofer, Katherine. *2019 Bad Bot Trends by Industry At-A-Glance*. Distill Networks, 2019. Disponível em: <https://resources.distilnetworks.com/all-blog-posts/infographic-2019-bad-bot-trends-by-industry>. Acesso em: 25 de dezembro de 2019.

PARANOID US. *Dove retratos da beleza real*. 2013. Disponível em: <https://portfoliodeagencias.meioemensagem.com.br/anuario/propaganda/agencias/OGILVY/2811/portfolio-da-agencia/Dove%20Retrtos%20d%20Rel%20Belez/1386>. Acesso em: 18 de dezembro de 2019.

Portugal, Mirela. *Record quer processar Netflix por anúncio de Breaking Bad*. Exame (online). 2014. Disponível em: <https://exame.abril.com.br/marketing/record-quer-processar-netflix-por-anuncio-de-breaking-bad/>. Acesso em: 06 de janeiro de 2020.

PROA COMUNICACIÓN. *10 Keys to Understanding Audiovisual Content Consumption in Spain*. 2019. Disponível em: <https://proacomunicacion.es/en/sin-categoria-en/10-keys-to-understanding-audiovisual-content-consumption-in-spain/>. Acesso em: 25 de dezembro de 2019.

Rodrigues, Aline. *Mera coincidência? 02*. O fantástico mundo publicitário. Disponível em: <https://fantasticomundopublicitario.wordpress.com/2010/04/30/mera-coincidencia-02/>. Acesso em: 06 de janeiro de 2020.

Solon, Olivia. *Google's bad week: YouTube loses millions as advertising row reaches US*. The Guardian (versão online), 2017. Disponível em: <https://www.theguardian.com/technology/2017/mar/25/google-youtube-advertising-extremist-

-content-att-verizon>. Acesso em: 25 de dezembro de 2019.

Spangler, Todd. *AT&T Suspends YouTube Ad Spending as Boycott Over 'Pedophilia' Videos Scandal Widens.* Variety (versão online), 2019. Disponível em: <https://variety.com/2019/digital/news/att-youtube-ad-spending-boycott-pedophilia-videos-1203145218/>. Acesso em: 25 de dezembro de 2019.

STINK. *COMA*. Disponível em: <https://gettyimagescoma.com/pt>. Acesso em: 26 de dezembro de 2019.

STINK DIGITAL. *Honda Presentes: The Other Side.* Disponível em: <http://embed.wirewax.com/8117237>. Acesso em: 26 de dezembro de 2019.

THE SIDNEY MORNING HERALD. *Every second counts in $42m three-minute 'film'.* 2004. Disponível em: <https://www.smh.com.au/entertainment/movies/every-second-counts-in-42m-three-minute-film-20041123-gdk61e.html>. Acesso em: 27 de dezembro de 2019.

Tréguer, Pascal. *The Origin of "Soap Opera".* Word histories: how words and phrases came into existence (versão online). Disponível em: <https://wordhistories.net/2017/12/18/soap-opera-origin/>. Acesso em: 26 de dezembro de 2019.

VARALL. *Hora de botar o seu time em campo.* Roupa no varal (versão online), 2010. Disponível em: <https://roupanovaral.wordpress.com/tag/nike/>. Acesso em: 27 de dezembro de 2019.

VEJA. *Viral da Dove sobre "real beleza" recebe 14 Leões no Festival de Cannes.* 2013. Disponível em: <https://veja.abril.com.br/economia/viral-da-dove-sobre-real-beleza-recebe-14-leoes-no-festival-de-cannes/>. Acesso em: 18 de dezembro de 2019.

Weiss, Patricia. *O novo significado do marketing e o futuro do branded content.* Artigo publicado no Meio&Mensagem (versão online), 2014. Disponível em: <https://www.meioemensagem.com.br/home/comunicacao/ponto_de_vista_comunicacao/2014/01/02/o-novo-significado-do-marketing-e-o-futuro-do-branded-content.html>. Acesso em: 27 de dezembro de 2019.

Obras Jurídicas

Livros

Ascensão, José de Oliveira. *Direitos de autor e direitos conexos.* Coimbra: 1992.

Ascensão, José de Oliveira. *Direito Autoral.* Rio de Janeiro: Renovar, 1997.

Bertrand, André R. *Droit D'auteur.* Paris: Dalloz, 2010.

Bittar, *Direito de autor na obra sob encomenda*, São Paulo: Ed. Revista dos Tribunais, 1977.

Bittar, Carlos Alberto. *Direito de Autor na Obra Publicitária.* São Paulo: Ed. Revista dos Tribunais, 1981.

Bittar, Carlos Alberto. *Direito de autor.* 2ª ed. Rio de Janeiro: Forense Universitária, 1994.

Bittar, Carlos Alberto. *Os direitos da personalidade.* 8. ed. Revista, aumentada e modificada por Eduardo C. B. Bittar. São Paulo: Saraiva, 2015.

Bittar, Carlos Alberto. *Direito de Autor.* 6º ed. Rev., atual. e ampl. por Eduardo C. B. Bittar. Rio de Janeiro: Forense, 2015.

Bigot, Christophe. *Droit de la création publicitaire.* Paris: L.G.D.J., 1997.

Bobbio, Norberto. *Teoria da norma jurídica.* Traduzido por Ariani Bueno Sudatti e Fernando Pavan Baptista. 6 ed. São Paulo: Edipro, 2016.

Costa Netto, José Carlos. *Estudos e pareceres de direito autoral.* Rio de Janeiro: Forense, 2015.

Costa Netto, José carlos. *Direito autoral no Brasil.* 3. ed. São Paulo: Saraiva Educação, 2019.

CARBONI, Guilhereme C. *Função social do direito de autor*. Curitiba: Juruá, 2008.

CARBONI, Guilherme. *Direito autoral e autoria colaborativa: na economia da informação em rede*. São Paulo: Quartier Latin, 2010.

CHAVES, Antonio. *Cinema, TV, Publicidade Cinematográfica*. São Paulo: Leud, 1987.

CHAVES, Antonio. *Direito do autor: princípios fundamentais*. Rio de Janeiro: Forense, 1987.

CHAVES, Antonio. *Criador da obra intelectual*. São Paulo: LTr, 1995.

CRIVELLI, Ivana Có Galdino. *Direitos autorais na obra cinematográfica: o delineamento da autoria e titularidade de exploração comercial da obra audiovisual no universo contratual*. São Paulo: Editora Letras Jurídicas, 2007.

FERRAZ JUNIOR, Tercio Sampaio. *O Direito, entre o futuro e o passado*. São Paulo: Noeses, 2014.

FUEROGHNE, Dean Keith. *Law & Advertising: A Guide to Current Legal Issues*. 4 ed. Lanham: Rowman & Littlefield, 2017.

GANDELMAN, Henrique. *De Gutenberg à internet: direito autorais na era digital*. 5º ed. Rio de Janeiro: Record, 2007.

MARTINS, Beatriz Cintra. *Autoria em rede: os novos processos autorais através das redes eletrônicas*. 1º ed. Rio de Janeiro: Mauad, 2014.

MORAES, Rodrigo. *Os direitos morais de autor: Repersonalizando o direito autoral*. Rio de Janeiro: Editora Lumen Juris, 2008.

MORATO, Antonio Carlos. *Direito de autor em obra coletiva*. São Paulo: Saraiva, 2007.

OMPI. *Managing Intellectual Property in the Advertising Industry*. Genebra: WIPO Publication, 2011.

SANTOS, Manoel J. Pereira dos; JABUR, Wilson Pinheiro (orgs.), *Série GVlaw: Propriedade Intelectual: Direito Autoral* . São Paulo: Saraiva, 2014.

SILVEIRA, Newton. *Direito de autor no design*. 2. ed. São Paulo: Saraiva, 2012.

VALENTE, Mariana Giorgetti. *A construção do direito autoral no Brasil: cultura e indústria em debate legislativo*. Belo Horizonte: Letramento, 2019.

Capítulos de Livros

ENCABO VERA, Miguel Ángel. *La propriedad intelectual de la obra publicitaria en España*. *In:* ENCABO VERA, Miguel Ángel; ROLLI, Renato (Orgs.). *Publicidad y derechos de autor en algunos países de Europa*. Ariccia: Aracne Editrice, 2015.

ERICKSON, Kristofer. *Copyright y publicidad viral en los medios participativos*. Traduzido por María José Ros Pastor. *In:* ENCABO VERA, Miguel Ángel; ROLLI, Renato (Orgs.). *Publicidad y derechos de autor en algunos países de Europa*. Ariccia: 2015.

LASSO, Anna. *Introduzione: Il diritto d'autore fra originalità del messaggio pubblicitario ed esigenze produttive dell'impresa. In:* VERA, Miguel Ángel Encabo; ROLLI, Renato (Orgs.). *Publicidad y derechos de autor en algunos países de Europa*. Ariccia: Aracne Editrice, 2015.

LEBOIS, Audrey. *Las excepciones al derecho de autor en materia publicitaria. In:* VERA, Miguel Ángel Encabo; ROLLI, Renato (Orgs.). *Publicidad y derechos de autor en algunos países de Europa*. Ariccia: Aracne Editrice, 2015.

ROLLI, Renato. *Pubblicità e diritto d'autore: il topolino e l'elefante?* In: ENCABO VERA, Miguel Ángel; ROLLI, Renato (Orgs.). *Publicidad y derechos de autor en algunos países de Europa*. Ariccia: Aracne Editrice, 2015.

SANTOS, Manoel J. Pereira dos Santos. *Contrafação e plágio como violações de direito autoral. In:* SANTOS, Manoel J. Pereira dos; JABUR, Wilson Pinheiro (orgs.), *Série GVlaw: Propriedade Intelectual: Direito Autoral* . São Paulo: Saraiva, 2014.

SANTOS, Manoel J. Pereira dos. *A questão da autoria e da originalidade em direito de autor. In:* SANTOS, Manoel J. Pereira dos; JABUR, Wilson Pinheiro (orgs.), *Série GVlaw: Propriedade Intelectual: Direito Autoral*. São Paulo: Saraiva, 2014.

Artigos

BITTAR, Carlos Alberto. *Direitos autorais nas criações publicitárias. In:*Revista de Informação Legislativa, ano 21, nº 83, jul/set, 1984. Disponível em <https://www2.senado.leg.br/bdsf/bitstream/handle/id/181556/000410514.pdf?sequence=3>. Acesso em 22 de dezembro de 2019.

BONET, Georges. *Exposé introductif: une disposition spécifique: l'article 14 de la loi du 3 juillet 1985. In:* IRPI. *Publicité et droit d'auteur.* Colloque de L'Institut de Recherche en Propriété Intellectuelle Henri-Desbois (Paris, 22 mai 1990). Paris: Librairies Techniques, 1990.

CAUDURO, Luiza Kremer; PASQUALOTTO, Adalberto de Souza. *Sistemas de autorregulamentação da publicidade: um quadro comparativo entre países.* Revista da Faculdade de Direito da UFRGS, n. 35, vol. Esp. Porto Alegre: 2016.

CHATRY, Sylvain. *La protection des oeuvres publicitaires par le droit d'auteur en France.* 2015, p. 1. Disponível em: <https://hal.archives-ouvertes.fr/hal-01301179/document>. Acesso em: 27 de dezembro de 2019.

CHINELLATO, Silmara Juny de Abreu. *Violações de direito autoral: plágio, "autoplágio" e contrafação. In:* COSTA NETTO, José Carlos (Coord. Geral); EGEA, Maria Luiza de Freitas Valle; CARASSO, Larissa Andréa (Coord. nacional); MATES, Anitta; PONTES, Leonardo Machado (Coord. internacional). *Direito autoral atual.* 1. ed. Rio de Janeiro: Elsevier, 2015.

CHINELLATO, Silmara Juny de Abreu. *Le rôle changeant du droit moral à l'ère de l'information surabondante – Questionnaire. In:* MORAES, Rodrigo (Coord.). Estudos de direito autoral: em homenagem a José Carlos Costa Netto. Salvador: EDUFBA, 2017.

CRIVELLI, Ivana Có Galdino. *O plágio na obra audiovisual. In:* COSTA NETTO, José Carlos (Coord. Geral); EGEA, Maria Luiza de Freitas Valle; CARASSO, Larissa Andréa (Coord. nacional); MATES, Anitta; PONTES, Leonardo Machado (Coord. internacional). *Direito autoral atual.* 1. ed. Rio de Janeiro: Elsevier, 2015.

D'ANTINO, Sérgio Famá; CARASSO, Larissa Andréa. *Os direitos conexos dos atores de telenovelas e minisséries. In:* COSTA NETTO, José Carlos (Coord. Geral); EGEA, Maria Luiza de Freitas Valle; CARASSO, Larissa Andréa (Coord. nacional); MATES, Anitta; PONTES, Leonardo Machado (Coord. internacional). *Direito autoral atual.* 1. ed. Rio de Janeiro: Elsevier, 2015.

ENRICH, Eric. *La obra audiovisual.* Madrid. Disponível em: <www.copyrait.com/archivo/21.doc>. Acesso em: 22 de dezembro de 2019.

FISK, Catherine. *Authors at Work: The Origins of the Work-For-Hire Doctrine,* 15 *Yale Journal of Law & the Humanities* 1-70, 2003.

FRANÇON, André. *Oú commence l'oeuvre publicitaire? In:* RPI. *Publicité et droit d'auteur.* Colloque de L'Institut de Recherche en Propriété Intellectuelle Henri-Desbois (Paris, 22 mai 1990). Paris: Librairies Techniques, 1990.

GINSBURG, Jane C. *Overview of Copyright Law. In:* Oxford Handbook of Intellectual Property, 2016, pág. 10. Disponível em: <https://papers.ssrn.com/sol3/papers.cfm?abstract_id=2811179>. Acesso em: 24 de dezembro de 2019.

HILL, Anne Marie. *Work for Hire Definition in the Copyright Act of 1976: Conflict Over Specially Ordered or Commissioned*

Works. Cornell Law Review, v. 74, 1989. Disponível em: <https://scholarship.law.cornell.edu/cgi/viewcontent.cgi?article=3413&context=clr>. Acesso em: 03 de janeiro de 2020.

HOCKING, Anne Hiaring. *The Bounds of Copyright Ownership and the Work for Hire Doctrine*. North Bay Business Journal, 2018 Legal & Accounting Resource Guide, 2018. Disponível em: <https://donahue.com/resources/publications/the-bounds-of-the-work-for-hire-doctrine/#_ftn1>. Acesso em: 05 de dezembro de 2019.

LIPSZYC, Delia. *Principios generales aplicables a los derechos patrimoniales y a los contratos de explotación de obras protegidas por el derecho de autor*. *In:* MORAES, Rodrigo (Coord.). *Estudos de direito autoral: em homenagem a José Carlos Costa Netto*. Salvador: EDUFBA, 2017.

PINHEIRO, Luciano Andrade. *Reflexões sobre o plágio*. *In:* MORAES, Rodrigo (Coord.). *Estudos de direito autoral: em homenagem a José Carlos Costa Netto*. Salvador: EDUFBA, 2017, p. 249.

REBOUÇAS, Edgard. *Os desafios para a regulamentação da publicidade destinada a crianças e adolescentes: soluções canadenses e reticências à brasileira*. Revista Brasileira de Ciências da Comunicação, v. 31, n. 2, São Paulo, 2008, p. 75-97. Disponível em:<http://midia.pgr.mpf.gov.br/pfdc/hotsites/mpdcom/docs/publicidade-infantil/publicacoes/desafios-regulamentacao-publicidades-criancas-er-dez-2008.pdf>. Acesso em: 29 de dezembro de 2019.

SCHWAB, *Audiovisual works and the Work for Hire Doctrine in the Internet Age*, Columbia Journal of Law & The Arts, 2012.

SCHWINDENHAMMER, Alain. *Qui est titulaire des droits d'auteur? In:* IRPI. *Publicité et droit d'auteur*. Colloque de L'Institut de Recherche en Propriété Intellectuelle Henri-Desbois (Paris, 22 mai 1990). Paris: Librairies Techniques, 1990.

Teses e Dissertações

CHINELLATO, Silmara J. de Abreu. *Direito de Autor e Direitos da Personalidade: reflexões à luz do Código Civil*. Tese para concurso de Professor Titular de Direito Civil da Faculdade de Direito da Universidade de São Paulo. São Paulo, 2009.

MORATO, Antonio Carlos. *Limitações aos direitos autorais na obra audiovisual*. Tese apresentada ao concurso à livre-docência do Departamento de Direito Civil da Faculdade de Direito da Universidade de São Paulo. São Paulo, 2016.

PIGNARD, Isabelle. *La liberte de création*. Tese de Doutorado em Direito apresentado na Faculté de Droit, de Sciences Politiques, Economiques et de Gestion de l'Université Nice Sophia Antipolis. 2013, p. 95. Disponível em: <https://tel.archives-ouvertes.fr/tel-00868027/document>. Acesso em: 06 de janeiro de 2020.

WACHOWICZ, Marcos; SANTOS, Manoel J. Pereira dos (Org.). *Estudos de direito do autor e a revisão da lei dos direitos autorais*. Florianópolis: Fundação Boiteux, 2010, p. 121. Disponível em: <http://www.gedai.com.br/sites/default/files/publicacoes/livro_mw_estudodireitoautor.pdf>. Acesso em: 08 de janeiro de 2020.

Textos em meio eletrônico

Artigos, reportagens e entrevistas

CTS/FGV. *Contribuição à consulta pública sobre a reforma da Lei de Direitos Autorais (Lei 9.610/98)*. 2010. Disponível em: <http://www2.cultura.gov.br/consultadireitoautoral/wp-content/uploads/2010/09/CTS-FGV.pdf>. Acesso em: 22 de dezembro de 2019.

ZANONI, Fernando Henrique. *Da incompetência do Conar para proferir decisões de caráter coativo: uma visão crítica da auto-regulação publicitária*. Jus Navigandi. Disponível em: <https://jus.com.br/artigos/10366/da-incompetencia-do-conar-para-proferir-decisoes-de-carater-coativo>. Acesso em: 28 de dezembro de 2019.

Documentos Jurídicos

Decisões Judiciais

BRASIL. STJ. Recurso Especial nº 655.035-PR, 3ª Turma, Ministro Relator Humberto Gomes de Barros, DJ. 07.05.2007.

BRASIL. STJ.. REsp nº 750.822-RS. 4ª Turma, Min. Rel. Luis Felipe Salomão, DJ. 09.02.2010.

BRASIL. STJ. REsp nº 1.343.961-RJ, 4ª Turma, Min. Rel. Luis Felipe Salomão. DJ. 06.10.2015.

BRASIL. STJ. REsp nº 1.358.441 - RS (2012/0243056-6), 4 Turma, Min. Rel. Luis Felipe Salomão. DJ. 04.02.2016.

BRASIL. STJ. REsp nº 1.597.678 – RJ. Terceira Turma. Min. Rel. Ricardo villas Bôas Cueva. DJO. 21 de agosto de 2018.

BRASIL. TJRS. Apelação Cível nº 70007640485, 9ª Câmara Cível, Des. Rel. LuisAugusto Coelho Braga. DJ. 29.12.2004.

BRASIL. TJSP. Apelação Cível nº 0120649-73.2009.8.26.0100, 1ª Câmara de Direito Privado. Rel. Des. Claudio Godoy. DJO. 26 de julho de 2012.

BRASIL. TJSP. Apelação Cível nº 9182936-93.2007.8.26.0000, 9ª Câmara de Direito Privado, Des. Rel. Piva Rodrigues. DJ. 27.03.2012.

EUA. Excel Promotions Corporation v. Babylon Beacon, Inc. et al., United States District Court, E. D. New York, September 27, 1979.

EUA. Lulirama Ltd., Inc. v. Axcess Broadcast Services, Inc., 128 F. 3d 872 (5th Cir. 1997). Disponível em: <https://casetext.com/case/lulirama-ltd-v-axcess-broadcast-services>. Acesso em 05 de dezembro de 2019.

Legislação

BRASIL. *Lei Federal nº 9.609, de 19 de fevereiro de 1998*. Disponível em <http://www.planalto.gov.br/ccivil_03/leis/l9609.htm>. Acesso em: 12 de janeiro de 2020.

BRASIL. *Lei nº 6.533, de 24 de maio de 1978*. Disponível em: <http://www.planalto.gov.br/ccivil_03/leis/L6533.htm>. Acesso em: 13 de janeiro de 2020.

BRASIL. *Medida provisória nº 2.228-1, de 6 de setembro de 2001*. Disponível em: <http://www.planalto.gov.br/cciViL_03/MPV/2228-1.htm>. Acesso em: 10 de janeiro de 2020.

BRASIL. *Código Brasileiro de Autorregulamentação Publicitária*. CONAR. Disponível em: <http://www.conar.org.br/>. Acesso em: 23 de dezembro de 2019.

BRASIL. *Normas-Padrão da Atividade Publicitária*. Disponível em: <https://www.cenp.com.br/documento/normas-padrao-portugues>. Acesso em: 03 de janeiro de 2020.

BRASIL. *Normas de orientação ética do profissional de propaganda*. APP. 2014. Disponível em <http://appbrasil.org.br/wp-content/uploads/2014/11/codigo_de_etica_app_maio2014.pdf>. Acesso em 15 de novembro de 2019.

ESPANHA. *Ley de Propriedad Intelectual* – Real Decreto Legislativo 1/1996, de 12 de abril de 1996. Disponível em: <https://www.boe.es/buscar/pdf/1996/BOE-A-1996-8930-consolidado.pdf>. Acesso em: 06 de janeiro de 2020.

ESPANHA. Ley General de Publicidad. Lei nº 34/1988, de 11 de novembro de 1988. Disponível em: <https://www.boe.es/buscar/act.php?id=BOE-

-A-1988-26156>. Acesso em: 06 de janeiro de 2020.

EUA. *Copyright Act of 1909*. Disponível em <https://www.copyright.gov/history/1909act.pdf>. Acesso em 05 de dezembro de 2019.

EUA. *Copyright Act of 1976*. Disponível em: <https://en.wikisource.org/wiki/Copyright_Act_of_1976>. Acesso em 06 de dezembro de 2019.

FRANÇA. *Code de la proprieté intellectuelle*. Disponível em: <https://www.legifrance.gouv.fr/affichCode.do?cidTexte=LEGITEXT000006069414>. Acesso em: 17 de dezembro de 2019.

MÉXICO. *Ley Federal del Derecho de Autor*. 1996. Disponível em <http://www.diputados.gob.mx/LeyesBiblio/pdf/122_150618.pdf>. Acesso em: 26 de julho de 2019.

Pareceres

BROSSARD, Paulo. *Parecer – A atividade publicitária entre nós está sujeita à Lei Nº 4.680/65 e a Convenções celebradas pelos interessados na condição de associações e no uso da liberdade a elas assegurada pela Constituição: Auto-Organização e Auto-Disciplina, inerentes à Liberdade da Associação*. São Paulo: ABAP, 2003, p. 7. Disponível em: <http://www.abapnacional.com.br/pdfs/leis/parecer_paulo_brossard.pdf>. Acesso em: 28 de dezembro de 2019.)

FONTES, Fernando. *Parecer – A Remuneração das Agências de Propaganda, em face da Lei Nº 4.680/65 e seu Regulamento, Decreto Nº 57.690/66: Vigência, Validade e Eficácia atuais*. São Paulo: ABAP, 1996, p. 5-6. Disponível em: <http://www.abapnacional.com.br/pdfs/leis/parecer_fernando_fortes.pdf>. Acesso em: 27 de dezembro de 2019.

